인간 이후

After the Human

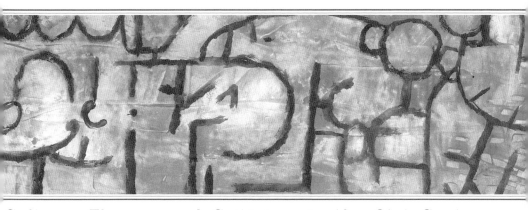

Culture, Theory, and Criticism in the 21st Century

숙명여자대학교 인문학연구소
HK+사업단 학술연구총서 **11**

인간 이후

21세기 문화, 이론, 그리고 비평

셰릴 빈트 편저

박인찬 옮김

한울
아카데미

감사의 글

책이 나오기까지 도움을 준 많은 분들에게 감사드린다. 그들이 없었더라면 이 책은 아마 나오지 못했을 것이다. 먼저, 편집자인 레이 라이언은 책을 구상하고 기획하도록 초대해 주었을 뿐 아니라, 이 작업을 위해 내 일정을 마련할 때까지 오랜 시간 동안 묵묵히 기다려주었다. 둘째, 이 책을 위해 훌륭한 글을 기고해 준 필자들에게 감사드린다. 그들은 이 분야에서 개념화하고 작업할 수 있는 흥미로운 새로운 방법들을 제시하고, 나 자신의 사고에도 자극과 활력을 불어넣어주었다. (이 책에 실린 몇몇 필자들을 포함해) '인간 이후'라고 정의한 광범위한 분야에서 연구하는 동료와 친구의 목록은 너무 길어서 모두 열거할 수 없을 정도이다. 하지만 내가 속한 연구 공동체와 이 분야에서 일하는 학자들의 너그러움에 대해서는 감사의 마음을 전한다. 특히 콜린 밀번은 이 기획의 틀을 짜는 데 매우 유용한 상담사 역할을 해주었다. 뛰어난 연구 조교로서 성실하게 도와준 브리타니 로버츠도 빼놓을 수 없다. 끝으로, 지적으로뿐 아니라 원고를 최종적으로 배열할 때 편집상의 도움을 준 베로니카 홀린저 교수에게 큰 빚을 지었다. 굳이 그것이 아니더라도, 나에게 베로니카 교수는 훌륭한 멘토이자 소중한 동료이며, 학자가 무엇인지를 보여주는 영감의 원천이다. 그녀의 도움, 그녀가 보여준 모범, 그리고 우정에 깊이 감사드린다.

차례

감사의 글 5

서론 셰릴 빈트 9

1부 인간 중심주의 이후

1 포스트휴머니즘의 역사화 베로니카 홀린저   25

2 포스트구조주의와 인간 중심주의의 종언(들) 슈테판 헤르브레히터   48

3 포스트모더니즘 조너선 볼터   65

4 신체화와 정동 마이클 리처드슨   85

5 디지털 휴머니스트를 위한 레퀴엠 마셀 오고먼   107

2부 새로운 연구 대상

6 기계, AI, 사이보그, 체계 브루스 클라크   135

7 동물 수전 맥휴   156

8 생명 '그 자체' 나딘 엘러스   178

9 인류세 거다 로얼빙크   197

10 무기물 마그달레나 졸코스   217

3부 포스트휴머니티.

11 인간 그 이상의 생명 정치 소냐 반 위첼렌   235

12 신유물론 스테이시 앨러이모   256

13 사변적 실재론: 인간과 비인간의 구분 브라이언 윌렘스   277

14 인종과 '인간'의 한계 마크 민치-드 레온   298

15 사변 소설 셰릴 빈트   318

16 생명의 미적 조작 이오나트 주르, 오론 카츠   341

참고문헌 364

찾아보기 401

옮긴이의 글 406

서론

셰릴 빈트

인간 이후를 생각한다는 것은 무엇을 의미하는가? 이 질문에 답하기 전에 '인간(the human)'과 '이후(after)' 두 단어의 뜻을 분명히 할 필요가 있다. 이 책에 실린 글들이 보여주듯이, 인문학 및 그 너머의 지식이 인간-이상 (more-than-human)의 세계에 대한 이해를 절실히 필요로 하고 그 개념과 방법을 인간 종 중심주의를 넘어서 다시 정의해야 한다는 데에 어느 정도 공감대가 있다 하더라도, 정확하게 어떻게 해야 그러한 목적을 가장 잘 달성할지는 여전히 상당한 논쟁거리이다. 『인간 이후(*After the Human*)』라는 제목의 이 책은 서구 자유주의 전통에서 이론화된 인간이라는 개념은 더 이상 인문학에서 지적 탐구의 중심이 될 수 없다는 인식에 따라 이론과 비평이 어떻게 변화해 왔는지를 개괄적으로 설명한다. 이 책은 인간이 있던 자리에 무엇이 등장해야 하는지 명확하게 답하려고 하기보다는, 기존 분야와 신생 분야 사이에서 오고 가는 수많은 대화들을 전체적으로 조망하고, 그럼으로써 인간 이후의 이론과 비평을 기획하는 데 중요하게 걸려 있는 사안은 무엇인지 밝혀보고자 한다. 오늘날 누가 그리고 무엇이 인간으로 '간주'되며, 그렇게 간주하는 데 있어 관건이 되는 것은 무엇인가?

이 책이 제시하는 다양한 접근 방식 간의 차이와 긴장에도 불구하고, 장 (章) 전체에 걸쳐 분명하게 드러나는 몇 가지 핵심적인 생각들은 왜 21세기가 인간 이후의 중대한 시기로서 설명될 수 있는지 말해준다. 첫째는 이전의 패권적 인식론이 세계의 너무 많은 부분을 배제해 왔다는 생각이 널리 퍼져 있다는 것이다. 서구 사상에서 가장 명백한 차별적 제도만 열거하자면, 수없이 많은 사람들이 식민주의, 인종주의, 성차별주의 때문에 온전한 인간으로서 전혀 인정받지 못했다. 뿐만 아니라 다른 종들, 인간 생명을 포함해 모든 생명을 지탱해 주는 생명 세계, 물질적 객체, 그리고 기후같이 그동안 무시되었던 다른 여러 가지들로 이루어진 복잡한 체계들도 마찬가지로 배제되었다. 여전히 인간 종의 미래에 관심이 치우쳐 있는 인류세(Anthropocene)적 관점도 인간 종의 생존은 인간 그 이상의 세계로부터 분리될 수 없음을 이제는 받아들여야 한다. 여기에 실린 많은 접근 방식은 '인간'이라는 단어의 역사적 한계를 비판할 뿐만 아니라 인간 종 중심주의를 지양한다. 둘째는 그러한 질문을 던지는 행위의 시의성이다. 그렇게 질문하도록 만드는 것은 현재 진행 중인 대멸종, 기후 변화의 확산, 그리고 서구 인간 중심주의의 한계를 포함한 여러 위기들 때문이다. 서구 인간 중심주의는 증가하는 경제 및 기타 불평등과 식민주의 및 자본주의가 일부의 선택받은 인간, 혹은 실비아 윈터(Sylvia Winter)가 말하는 소위 서구 근대의 과다 대표된 인간(the overrepresented Man)에게[1] 특권을 부여하기 위해 세계를 조각낸 결과 야기된 인간의 대규모 이주에 대응할 만한 충분한 윤리적·정치적 틀을 제공하지 못했다. 이 책에 설명된 모든 프로젝트가 '포스트휴먼(the posthuman)' 이라는[2] 단어를 받아들이는 것은 아니다. 비록 그것이 그 프로젝트

---

1 Sylvia Wynter, "Unsettling the Coloniality of Being/Power/Truth/Freedom: Towards the Human, After Man, Its Overrepresentation: An Argument," *CR: Centennial Review*, 3(3) (2003), pp. 257~337.

2 서로 간의 긴장에도 불구하고 상이한 접근 방식을 한데 묶어 포스트휴머니즘이라는 용어를 사용하는 이유는 대화를 통해 얻을 것이 훨씬 더 많다는 평소의 확신 때문이기도 하다. 연구들이 너무 파편화되어 있어서, 학자들은 수많은 용어들을 소개하는 데 몰두한다. 최

들을 한데 모아서 서로 대화하게 하려는 범주로서 쓰이더라도 말이다. 하지만 '포스트휴먼'을 보편적인 것으로 인정하지 않는 것도 역시 중요하다. '인간'이 지닌 문제의 상당 부분이 너무 많은 것을 무시한 채 모두를 대표한다고 주장하는 데 있다면, 포스트휴머니즘에 대한 접근은 더러 모순되더라도 다양해야 마땅하다. 필요한 것은 대화이지 고정된 관념이 아니다.

그것이 암시하는 시대 구분이 문제의 일부라는 주장을 포함해, 접두사 '포스트'가 무엇인지도 논쟁적이기는 마찬가지이다. 슈테판 헤르브레히터 (Stefan Herbrechter)가 2장에서 주장하는 것처럼, '포스트'에는 '뒤에 옴'의 의미가 따라다녀서, 항상 그 이전을 전제로 한다. 이러한 생각을 더 세게 밀어붙이자면, 마크 민치-드 레온(Mark Minch-de Leon)이 14장에서 주장하는 것처럼 '포스트'는 여전히 너무 많은 것을 '인간'에게 부여하고 있다. 그런데 필요한 것은 인간이라는 형상을 관통해 넘어서는 것이 아니라 오히려 그것을 중지시키는 것이다. 소위 '포스트휴머니즘'으로부터 나온 다양한 철학, 학제 간 융합, 그리고 새로운 연구 대상은 베로니카 홀린저(Veronica Hollinger)가 1장에서 개괄하듯이 종착점뿐 아니라 출발점도 서로 다르다. 이 책에 제시된

근에 접한 두 가지 예를 들자면, '무인간(ahuman)'[J. Paul Narkunas, *Reified Life: Speculative Capital and the Ahuman Condition* (New York: Fordham University Press, 2018)]과 '하부 인간(infrahuman)'[Megan H. Glick, *Infrahumanisms: Science, Culture, and the Making of Modern Non/Personhood* (Durham: Duke University Press, 2018)]이 있다. 비생산적으로 편협한 대화에 지적인 노력을 가두고 있는 셈이다. 초기의 포스트휴머니즘 대화가 식민주의와 반인종주의를 의미 있는 방식으로 다루는 데 실패했다는 점을 감안할 때, 일부 학자들이 포스트휴머니즘이라는 용어의 사용에 대해 보이는 저항을 충분히 이해한다. 그들의 연구에 제시된 생각들을 비판하려고 나커나스와 글릭을 언급하려는 것도 아니다. 오히려 필자가 염려하는 것은 그러한 중요한 교정의 시도들이 보다 폭넓은 대화보다는 평행선으로만 남게 될 때, 포스트휴머니즘 연구를 계속해서 탈식민화할 수 있는 기회를 놓치게 된다는 점이다. 하지만 인간 중심주의의 토대가 되었던 지배 구조 바깥의 지식을 재고하는 다양한 포스트휴머니즘적인 접근과 초인간적(uber-human) 초월을 추구하는 트랜스휴머니즘을 구분하는 것은 매우 중요하게 생각한다.

몇몇 전통들은, 그것이 데리다(Jacques Derrida)에서 시작된 해체주의 전통이건, 들뢰즈(Gilles Deleuze)의 추종자들이 추구하는 고정된 정체성의 거부이건, 혹은 푸코(Michel Foucault)의 저작에 내포된 '인간'이 가능하게 한 것과 모호하게 한 것에 대한 인식론적 비판이건, 철학의 프로젝트를 계속해서 이어간다. 다른 장에서는 정치적·사회적 비판의 기획이 새로 착수되거나 확장된다. 로지 브라이도티(Rosi Braidotti)가 지적하듯이, 우리는 여성학, 민족학, 탈식민주의 연구, 퀴어 연구 등등을 포스트휴머니즘이 출현한 보다 긴 지성사의 일부를 차지하는 공인된 서구 지식 체계의 편협성에 대한 저항으로 인정해야 한다.[3]

또 다른 중요한 점은 과학과 기술에 의한 일상생활의 광범위한 포화이다. 과학과 기술은 서구의 과학적 인식론의 패권을 차지하고 있으며, 일상생활은 과학과 기술에 의해 실질적으로 매개될 뿐 아니라 크게 의존하고 있다. 마셀 오고먼(Marcel O'Gorman)이 5장에서 포스트휴머니즘 사상과 디지털 휴머니티의 상호 교차에 관한 도발적인 분석을 통해 탐구하는 것처럼, 보철(prosthetics) 없는 '인간'을 상상하는 게 가능한지를 포함해, 도구-사용/도구-제작 종(種)이 무엇을 의미하는지에 관한 심오한 질문들이 제기된다. 이와 같이 다양한 포스트휴머니즘적인 접근들은 미디어와 정보 기술의 문제들을 다룬다. 한때 '인간'에게만 허용되는 것으로 여겨진 능력들을 머지않아 기계와 AI 존재자 들이 공유할 수도 있을 가능성이 점쳐진다. 하지만 그보다 훨씬 더 영향력이 큰 것은 게놈 지도부터 합성 생물학에 이르는 20세기 이후 생명 과학에서의 거대한 변화이다. 그 결과 '생명 그 자체(life itself)'에 관한 철학적 개념들이 수정되며, 비인간 종들과 인간의 관계, 다양한 신체화의 영역에서 생명을 관리하는 인간의 윤리적·정치적 방식에 관한 새로운 물음

---

3   Rosi Braidotti, *Posthuman Knowledge* (Cambridge: Polity Press, 2019), p. 104.

들이 제기된다. 널리 사용되는 논쟁적인 명칭이기는 해도, 우리의 동시대를 인류세라는 틀에서 설명하는 작업은 과학과의 소통 속에서 인문학을 재고할 것을 요구하는 새로운 지적 융합 중에서도 가장 돋보인다.

이와 같이, 과학과 기술 연구(STS)로 통칭되는 연구 분야는 인간 중심주의에 관한 철학적 비판만큼이나 포스트휴머니즘의 출현에 중요하다. 특히 서구 과학 전통의 지식 생산 실제들에 대한 페미니즘과 탈식민주의 학자들의 평가는 서구 세계에서의 '인간'의 의미를 포함해 개념들을 재고하는 기획에서 핵심적이다. 사실, 과학 담론과 실제에 관한 비판들은 포스트휴먼에 관한 논의들이 뻗어 나가는 지적 공간을 자주 열어주었다. 이것은 모든 페미니즘 과학 연구에서 중추적인 역할을 한 도나 해러웨이(Donna Haraway)의 사상, 그녀의 영향력이 컸던 논문 「사이보그 선언문(Cyborg Manifesto)」으로부터 시작된 포스트휴머니즘적인 대화, 인간-동물 관계에 관한 연구의 출현 등에서 명백하게 드러난다.[4] 포스트휴머니스트로서 자주 분류되지는 않지만, 양자 물리학을 통한 지식의 페미니즘적 재이론화를 시도하는 캐런 버라드(Karen Barad)의 『우주와 중간에서 만나기(Meeting the Universe Halfway)』는 존재론, 인식론, 윤리학은 필수적인 공동 부산물이며, 인간을 포함해 세계를 형성하는 물질의 내부-작용의 일부라고 주장한다. 이 책은 해러웨이의 저술처럼 물질의 행위자성에 주목하고 의미와 문화를 인간 그 이상의 것으로 개념화하는 STS 분야의 핵심 저서이다.[5]

다른 STS와 문화 연구 이론가들도 과학과 기술의 발전과 관련된 일상의 변화하는 실제들이 인간 중심주의의 전제들을 재고하도록 얼마나 요구했는

---

4 Donna Haraway, "A Cyborg Manifesto: Science, Technology, and Socialist-Feminism in the Late Twentieth Century," in *Simians, Cyborgs, and Women: The Reinvention of Nature* (New York: Routledge, 1991), pp. 149~181.

5 Karen Barad, *Meeting the Universe Halfway: Quantum Physics and the Entanglement of Matter and Meaning* (Durham: Duke University Press, 2007).

지 다채로운 방식으로 보여주었다. 그러한 예는 테크노 문화에 관한 앤드루 피커링(Andrew Pickering)과 앤드루 로스(Andrew Ross) 각각의 저술부터,[6] 세라 프랭클린(Sarah Franklin)과 유진 새커(Eugene Thacker) 같은 학자들의 게놈학과 생명 기술의 함의에 관한 연구를 거쳐,[7] N. 캐서린 헤일스(N. Katherine Hayles)와 콜린 밀번(Colin Milburn)으로 대표되는 과학적 실제, 미디어, 그리고 일상생활의 상호 교차에 관한 연구에 이르기까지 다양하다.[8] 특히 헤일스는 영역은 다르지만 해러웨이만큼 영향력이 커서, 인간-기계 인터페이스와 공진화에 관한 포스트휴머니즘 연구의 길을 개척함으로써 우리가 의식, 행위성, 그리고 인지를 이해하는 중요한 방식을 새롭게 제시했다. 그녀의 저술은 표상과 매개에 관한 논의를 의미 생산 기술과 결합시켰으며, 포스트휴머니즘과 미디어 분야 사이의 연관성을 이끌어냈다. 이와 동시에 생명과학에서의 STS 저술도 신생 분야인 의료 인문학에서처럼 포스트휴머니즘의 통찰을 자주 반영한다. 비록 포스트휴머니즘의 언어를 항상 사용하지는 않지만, '생명 그 자체'의 개념들이 인구 관리의 생명 정치와 어떻게 교차하는지에 관한 연구에서 그것을 확인할 수 있다. 건강과 통치의 생명 정치에 관한 연구는 오랫동안 서구의 사상을 지배했던 인간의 특별한 역사를 해체하는 작업과 필연적으로 맞닿아 있다. 인간 이후의 생명, 건강, 그리고 기술에

6   Andrew Pickering, *The Cybernetic Brain: Sketches of Another Future* (Chicago: University of Chicago Press, 2011); Andrew Ross, *Strange Weather: Culture, Science and Technology in the Age of Limits* (New York: Verso, 1991) 참조.

7   Sarah Franklin, *Dolly Mixtures: The Remaking of Genealogy* (Durham: Duke University Press, 2007); Eugene Thacker, *The Global Genome: Biotechnology, Politics and Culture* (Cambridge: MIT Press, 2006) 참조.

8   가장 많이 인용되는 텍스트들로 N. Katherine Hayles, *How We Became Posthuman: Virtual Bodies in Cybernetics, Literature, and Informatics* (Chicago: University of Chicago Press, 1999); Collin Milburn, *Mondo Nano: Fun and Games in the World of Digital Matter* (Durham: Duke University Press, 2015) 참조.

관한 그러한 사고는 포스트휴머니즘적인 성향의 철학 전통에서 최근까지도 경시되어 온 중요 주제인 탈식민화와 반인종주의의 문제들을 상정한다.[9]

앞서 간략한 개관을 시작하면서 밝혔듯이, 하나 이상의 포스트휴머니즘이 있다. 그리고 이 책에서 반복적으로 인용되는 여러 주요 인물들이 있다면, 서로 잘 언급하지 않는 개별 전통들도 있다. 해러웨이와 헤일스 외에 또 다른 주요 이론가는 로지 브라이도티이다. 그녀는 들뢰즈의 전통 속에서 오랫동안 작업하면서 자신이 노마드적 주체성으로 지칭하는 비위계적·유동적·윤리 중심적 되기(becoming)의 페미니스트적 실제를 발전시켰다. 가장 최근의 저서에서 그녀는 포스트휴먼을 서구 사상에 필요한 변화를 개념화하기 방법으로 수용하면서, 우리 자신과 우리의 윤리학을 다시 만들 기회로서 긍정의 포스트휴머니즘을 주장한다. 그녀의 최근 저서 『포스트휴먼 지식(Post-human Knowledge)』에는 어떻게 하면 휴머니티가 포스트휴머니티로 이행할 수 있고 또 그래야 하는지에 대한 지속적인 분석이 담겨 있다. 그럼으로써 브라이도티는 인간 종 중심주의적이지 않은 분석 양식을 요구하는 동시대 위기의 도전에 대처할 연구 문화의 재활성화뿐만 아니라, '인간'의 역사적 한계와 태만을 극복하기 위한 방법들을 제시한다.[10] 이 밖에도 인간 이후 사

---

9   그러한 STS의 중요한 사례로는 Neda Atanasoski and Kalindi Vora, *Surrogate Humanity: Race, Robots, and the Politics of Technological Futures* (Durham: Duke University Press, 2019); Michelle Murphy, *The Economization of Life* (Durham: Duke University Press, 2017) 참조.

10 Braidotti, *Posthuman Knowledge* 참조. 중요한 점은 브라이도티가 비판적 포스트휴머니티에서 선도적인 분석 대상으로서의 '인간'이 부재한 상황에서 인문학 연구의 새로운 방법뿐 아니라, 또한 그러한 연구가 대학을 자본주의의 축적 엔진으로 바꾸려는 신자유주의에 맞서는 방법을 발견한다는 것이다. 그녀에 따르면, "정치적으로, 비판적 포스트휴머니티는 양적 데이터와 통제가 지배하는 학문 지식의 신자유주의적 지배에 대한 대안이자 그 조건에 대한 재협상을 의미한다"(p. 102). 또한 브라이도티는 마리아 흘라바호바(Maria Hlavajova)와 함께 출간한 『포스트휴먼 사전』[*Posthuman Glossary* (London: Bloomsbury, 2018)]을

고의 특징적인 양식을 형성하는 데에 중요한 연구를 한 다른 주요 학자들로는 클레어 콜브룩(Claire Colebrook), 티머시 모턴(Timothy Morton), 그리고 캐리 울프(Cary Wolfe) 등이 있다.

중요한 점은 이러한 전통 간의 긴장 혹은 이견의 지점 들이 오늘을 위한 사고에 매우 생산적이어서, 서구 인문학의 비판을 넘어 그 관점으로는 생각조차 할 수 없는 영역으로 인간 이후의 연구를 밀고 나간다는 것이다. 포스트휴먼이라는 단어를 사용하는 모든 사람이 똑같은 것을 의미하지는 않는다. 이것은 단지 최근뿐 아니라 오늘날의 이론을 낳은 다양한 계통의 철학사 전반에 나타나는 사실이다. 『인간 이후』에 담긴 모든 학문적 전통들은 어떤 면에서는 인간 중심주의 전통의 이미 감지된 지적·정치적·실천적 한계에 대한 응답이다. 하지만 그러한 결함을 고칠 수 있는 최상의 방법에 대해서 의견이 언제나 일치하지는 않는다. 가령, 트랜스휴머니즘이 표방하는 인간/기계 결합에 관한 관심은 인간 예외주의를 특징짓는 위계적 사고방식을 개선하기보다는 오히려 강화하는 것으로 종종 여겨진다. 이 책의 많은 접근 방식들이 살아 있는 존재들에 대한 윤리의 문제에 우선순위를 두고서 동물, 미생물, 식물, 그리고 생명의 가능성을 지속시키는 생태계에 관심을 기울이는 반면에, 다른 접근 방식들은 그러한 생명/비생명 이분법 역시 인간 종 중심주의적이지 않은 사고로 이행하는 데 방해가 된다고 주장한다. 어떤 학자들은 기존 담론들을 새로운 관점에서 해체하거나 혹은 수정하려는 반면에, 다른 어떤 학자들은 완전히 새로운 사고방식을 고안하고 싶어 한다. 동물에 관한 수전 맥휴(Susan McHugh)의 장(7장)과 신유물론에 관한 스테이시 앨러이모(Stacy Alaimo)의 장(12장)은 그들이 속한 분야에서의 포스트휴먼이라는 단어에 대한 저항에 주목한다. 두 가지 종류의 긴장이 눈에 띈다. 한편으로는,

---

통해 오늘날의 인문학을 재고하고 재창조하는 데 필요한 다양한 개념, 사상가, 그리고 유파 들을 소개한다.

포스트휴머니즘이 인간 중심주의의 인간 종 중심주의에 너무 깊이 연루되어 있으며, 지나치게 추상적인 철학적 담론으로는 정치적 실천으로 나아가기에 불충분하다는 생각이 이러한 분야들 내에 존재한다. 다른 한편으로는, 포스트휴머니즘의 철학 전통에 가장 몰입해 있는 사람들은 때때로 동물이나 생태계와 같은 실체에 관한 연구가 충분하게 엄밀하지 않은 탓에 인간 중심주의에 대한 비판에도 불구하고 인간 종 중심주의에 반사적 특권을 준다고 생각한다. 다른 차이점도 많다. 비판적 포스트휴머니즘의 해체주의적 기획이 인간 언어의 구성적 역할을 강조하고, 사변적 실재론의 전통이 그러한 해석학에서 벗어나 사물 그 자체의 객체 영역이라는 것을 주장한다면, 브라이도티가 옹호하는 긍정의 포스트휴머니즘 전통은 양 진영이 뒤얽힌 신체와 그것의 정동에 충분히 주의를 기울이지 못한 것에 대해 비판한다.

　이러한 불일치가 단순히 비판 방식 대(對) 변화를 위한 보다 근본적인 접근의 차이로 이어지는 것은 아니다. 이 점은 신체화와 정동에 관한 마이클 리처드슨(Michael Richardson)의 장(4장), 그리고 인종과 '인간'의 한계에 관한 마크 민치-드 레온의 장(14장)에서 분명하게 나타난다. 두 장은 인간 이후의 사고에 관한 논의에 필요한 개입을 본격화하는 동시에 '인간'을 인종화된 개념으로 비판해 온 학자들이 포스트휴머니즘(의 일부 담론들)을 여전히 경계하는 중요한 이유를 자세히 밝힌다. 리처드슨의 설명처럼, '인간 이후'를 '인간 너머(beyond the human)'의 운동으로 이해한다는 것은 흑인, 장애인, 퀴어, 식민지인, 아시아계처럼 애초에 인간이라는 범주를 온전히 부여받은 적이 없는 신체들에게는 종종 잘못된 방향의 시도로 여겨진다.[11] 그래서 민치-드 레

---

11 몇몇 논문과 책을 통해 재키야 이만 잭슨은 포스트휴머니즘, 동물 연구, 그리고 유색인 퀴어와 탈식민 비평을 연결하는 중요한 작업을 하고 있다. Zakiyyah Iman Jackson, *Becoming Human: Matter and Meaning in an Antiblack World* (New York: New York University Press, 2020) 참조.

온은 우리가 포스트휴머니즘적인 지식 생산과 그것이 연구와 실천을 변화시키는 능력을 평가할 때 물어야 할 가장 중요한 질문은 "〔그러한 담론들이〕 인종화된 백인 우월주의 통치에 맞서 싸웠는가, 아니면 그것에 기여했는가?"라고 주장한다. 역사에서 '인간'이 하나의 이상으로서 작용한 것을 극복하려면 해야 할 일이 아직 많다.

인간 이후의 지식 생산의 실천과 정치는 무엇일지에 대한 다양한 응답과 긴장 들을 상세히 기록함으로써, 이 책은 현재 지형의 개관을 제공하는 동시에 융합의 순간들과 다양한 포스트휴머니즘들의 충돌 지점들로부터 비롯될 향후 연구를 위한 공간을 모색하고자 한다. 『인간 이후』에 실린 연구들은 전통적으로 인문학에 적합하다고 생각되지 않은 지식 대상과 영역에 비평적 관심을 기울임으로써 많은 것을 얻을 수 있다는 전제로부터 출발한다. 모든 장들은 서구 사상의 근거가 된 위계적 이분법과 '인간'이 그 안에서 차지해 온 특권적 지위를 심문하고 다양한 방식으로 거부함으로써 지식과 나아가 세계를 재생산하는 작업의 윤리적·정치적 기획에 참여한다. 각 장에는 몇 개의 핵심 모티프들이 되풀이되는데, 그것들은 포스트휴머니즘 연구에 필요한 새로운 준거 틀이 될 것이다. 첫째는 경제 비평과 자본주의의 역할이다. 주지하건대, 자본주의는 인간 중심주의 및 식민주의와 결탁해 세상을 멸종 위협에 시달리게 만든 힘으로 작용해 왔다. 우리가 겪고 있는 위협도 여기에 포함될 수 있을 것이다. 둘째는 주체성과 행위성의 새로운 개념화이다. 이와 동시에 그것들이 존재의 기초 항목으로서 지니는 상대적 중요성에 대한 물음이 수반되는데, 이것은 특정 역량들을 '인간'만의 유일한 영역으로 간주하던 기존의 담론은 더 이상 가능하지 않기 때문이다. 셋째는 개선되어야 하는 부재 또는 누락의 느낌이 윤리 기획을 갱신하는 방법으로 고안된 새로운 연구 대상과 방법 들에서뿐 아니라, 여러 장에 걸쳐 유령과 출몰의 언어로 분명하게 드러난다는 것이다. 중요한 것은 이것이 단순히 인간 중심주의의 틀에서 제외된 신체/주체의 문제일 뿐 아니라, 비인간화(dehumanization)

과정에 의해 적극적으로 배제된 인간들의 문제이기도 하다는 점이다. 만약 이 책에 수록된 모든 장의 핵심이라고 할 수 있는 한 가지를 꼽으라면, 그것은 '인간'은 비천하게 배제된 비인간(abjected nonhuman)을 동시에 낳는다는 인식이다.

인간 이후의 비평과 이론이라는 측면에서 보면, 어떻게 인간 그 이상의 세계와 상호 작용하고 어떻게 그에 관한 지식을 만들지, 혹은 그것이 가능할지 뿐 아니라, 그 세계에 관한 재현과 서사의 물음도 계속해서 강조되는 것을 알 수 있다. 인간 중심주의 비판을 다루는 장들을 지나 그 자리에 다른 것을 배치하려는 장들을 읽다가 보면, 의미와 관련된 문제에서 벗어나 과정과 관계성의 문제들로 이동하게 된다. 그러나 인간 그 이상의 세계를 지각할 수 있게 만드는 전략은 여전히 핵심 관건이다. 이것은 이론가들이 자신들의 주장을 구체화하기 위해 종종 사용하는 우화와 이야기 들, 누구의 이야기를 누구에 의해 들려주느냐에 모종의 정치가 내재해 있다는 집단적 확신, 그리고 우리가 이야기들에 허용하는 존재론적 무게에서 분명하게 드러난다. 이러한 이유로 사변 소설(15장)과 바이오아트(16장)는 다른 여러 장들에서도 사례로서 반복된다.

그럼에도 불구하고 이 책에 수록된 글들을 하나로 묶어주는 가장 중요한 것은 포스트휴머니즘은 윤리적이며 정치적인 기획이라는 생각이다. 그것을 통한 개입이 정확하게 무엇이어야 하는지에 대한 일치된 합의가 없더라도 말이다. 『인간 이후』에 실린 각각의 연구가 반복해서 상기시켜 주는 것은 모든 존재가 기존 체제에서 양육되고 가치를 부여받는 것이 아니며, '인간'은 역사적으로 그러한 분할을 만들어내는 주요 기술(technology)로 쓰였다는 점이다. 이것은 모든 존재가 차별 없는 생기론에서처럼 반드시 '동등'한 것으로 간주되어야 한다고 주장하는 것이 아니다. 그보다는 '인간'은 결코 중립적인 용어였던 적이 없으며, 또한 인종주의, 능력주의, 성차별주의, 그리고 계급주의 등과 공동으로 잉태된 산물임을 상기시키기 위함이다. 따라서 우리가 무엇에, 왜, 어떤 논리에 따라 가치를 둘 것인지에 대한 보다 엄밀하고 철저한 사고방식이 긴급히 요구된다. 개인주의와 행위의 주체성에 사로잡힌 서구 형이상학으로부터 물려받은 근시안적 시각은 끝났다. 계속 진행 중인 활발한 연구 분야이긴 하지만, 진정으로 고민해야 할 것은 포스트휴먼이 비천하게 배제된 외부와 타자를 계속해서 눈에 보이지 않게 만드는 특권화된 주체의 또 다른 반복이 되지 않게 보장하는 방법이다. 의심할 여지 없이, 새로운 윤리가 필요하다. 남은 작업은, 차이의 공간을 동시에 남겨두는 연대의 관점에서, 그 새로운 윤리가 무엇일지 함께 조율하는 일이다. 이것은 쉽지도 자명하지도 않은 작업이지만 꼭 필요한 작업이다.

『인간 이후』는 현재의 포스트휴머니즘 분야를 구성하는 다양한 대화들을 상세히 기록하고, 그에 따라 새로운 대화가 등장할 수 있는 지점들을 가리킴으로써 그 작업에 도움이 되었으면 한다. 1부는 포스트휴머니즘적인 사고의 긴 역사와 더러는 그 용어가 퍼지기 전에 유통된 개념들에 입각해 포스트휴머니즘 분야를 맥락화한다. 1부를 구성하는 장들은 먼저 서양 철학의 다양한 갈래들로부터 그것이 출현하게 된 과정을 개관한다(1장). 구체적으로는, 비판 이론에서의 언어적 전회와 포스트휴먼의 관계에 관한 분석(2장), 주체성을 재고하는 기획에서 재현과 서사의 실천에 대한 물음이 갖는 중요성에 관한 분석(3장), 들뢰즈와 그를 이은 관련 전통들과의 관계하에서 이루어지는, 퀴어한 포스트휴머니즘으로 가기 위한 언어의 (지나친) 강조에 대한 저항(4장), 그리고 끝으로 의미 생산과 인간 능력의 기술적 확장의 관계에 대한 이론화와 그러한 철학사가 펼쳐놓았을지도 모르는 또 다른 방식의 탐문(5장)을 다룬다. 전체적으로, 1부는 서양 철학의 회의주의 전통에서의 포스트휴머니즘적인 개념들의 기원을 탐사하면서, 또한 그러한 사상의 궤적이 전혀 예상하지 못한 종착지에서 끝이 난다는 사실을 보여준다.

2부는 인간 중심주의 개념과 그에 따른 연구 의제 구성 방식의 비판 이후에 나타난 새로운 분석 대상과 연구 방법 들을 전면에 내세운다. 브라이도티가 『포스트휴먼 지식』에서 주장하듯이, 그러한 연구들은 단지 인간 종 중심주의 너머의 사고를 시도하는 데에만 머물지 않고, 인간을 "물질적으로 착종되고 신체화된 차이, 정동, 관계(의 존재)"로 다시 정의한다.[12] 이것은 단지 사고와 독서뿐 아니라, 또한 관계, 존재, 지각, 그리고 세계와의 상호적이며 내부적인 작용의 새 방식들을 요구한다. 지식의 고유 대상이 일단 바뀌고 나면, 연구를 어떻게 수행하고 인간 그 이상의 세계를 인간 중심적 기획의 소재로 환원하지 않는 협업의 가능성을 어떻게 도입할지가 문제시된다. 2부에서 주로 논의되는 관점들은 AI, 로봇, 기계, 체계(6장), 동물(7장), 구체적인 생명체의 신체화와 구분되는 생명(8장), 당연한 인간 영토로서가 아닌, 다양한 행위자들을 위한 내재적 가치 체계로서의 세계(9장), 그리고 비서구적 관점에서 '인간'에 관한 비판을 앞지르는, 인간/비인간 이분법이 어떻게 서구 사상의 근간이 되었는지에 대한 비판(10장)이다.

끝으로, 3부에서는 새로운 지식 형성의 현장과 포스트휴머니즘 준거 틀의 출현에 따르는 기존 연구 방식의 변화를 좀 더 상세하게 살펴본다. 인간이 다른 존재자들과 어떻게 서로 뒤얽혀 있는지 묻고, 서구의 인간 종 중심주의적 전통에서 간과되어 온 사고의 계보를 탐구한다. 3부에서 다루어지는 세부 주제는 생명의 생명 정치적 통치가 인간 예외주의의 침식 작용에 의해 심각하게 재형성되는 과정에 대한 분석(11장), 물질을 생기 없는 것으로 보기를 거부하는 신유물론적 관점에 입각한 새로운 종류의 환경 정치(12장), 사변적 실재론이 인간 개념의 바깥을 충분히 사고하기 위한 방식과 이유에 관한 개관(13장), '인간'에 의해 저질러진 분리를 중지시키는 거부의 정치를 통한 포스트휴머니즘의 탈식민화(14장), 그리고 사변 소설(15장)과 바이오아트(16장)에 나타나는 인문학 연구에서의 인간 그 이상의 세계로의 전

---

12 Braidotti, *Posthuman Knowledge*, p. 11.

회에 부합하는 새로운 문화와 의미 생산의 방식에 관한 분석(15장)이다.

브라이도티는 다음과 같이 경고한다.

'우리 인간들', 혹은 심지어 '우리 포스트휴먼들' 같은 말들은 물질적으로 착종되어 있는 관점들의 차이에 근거해 신중하게 접근할 필요가 있다. 왜냐하면 "우리는-**여기**에-함께-있지만-우리는-동일한-하나가-**아니고**-똑같지도-않기 때문이다." '우리'는 우리가 **또한** 비판을 하는 바로 그 조건들 안에 내재해 있는데, 이는 우리가 그것들과 본질적으로 연관되어 있다는 의미이다. 포스트휴먼 융합은 우리가 처한 역사적 순간의 공통된 특징이지만, 이것이 실제로 누구의 위기인지는 명확하지 않다. 우리는 기술의 매개와 동시에 위기와 멸종을 일반적인 조건으로 공유한다고 하는 차이화되지 않은 인류(혹은 차이화되지 않은 '우리')에 대해 말할 수는 없으므로, 비판적 사상가들의 별도의 노력이 요구된다.[13]

이 책에 실린 글들은 이러한 시급하고 필수적인 일을 시작하는 데 있어 그것의 어려움, 대화를 확장시켜 줄 다수의 간과되어 온 목소리들, 그리고 계속 진행 중인 위기들에 대한 다양한 '대답들'에 주의를 기울인다. 『인간 이후』는 인간 그 이상으로의 전회 이후의 비평과 이론에 대한 최종적이고 확정적인 설명을 표방하지 않는다. 그러나 인간의 재고라는 측면에서 볼 때 앞으로의 비평과 이론은 더 이상 과거와 같을 수 없다는 것만큼은 분명히 말해두고 싶다.

---

13 Braidotti, 같은 책, p. 157.

After the Human

1부

인간 중심주의 이후

1
포스트휴머니즘의 역사화

베로니카 홀린저

우리를 가장 인간으로 느끼게 해주는 이야기들은 더 이상 우리에게 진실을 말해 주는 이야기들이 아니다.[1]

비인간의 시간, 혹은 더 이상 인간이 아닌 것의 시대가 올 것이다.[2]

1.1 포스트/휴머니즘

기원전 2세기에 로마의 극작가 테렌티우스(Terentius)가 남긴 호모 숨, 후마니 니힐 아 메 알리에눔 푸토(*Homo sum, humani nihil a me alienum puto*), 즉 "나는 인간이다, 나는 인간의 어떤 것도 나에게는 이질적이지 않다고 생

---

1   John Clute, "21st Century Science Fiction," *The New York Review of Science Fiction*, 328 (December 2015), pp. 4~5.

2   Claire Colebrook, "Futures," in Bruce Clarke and Manuela Rossini(eds.), *The Cambridge Companion to Literature and the Posthuman* (Cambridge: Cambridge University Press, 2017), p. 204.

각한다"라는 신념에는 일종의 상식 같은 것이 있었다. 자명하고 보편적인 인간성에 대한 이러한 인식은 그것의 포용력에도 불구하고 인간과 그 밖의 다른 모든 것 사이의 마찬가지로 상식적인 구분에 암묵적으로 의거해, 지구와 그 비인간 거주자들을 알리에눔(*alienum*), 즉 이질적인 것으로 여긴다. 17세기에 데카르트(René Descartes)의 계몽주의 휴머니즘은 합리적 정신(즉 코기토)을 신체보다 높게 보았다. 그 결과 신체 또한 서구 문화에서는 알리에눔으로 간주되어, 칭송받는 남성적 '문화'보다는 객체화된 여성적 '자연'의 옆에 나란히 놓였다. 데카르트도 한편으로는 인간과 비인간 동물, 다른 한편으로는 인간과 기계 사이에 엄격한 구분을 두고서 각각의 후자를 이성이 작동하지 않는 존재론적 외부로 강등시켰다. 최근의 포스트휴머니즘 이론들이 인간은 항상 '자연' 세계와 기술 과학의 '제2의 자연' 세계 모두와 상호 관계 속에 얽혀 있음을 그토록 강조하는 것은 결코 우연이 아니다. 그만큼 인간의 존재론적 자기 동일성의 관념을 옹호하기가 갈수록 어려워지고 있다.

우리가 살고 있는 현 시대의 인간 중심주의의 뿌리는 18, 19세기의 산업화/근대화와 시장 주도형 자본주의의 지속적인 확장에 있다. (신)자유주의 휴머니즘이 오늘날의 상식적인 주체 이데올로기이다. 간단히 말해서, 그것은 N. 캐서린 헤일스의 표현대로 "통합적이고 합리적인 자아, 그 자아가 지닌 자율성과 자유의 권리, 그리고 계몽된 자기 이익의 신념과 연관된 행위성"을 신봉한다.[3] 언제나 그렇듯이, 합리적 인간과 그 밖의 모든 것 사이에는 구분이 필요하고, 따라서 (신)자유주의는 테렌티우스와 데카르트가 일찍이 제안한 철학적 경계를 그대로 따른다.

---

3 N. Katherine Hayles, *How We Became Posthuman: Virtual Bodies in Cybernetics, Literature, and Informatics* (Chicago: University of Chicago Press, 1999), pp. 85~86. 계몽에 관한 칸트(Immauel Kant)의 좌우명은 "사페르 아우데!(saper aude!)", 즉 "과감히 알려고 하라!"이다.

다윈(Charles Darwin) 이론의 영향을 받은 서구 자유주의 휴머니즘의 18, 19세기 식민주의 사업은 젠더뿐 아니라 인종도 위계화했다. 그 결과 진화가 더 되고 덜 된 인종들 사이에도 구분이 생겼다. 선진화된 기술의 강력한 지원하에 '백인' 인종이 스스로를 가장 선진적이고 따라서 가장 온전한 인간으로 간주한 것은 놀랍지 않다. 동물 연구의 기초가 된 저서에서 캐리 울프는 인간이 동물의 지위로 처음 '축소'될 때 너무 많은 억압이 용서되기 때문에 동물의 권리를 지지해야 한다고 주장한다. "인간과 비인간 둘 다를 포함해서 우리는 모두 종 차별주의 담론과 제도에 관련되어 있다. 그것이 동물에 끼치는 극도로 직접적이고 부적절한 영향들에만 결코 국한되지 않는다."[4] 자크 데리다가 「그러므로 나는 동물이다(The Animal That Therefore I Am)」에서 시도한 인간/동물 경계의 해체는 학제 간 동물 연구 분야의 또 다른 기본 텍스트이다. 인간 신체와 동물 신체 사이의 대부분의 구별을 무너뜨린 유전학적 발견의 도움을 받아 동물 연구는 인간과 비인간 동물의 관계를 재고하는 것을 목표로 한다. 이를 위해 동물 연구는 존재 그 자체에 대한 윤리적 인정의 관점뿐 아니라, 인간을 더 이상 존재론적으로 유일무이한 특권적 존재로 보지 않는 반드시 공유되어야 할 공존의 관점을 취한다.

특히 1980년대 이후에 포스트휴머니즘적인 사고는 기술 과학의 급격한 발전에 대해서도 적극적으로 반응했다. 『미러 셰이드(Mirrorshades)』의 서문에서 소설가 브루스 스털링(Bruce Sterling)은 1980년대의 새로운 컴퓨터 및 생명 공학 기술을 "널리 퍼져 있고, 매우 친밀한 기술"이라고 설명한다. 그가 파악한 핵심 주제들은 모두 기술에 의한 신체와 정신의 침투에 관한 것으로, "인간의 본질과 자아의 본질을 근본적으로 다시 정의하게 만드는 기술들"이 포함된다.[5] 포스트휴먼 테크노주체(technosubject)의 '기원'은 우리가

---

4   Cary Wolfe, *Animal Rites: American Culture, the Discourse of Species, and Posthumanist Theory* (Chicago: Chicago University Press, 2003), p. 7.

기술계의 산물들과 점점 더 밀접하게 공진화한다는 인식에서 찾을 수 있다.

비판적 포스트휴머니즘 사고는 테렌티우스가 이상화한 보편적 인간, 데카르트가 이상화한 인간 지성, 그리고 (신)자유주의가 이상화한 인간 행위성 등의 본질주의들을 거부한다. 비판적 포스트휴머니즘에 속하는 대부분의 유파들은 자기 동일성이 아니라 차이에 의해 구성되는 인간 주체, 즉 고정되어 있지 않고 과정 속에 있으며, 사실은 그 주체를 존재하게 하는 인간, 비인간, 기술의 관계들 속에 뒤얽혀 있는 인간 주체를 이론화한다. 톰 이데마(Tom Idema)는 포스트휴머니즘적인 사고에서 자기 소외 혹은 자기 낯설게 하기 — 혹은 알리에늄 되기 — 의 실마리가 될 만한 것에 대해 다음과 같이 설명한다.

> 포스트휴머니즘의 정의는 서로 제각각이지만, 대부분 다음과 같은 것들을 공유한다. 인간을 사고와 우주의 중심에 놓는 것에 대한 저항, 인간과 비인간의 엄격한 대립의 거부, 인간 형식을 고정된 것으로 받아들이는 태도의 거부, 그리고 좋든 싫든 인간이 다른 존재로 변모하는 미래에 대해 추측하는 성향.[6]

1.2 반휴머니즘

포스트모더니즘에 관한 1984년의 획기적인 논문에서 프레드릭 제임슨(Fredric Jameson)은 포스트모던 주체를 탈중심화와 파편화에 비추어 설명하

---

5   Bruce Sterling, "Preface," in Bruce Sterling(ed.), *Mirrorshades: The Cyberpunk Anthology* (New York: Ace, 1988), p. xiii.

6   Tom Idema, *Stages of Transmutation: Science Fiction, Biology, and Environmental Post-humanism* (New York: Routledge, 2019), ebook. https://doi.org/10.4324/9781315225470.

면서 "자율적인 부르주아 모나드(monad) 혹은 에고 혹은 개인의 죽음"을 선언한다.[7] 제임슨의 다소 암울한 반휴머니즘은 '모나드적' 주체의 자만에 대한 여러 도전들, 인간 중심주의 이데올로기에 비례해서 확산된 여러 도전들 중 하나에 불과하다. 더 큰 틀에서 인간 예외주의를 경멸적으로 탈중심화한 프리드리히 니체(Friedrich Nietzsche)가 좋은 본보기이다. "한 번의 위대한 도약, 죽음의 도약에서 궁극을 얻고자 하는 피곤함, 더 이상 의지조차 없는 불쌍한 무지의 피곤함, 그것이 모든 신과 배후 세계를 창조했다."[8] 다윈에 관한 식민주의적 독해와는 대조적으로 스테이시 앨러이모는 진화론에서 인간을 "가까운 곳이나 방대한 시간적 거리 너머 모두에 있는 생명체들의 신체적 연합"으로 바라보는 다윈의 강력한 폭로를 발견한다.[9] 나아가 그녀는 다윈이 "우리가 항상 이미 '포스트휴먼'이었음을 최초로 알아차리게 한 인물로서, 우리는 세계의 물질적 행위자들 안에 스며들어 있다는 입장"[10]을 제시한다고 주장한다. 『포스트휴머니즘(Posthumanism)』의 서문에서 닐 배드밍턴(Neil Badmington)은 초기의 다른 중요한 반휴머니즘의 대표적인 예로서, 인간을 사회적 관계의 산물로서 이론화한 카를 마르크스(Karl Marx)의 과학적 유물론과 인간을 무의식의 심적인 힘들의 산물로 바라본 지그문트 프로이트(Sigmund Freud)의 정신 분석 이론을 든다.[11]

---

7   Fredric Jameson, "Postmodernism, or, the Cultural Logic of Late Capitalism," *New Left Review*, 146(July/August 1984), p. 63. 물론 제임슨의 주장처럼 그러한 모나드적 주체가 애초에 존재했었는지, 아니면 언제나 인간 중심주의의 오인일 뿐이었는지는 분명치 않다.

8   Friedrich Nietzsche, *Thus Spoke Zarathustra*, ed. R. Pippin, trans. A. D. Caro(Oxford, UK: Oxford University Press, 2006), p. 21.

9   Stacy Alaimo, *Bodily Natures: Science, Environment, and the Material Self* (Bloomington: Indiana University Press, 2010), p. 158.

10 Alaimo, 같은 책, p. 158.

11 Neil Badmington, "Introduction: Approaching Posthumanism," in Neil Badmington(ed.), *Posthumanism* (New York: Palgrave, 2000), pp. 1~10.

20세기와 특히 1950년대부터 1980년대까지의 포스트모던 시기에 반휴머니즘은 인간 주체의 구성에 대해 단호하게 인간 종 중심적인 시각을 유지하는 한이 있더라도 인간 중심주의의 옹호를 계속해서 비판적으로 파헤쳤다. 반휴머니즘에 의해 이론화된 주체는 상당히 약화되긴 했어도 모든 의미 있는 경험의 핵심으로 여전히 남아 있다. (페르디낭 드 소쉬르(Ferdinand de Saussure)의 언어학과 클로드 레비스트로스(Claude Lévi-Strauss)의 인류학 같은) 구조주의가 상징과 문화의 불가피한 체계 내에서의 주체의 형성을 구체적으로 보여준다면, (자크 라캉(Jacques Lacan)의 신프로이트적 정신 분석학 이론과 자크 데리다의 해체주의 같은) 포스트구조주의는 언어 내에서 그리고 언어를 통해 구성되는 제한된 행위성의 주체를 제시한다. 그 주체는 겉보기에 이질적인 힘들에 침입당하고 그것들의 내부에서 형성되고 함께 공존한다. 그 힘들의 목록은 프로이트의 무의식, 라캉의 상징계, 장 프랑수아 리오타르(Jean-François Lyotard)의 비인간(the inhuman), 조르조 아감벤(Giorgio Agamben)의 동물, 데리다의 서구 형이상학 등등 거의 끝이 없다. 각각의 경우 일종의 크리스테바(Kristeva)적인 비체(非體, abject)가 안으로 침투해서 주체로부터 자유 의지, 자기 정체성, 그리고 자기 확신을 빼앗는다. 이러한 모든 반휴머니즘 입장들은 인간에 대한 낡고 오만할 정도로 자기도취적인 이해의 해체를 목표로 한다. 이브 코솝스키 세즈윅(Eve Kosofky Sedgwick)의 용어를 빌려서 말하자면, 그러한 입장들은 인간에 대한 '편집증적' 읽기를 통해 비판을 강조하는데, 이것은 N. 캐서린 헤일스의 『우리는 어떻게 포스트휴먼이 되었는가(How We Became Posthuman)』, 셰릴 빈트(Sherryl Vint)의 『미래의 신체(Bodies of Tomorrow)』, 그리고 로지 브라이도티의 『포스트휴먼(The Posthuman)』과 같은 뒤이어 등장한 '회복적(reparative)' 읽기들과 대비된다.[12] 예를 들자면,

---

12 Eve Kosofky Sedgwick, "Paranoid Reading and Reparative Reading, or, You're So Paranoid, You Probably Think This Essay Is About You," in *Touching Feeling: Affect,*

브라이도티가 포스트휴머니즘을 코스모폴리탄적인 긍정의 윤리와 정치를 발전시킬 기회로 이론화한다면,[13] 스테이시 앨러이모는 비판적 포스트휴머니즘 사고와 환경 윤리의 상호 교차와 그 발전 가능성을 탐구한다.[14]

1.3 사이보그 되기

도나 해러웨이의 영향력 높은 사회주의 페미니즘 논문 「사이보그 선언문」은 최초의 포스트휴머니즘 프로젝트로서, 포스트모더니즘 이론이 절정에 달한 시기들 중 하나에 제임슨의 「포스트모더니즘(Postmodernism)」과 거의 같이 출간되었다. 캐리 울프는 해러웨이의 논문을 기술에서의 주체에 대해 사유한 '대표적인 고전'이라고 칭한다.[15] 해러웨이의 「사이보그 선언문」은 테크노 주체를 신체와 기계로 이루어진 혼합물, 즉 은유이자 물질적 실재로서 이론화한다. 사이보그는 기술과 인간의 존재론적 경계를 흐리게 하고, 인간 정신과 신체의 기술 과학적 침투를 통해 포스트휴먼을 구성한다.[16]

Pedagogy, Performativity (Durham: Duke University Press, 2003), pp. 123~151.

13 Rosi Braidotti, *The Posthuman* (Cambridge: Polity Press, 2013), p. 47.

14 Alaimo, *Bodily Natures.*

15 Cary Wolfe, "Introduction," in *What Is Posthumanism?* (Minneapolis: Minnesota University Press, 2010), xiii.

16 해러웨이의 「사이보그 선언문」은 1980년대에 발표된 많은 페미니즘 과학 연구의 하나일 뿐이다. 그 외에도 Evelyn Fox Keller, *Reflections on Gender and Science* (1985); Sandra Harding, *The Science Question in Feminism* (1986) 등이 있다. 해러웨이의 초기 연구가 사이보그와 동반종을 통해 포스트휴머니즘에 관한 사고의 기초를 마련했다면, 최근 연구는 페미니즘 신유물론에 좀 더 가깝다. 그녀는 포스트휴머니즘이라는 용어를 거부하고, 우리의 세속적 타자들과의 연대를 강조한다. "나는 퇴비주의자이지, 포스트휴머니스트가 아니다: 우리는 모두 퇴비이지, 포스트휴먼이 아니다"(Donna Haraway, "Anthropocene, Capitalocene, Plantationocene, Chthulucene: Making Kin," *Environmental Humanities*, 6(2015), p.

이러한 맥락에서 이합 하산(Ihab Hassan)이 일찍이 1977년에 인문학과 과학이 실제로 서로의 영역 안으로 내려앉는 상황(즉 과학학(science studies)이 새로운 포스트휴먼 연구의 중요한 '학제 간 분야'로 등장한 것)에 대해 선견지명을 갖고 논평하면서 사용한 '포스트휴머니즘'이라는 용어를 상기할 필요가 있다. 푸코가 『지식의 고고학(The Archaeology of Knowledge)』에서 예견한 '인간의 종말'을 연상시키면서, 하산은 다음과 같이 쓴다.

우리는 … 인간의 욕망과 그것의 모든 외적 재현을 포함한 인간 형식이 근본적으로 변화할 것이며 그렇게 수정되어야 한다고 이해해야 한다. 500년에 걸친 인간 중심주의가 어쩌면 종말에 이르고 있으며, 그에 따라 인간 중심주의는 우리가 어쩔 수 없이 포스트휴머니즘이라고 불러야만 하는 무언가로 변하고 있음을 우리는 이해해야 한다.[17]

해러웨이의 「사이보그 선언문」은 포스트휴머니즘적인 사고에서 발전해 온 다른 강조점들을 시사한다. 그중 한 갈래는 대부분 '인간'의 철학적·정치적 재개념화와 기술 과학의 가속화, 자본주의의 팽창, 그리고 기후 변화가 진행되는 지구화된 세계에서 윤리와 정치를 실천하는 새로운 방법들에 관한 것이다. 다른 갈래에서는 실세계의 기술 과학을 통해 물리적 신체의 취약점들을 극복하는 꿈을 꾸는 '진화론적 미래주의'의 진보가 강조된다.[18] 이 두 갈래를 계속 떼어놓다 보면 아무래도 지나친 단순화에 빠질 수 있다. 하

---

161).

17 Ihab Hassan, "Prometheus as Performer: Toward a Posthumanist Culture?" *The Georgia Review*, 31(4) (Winter 1977), p. 843.

18 이 용어의 출처는 Andrew Pilsch, *Transhumanism: Evolutionary Futurism and the Human Technologies of Utopia* (Minneapolis: Minnesota University Press, 2017)이다.

지만 특히 1980년대 이후 포스트휴먼의 개념이 발전해 온 다양한 방향들이
그러한 단순화에서 개략적으로나마 드러난다. 1980년대로 말하자면, 제임
슨이 주체의 파편화를 명시하고, 해러웨이가 우리가 '지배의 정보학'[19]에 착
종되어 있음을 밝혀내고, 윌리엄 깁슨(William Gibson)의 사이버펑크 고전 『뉴
로맨서(Neuromancer)』(1984)가 대중적 상상 속에서 사이버 문화 미학의 아이
콘이 되었던 그때이다.[20]

　두 개의 최근 연구가 이러한 이중적 강조를 보여준다. 슈테판 헤르브레히
터의 『포스트휴머니즘: 비판적 분석(Posthumanism: A Critical Analysis)』은 기
술 문화의 맥락 속에서 논의를 펼치면서도 "'인간의 종말'에 관한 동시대 포
스트휴머니즘 시나리오의 계보를 추적하면서 그것을 근대성 내에서의 이론
및 철학의 발달과 사고방식이라는 맥락 속에서 살펴본다".[21] 헤르브레히터
는 책의 포문을 여는 첫 장에서 푸코, 리오타르, 그리고 데리다 같은 이론가
들의 저작에 의거해 '비판적 포스트휴머니즘'의 개념을 소개한다. 이와는 조
금 다르게, 피터 마혼(Peter Mahon)의 『포스트휴머니즘: 혼란에 빠진 독자들
을 위한 안내서(Posthumanism: A Guide for the Perplexed)』는 "구체적인 기술
과학적 포스트휴머니즘"을 추적한다.[22] 마혼에게 "포스트휴머니즘의 우선적
인 분석 단위는 '인간+도구' "이다. 마혼은 철학적 포스트휴머니즘의 이론적

19　Haraway, "A Cyborg Manifesto," p. 161.

20　포스트휴머니즘적인 사고의 발전에서 사변 소설이 차지하는 중요성은 아무리 강조해도
　　지나치지 않다. 사변 소설은 많은 주요 이론가들에게 상상력을 자극하는 소재가 되었다.
　　그러한 이론가들로는 앨러이모, 브라이도티, 토머스 포스터(Thomas Foster), 해러웨이, 헤
　　일스, 제임슨, 브뤼노 라투르(Bruno Latour), 콜린 밀번, 스티븐 샤비로(Steven Shaviro),
　　그리고 이사벨 스탕제(Isabelle Stengers) 등이 있다.

21　Stefan Herbrechter, Posthumanism: A Critical Analysis (London: Bloomsbury Academic,
　　2013), p. vii.

22　Peter Mahon, Posthumanism: A Guide for the Perplexed (London: Bloomsbury Aca-
　　demic, 2017), p. 168.

추상화에 충분한 관심을 기울이면서, "구체적인 포스트휴머니즘 내에서 …
과학과 기술의 최근 발전은 어떻게 변화해 왔고 계속 변할 것이며, 인간은
어떻게 … 이해되는지 등의 문제가 어떻게 논의되느냐"에 초점을 맞춘다.

1.4 트랜스휴머니즘

마르틴 하이데거(Martin Heidegger)가 「기술에 관한 물음(The Question Con-
cerning Technology)」에서 기술의 힘이 어떻게 인간까지도 '비축물(standing-
reserve)'로 전환시키려고 하는지에 대해서 했던 경고는 기술에 관한 신중하
고 선견지명이 있는 기술 결정론적 시각의 전형을 보여준다.[23] 이러한 맥락
에서 R. L. 러츠키(R. L. Rutsky)는 기술 철학자 베르나르 스티글레르(Bernard
Stiegler)의 연구를 『기술과 시간 I(Technics and Time I)』을 중심으로 살펴본
다. 스티글레르는 하이데거와 다른 기술 결정론자들의 비판을 확장해 "삶,
자연, 문화의 거의 모든 측면을 정량적인 용어, 즉 데이터로 바꾸는" 디지털
적 변환을 포함해, 스티글레르가 말하는 가속적인 기술 변화의 '영구한 혁
신'에 대해 논의한다.[24]

그러나 마혼의 연구가 보여주듯이, 보다 도구주의적이고 기술 친화적인
관점은 기술에서 인간의 명확한 한계점에 대한 해결책을 발견한다. 종종
'트랜스휴머니즘'으로 불리는 이러한 포스트휴머니즘의 변이는 기술 과학의

---

23 Martin Heidegger, "The Question Concerning Technology," in *The Question Concerning
    Technology and Other Essays*, trans. William Lovitt (New York: Harper & Row, 1977),
    pp. 3~35.
24 R. L. Rutsky, "Technologies," in Bruce Clarke and Manuela Rossini(eds.), *The Cambridge
    Companion to Literature and the Posthuman* (Cambridge: Cambridge University Press,
    2017), p. 189. 같은 책, p. 185에 인용된 스티글레르 참조.

혁신이 인간 수명을 늘리고 인간의 지적·육체적 역량을 향상시킬 수 있는 방법에 초점을 맞춘다. 트랜스휴머니즘을 제도적으로 정착시킨 옥스퍼드 대학(University of Oxford)의 인류의 미래 연구소(The Future of Humanity Institute) 소장 닉 보스트롬(Nick Bostrom)은 트랜스휴머니즘에 대해 다음과 같이 설명한다.

그것은 지난 20년 동안 점진적으로 발전해 온 딱 잘라 정의내리기 모호한 운동 〔으로서〕, 기술의 진보로 인해 가능해진 인간 조건과 인간 신체 향상의 기회 들을 이해하고 평가하기 위한 학제 간 접근을 추구한다. 특히 유전 공학 및 정보 기술과 같은 현재의 기술과 분자 미세 공학 및 인공 지능과 같은 장차 기대되는 미래의 기술 모두에 주목한다.[25]

해러웨이의 사이보그는 일종의 비유로서, 그녀의 사회주의 페미니즘 정치, 새로운 윤리와 책임을 기술 문화의 주제로서 접근하는 그녀의 연구, 그리고 우리가 기계 및 동물과 맺는 긴밀한 관계의 인정을 나타내는 표현이다. 이에 반해서 사이보그는 트랜스휴머니즘의 이념과 프로젝트에서 문자 그대로 받아들여진다. 트랜스휴머니즘 프로젝트 중에서도 가장 기술 유토피아적인 형태들은 특이점 이론가 레이 커즈와일(Ray Kurzweil)의 강력한 판타지에서처럼 인간의 정신이 언젠가는 내구성이 뛰어난 탈신체화의 기술적인 형태로 다운로드 되거나, 또는 심지어 디지털의 가상 세계 속으로 다운로드 되리라는 신데카르트적 신체 초월의 욕망을 표현한다.[26] 이로써 취약

---

25 Nick Bostrom, "Transhumanist Values," in Frederick Adams(ed.), *Ethical Issues for the 21st Century* (Charlottesville, VA: Philosophy Documentation Center, 2005), p. 3.

26 포스트생물학적 불멸성을 꿈꾸는 그러한 급진적 기술 유토피아주의는 처음에는 ('엔트로피'와 반대되는) '엑스트로피주의(extropianism)'로 불렸다. Joshua Raulerson, *Singularities:*

한 물질적 신체는 알리에눔으로 강등될 위험에 또다시 놓이게 된다.

엑스트로피 로봇 공학자 한스 모라벡(Hans Moravec)의 연구에서도 볼 수 있는 이러한 극단적인 트랜스휴머니즘의 유형은 N. 캐서린 헤일스가 『우리는 어떻게 포스트휴먼이 되었는가』에서 초정치적이고 자유 지상주의적인 일부 포스트휴머니즘에 대해 영향력 있는 비판을 펼칠 때 주요 표적이 된다(나중에 트랜스휴머니즘이라고 불리게 된 것과 포스트휴먼으로의 철학적 전회 사이의 구분은 이 당시에는 아직 표면화되지 않았다). 헤일스는 주체의 자율성과 세계에서의 행위성 같은 자유주의 휴머니즘 이데올로기와 관련된 핵심 가치들이 어떻게 트랜스휴머니즘의 기초로 계속 유지되는지 밝힌다. 따라서 기술이 주도하는 '최고의 인간 중심주의'로서 트랜스휴머니즘은 반휴머니즘의 철학적 갈래뿐 아니라 브라이도티와 헤르브레히터 같은 비판적 포스트휴머니즘 이론가들과 뚜렷한 대조를 보인다.

헤일스는 비판의 쟁점을 신체와 탈신체화의 문제들로 옮긴다. "마치 우리가 데리다로부터 대리 보충에 대해 아무것도 배운 게 없는 양, 그리고 신체화가 지배적인 정보 용어에서 제거되어야 할 대리 보충제이자 이제는 바로잡을 수 있는 진화의 사건인 양, 신체화가 계속해서 논의된다."[27] 이와는 다른 관점에서 토머스 포스터(Thomas Foster)는 어떻게 대리 보충이 트랜스휴머니즘적인 사고 내에서 유일무이하고 자기 동일적인 자아의 토대를 자기도 모르게 흔드는 역할을 하는지 밝힘으로써, "기술에 대한 우리의 필요가 자연적인 것으로 간주되거나 내면화된 인간 중심주의의 실패와 자기 충족성의 결핍을 입증하는 대리 보충의 해체주의적 논리"를 제시한다.[28] 즉, 기

Technoculture, Transhumanism, and Science Fiction in the Twenty-first Century (Liverpool: Liverpool University Press, 2013) 참조.

27 Hayles, *How We Became Posthuman*, p. 12.

28 Thomas Foster, *The Souls of Cyberfolk: Posthumanism as Vernacular Theory* (Minneapolis: University of Minnesota Press, 2005), p. 54. 스티글레르도 기술적 대리 보충 개념에

술 문화의 새로운 혼성적 자아/주체가 기술적 보철물을 통해 구성되기에 이른 것이다.

이러한 비판에도 불구하고, 트랜스휴머니즘을 보다 정치적이고('계몽적인') 비판적 포스트휴머니즘의 사악한 쌍둥이로 보기가 너무 쉽다. 니체의 '초인(Übermensch)', 테야르 드 샤르댕(Pierre Teilhard de Chardin)의 신화적 '정신계(nöosphere)', 이탈리아의 미래주의, 마르크스주의의 가속주의와 같은 동시대 트랜스휴머니즘에 영향을 준 다양한 사상들을 개관하는 유용한 글에서 앤드루 필시(Andrew Pilsch)는 유토피아적 욕망이 그 모든 사상들의 기초에 깔려 있다고 주장한다. 트랜스휴머니즘의 어떤 부류들은 미래의 "좀 더 빠른 신자유주의"를 원하는 반면,[29] "자본의 쳇바퀴의 미래 없는 반복"[30]을 거부하는 래보리아 큐보닉스 컬렉티브(the Laboria Cuboniks collective)의 제노페미니즘(xenofeminism) 같은 보다 진보적인 부류들은 완전히 '이질적인' 미래, 데리다가 '예측할 수 없는 미래(l'à-venir)'라고 말한, 미리 알 수 없는 '다가올 미래'를 상상한다.[31]

1.5 신유물론

1980년대 중반의 또 다른 대표 연구서인 『포스트모던 조건(The Postmodern

대해 언급한다. 기술적 보형에 의한 보충 이전에 존재하는 '원래의' 혹은 '자연적인' 인간은 없다(Rutsky, "Technologies," p. 192). 해러웨이도 「사이보그 선언문」에서 매우 흡사한 주장을 펼친다.

29　Pilsch, Transhumanism, p. 187.
30　Pilsch, 같은 책, p. 191에서 재인용.
31　Jacques Derrida, Archive Fever: A Freudian Impression, trans. Eric Prenowitz (Chicago: Chicago University Press, 1996), p. 68.

Condition)』에서 리오타르는 포스트모던을 "거대 서사에 대한 회의"로 정의한 바 있다.[32] 그러나 대략적으로 말하자면, (특히 포스트모더니즘의 '본격 이론'으로 불리는 대륙 철학의 영향을 받은) 포스트구조주의 구성주의의 반본질주의는 1990년대 들어서 완전히 새로운 본질주의의 본보기처럼 되어 갔다. 그것은 주체의 구성을 추동하는 한층 더 결정론적이고 추상적인 힘들과 결합해, 주체를 무의식, 언어, 문화 등등의 엄격한 틀 안에 가둠으로써 문화를 또다시 자연에게서 갈라놓았다. '언어적 전회' 혹은 '문화적 전회'로 불리던 것들로부터 멀리 떨어진 대척점에서 객체 지향 존재론자인 레비 브라이언트(Levi Bryant)는 그러한 많은 학파들의 고집스러운 인간 중심주의적 지향에 대해 비판한다. 그에 따르면, 그들 대부분은 " '주체를 분리'하거나 데카르트적인 주체를 뒤집지만, 그럼에도 불구하고 다른 한편으로는 모든 존재들을 기표, 언어, 문화, 권력 등등의 인간과 관련된 현상에 묶어버린다는 점에서 여전히 … **인간 중심주의**로 간주될 수 있다".[33]

아이러니하게도 포스트모더니즘이 식어가자 그간의 많은 이론적 추상화에 맞서 물질의 물질성이 광범위하고 새로운 방식으로 중요해진다. 해러웨이의 「사이보그 선언문」과 유사하게, 브라이도티의 『유목적 주체(*Nomadic Subjects*)』는 포스트휴머니즘이라는 용어를 거의 쓰지는 않지만 눈에 띄게 포스트휴머니즘적인 연구물이다. 질 들뢰즈의 급진적인 철학을 기반으로 하는 그녀의 "유목적 주체"는 "문법상의 '나'의 허구적 통일성"에 도전하고 신체/신체화를 "물질적인 것과 상징적인 것과 사회학적인 것들 사이의 접점

---

32 Jean-François Lyotard, *The Postmodern Condition: A Report on Knowledge*, trans. Geoff Bennington and Brian Massumi (Minneapolis: Minnesota University Press, 1984), p. xxiv.

33 Levi R. Bryant, "The Ontic Principle: Outline of an Object-Oriented Ontology," in Levi R. Bryant, Nick Srnicek, and Graham Harman(eds.), *The Speculative Turn: Continental Materialism and Realism* (Victoria, AU: repress, 2011), p. 268. 강조는 원문.

으로서" 이론화하는 유물론적 페미니즘의 "과정-중의-주체(subject-in-process)"
이다.[34] 젠더와 섹슈얼리티 연구에서 '물질적 전회'는 브루스 클라크(Bruce
Clarke)와 마누엘라 로시니(Manuela Rossini)가 말하는 '신체-실재성(corpo-reality)'
의 재형상화에서 나타난다.[35] 여기에 속하는 초기의 주요 저술에는 젠더와
수행성을 퀴어 페미니즘 시각에서 분석한 주디스 버틀러(Judith Butler)의『문
제는 몸이다(*Bodies that Matter*)』, 이에 못지않게 중요한 엘리자베스 그로츠
(Elizabeth Grosz)의 신체적 페미니즘에 관한 연구서『변덕스러운 몸(*Volatile
Bodies*)』, 잭 〔주디스〕 핼버스탬(Jack 〔Judith〕 Halberstam)과 아이라 리빙스턴(Ira
Livingston)의 획기적인 퀴어 선집『포스트휴먼 신체들(*Posthuman Bodies*)』이
있다. 핼버스탬과 리빙스턴에 따르면, "우리는 포스트휴먼 조건이 다가오고
있다는 주장을 되풀이했다. 자아와 타자, 인간과 외계인, 정상과 퀴어에 관
한 근대 혹은 인간 중심주의 철학에 대한 오래 남아 있는 향수는 이미 벌어
진 담론 전쟁의 메아리일 뿐이며, 그러한 향수에 종종 회답하는 삐걱거리는
미래주의는 메아리의 메아리이다".[36] 이성애적 생식의 미래주의 이데올로기
로부터 근본적으로 벗어나 있는 핼버스탬과 리빙스턴은 차이와 분열의 퀴
어한 공간과 시간에 이미 거주 중이다. "포스트휴먼이기 전까지는 휴먼이
아니다. 우리는 결코 휴먼인 적이 없었다."[37]

---

34 Rosi Braidotti, *Nomadic Subjects: Embodiment and Sexual Difference in Contemporary
    Feminist Theory*, 2nd ed. (New York: Columbia University Press, 2011), p. 18, p. 25.

35 Bruce Clarke and Manuela Rossini, "Preface: Literature, Posthumanism, and the Post-
    human," in Bruce Clarke and Manuela Rossini(eds.), *The Cambridge Companion to
    Literature and the Posthuman* (Cambridge: Cambridge University Press, 2017), p. xx.

36 Judith Halbertstam and Ira Livingston, "Introduction: Posthuman Bodies," in *Posthuman
    Bodies*, ed. Judith Halberstam and Ira Livingston (Bloomington: Indiana University Press,
    1995), p. 19.

37 Halbertstam and Ira Livingston, 같은 글, p. 8. 이 구절은 과학 사회학자 브뤼노 라투르의
    유명한 책『우리는 결코 근대인이었던 적이 없다』(*We Have Never Been Modern*, trans.

언어적 전회의 결과를 평가하면서, (다른 신유물론 이론가들 중에서도) 캐런 버라드는 "언어가 중요하다. 담론이 중요하다. 문화가 중요하다. 여기에는 더 이상 중요해 보이지 않는 유일한 것은 물질이라는 심각한 의미가 깔려 있다"라고 지적한다.[38] '이러한 탈물질화(dematerialization)'에 대한 하나의 응답은 "최근에 포스트휴머니즘 담론에서 거세게 진행 중인 기계 중심의 포스트휴먼에서 지구 행성의 비인간으로의 전환"[39]이다. 이러한 "비인간으로의 전회(the nonhuman turn)"[40]는 주체를 물질세계 속에 아주 복잡하게 엉켜 있는 신체화된 존재로 바라본다. 앨러이모가 말하는 '횡단-신체성(trans-corporeality)' 속에서 "인간은 인간 그 이상의 세계와 항상 서로 맞물려 있다".[41] 비인간으로의 전회는 다양한 이론적 방향을 취한다. 이에 속하는 사변적 실재론, 객체 지향 철학, 생기적 유물론, 그리고 페미니즘 신유물론 등은 모두 (객체 지향 철학의 한 구절을 빌려 말하자면) '자연' 세계를 우리 인간을 위해 실재할 때에만 유일하게 실재하는 개별적인 물체들의 조합으로서 아주 오래전부터 심각하게 축소해 재현해 온 서구 문화에 압력을 가하는 것을 목표로 한다.

생태 철학에서 비인간으로의 전회는 '자연'의 개념을 계속해서 약화시킨다. '자연'은 인간 활동을 말없이 보조하는 무대 배경에 불과한 인간과 분리된 생태계라는 더 이상 유지하기 어려운 관념을 가리킨다. 해러웨이가 '자연' 혹은 '세계'에 관한 모든 표상은 문화에 의해 만들어지며 둘 중 어느 쪽도

Catherine Porter (Harvard: Harvard University Press, 1993)] 제목을 따온 것이다. 이 책에서 라투르는 불순, 혼종, 그리고 어떤 종류의 존재론적 모호함도 거부하는 과학적 근대성의 분류학적 시도에 대해 비판한다.

38 Karen Barad, "Posthuman Performativity: Toward an Understanding of How Matter Comes to Matter," *Signs: Journal of Women in Culture and Society*, 28(3) (2003), p. 801.

39 Clarke and Rossini, "Preface," p. xii.

40 Richard Grusin(ed.), *The Non-Human Turn* (Minneapolis: Minnesota University Press, 2015).

41 Alaimo, *Bodily Natures*, p. 2.

서로로부터 분리될 수 없다는 인식에 근거해 혼종적인 '자연문화(nature-cultures)'에 대해 설명한다면, 브라이도티는 "기술에 의해 매개되고 지구적으로 강제된 자연-문화 연속체"를 제시한다.[42] 이보다 더 급진적으로 티머시 모턴은 오늘의 지구 온난화 시대에 우리가 '세계'에 대해 자신도 모르게 배운 것들을 고려하건대 "세계의 종말은 이미 발생했으며", "우리가 세계 '안'에 살고 있다는 생각은 … 더 이상 어떤 의미로도 통하지 않는다"고 주장한다.[43] 보다 일반적으로 보자면, 물질보다 정신에 우위를 부여하는 데카르트식의 특권화는 브라이언트의 소위 "낯설고 기괴한 종류의 실재론"[44] 앞에서 무너진다. 이 실재론은 물질적 우주의 행위자적 힘을 인정하면서도, 사물들의 근본적인 불가지성을 또한 인정한다. 인간의 신체로부터 연체동물을 거쳐 바위에 이르기까지 모든 존재자는 그에 대한 인간의 경험을 넘어서는 실재를 가지고 있다. 브라이언트는 "문제는 〔인간에 의해〕 무엇이 **생각될 수 있느냐**가 아니라 누가 그것들을 생각하느냐에 상관없이 존재와 사물 들 그 자체는 **무엇인가**이다."[45]

---

42 Donna Haraway, *The Companion Species Manifesto: Dogs, People and Significant Otherness* (Chicago: Prickly Paradigm Press, 2003); Braidotti, *The Posthuman*, p. 82.

43 Timothy Morton, *Hyperobjects: Philosophy and Ecology after the End of the World* (Minneapolis: University of Minnesota Press, 2013), p. 7, p. 101.

44 Bryant, "The Ontic Principle," p. 269.

45 Bryant, 같은 논문, p. 265. 강조는 원문. 필자의 논의가 최근 유럽과 북미 사상의 흐름에 초점을 맞추고 있기는 하지만, 훨씬 더 오래된 원주민 사상가들의 존재-인식론적 관점들이 존재했음을 밝히고 싶다. 캐나다의 메티(Méti) 원주민 출신의 학자 조에 토드(Zoe Todd)는 이렇게 말한다. "동물, 기후, 물, '대기', 그리고 조상과 정령 같은 비인간 존재들이 지각과 행위성을 지니고 있으며, '자연'과 '문화', '인간', 그리고 '동물'은 서로 분리되어 있지 않다는 숨 막히는 '깨달음'을 수반하는 존재론적 전회 자체가 어떻게 원주민들의 착취를 영속화하고 있는지에 대해 깊이 생각해보는 것이 너무나 중요하다. … 많은 사람들은 원주민, 법, 인식론을 완전히 무시한 채 원주민 연합/민족에 대한 일말의 정중한 감사도 없이 인간 그 이상의 세계를 다시 발명한다"(Zoe Todd, "An Indigenous Feminist's Take On the

포스트휴먼 연구에서 가장 흥미진진한 작업은 페미니즘 신유물론과 과학 이론이 교차하는 지점에서 전개되고 있다. 자신의 존재-인식론적 기획을 '행위적 실재론'으로 명명하는 캐런 버라드는 닐 보어(Niel Bohr)의 양자 물리학 연구와 주디스 버틀러의 젠더 수행성 이론 연구에 의거해 "페미니즘과 퀴어 연구와 과학 연구로부터 나온 중요한 통찰들을 서로의 관점에서 읽어내는 동시에 수행성 개념을 유물론과 포스트휴머니즘에 입각해 재정립할 것을 제안한다".[46] 버라드에게 "우주는 되기의 행위자적 상호 작용이다. 존재론적 기본 단위는 '사물'이 아니라 현상, 즉 역동적인 위상 재구성/얽힘/관계성/(재)절합"[47]이다.

최근 저서 『사고 너머(Unthought)』에서 헤일스는 어떻게 인지 과학에서의 새로운 발견들이 특히 (버라드도 큰 관심을 가졌던) 행위성 문제들과 관련해 위에 언급된 다양한 철학적 유물론의 통찰들을 강화하는지 상세히 밝힌다. "최근에 벌어지고 있는 비인간으로의 전회의 일부는 객체는 인지적 행위자로 기능하기 위해 살아 있거나 의식을 갖고 있을 필요가 없다는 인식에 근거한다."[48] 헤일스의 '비의식적 인지' 연구가 강조하는 것은 물리적 물질과 기술 체계의 행위성뿐 아니라 신체의 행위성이다. 인간과 기술 체계는 모두 '의사결정자', 혹은 '인지하는 자'[49]여서, "각자의 인지적 결정이 의식/무의식, 비의식적 인지, 그리고 중앙 신경 체계에 신호를 보내는 감각/지각 체계를 포함한 인간의 인지 영역 전체에 걸친 상호 작용을 통해 다른 객체

Ontological Turn: 'Ontology' Is Just Another Word for Colonialism," *Urbane Adventurer: Amiskwaci* (October 24, 2014), online.

46 Barad, "Posthuman Performativity," p. 811.

47 Barad, 같은 논문, p. 818.

48 N. Katherine Hayles, *Unthought: The Power of the Cognitive Unconscious* (Chicago: University of Chicago Press, 2017), p. 212.

49 Hayles, 같은 책, p. 117.

들에게 영향을 주는 인지적 집합"[50]을 형성한다. 버라드와 헤일스 모두 헤일스가 말하는 '물질적 행위성'[51]의 설명에 적극적이다. 『사고 너머』에서 헤일스의 목표는 "인간과 기술 행위자 양자를 모두 포괄하고 윤리적 탐구의 적절한 구심점이 될 수 있는 **지구 행성 차원의 인지 생태학** 개념"을 발전시키는 것이다.[52]

1.6 포스트 역사

1980년대가 기술적인 것들과의 통합의 결과로서 포스트휴먼 되기의 포문을 열었다면, 21세기에 들어서 우리는 '자연'과의 불가분한 상관관계(혹은 버라드의 말을 빌리자면, 내적 관계(intra-relations))로 인해 포스트휴먼이 되어가고 있다. 자신의 멸종에 대한 생각만큼 마음을 불안하게 하는 것은 없기에, 현재의 기후 위기 자체는 포스트휴머니즘으로 사고해야 하는 가장 긴급한 이유이다. 인간 중심주의적 사고는 그 위기에 부분적으로 책임이 있다. 환경 인문학과 같은 새로운 학제 간 연구들은 1970년대의 환경 운동 이후에 임계점에 이르자 세계를 단지 배경에 불과한 '자연'으로 축소하지 않는 생명권에 관한 다른 사고방식들을 장려했다. 모턴이 강조하듯이, "우리의 물질적·생물학적 존재로부터의 탈출 속도를 달성하려는 시도 자체가 지구에 갇히는 결과를 낳았다".[53] 인간 예외주의를 전통적으로 떠받쳐주던 안전한 경계선은 인류세에서 항상 이미 무너져왔다.

---

50 Hayles, 같은 책, p. 118.
51 Hayles, 같은 책, p. 66.
52 Hayles, 같은 책, pp. 3~4. 강조는 원문.
53 Morton, *Hyperobjects*, p. 180.

인류세는 생각할 수 없는 미래의 어떤 시기에 현재/우리가 처해 있음을 나타내는 '기호'이자, 기괴할 정도로 복고적인 일종의 역사적 표시이다. 클레어 콜브룩이 설명하듯이, "우리는 지구 — 그리고 지금 — 를 마치 우리가 미래에 부재하더라도 이전처럼 이해해도 되는 듯이 바라본다".[54] 인간 중심적 비평에서 너무 잘 통했던 "항상 역사화하라!"는 제임슨의 명령은 현재의 상황에 더 이상 적합해 보이지 않는다.[55] 인류세가 역사학 분야에 준 충격에 대해 숙고하는 글에서 디페시 차크라바르티(Dipesh Chakrabarty)는 역사를 '하는' 새로운 필수적인 방법을 제안한다. "기후 변화의 위기를 역사적으로 접근하는 과제는 … 서로 긴장 관계에 있을 수 있는 지식의 조합들, 즉 지구 행성과 지구화, 심층적인 역사와 기록에 적힌 역사, 종(種)적 사고와 자본 비판 등을 한데 모을 것을 요구한다."[56] 차크라바르티가 보기에 인간 역사와 지구 역사의 관습적인 구분은 인간의 시간이 지구 행성의 심층적인 시간과 마구 얽히게 되면서 무너져버렸다.[57]

---

54 Claire Colebrook, "We Have Always Been Post-Anthropocene: The Anthropocene Counter-factual," in *Anthropocene Feminism*, ed. Richard Grusin (Minneapolis: University of Minnesota Press, 2017), p. 6. 기후 변화에 의해 촉발된 새로운 윤리와 정치의 기회를 둘러싼 논쟁과는 매우 대조적으로 콜브룩은 좀 더 회의적인 주장을 펼친다. 그녀에게 인류세는 멸종의 가능성을 목전에 두고서 위로 삼아 나누는 동화일 뿐으로 인류는 '대마불사'라는 생각을 부추긴다(Claire Colebrook, "What is the Anthro-Political?" in Tom Cohen, Claire Colebrook, and J. Hillis Miller, *Twilight of the Anthropocene Idols* (London: Open Humanities Press, 2016), p. 88]. "인간을 유죄로 선언하는 사람들은 최초의 진정한 휴머니스트들이며, '인류'를 행위자로 제시하고, 또 다른 인류를 약속한다. 그는 생태 파괴 범죄가 감지, 진단 및 관리된 후에 나타날 수 있는 자이다"(Colebrook, "What is the Anthro-Political?" p. 89).

55 Fredric Jameson, *The Political Unconscious: Narrative as a Socially Symbolic Act* (Ithaca: Cornell University Press, 1981), p. 9.

56 Dipesh Chakrabarty, "The Climate of History: Four Theses," *Critical Inquiry*, 35(Winter 2009), p. 213.

57 Chakrabarty, 같은 논문, p. 201, p. 213. 유시 파리카(Jussi Parikka)도 미디어 고고학의 '오래된 연대(年代)'에 관한 비판적 독해에서 거의 같은 주장을 펼친다. "미디어의 역사는 지

차크라바르티의 말에 따르면, 우리는 더 이상 단순한 생물학적 행위자가 아니라, 자기도 모르게 기후, 동물 개체 수, 해수면, 깨끗한 물, 산림, 그리고 우리 스스로에게 막대한 부정적 영향을 끼치는 '지질학적 행위자들'[58]이 되고 있다. 차크라바르티는 우리가 가장 소중하게 여기는 해방의 역사로부터 지질학적 행위자로서의 우리의 역할을 분리해서 생각할 수 없다는 역설을 고찰하면서 에너지 인문학 같은 새로운 학제 간 연구를 전망한다. "현대의 자유가 거주하는 대저택은 계속해서 확대되는 화석 연료 사용의 토대 위에 세워져 있다. 우리가 누리는 대부분의 자유는 지금까지 에너지 집약적이었다."[59] 차크라바르티에게 인류세는 ('지질학적 행위자'라는 말이 암시하듯이) 세계에서의 인간의 힘의 총화를 가리킨다. 그러나 (다른 연구자들 중에서) 질 S. 슈나이더먼(Jill S. Schneiderman)이 언급하듯이, 그리고 차크라바르티의 분석이 간과하는 경향이 있듯이, "인류의 상당수는 지구 온난화를 초래한 화석 연료 경제에 참여하지 않았다".[60] 이처럼 인류세 논의에는 이 글의 서두에서 소개한 '우리'라고 하는 매우 테렌티우스적인 '보편적 인류(universal humanity)'의 수사(즉, 규모의 유혹)에 빠지는 위험이 있다. 앨러이모의 주장처럼, 그것은 "인간에 관한 매우 낯익은 버전들을" 지구적 행위자로서 "재상정"하는 데 기여한다.[61] 그 결과 생물권의 방대한 비인간 행위자들을 무시할 뿐 아니라,

---

구의 역사와 뒤섞인다; 금속과 화학물의 지질학적 물질은 그들의 단층들로부터 탈영토화된 뒤에 우리의 기술 매체 문화를 규정짓는 기계들 내에서 재영토화된다[Jussi Parikka, "And the Earth Screamed, Alive," in *The Anthrobscene* (Minneapolis: Minnesota University Press, 2015), p. 9].

58 Chakrabarty, 같은 논문, p. 207.

59 Chakrabarty, 같은 논문, p. 208.

60 Jill S. Schneiderman, "The Anthropocene Controversy," in Richard Grusin(ed.), *Anthropocene Feminism* (Minneapolis: University of Minnesota Press, 2017), p. 184.

61 Stacy Alaimo, "Your Shell on Acid: Material Immersion, Anthropocene Dissolves," in Richard Grusin(ed.), *Anthropocene Feminism* (Minneapolis: University of Minnesota Press,

"잘못에 대한 책임과 착취"와 관련해 인류세에 대한 정치적 평가 자체를 하지 못하게 만든다. [62]

1.7 포스트 휴먼 역사

포스트휴머니즘을 역사화하려면 그와 반대되는 인간 중심주의의 개요를 반드시 파악해야 한다. 왜냐하면 이러한 구분 자체가 포스트휴머니즘을 구성하기 때문이다. '포스트휴머니즘'의 '포스트'는 인간 중심주의와 갈라서는 동시에 그것과 연관된다. 이것은 포스트모더니즘이 모더니즘과의 완전한 분리는 결코 아니었던 것과도 비슷하다. 배드밍턴은 데리다가 그러한 절대적 단절의 안이한 생각들에 대해 경고했던 사실을 상기시킨다. "서구 철학은 인간 중심주의적 신념에 깊이 빠져 있기 때문에 … 인간의 종말은 인간의 언어로 쓰일 수밖에 없다".[63] 하지만 좀 더 긍정적으로 보면, 포스트휴머니즘의 역사화는, 이 글의 제사로서 쓰인 존 클루트(John Clute)의 말처럼, 우리가 편안하게 '인간'으로 느끼게 해줄 의도가 전혀 없는 다양한 이론과 이야기 들을 통해 미래 지향적이며 비선형적인 길을 탐구하는 것이다. 그것들은 이미 심각하게 낯설어지고 있는 세계에서 알리에눔(이질적인 것)이 된다는 것에 대해 다룬다. 리처드 파워스(Richard Powers)의 생태 소설 『오버스토리(The Overstory)』에서 현장 생물학자 팻 웨스터퍼드(Pat Westerford)는 일종의 사변적 실재론적 역사, 인간은 그저 막 도착한 자들(parvenus)로 등장하는 '자연' 세계에 관한 포스트휴먼적인 이야기를 상상한다.

2017), p. 89.

62 Alaimo, 같은 논문, p. 101.

63 Badmington, "Introduction," p. 9.

그녀는 자기가 가장 좋아하는 캐릭터들의 짧은 일대기를 이야기한다: 혼자 있고 싶어 하는 나무들, 약삭빠른 나무들, 박식한 사람들과 견실한 시민들, 충동적이거나 수줍어하거나 너그러워져가는 나무들 — 숲의 융기나 단면만큼 많은 존재의 방식들이 있다. **그들이 누구이고, 그들은 언제가 한창때인지 알 수 있다면 얼마나 좋을까. 그녀는 이야기를 거꾸로 세워 본다. 이것은 나무들이 안에 들어 있는 우리의 세계가 아니야. 그것은 우리 인간들이 막 도착한 나무들의 세계야.**[64]

64 Richard Powers, *The Overstory* (New York: Norton, 2018), p. 373. 강조는 원문.

2
포스트구조주의와 인간 중심주의의 종언(들)

슈테판 헤르브레히터

포스트휴머니즘은 많은 빚을 미셸 푸코, 자크 라캉, 그리고 루이 알튀세르(Louis Althusser) 같은 반인간 중심주의 사상가들에게 지고 있지만, 한 가지 중요한 점에서 반인간 중심주의와는 다르다. 반인간 중심주의자들이 인간 종 중심주의의 패권을 적극적으로 뒤집는 것부터 시작한다면, 포스트휴머니스트들은 '인간(Man)'은 (항상) 이미 추락 중이거나 추락한 존재라는 인식으로 시작한다. 이것이 의미하는 바는 포스트휴머니즘은 인간 중심주의의 쇠락 혹은 사라짐을 당연한 것으로 여기는 경향이 자주 있다는 것이다.[1]

2.1 포스트-, 어게인

모든 세대가 그들 자신의 이미지로 세계를 재전유하고 재창조해야 한다는 것은 축복인 동시에 저주이다. 그것이 축복인 이유는 인간 사상의 역사

---

1   Neil Badmington, "Posthumanism," in Simon Malpas and Paul Wake(eds.), *The Routledge Companion to Critical Theory* (London: Routledge, 2006), pp. 240~241.

처럼 아주 많이 축적된 무언가에 대한 새로운 해석이 가끔씩 지독하게 답답하고 숨 막히게 하는 것에 신선한 통찰을 불어넣기 때문이다. 그것이 사물에 대한 새로운 시각을 제공함으로써 이전의 문제들을 이상한 집착처럼 보이게 하는 동안, 당장의 절박함 때문에 스스로를 주체하지 못하는 새로운 과제들이 모습을 드러낸다. 그러나 그것은 또한 저주이기도 한데, 그 이유는 그러한 재전유와 재배치에 수반되는 억압이 다음 세대로 하여금 비슷한 싸움을 하거나 실수를 반복하게 할지도 모를 맹점들을 어쩔 수 없이 낳기 때문이다. 이것은 역사로부터 교훈을 배우는 과정에서 항상 나타나는 좋지도 나쁘지도 않은 축복이다. 포스트구조주의로부터 포스트휴머니즘으로의 이행도 예외가 아니다.

포스트휴머니즘과 오늘날의 '인간 이후'의 상황에 대해 논의하게 된다는 것은 이와 같은 '뒤에 옴(belatedness)'의 난제에 빠져 있음을 의미한다. 근대성은 미래상과 진보가 발전의 원동력이라는 생각에 기초해서 역사를 이해하도록 이끌었다. 그 이후로 줄곧 계몽주의의 출현과 발맞춰, 역사는 '변증법적으로' 움직인다는 암묵적인 합의가 있었다. 그에 따르면, 뒤에 오는 모든 세대는 이전의 모순들에 대한 일종의 종합을 통해 이상적으로는 인간 문명의 진보를 이룩해야 한다. 이 가정은 아직도 최근 문화와 정치에서 많은 정통 담론들의 토대가 되고 있다.[2]

또한 이러한 합의에 따라 (서구) 자유주의 휴머니즘은 모든 인간은 아이러니하게도 인류의 더 나은 미래를 위해 자신의 고유성과 자유를 모두 표현할 수 있다는 지배적이고 상식적인 생각이면서 동시에, 쉽게 무시하기 어려운

---

2 근대성을 "현재를 '영웅화'하려는 의지"를 특징으로 하는 '태도' 혹은 '에토스'로 설명한 것은 푸코가 [칸트의 유명한 1784년 텍스트에 대한 답변으로] 쓴 영향력 있는 논문 「계몽이란 무엇인가?」였다. Paul Rabinow(ed.), *The Foucault Reader* (New York: Pantheon, 1984), pp. 32~33.

강력한 이념으로 자리를 잡는다. 역사의 변증법은 헤겔(G. W. F. Hegel)과 마르크스 모두에게서 잘 나타나며, 또한 프로이트의 정신 분석과 현대 과학의 많은 부분에서도 작용하고 있다. 반면에 니체는 그가 살았던 시대의 역사 서술학의 바탕에 깔린 인간 종 중심주의와 기독교 도덕에 대해 훨씬 더 회의적이었다. 그에 맞서 니체는 정신사에서 작동하는 인간의 '권력 의지'를 강조했다.[3] 말할 필요 없이, 이 모든 사상가들은 인간 완전성이라는 관념의 당위성과 가능성, 그리고 역사의 종언이 실제로 어떨지 그 형식과 관념의 모호성에 대해서 나름의 의심과 이견 들을 갖고 있었다. 그렇게 의심을 갖고 있던 초기의 대가들(니체, 마르크스, 프로이트)의 뒤를 이어, 20세기 후반의 포스트구조주의자들과 포스트모더니스트들은 최초의 철학적(혹은 '이론적') 운동을 형성해 그들의 사고와 정치의 출발점이 된 '인간'의 종말(앞서 언급한 '뒤에 온다는 것'의 뒤섞인 축복), 뒤에 온다는 것, 역사의 종언 같은 문제들을 다룬다.

『마르크스의 유령들(*Specters of Marx*)』에서 포스트구조주의 사상가들의 전체 세대를 **가장 잘** 대변하는 인물로 종종 여겨지는 자크 데리다는 어떻게 '역사의 종말', '마르크스주의의 종말', '철학의 종말', '인간의 종말', '최후의 인간'과 같은 종말론적 주제들이 40년 전인 1950년대에 일상의 양식이 되었는지 설명한다.[4] 이전에 데리다는 "**종말의 고전**이라고 이름 붙여도 좋을 사람들에 대한 독해 혹은 분석"에 자극받아 이러한 '종말주의(endism)'를 [칸트(Immauel Kant)를 연상시키는] "철학의 묵시록적 논조"라고 칭한 바 있다.[5] 이

---

3   특히 니체의 *The Genealogy of Morals*(1887); "On Truth and Lies in a Extra-Moral Sense" (1873); *Untimely Meditations*(1873~1876) 참조.

4   Jacques Derrida, "Some Statements and Truisms about Neo-Logisms, Newisms, Postisms, Parasitisms, and Other Small Seisms," trans. Anne Tomiche, in David Carroll(ed.), *The States of "Theory": History, Art, and Critical Discourse* (Stanford: Stanford University Press, 1990), pp. 63~94.

5   Derrida, "Some Statements," pp. 63~94.

로부터 형성된 "현대 묵시록의 정전(역사의 종말, 인간의 종말, 철학의 종말, 헤겔, 마르크스, 니체, 하이데거)"[6]은 알렉상드르 코제브(Alexandre Kojève)의 가르침하에 1930년대와 1940년대 파리에서 프랑스의 신헤겔파[그들 중에는 바타유(Georges Bataille), 데리다, 라캉, 그리고 푸코가 있다) 세대가 출현하는 데 기여했다. 그러나 데리다는 이러한 묵시록적 주장과 (그 뒤로 급증한) 종말주의의 만연에 책임이 있는 다른 사회 역사적 측면도 힘주어 언급한다. "그것은, **다른 한편으로 그리고 전자와 분리할 수 없는 것으로서**, 모든 동유럽 나라에서 있었던 전체주의의 공포, 소비에트 관료제가 낳은 모든 사회 경제적 재난, 과거의 스탈린주의 및 당시 진행 중이던 신스탈린주의…" 때문이기도 했다.[7] 데리다는 자신이 포문을 연 '해체주의' 운동을 (이 말은 논쟁의 여지가 있기는 하지만 종종 포스트구조주의의 유의어처럼 쓰인다) 두 개의 차원, 즉 한편으로는 철학, 다른 한편으로는 정치의 차원에서 맥락화할 것을 주장한다. 그 결과 포스트구조주의자들과 그들의 추종자들에게 '인간의 종말', '최후의 인간', 혹은 '인간 이후'는 모종의 기시감(déjà-vu)을 주어서, 데리다의 설명처럼 "이 독특한 시기를 공유하는 사람들에게, … 감히 말하자면 우리들에게, 현재 언론 매체에서 떠들썩하게 전시되고 있는 역사의 종말 및 최후의 인간에 관한 담론들은 대부분 지루하기 짝이 없는 시대착오적인 것들로 보인다".[8]

뒤에 온다는 것의 이러한 역동성을 간과하다 보면, 포스트휴머니즘과 포스트휴먼과 관련해 포스트구조주의는 맡은 임무를 다했지만 이제는 극복되

---

6   Jacques Derrida, *Specters of Marx: The State of Debt, the Work of Mourning, and the New International*, trans. P. Kamuf(London, UK: Routledge, 1994), p. 15.

7   Derrida, 같은 책, p. 15. 데리다는 이러한 생각을 캘리포니아 리버사이드 대학(University of California Riverside)이 1993년에 주최한 '마르크시즘의 미래'라는 제목의 학술 대회에서 처음으로 밝혔다. 이 대회는 소비에트 제국의 몰락 이후의 마르크스주의의 생존과 1990년대에 멈출 수 없는 '승리'처럼 보였던 자본주의와 자유 민주주의에 대해 다루었다.

8   Derrida, 같은 책, p. 15.

어야 할 선구자에 불과하다는 생각에 이르게 된다. 이러한 생각은 종종 다음과 같이 표출된다. 즉, 포스트구조주의자들의 '반인간 중심주의'가 오늘날 포스트휴머니즘이 대변하는 인간 중심주의 비판의 발판이 되기는 했지만, 이제는 그것을 뛰어넘든가, 확장하든가, 아니면 근본적으로 바꾸든가 할 필요가 있다. 여기서 헤겔적인 변증법의 유령이 다시 머리를 드는 것을 볼 수 있다. 알튀세르, 바르트(Roland Barthes), 데리다, 푸코, 그리고 리오타르 같은 '포스트구조주의자들'에 기인한 반인간 중심주의는 사실 경쟁이 치열했던 구조주의의 유산이었기 때문이다.[9] 언어와 그 원칙들이 분명하게 설명될 수 있고 (인류학적 친족 관계부터 패션에 이르기까지) 모든 의미 생산 체계에 적용될 수 있다고 믿은 것은 페르디낭 드 소쉬르와 인류학자 레비스트로스와 같은 그의 구조주의 추종자들이었다.[10] 반면에 그들의 다음 세대는 경험적 적용 가능성과 (언어를 관습적이고, 규칙 중심이며, 추상적 표상 체계로 보는) 구조주의적 언어관의 근거가 되는 형이상학적 가정들에 대해 훨씬 더 회의적이었다.

이와 같이 뛰어넘기와 뒤늦음의 개략적인 논리는 구조주의와 그것의 비판적 계승자들의 관계에 이미 나타난다. 물론 이것은 이전의 어떤 학파들이든 그들의 선임자나 후임자 들과의 관계에도 해당된다. 이와 관련해 로버트 영(Robert Young)은 다음과 같이 설명한다.

---

9 이와 관련해서는 존 스터룩(John Sturrock)이 그의 영향력이 컸던 *Structuralism and Since: From Lévi-Strauss to Derrida*(Oxford: Oxford University Press, 1979)에서 확실하게 짚은 바 있다. 이 책은 캐서린 벨시(Catherine Belsey)의 *Critical Practice*(London: Methuen, 1980); *Poststructuralism: A Very Short Introduction*(Oxford: Oxford University Press, 2002)과 함께 포스트구조주의 사상에 관한 가장 훌륭한 소개서 중 하나로 남아 있다.

10 구조주의 언어학이 인문학과 사회 과학 전반에 걸쳐 하나의 모델로서 확장되는 현상을 보통 '언어적 전회'라고 부른다. 이에 관한 유용한 개관은 Claire Colebrook, "The Linguistic Turn in Continental Philosophy," in Alan D. Schrift(ed.), *Poststructuralism and Critical Theory's Second Generation* (Durham: Acumen, 2010), pp. 279~309 참조.

'포스트-구조주의'는 '치환'을 필요로 하는 '포괄적 용어'로서, "구조주의의 방법
들과 가정들을 추궁하고, 구조주의 개념들을 서로 충돌시켜서 변형하는 것에 가
깝다". 그러나 그것은 '근원'이나 그로부터의 '추락'에 관심이 없다. 근원으로서의
구조주의는 타락 이전의 순수성 혹은 존재론적 충만함 속에 존재했던 적이 결코
없다. 포스트-구조주의는 구조주의와 그 자신과의 차이의 흔적을 추적한다.[11]

따라서 똑같은 복잡성이 포스트휴머니즘과 인간 중심주의의 관계에도 적
용될 수 있다. 사실 인간 중심주의와 포스트휴머니즘의 계보학적 관계의 문
제점에 대한 자각은 '비판적 포스트휴머니즘'이라는 문구의 '비판적'이라는
단어에 이미 나타나 있다.[12] 그러므로 ('인간 이후'라는 의미에서의) 포스트휴먼
의 개념을 포스트구조주의적인 비판적 '독해'에 따라 살펴볼 필요가 있다.

2.2 포스트-구조-주의

구조주의에 뒤이어 나온 포스트구조주의가 제기하는 가장 중요한 주장
중 하나는 의미는 환원 불가능한 복수로 존재한다는 것이다. 의미는 언어
안에 있는 게 아니라 기호의 선택과 조합으로부터 실제로 발생한다. 예를
들어, '포스트-(post-)'는 특히 '프리-(pre-)' 같은 다른 접두사들, 나아가 접두
사가 붙은 전체 구문과의 차이로부터 의미가 파생되는 접두사이다. 그러한
전제가 없으면 어떠한 의미도 부여되지 않는다. '포스트-'가 실제로 의미하
는 것은, 소쉬르에 의거해 설명하자면, '부정적인' 차이의 결과이다(그것은 그

---

11 Robert Young, *Untying the Text: A Post-Structuralist Reader* (London: Routledge, 1981),
    p. 1.
12 비판적 포스트휴머니즘에 관한 자세한 설명은 Herbrechter, *Posthumanism* 참조.

것이 **아닌** 모든 것을 통해 의미를 획득한다).[13] 그것은 '이전'이 **아닌** '이후'를 의미한다. 반면에 '이후'와 '이전' 둘 다 수많은 부가적인 의미들을 지닌다. 그것들은 끝없이 연결된 기표들의 부분으로서, 각각은 복수의 의미들을 불러일으킨다(이것을 기호 작용(semiosis)이라고 한다).

접미사 '-이즘(-ism)'은 [예를 들어, '모더니-티'와 같이 어떤 기간 혹은 상태를 나타내는 '-이티(-ity)'와는 반대로) '담론'을 가리킨다(그것은 마르크스**주의**, 페미**니즘** 같은 '일련의 사상', 혹은 신조라는 의미에서의 담론을 말하며, 인간 중심**주의**와 포스트휴머**니즘**도 당연히 포함된다).[14] 담론은 핵심 단어(구조주의의 경우, '구조'라는 단어, 반면 **포스트**구조주의는 더 이상 '구조'의 개념에 근거하지 않는 담론이라 할 수 있다)를 중심으로 의미를 결합하려는 시도라고 하면 가장 이해하기 쉬울 것이다. 그렇다고 그 핵심 단어(예를 들어, 구조)가 실제로 무엇을 의미하는지에 대한 합의가 있는 것은 물론 아니다. 그러나 (잠정적인) 합의가 확립될 수 있다면, 그것으로부터 하나의 초점, 즉 '세계'를 이해하거나 혹은 (하나의 어떤) '실재'를 확립하는 것을 가능하게 해주는 하나의 관점을 얻을 수 있을 것이다.

필자가 '세계'와 '실재'에 군이 환기용 따옴표를 붙인 이유는 포스트구조주의자들은 '그와 같다(as such)'고 인식될 수 있는 세계 혹은 실재 같은 것, 즉 관찰자로부터 독립된 것이 존재한다고 믿지 않아서이다(이것은 틀림없이 그들이 칸트로부터 물려받은 유산이다). 좀 더 일반적인 용어로 말하자면, 실재는 언제나 '주체'를 **위한** 실재인 것이다. 그런데 이 말은, 포스트구조주의에 대한 일반적인 오해처럼, 어떤 세계, 혹은 어떤 실재도 **존재하지** 않는다고 말하는 것과 같지 않음을 바로 강조하고 싶다(그것은 근본적으로 허무주의적인 주장일

---

13 데리다는 '차연(différance)'이라는 신조어를 통해 소쉬르의 차이 개념과 그것이 의존하는
    이항 대립을 계속해서 비판한다. Jacques Derrida, *Margins of Philosophy*, trans. Alan Bass
    (Chicago: University of Chicago Press, 1982) 참조. 이에 관해서는 이어지는 추가 논의 참조.
14 포스트구조주의적인 담론의 의미에 관해서는 Herbrechter, *Posthumanism*, pp. 36~38 외
    참조.

터다). 그것은 단지 가능성과 '실재론'에 관한 물음일 뿐이다(실재론 자체는 그 반대를, 즉 실재를 **실제** 있는 그대로 보는 것이 가능**하다**고 주장하는 담론, 즉 실재의 재현을 통한 우회가 문제가 되지 않는 담론이다). 포스트구조주의자들에게 (좁은 의미에서는 언어적이지만, 가장 넓은 의미로는 지각적이기도 한) 재현은 투명하지 않다. 그것은 그저 목적을 위한 수단(즉, 실재를 실제 있는 그대로 제시하거나 보는 것)이 아니라, 전경화(前景化)되고 분석되어야 하는 무언가다. 우리는 실재 자체 대신에 실재의 재현만을 가질 수 있기에(사람들이 무언가가 실제로 무엇인지, 예를 들어, '기후 변화' 같은 무언가가 무엇인지에 대해서 의견이 엇갈리게 되는 모든 경우들을 생각해보라),[15] 비판적 사고가 초점을 맞추어야 하는 것은 재현의 **정치**, 즉 누가 'x'에 대해 무엇을 말하느냐이다. 실재에 관한 모든 주장들이 우연적이므로, 그들 간의 경합이 치열한 것은 전혀 놀랄 일이 아니다. 이 말 인즉슨, 실재는 사회적으로 구성되고, 공유되고, 혹은 절충된다고 말하는 것이나 다름 없다. 포스트구조주의자들이 의심스러워하는 것은 실재에 대한 진리 주장들이다. 이러한 점에서 그들은 반실재론적이다. 왜냐하면 그러한 주장들은 대개 주체를 이데올로기가 동원된 담론 안에 설정하기 때문이다.[16]

이데올로기는 특정한 담론의 토대가 되는 일련의 신념들을 말한다.[17] 예를 들어, 인간 중심주의는 '인간'이라고 불리는 것이 있으며 담론으로서의 인간 중심주의는 그 '대상(즉, 인간)'에 관한 중요한 지식을 생산할 수 있거나, 또는 인간이라는 것이 무엇을 의미하는지 설명할 힘도 가지고 있다고 주장

---

15 이것이 포스트구조주의와 그 추종자들이 객체 지향 존재론 혹은 사변적 실재론과 벌이는 논쟁의 핵심이다. 이와 관련해서는 13장과 뒤에 나오는 상관주의에 대한 각주 참조.

16 Stuart Hall, *Representation*, 2nd edition, ed. Jessica Evans and Sean Nixon (London: Sage, 2013), pp. 1~59 참조.

17 Louis Althusser, "Ideology and Ideological State Apparatuses (Notes towards an Investigation)," trans. Ben Brewster, *Lenin and Philosophy and Other Essays* (London: NLB, 1971), pp. 121~173 참조.

한다. 일반적으로 그러한 주장은 배타성과 본질에 근거한다. 인간의 본성 혹은 인간과 비인간 동물, 무생물, 초자연적 존재 들을 구별하는 일련의 특별한 능력들 같은 무언가가 있다고 주장하는 것이다. 이러한 본성은 오직 인간만의 것이기 때문에, 그로부터 모종의 예외주의 혹은 인간을 중앙에 두는 인간 종 중심주의가 발생한다. 포스트구조주의의 시각에서 볼 때, 여기서 흥미로운 점은 인간은 인간 중심주의라는 담론(과 고전주의 시대를 거쳐 르네상스, 계몽기, 현대의 세속적인 버전에 이르는 장구한 역사)의 대상이면서 주체라는 사실이다. 담론으로서의 인간 중심주의는 모든 인간과 인간이 관계하는 모든 사물이 지닌 본질적이고 보편적이며 초시간적인 진리에 도달할 수 있다고 주장한다. 그것은 매우 특수하고, 원형적이며, 중복적인 방식으로 인간에게 주체의 위치를 부여하는 담론이다. 인간들은 다른 모든 것과 구별되는 본질적인 속성을 공유하고 있다는 것을 인정함으로써 자기 반영을 통해 자신은 누구이고 무엇인지 알게 되는 존재들이다.

그러나 주체에서 이상한 점은 그것이 권력, 담론, 그리고 이데올로기와 관련해서는 항상 모호한 위치에 있다는 것이다. 포스트구조주의자가 보기에 특히 의심스러운 것은 인간(주체)은 본래 인간이지만 동시에 그래야 한다고 **말을 들어야** 한다는, 즉 인간은 '인간화되어야' 한다는, 인간 중심주의의 역설적 주장이다. 이보다 훨씬 더 의심스러운 점은 그러한 주장이 대개는 인간은 본래 그 혹은 그녀의 자아와 관련해 선택의 자유가 있다고 상정하는, 즉 인간이기를 선택하면 본래 인간이고, 만약 인간으로서 전제된 '본성'에 반해 행동하면 본래 '비인간(inhuman)', '괴물'이라는 식으로[18] 자유주의 담론과 연계해 펼쳐진다는 사실이다. 이러한 모순, 즉 자유로운 인간 주체에

---

18 Elaine Graham, *Representations of the Post/Human: Monsters, Aliens and Others in Popular Culture* (Manchester: Manchester University Press, 2002); Jeffrey Jerome Cohen, *Monster Theory: Reading Culture* (Minneapolis: University of Minnesota Press, 1996) 참조.

게 (대개는 선과 악 사이의) 자유 선택권이 있다고 계속 상기시켜야 하는 모순에 근거한 담론이 바로 포스트구조주의자들의 주요 표적이 되는 '자유주의 휴머니즘(liberal humanism)'이다.

포스트-**구조**-주의라는 말의 가운데 단어에 대해 잠시 논의가 필요하다. 구조주의자들이 전제로 삼는 중심 개념은 사람들은 만약 그렇지 않았더라면 혼란 덩어리였을 것을 파악하게 해주는 규칙 체계를 내면화함으로써 사물을 이해한다는 것이다. 구조주의자에게 의미는 형식으로 나타나는 구체적인 표현(혹은 인식)과 그 기저에 깔린 패턴 혹은 '구조' 간의 상호 작용 또는 매핑을 통해 만들어진다. 지도의 예를 계속 들어보자. 길을 찾아 통과해야 하는 잘 모르는 지역을 파악하기 위해 우리는 지도상의 지형지물들을 찾는다. 그것들은 이전에 마주친 적이 있는 표시들이다. 이제 그것들의 의미를 새 지역에 투사한다. 강이 있고, 산이 있고, 계곡이 있고, 동서남북이 있다. 자, 이렇게 기초적인 구조를 적용하면서 거기에 새로운 지역을 맞춰본다. 그 지역의 특이성과 새로움은 우리가 '인식한' 구조들과의 차이로부터 생겨난다. 이 특이한 새로운 산은 알고 있던 모든 산과 비슷해 보이지만, 산봉우리가, 뭐랄까, 얼굴처럼 생긴 게 다르다. 산과 인간에 관한 이전의 지식을 어떤 점에서는 우리가 확립하거나 만드는 데 기여했던 그 차이들을 파악하기 위해 이용한다. 이렇게 하면 다른 담론뿐 아니라 지리에도 효과적이다. 가령 "인간"이 무엇이며, 무엇을 할 수 있는지에 관한 기초적인 구조화된 체계를 먼저 추정한다. 그런 다음, 알고 있는 종류의 인간들과 비슷하지만 동시에 우리의 구조적인 지식이 제공하는 것과는 중요하게 다른 존재들을 마주치게 되면 추정해 놓은 구조를 적용한다. 예컨대, 다른 피부색 혹은 '유형', 대개 (키메라나 사이보그 같은) 비인간 '타자들'과 연관된 특질을 지닌 인간 등이 그러한 다른 존재들이다.[19]

포스트구조주의가 이러한 이해 방식에 가하는 비판은 — 그러한 비판에도 불구하고 여전히 표준적인 이해 방식으로 남아 있기는 하지만 — 그것의 기저를 이루는 구조의 개념이 생각하면 할수록 문제가 많은 심층-표층 모델을 나타낸다는 것이다. 이것이 바로 포스트구조주의의 '포스트'가 보내는 메시지이다. 이것은 또한 (데리다적인) 해체주의가 개입하는 지점이다.[20] '인간성(humanness)'에 관한 체계적인 지식이라고 불러도 좋을 바로 그 기본 구조가 구체적인 인간, 비인간, 그리고 또한 포스트휴먼을 배치해야 하는(또는 비교해야 하는) 모델 혹은 '영역'이라면, 모델로서 그것은 그렇게 해서 만들어진 의미의 근원이자 종착점이며, 본질이자 진리이다.

그 구조를 눈앞에 존재하게 하고 싶지만, 그것이 실제로 무엇인지 알고 싶지만, 그것의 궁극적인 의미는 항상 우리를 벗어난다. 왜냐하면 인간에 관한 모든 표현은 이상화된 유형과 항상 다르기 때문이다. 이것은 어떤 구조, 어떤 본질이든 그것의 완전한 의미는 항상 지연되고, 그러면서 항상 그 자신과의 차이가 발생한다는, 즉 차이 혹은 의미들을 계속해서 만들고 증식한다는 의미이다. 이것이 '차연(différance)'이라는 신조어에 함축된 데리다적인 접근이다. 그러므로 인간이란(또는 포스트휴먼이란) 무엇인지 그 의미를 확정적으로 규명할 수 있는 안정적인 구조에 도달하는 것은 불가능하다. 만약 철학자, 과학자, 심지어 정치인 같은 사람들이 자신들은 사물이 실제로 무엇을 의미하는지 명확하게 **안다**고 속이거나 주장하려는 시도가 계속되지 않는다면, 이 사실은 혁명적이지도 문제적이지도 않을 것이다(다시 말하거니와, 그것은 어떠한 확실한 의미도 확증할 수 없다는 허무주의나 포퓰리즘의 주장이 아

---

19 이러한 '차이'의 문제는 인간 중심주의의 '보편주의' 개념으로서는 영원한 고민거리이다. 특히 인종(14장), 젠더(3장, 12장), 그리고 종(7장)과 관련해서 극히 논쟁적인 이슈로서 계속 남아 있다.

20 특히 Jacques Derrida, "Structure, Sign, and Play in the Discourse of the Human Sciences," in Richard Macksey and Eugenio Donato(eds.), *The Languages of Criticism and The Sciences of Man: The Structuralist Controversy* (Baltimore: The Johns Hopkins Press, 1970), pp. 247~272 참조.

니라, 절대적인 진리 주장에 대한 도전이다). 인간 중심주의자들은 대개 인간이란 무엇인지 안다고 생각한다(혹은 적어도 인간이 아닌 것은 무엇인지에 대해 확신하는 경향이 있다). 반면에 포스트휴머니스트들은 덜 확신하는데, 이것이 '포스트'의 요지이다.

그러나 포스트구조주의 언어학, 혹은 소쉬르 이후의 언어학에 관한 논의는 서사의 역할을 논의하지 않고서는 완전할 수 없다. 기호는 홀로 존재하지 않는다. 기호(즉, 사진·단어·풍경·얼굴·사물)를 지각하거나 그것에 대해 생각하자마자, 의미와 연상 들이 몰려온다. 지금까지 했던 경험뿐 아니라 정황에 따라 맺게 되는 새로운 관계들이 몰려오는 것이다. 논의의 일관성을 위해 그것을 '정체성'이라고 부르자. 의미를 잠시 붙들어놓고 그것이 누군가('너', '우리', '그들' 등등을 내포하기도 하는 '나')에게 의미 있게 하려면, 우리는 그 의미에 순차적인 순서를 부여해야 한다. 이것이 서사가 하는 일이다. 서사는 시간을 이해할 수 있게 돕는다. 그 과정에서 서사는 원인과 결과를 설정한다. 이것은 철학자들이 '합리성'이라고 지칭하는 것의 기본 작용이다(그것은 인간 종의 모든 구성원이 선천적으로 또는 자연적으로 갖고 태어났다고 여겨지는 '이성'의 능력으로 인해 가능하며, 이로부터 인간 중심주의, 인간 종 중심주의, 그리고 예외주의의 가장 핵심적인 주장들이 정당화된다). 인간 중심주의 같은 담론은 우리가 어떻게 인간이 되었고, 현재도 앞으로도 계속 인간일 것이며, 어떻게 하면 인간으로서 더욱더 발전할 것인지에 대한 공감대를 형성함으로써 인간이란 무엇인지에 대한 합의를 이끌어내고자 노력한다. 요컨대, 그러기 위해서는 수없이 많은 개별적인 (인간의) 이야기들과 (인간의) 정체성을 이해하는 방식들을 모아 그것들을 리오타르가 비트겐슈타인(Ludwig Wittgenstein)을 좇아서 말한 소위 '거대 서사(grand récit)' 혹은 강력한 '메타 서사(metanarrative)'로 전환하는 작업이 필요하다.[21] 메타 서사란 다양한 작은 서사들을 적절히 전용하는 서사로서, 자유, 개인, 또는 인간 중심주의 메타 서사의 경우, 인간이란 무엇을 의미하는지와 같은 핵심적인 사회적 가치들을 정당화할 목적으로 고안된다.

'포스트-휴머-니즘(post-human-ism)'이라는 용어의 또 다른 결정적인 난해함은 포스트휴머니즘에서 포스트가 '포스트'(즉, 비판·예견·'종식')하고 싶은 것이 정확하게 무엇인지 모호하다는 점이다. 인간 중심**주의**(human**ism**) 담론의 종말을 예견하는 포스트휴머니즘이 있고, 반면에 **인간**(human)의 종말을 예상하는 포스트휴머니즘이 있다. 필자는 두 번째 변형, 즉 인간의 극복이라는 생각 뒤에 숨어 있는 욕망을 '트랜스휴머니스트'라고 부르고 싶다.[22]

2.3 포스트구조주의와 포스트휴머니즘

비판적 포스트휴머니즘은 변증법적 극복의 문제와 위에 언급한 '포스트'하기의 모호함을 의식하면서 포스트구조주의의 유산을 전유하고, 계승해, 다시 쓴다. 그 결과, 주요 과제는 극복이 아니라(인간을 극복하려는 것은 확실히 아니다. 겸손하게 말하자면, 인간 중심**주의**일 것이다), 논의의 여지가 있기는 하지만 시작 단계부터 서구 문화를 지배해 온 인간 중심주의 철학 전통, 세계관, 일련의 가치 들 전체를 해체하는 것이다.

---

21 Jean-François Lyotard, *The Postmodern Condition: A Report on Knowledge*, trans. Geoffrey Bennington and Brian Massumi (Minneapolis: University of Minnesota Press, 1984), pp. 34ff. 리오타르를 좇아서, 메타 서사에 대한 '회의'는 종종 포스트모더니즘의 핵심적인 신조로서 이해된다. 3장 참조.

22 포스트휴머니즘과 트랜스휴머니즘의 구별과 관련해서는 Herbrechter, *Posthumanism*, pp. 40ff 참조. 트랜스휴머니즘은 인간 중심주의(특히 인간 종 중심주의)와의 단절이기보다는 인간 완전성의 연속이자 달성을 위한 기획이다. 그것은 과학 기술과 정신 향상 혹은 사이보그와 AI 같은 새로운 '종'으로의 초월에 의해 달성이 가능하다고 흔히 주장된다. 6장 참조. 향상 혹은 대체의 트랜스휴머니즘적인 기술 유토피아는 대개 인간 '신체화'의 희생 또는 거부를 전제로 한다. 4장 참조.

좀 더 특정해서 말하자면, 포스트휴머니즘은 포스트구조주의의 주체성, 글쓰기, 타자성의 개념들을 확장하고 심화한다. 포스트휴머니즘적인 사고, 혹은 '인간 이후'의 사고가 직면한 문제들은 모두 포스트구조주의의 반인간 중심주의적 접근이 제기한 물음들을 다시 소환한다. 이러한 문제들은 푸코의 인간 종말 개념, 「인간의 종말(The Ends of Man)」에서의 데리다의 반복적인 설명, 주체의 '죽음'과 주체 다음에는 무엇이 올 것인가의 물음을 둘러싼 논의, 또한 리오타르의 비인간 개념 같은 전형적인 포스트구조주의 논쟁들에서 가장 분명하게 드러난다.[23]

포스트구조주의가 반인간 중심주의로 여겨지는 중요한 이유는 인간 중심주의적 주체를 유령 같은 존재로서, 즉 곧 사라질 그릇된 생각으로서 간주하기 때문이다. 근대 (자유주의 휴머니즘) 주체의 역사를 아주 간략하게 요약하면 이렇다. 데카르트는 의심할 수 있는 자신의 능력을 제외한 모든 것을 의심함으로써 생각하는 주체〔나는 생각한다, 고로 나는 존재한다(*ego cogito ergo sum*)〕의 존재를 추론할 수 있다고 믿었다. 칸트는 주체를 경험의 중심에 놓고 그에 따라 객체(혹은 '흔히 말하는 사물')를 (인간의) 존재론적 탐구로부터 배제하는 강수를 두었다〔이러한 입장은 '상관주의(correlationism)'라는 이름하에 사변적 실재론과 객체 지향 존재론의 주요 표적이 된다〕.[24] 니체와 프로이트 모두 근

---

23 Michel Foucault, *The Order of Things: An Archaeology of the Human Sciences*, ed. R. D. Laing(New York: Pantheon, 1970); Derrida, "Some Statements"; Jean-François Lyotard, *The Inhuman: Reflections of Time*, trans. Geoff Bennington and Rachel Bowlby(Cambridge: Polity Press, 1991); Eduardo Cavdava, *Who Comes After the Subject?*(New York: Routledge, 1991). 다시 말하지만, 포스트구조주의와 포스트모더니즘 사이에는 중요한 공통분모가 있다. 3장 참조. 포스트구조주의를 포스트모더니즘과 구분하는 한 가지 방법은 '실용적'으로 접근하는 것이다. 즉, 전자가 보다 '철학적'이라면, 후자는 근대성을 좀 더 폭넓게, '사회 과학적'으로 이해하려는 경향이 있다는 정도의 차이가 있다.

24 퀑탱 메이야수(Quentin Meillassoux)는 상관주의를 "우리가 사유와 존재의 상관관계에만 접근할 수 있고, 서로 별개라고 생각되는 각각의 항에 대해서는 결코 접근할 수 없다는 관

대의 칸트적이고 초월주의적인 주체성 개념의 비판과 관련이 있다. 하지만 (통합적이고, 자기중심적이며, 의식적인) 주체의 '탈중심화'와 '죽음'을 재촉한 것은 20세기 전반의 구조주의와 포스트구조주의이다. 포스트휴머니즘은 주체성에 내재되어 있는 인간 종 중심주의와 의인관(anthropomorphism)을 비판함으로써 계속 진행 중인 주체의 해체 작업에 동참한다. 이러한 점에서 이 책의 제목(이자 모토)인 인간 이후는 처음 나왔을 당시에 포스트구조주의의 이정표가 된 논문집의 제목, 즉 에두아르도 카다바(Eduardo Cadava)가 편집한 『누가 주체 이후에 오는가?(Who Comes after the Subject?)』를 연상시킨다. 누가 (혹은 무엇이) 주체 이후에 오는가는 누가 (혹은 무엇이) 인간 (중심주의 주체) 이후에 오는가 묻는 포스트휴머니즘적인 질문에 대한 포스트구조주의적인 버전이다. 그렇다면, 포스트휴머니즘은 어떤 형태의 행위자를 제시하는가?

이러한 점에서 (인간) 주체 '이후에 옴'이라는 개념은 '인간'을 "바닷가에 모래로 그려놓은 얼굴처럼 언제 지워질지 모르는 최근의 발명품"[25]에 빗댄 푸코의 비유를 이어받는다. 때 이른 묵시록주의 대신에, 푸코의 악명 높은 '인간의 종말'이라는 표현은 의기양양한 허무주의보다는 비판적 역사의 의미로 이해될 수 있다. 인간 형상에 대한 푸코의 환멸은 인간을 조사 대상으로 역사화한다. 이것은 철학적 인류학의 틀과 '인문학' 전반을 넘어설 수 있는 변화이다. ('반인간 중심주의자들'의 전체 세대를 지칭하는) 이러한 인간 **형상**의 역사화는 다소 불완전한 상태로 남아 있다. 이 지점에서 포스트휴머니즘은 인간이 역사주의(와 그 '종말')의 절대적 주체이지도, 그렇다고 여러 개 중단지 하나의 '개체'이지도 않게 만드는 변증법적 역사화를 초월한다는 의미

넘"이라고 정의한다. Quentin Meillassoux, *After Finitude: An Essay on the Necessity of Contingency*, trans. Ray Brassier(London: Continuum, 2008), p. 5. 좀 더 자세한 논의는 13장 참조.

25 Foucault, *The Order of Things*, pp. 386~387.

에서 인간의 근본적 재고와 재배치를 제기한다. 반면에, 인간은 무엇을 의미하는지에 대한 합의를 이끌어내고자 하는 담론은 여지없이 포스트휴머니즘적인 비판의 주요 표적이 된다.[26]

이러한 비판은 데리다의 영향력 있는 좌담 「잘 먹기(Eating Well)」에서 이미 제기되었다. 이 좌담에서 데리다는 '주체의 우화'를 비인간(즉, 동물·기계·객체)에게는 전통적으로 어떤 형태의 주체성도 거부했던 인간 종 중심주의적인 '허구'로서 제시한다.[27] 이러한 점에서, 주체는 곧 '인간' 주체라고 암암리에 전제하는 담론들은 인간에 의한 비인간의 도구화를 직접 혹은 간접적으로 승인하는 데리다가 말하는 소위 '희생' 관념에 모두 빠져 있다(데리다는 이것을 '육식성-남근 이성 중심주의(carno-phallogocentrism)' 이데올로기라고 명명한다[28]). 그것은 서구 문화에서 '육식 섭생'의 합법화에 기여할 뿐 아니라, 또한 생명 기술의 시대에 다양한 형태로 폭넓게 이루어지는 생명의 상품화와도 관련이 있다.[29] 오늘날의 소위 포스트휴먼의 조건(사이보그, 생명 정치의 일반화, 종차별주의 비판, 인류세, 혹은 인간에 의한 기후 변화)은 그러므로 주체의 폐기가 아니라 비인간 주체성들의 증식을 포함해 오히려 주체의 다원화에 가깝다.[30] 장 프랑수아 리오타르의 '비인간' 개념은 포스트휴머니즘과 그것의 인간 종 중심주의 비판이 (포스트)인문학 영역에 일으킨 '비인간으로의 전회'의 중요한 선례이다. 리오타르는 포스트휴머니즘 내에서 모든 유령들, 인간화의 과정 중에 억압된 신, 악마, 온갖 종류의 괴물들뿐 아니라 동물, 기계, 객체 같

---

26 Cary Wolfe, *What Is Posthumanism?* (Minneapolis: University of Minnesota Press, 2010) 참조.

27 Jacques Derrida, "'Eating Well', or the Calculation of the Subject: An Interview with Jacques Derrida," in Eduardo Cadava(ed.), *Who Comes After the Subject?* pp. 96~119.

28 Eduardo Cadava(ed.), 같은 책, p. 113.

29 Eduardo Cadava(ed.), 같은 책, p. 115.

30 좀 더 자세한 논의는 동물에 관한 7장과 생명 정치에 관한 11장 참조.

은 모든 타자들의 인정을 촉구한다.[31]

요약하자면, 포스트구조주의가 포스트휴머니즘에 물려준 것은 '인간의 종말 이후' 혹은 '인간 이후'는 인간 **이전**으로도 이해되어야 한다는 사실이다. 종말의 위기와 갱신의 경계 사이에 인간에 대해 다시 생각하고 인간에 대해 다르게 생각할 수 있는 '우리'의 현재 기회가 있다. 이것이 모든 '포스트-', 특히 포스트휴머니즘에 내재한 모호성이다. 다르게 말하면, 포스트구조주의, 혹은 '이론'의 유산이 포스트휴머니즘에게 상기시키는 것은 이론화, '이론 이후의 이론'의 지속적인 필요이다.[32] 이런 점에서 포스트구조주의는 (비판적) 포스트휴머니즘의 발전에 도움을 준 많은 사상가들의 저작을 떠올리게 한다. 그중에 가장 두드러진 몇몇을 꼽자면, 도나 해러웨이, N. 캐서린 헤일스, 로지 브라이도티, 주디스 버틀러, 조르조 아감벤, 베르나르 스티글레르, 클레어 콜브룩, 캐런 버라드, 비키 커비(Vicki Kirby), 로베르토 에스포지토(Roberto Esposito), 그리고 캐리 울프 등이다. 분명하게 지속되는 것은 일종의 비판적 본능(물론 이것 역시 포스트구조주의보다 훨씬 오래되었다), 즉 (인간의) 정체성과 (인간의) 차이 사이에 바로 그런 정체성과 차이의 대립을 생산하면서 또한 침식시키는 타자성이 있다는 생각이다. 인간 이후뿐 아니라 포스트휴먼, 비인간, 인간 그 이상은 인간의 자기 동일성 속으로 제어가 불가능하게 침입해 오는 타자들의 이름이다.

---

31 Richard Grusin, *The Nonhuman Turn* (Minneapolis: University of Minnesota Press, 2015). 그의 영향력 있는 「포스트모던 우화(A Postmodern Fable)」에서 리오타르는 포스트휴먼 신체화에 대해 중요한 질문을 제기한다. 이외에도 Jean-François Lyotard, *The Inhuman: Reflections of Time*, trans. G. Bennington and R. Bowlby (Cambridge, UK: Polity Press, 1991); Graham, *Representations of the Post/Human* 참조.

32 Jane Elliott and David Attridge, *Theory After "Theory"* (London: Routledge, 2011).

3
포스트모더니즘

조너선 볼터

포스트모더니즘은 확실히 유행이 지났다. 사실 포스트모더니즘의 죽음은 가장 중요한 대변인 중 한 명인 린다 허천(Linda Hutcheon)에 의해 직접 공표되었다. "그냥 말하자. 이제 끝났다고. 포스트모던은 20세기의 현상, 즉 과거의 일이 되었다고 해야 할 것이다."[1] 허천의 주장처럼, 그것이 제시한 사고의 기교, 표현의 구조, 그리고 형식의 혁신이 진부해지면서, 포스트모던은 하나의 사상으로서 석회처럼 굳어지고, 완전히 알아볼 수 있고, 그리고 치명적으로 '제도화'되었다.[2] 포스트모던이라는 용어가 학계에서 쓰이는 것은 오직 사상사와의 계보학적 관계를 추적하기 위해 동원될 때이다. 그 말이 공적 담론에 등장하는 것은 우파의 박식한 자들이 지식인 '엘리트'들이 선호하는 파괴적인 사상의 도덕적 상대화를 비난할 때이다. 그러나 데리다의 주장처럼, 어떤 사상도 완전히 죽지 않는다. 흔적들이 항상 이미 살아남아서, 유령 같은 사후 세계의 섬뜩한 예고로서 그것의 미래를 어른거린다. 포스트모더니즘은 우리가 포스트휴머니즘이라고 부르게 된 것의 다양한 형

---

1   Linda Hutcheon, *The Politics of Postmodernism*, 2nd ed. (London: Routledge, 2002), pp. 164~165.
2   Hutcheon, 같은 책, p. 165.

식과 표현 속에 비밀리에 계속 살고 있다. 이 장에서 필자의 관심은 포스트모더니즘과 포스트휴머니즘 비평의 가장 중요한 요소의 계보를 추적하는 것이다. 포스트모더니즘이 포스트휴머니즘, 혹은 포스트휴머니즘이라는 **미래**에 준 선물은 자유주의 휴머니즘 주체 개념의 비판적이고 급진적인 해체를 시작했다는 것이다. 포스트모더니즘이 가장 호의적으로 제시한 것은 인간 주체의 전적으로 불안정한 본질에 관한 생각이다. 반면에 포스트모더니즘이 가장 급진적일 때에는 라캉과 데리다에서 보듯이 인간 주체성을 완전히 지워버린다. 데리다가 말하듯이, "누구에게도 주체가 있었던 적이 없다. … 주체는 우화이다".[3] 포스트휴머니즘은 인간 주체에 대한 포스트모더니즘의 심문을 실현한 것이다. 만약 자크 라캉, 장 프랑수아 리오타르, 미셸 푸코, 그리고 질 들뢰즈와 펠릭스 가타리(Felix Guattari)의 저작이 없었다면, 우리는 인간 주체성의 우위에 대한 후기 데리다의 부정, N. 캐서린 헤일스의 분산된 인지 개념, 도나 해러웨이의 유토피아적 비유로서의 사이보그, 혹은 로지 브라이도티의 긍정의 포스트휴머니즘에 도달하지 못했을 것이다. 다르게 말하면, 포스트모더니즘은 포스트휴머니즘 사상의 (현재의) 유령 같은 토대이다.

물론 허천은 포스트모더니즘의 죽음을 전략적으로 주장한 것이다. 허천도 이해하고 있듯이, 포스트모더니즘은 다른 예술 및 철학 담론들, 즉 "퀴어, 인종, 민족 이론뿐 아니라 페미니즘, 탈식민주의"[4] 등으로까지 계속해서 확대되었다. 허천의 다음 설명이 포스트모더니즘과 포스트휴머니즘의 공통점을 이해하는 데 결정적으로 중요하다. "이러한 다양한 형식의 정체성 정치들

---

3 Jacques Derrida, "'Eating Well', or the Calculation of the Subject: An Interview with Jacques Derrida," in Eduardo Cadava(ed.), *Who Comes After the Subject?* (New York: Routledge, 1991), p. 102, p. 104.

4 Hutcheon, *The Politics of Postmodernism*, p. 166.

이 포스트모던과 공유하는 것은 차이와 탈중심화의 강조, 혼종성, 이질성, 지역성에 관한 관심, 그리고 계속해서 묻고 해체하는 분석 방식이다."⁵ 그리고 허천은 다양한 양식의 해체주의 및 포스트구조주의 사고에서 반복되고 확대되는 포스트모던 소설과 철학의 다양한 경향들을 정확하게 짚는다. 게다가 탈중심, 혼종성, 이질성, 차이 같은 허천의 핵심 용어들은 포스트구조주의 철학의 중심 개념의 색인 역할을 하고 있으며, 우리가 포스트휴머니즘을 이해하기 위해 현재 사용하는 것들이기도 하다.

하지만 먼저 포스트모던이라고 불리는 것의 주요 특징들을 다시 짚어볼 필요가 있다. 포스트모던에 관한 공인된 대표적인 철학적 정의는 리오타르의 『포스트모던 조건』에서 확인할 수 있다.

아주 단순화해서 말하자면, 포스트모던은 메타 서사에 대한 회의(懷疑)라고 정의할 수 있다. 의심할 여지 없이 이 회의는 여러 과학에서의 진보의 산물이다. 그러나 그 진보 또한 회의를 전제로 한다. 가장 주목할 점은 메타 서사라는 합법화 장치의 퇴화에 상응하는 것은 형이상학과 과거에 그에 의존했던 대학 제도의 위기라는 것이다.⁶

리오타르에 따르면 '메타 서사'는 이데올로기의 특정 체제를 합법화하는 과학, 종교, 정치, 그리고 예술 등의 담론적 실천들, (푸코식으로 말하면) 지식과 권력의 실천들을 의미한다. 구체적으로 말하면, 포스트모던은 하나의 시기를 특정하는 용어가 아니라, 푸코가 말하는 소위 인식소(episteme)의 확산

---

5   Hutcheon, 같은 책, p. 166.

6   Jean-François Lyotard, *The Postmodern Condition: A Report on Knowledge*, trans. Geoffrey Bennington and Brian Massumi (Minneapolis: University of Minnesota Press, 1984), p. xxiv.

이다. 포스트모던은 이전까지 의미 있고 진실이라고 받아들여지던 모든 것이 이제는 의심받게 되는 하나의 **사건**이다.[7] 토대가 되었던 모든 신화는 불신에 붙여지고 그 결과는 '형이상학의 위기'로 나타난다. 리오타르의 문구는 많은 사상 체계에서 반향을 얻었지만, 이 글에서는 포스트모더니즘의 가장 중요한 비평인 자유주의 휴머니즘 주체 비평을 통해 살펴보려고 한다.[8] 데

---

7 리오타르에게 포스트모던의 최종 교훈은 포스트모던 예술가는 지금까지 있었던 것에 대한 향수와 그의 예술 작품 자체가 너무 늦게 출현했다는 깨달음에 항상 이미 머물러 있다는 것이다. "**포스트 모던**은 전(前) (**모던**) 미래 (**이후**)의 역설에 따라 이해되어야 할 것이다"(Lyotard, 같은 책, p. 81). 『사물의 질서』에서 미셸 푸코는 인식소를 '인식론 분야'[Michel Foucault, *The Order of Things: An Archaeology of the Human Sciences*, ed. R. D. Laing (New York: Pantheon, 1970), p. xxii]로 정의하면서, 그것은 말로 표현될 수 있는 것의 담론상의 이데올로기적 한계라고 설명한다. 푸코는 인식소가 권력에 봉사하나 항상 '담론 장치'로서 작용한다는 점을 확실히 한다. Michel Foucault, *Power/Knowledge: Selected Interviews and Other Writings, 1972-1977*, ed. Colin Gordon (New York: Pantheon, 1980), p. 197.

8 리오타르의 철학적 정의 외에도 포스트모더니즘에 관한 다른 정의들이 당연히 존재한다. 최근 소설에 관한 분석에서 브라이언 맥헤일은 모더니즘 소설이 인식론적인 것에 관심을 두고서 세계에 관한 지식과 소통하는 허구의 가능성을 탐구한다면, 포스트모더니즘 소설은 존재론적이어서 경험의 본질과 세계의 성격을 탐구한다고 설명한다. Brian McHale, *Postmodernist Fiction* (New York: Methuen, 1987), pp. 9~10. 장 보드리야르의 유명한 시뮬라크룸 분석은 포스트모던을 기호의 이해와 경험 자체가 구조적으로 불가능한 질서로서 제시한다. 그 결과 우리는 실재와 재현을 구분하는 능력을 더 이상 갖지 못한다. Jean Baudrillard, *Simulations*, trans. Paul Foss, Paul Patton, and Philip Beitchman(New York: Semiotext(e), 1983) 참조. 이렇게 실재와 시뮬라크룸의 경계가 희미해지는 또 다른 징후는 미학과 일상의 구분이 없어진다는 것이다. 예술은 삶과 치명적으로 결합함으로써, "이미지의 순수한 유통, 진부함의 횡단 미학으로 바뀐다". Jean Baudrillard, *The Transparency of Evil: Essays on Extreme Phenomena*, trans. James Benedict (London: Verso: 1993), p. 11. 프레드릭 제임슨은 예술과 문학에서 모더니즘과 포스트모더니즘을 나누는 것은 '스타일'의 충돌이라고 애써 밝히면서도, 정치적 의도를 지닌 전복으로서의 패러디와 '텅 빈 패러디'를 구분함으로써 동시대 미학의 개념적 가능성에 관심을 나타낸다. Fredric Jameson, *Postmodernism, or, The Cultural Logic of Late Capitalism* (Durham: Duke University Press, 1991), p. 17. 제임슨에게 패스티시는 보드리야르의 진부함의 횡단 미학처럼

리다가 상기시켜 주듯이, 형이상학의 위기는 언제나 토대, 안정성, 그리고 현전에 관한 철학적 개념 들의 위기이다. 의미 질서의 전반을 다루는 형이 상학은 자신에 대해 의문이 제기되면 근본적인 불안정성을 알아차리고도 그것을 가리려고만 한다.

리오타르의 이해에 따르면, 근대성은(그에게 근대성은 계몽 시대로까지 이어지는 사상 체계를 가리킨다) 사고의 안정성, 이성의 논리, "해방된 인간"의 침투 불가능한 정체성을 보존하는 데에 철저히 몰두해 있다.[9] 반면에 포스트모던은 지식 체제로서의 근대성의 파산을 인정하게 되면서, "근대성 전통에 의해 확립된 정체성" 개념에 질문을 던진다.[10] 리오타르는 그 질문을 다음과 같이 설명한다.

근대성이 약속한 보편적 해방을 다루는 다른 방식은 그 대상(즉, '해방된 인간')의 상실뿐 아니라 약속이 제시된 주체의 상실에 대해서도 (프로이트적인 의미로) 철저하게 '훈습(薰習, work over)'하는 것이다. 그것은 우리의 유한성을 인정하는 것뿐 아니라, 바로 그 우리의 지위, 주체에 관한 질문을 정교하게 만드는 것

포스트모더니즘적인 문화의 스타일이자 양식으로서, "스타일에 관한 본격 모더니즘 이데올로기의 붕괴"(p. 17)를 보여주는 징후이다. 포스트모더니즘은 무언가가 상실된 문화 국면으로의 이행을 나타낸다고 할 수 있다. 일반적으로 말하면, 포스트모더니즘은 지금은 부재중인 스타일, 표현 양식 같은 무언가에 반(反)해 자신을 규정한다는 점에서 애도의 문화라고도 말할 수 있을지 모른다. 포스트모던의 계보와 정의에 관한 논쟁은 거의 끝이 없을 정도이다. 현재로서는 "포스트모더니즘에 관한 비평적 논쟁들이 포스트모더니즘 자체를 구성한다"라는 스티븐 코너의 예리한 언급을 받아들일 수밖에 없다. Steven Connor, *Postmodernist Culture: An Introduction to Theories of the Contemporary*, 2nd ed. (Oxford: Blackwell, 1989), p. 18.

9 Lyotard, *The Postmodern Condition*, p. 26.

10 Jean-François Lyotard, *The Postmodern Explained: Correspondence 1982-1985*, ed. Julian Pefanis and Morgan Thomas (Minneapolis: University of Minnesota Press, 1992), p. 26.

이기도 하다.[11]

3.1 주체에 관한 질문

리오타르는『포스트모던 조건』에서 먼저 운을 띄운 뒤 그의 비평적으로 중요한 논문「사고는 신체 없이도 지속될 수 있는가?(Can Thought Go on without a Body?)」에서 본격적으로 물음을 던진다.[12] 포스트모더니즘과 포스트휴머니즘 담론을 연결하는 이 1987년 논문은 두 개의 독백, 즉 '그'로 지칭된 주체가 말하는 첫 번째 독백과 '그녀'가 말하는 두 번째 독백의 형식을 취한다. 리오타르는 의식이 우주 태양계의 죽음, 인간의 절대적 종말을 끝까지 견뎌내고 그것을 기록할 수 있을지 탐구한다. "어떻게 하면 신체 없이 사고하는 것이 가능할까. 인간 신체의 죽음 후에도 계속해서 존재하는 사고…. 신체 없는 사고는 태양계에서든 지구에서든 모든 신체의 죽음, 그리고 신체와 분리될 수 없는 사고의 죽음에 대해 생각하기 위한 필요조건이다".[13] "그"의 최종적인 생각은 사고, 의식, 언어는 뇌 또는 정신의 단순한 부대 현상이 아니며, 사고는 신체를 필요로 하고, 신체는 사고를 필요로 한다는 것이다. 인간 신체의 죽음을 넘어서 사고를 형성하려면 실체화될 수 있는, 혹은 계속 유지될 수 있는 신체의 모델이 요구된다. 한편 '그녀'는 "사고는 현상학적 신체와 분리될 수 없다"[14]는 것에는 동의하지만, 보다 근본적으

---

11 Lyotard, 같은 책, p. 27.
12 Jean-François Lyotard, "Can Thought go on without a Body?" in *The Inhuman: Reflections on Time*, trans. Geoffrey Bennington and Rachel Bowlby (Stanford: Stanford University Press, 1988) 참조.
13 Lyotard, 같은 논문, pp. 13~14.
14 Lyotard, 같은 논문, p. 23.

로, 그리고 헤일스와 해러웨이를 앞지르는 방식으로, 인간은 언제나 우주에서의 사건들의 과정을 결정짓는 복잡화 혹은 음(陰)엔트로피(negentropy) 과정의 운반자일 뿐이라고 주장한다. 인간은 단지 그러한 음엔트로피의 **표출**이지 그것의 창시자는 아니다. 음엔트로피, 즉 인간을 궁극적으로 지워버리는 그 힘은 인간을 필요로 하지 않는다. "나는 인간 존재가 예나 지금이나 그러한 복잡화의 동력인 적이 한 번도 없었을뿐더러, 오히려 음엔트로피의 효과이자 운반자, 그 연속자임을 인정한다."[15]

3.2 효과와 운반자

리오타르는 인간 주체를 그것보다 앞서고 또한 그것을 넘어서는 힘들 앞에서 본질적으로, 그리고 근본적으로, 수동적인 존재로 제시한다. 이러한 인간 주체의 상(像)은 수많은 정통 포스트모던 이론 속에서 실로 철저하면서 강도 높게 표현되어, 이 수동적 주체라는 개념이 아프리오리가 되었을 정도이다. 예를 들어, 자크 라캉은 주체가 존재론적 토대를 위해 타자에 전적으로 의존한다고 생각한다. "욕망은 타자(the Other)의 욕망이다"라는[16] 라캉의 말은 인간 주체가 본질적으로 그것의 바깥에 있는 과정들에 의해 주체**로서** 규정될 뿐 아니라, 세계에 대한 지식도 밖으로부터 온다는 것을 의미한다. "인간의 지식 전체를 타자의 욕망에 의해 매개되는 것으로 결정적으로 뒤집으며, 이 지식의 대상들을 다른 사람들과의 경쟁에 의한 추상적 등가성 속에 구성하는 것은 바로 이 순간이다."[17] 「거울 단계(The Mirror Stage)」의 시작

---

15 Lyotard, 같은 논문, p. 22.

16 Jacques Lacan, *The Four Fundamental Concepts of Psychoanalysis: The Seminar of Jacques Lacan*, Book XI, trans. Alain Sheridan (New York: Norton, 1998), p. 235.

부분에서 라캉이 외재화된 정체성에 관한 자신의 이론을 기점으로 "코기토로부터 직접 유래한 그 어떤 철학도 반대할 것"[18]임을 천명할 때, 우리는 그의 반데카르트적인 철학적 관심을 이해하게 된다. 주체는 그것에 앞서고 그것을 넘어서는 힘들에 **종속**된다는 그의 생각에서 우리는 로지 브라이도티의 표현대로 "완벽성을 자율성과 자기결정으로 정의했던"[19] 자유주의 휴머니즘 주체의 전통적 이미지에 대한 라캉 정신 분석학의 직접적인 도전을 목격하게 된다. 솔직히 말하면, 라캉은 자아에 대한 그 어떤 일관된 개념, 그리고 자기 결정 혹은 자율성에 대한 그 어떤 순진한 생각도 해체했거나 해체하려고 했다. 그리고 그 과정에서 푸코, 데리다, 들뢰즈, 그리고 가타리 같은 다양한 사상가들이 리오타르가 말하는 소위 '형이상학적 철학'의 기반을 체계적으로 해체하도록 이끌었다. 사실 주장하기에 따라서는 라캉이 일찍이 1949년에 초기의 포스트휴먼 철학을 선도했다고도 할 수 있다.

좀 더 정확하게 말하자면, 지금까지 살펴본 대로 라캉의 주체 비판, 그의 직접적인 데카르트 형이상학 비판은 나중에 **비판적 포스트휴머니즘**으로 불리게 된 것의 기초가 된다. 주로 로지 브라이도티, 캐리 울프, 슈테판 헤르브레히터, 그리고 아이번 캘러스(Ivan Callus)의 저작과 관련된 이 용어가 제시하는 바에 따르면, 포스트휴머니즘은 칸트적인 의미에서의 비판으로 정의할 수 있다. 인간 중심주의의 제한적이고 공공연하게 이데올로기적인 틀을 넘어서는 방법들을 제시하면서, 비판적 포스트휴머니즘은 인간 중심주의 내에서 작동하는 원리들을 들추어낸다. 그리고 그 원리들을 해체하면서도 그것이 끈질기게 지속되는 것에 항상 유의한다. 브라이도티는 비판적 포

---

17 Jacques Lacan, "The Mirror Stage as Formative of the I Function as Revealed in *Psycho-analytic Experience*," in *Ecrits*, trans. Bruce Fink (New York: Norton, 2002), p. 79.

18 Lacan, 같은 논문, p. 75.

19 Rosi Braidotti, *The Posthuman* (Cambridge: Polity, 2013), p. 23.

스트휴머니즘에 대한 자신의 견해를 이렇게 밝힌다.

> 나는 다양한 소속의 생태 철학 내에서 비판적 포스트휴먼 주체를 다수성에 의해
> 구성되는 관계적 주체, 즉 차이를 가로질러 다니고 또한 내적으로 차이가 있지
> 만, 여전히 현실에 근거를 둔 책임감 있는 주체로 정의한다. 포스트휴먼 주체성
> 은 신체화되고 착종되어 있기에 부분적인 형태의 책임을 표현하며, 집단성, 관계
> 성, 그리고 그에 따른 공동체 건설에 대한 강력한 의식을 기반으로 한다.[20]

브라이도티는 포스트휴먼 주체가 여전히 윤리 체계와의 관계에 의해 결
정된다는 점을 분명히 한다. 그녀가 말하는 주체는 '관계적'이고 '책임감이
있다'. 그녀는 좀 더 최근에 나온 저서에서는 비판적 포스트휴머니즘보다
긍정의 포스트휴머니즘에 대해 주로 논의한다.[21] 그녀의 주체는 속하기와
되기의 구조 내에서 출현한다. 그것은 부분적이며 결정될 수 있다(여기서 주
체에 관한 라캉의 관점을 떠올리게 된다). 그러나 그것은 여전히, 생득적이건 그
렇지 않건, 주체로서의 주체의 가치를 인정하는 체계 내에서 존재론적으로
존재한다. 브라이도티의 포스트휴먼 주체는 고전적인 인간 중심주의적 주
체를 결정하고 규정하는, **향수를 불러일으키는** 몇 가지 특성들과 여전히 연
관되어 있다고 말할 수 있다.[22] 다르게 말하면, 브라이도티의 긍정의 포스트
휴머니즘에서 포스트휴먼 주체의 주변에는 인간 중심주의 선조들의 유령이
따라다닌다. 좀 더 정확하게 말하면, 그리고 주의를 요하는 용어를 써서 매
우 조심스럽게 말하자면, 포스트휴먼 주체는 부분적으로만 거부된 확고한
인간 중심주의의 **흔적**(trace)으로서 항상 이미 작동한다.

---

20 Braidotti, *The Posthuman*, p. 49.
21 Rosi Braidotti, *Posthuman Knowledge* (Cambridge: Polity, 2019), p. 23.
22 Braidotti, *Posthuman Knowledge*, p. 29.

논의의 방향을 바꿔 데리다적인 포스트휴먼 모델을 검토해 보면, 다양한 포스트휴먼 주체들의 토대가 되고 그들을 변형시키는 공간적 은유들이 주의를 끈다. 포스트휴먼의 모든 핵심 사상가들은 어쩌면 의도적으로, 어쩌면 의도치 않게, 자신들의 주제를 명확하게 나타내는 공간적 은유들을 사용한다. 예를 들어, 헤일스는 **분산된** 인지에 대해 말하고, 해러웨이는 **유토피아적인** 존재로서 사이보그에 대해 말한다. 그리고 브라이도티는 **가로지르기**, **착종성**, 그리고 **관계성**에 대해 공공연하게 말하며, 데리다는 당연히 **흔적**에 대해 말한다.[23] 흥미로운 점은 그러한 은유들이 공통된 특징을 지닌다는 것이다. 그들은 포스트휴먼 주체성이 현실에 근거한 '실제' 세계에서 물질적으로 항상 이미 나타나야 하는 사건이라고 생각하는 것 같다. **분산**과 **관계성** 같은 공간적 은유들은, 데리다의 뒤를 이어, 포스트휴먼 주체들이 공간들 내에서 또는 그것들을 가로질러 출현하며, 따라서 다양성, 불연속성, 혹은 (근본적) 중립성의 급진적 형태를 취할 수밖에 없다고 항상 이미 제시한다. 그러한 은유들을 주의해서 본다면, 포스트휴먼을 가능성, 가정, 그리고 인식 가능한 물질적 토대에 근거한 사고 실험으로서 이해할 수 있을 것이다.[24]

데리다의 해체주의 철학에서 가장 중요하다거나 또는 다른 모든 것을 수렴하는 용어가 있다고 주장한다면 그것은 해체주의의 전반적인 취지와 상충될 것이다. 하지만 흔적에 관한 데리다의 개념만큼은 그의 이력 전체를 통틀어 〔타다 남은 찌꺼기, 재, 유령, 보충, 파르마코스(*pharmakos*) 같은〕 다양한 이

---

23 N. Katherine Hayles, *How We Became Posthuman: Virtual Bodies in Cybernetics, Literature, and Informatics* (Chicago: University of Chicago Press, 1999); Donna Haraway, "A Cyborg Manifesto: Science, Technology and Socialist-Feminism in the Late Twentieth Century," in *Simians, Cyborgs, and Women: The Reinvention of Nature* (New York: Routledge, 1991), pp. 148~181; Jacques Derrida, *Of Grammatology*, trans. Gayatri Chakravorty Spivak (Baltimore: Johns Hopkins University Press, 1976); Braidotti, *The Posthuman*.

24 물질성과 포스트휴먼에 관한 좀 더 상세한 논의는 12장 참조.

미지와 형상 들 속에 스며들어 있는 비유로서, 그의 해체적 사고 전체와 의식, 주체성, 그리고 현전에 관한 생각에 일종의 토대를 제공한다. 그것이 처음 등장한 것은 일찍이 1967년 『그라마톨로지(*Of Grammatology*)』에서이지만[특히 1부 2장 「외부가 내부이다(The Outside is the Inside)」참조], 가장 상세하게 설명된 것은 『말과 현상(*Speech and Phenomena*)』의 마지막 장인 그의 1968년 에세이 「차연(Differance)」에서이다.[25] 이 글은 후설 현상학의 중요 신조인 의식의 자기 현전에 대한 데리다의 지속적인 비판의 절정을 보여준다. 실제로 데리다의 후설(Edmund Husserl) 비판은 의식 혹은 현전이라는 개념이 주체성에 대한 이해 자체를 차례로 그리고 반복해서 결정하는 형이상학 전반의 토대가 된다는 것을 입증하기 위한 시도이다. "우리의 의도는 현상학적 비판에의 호소가 형이상학 자체임을 확실히 함으로써 그것의 역사적 성취의 원래 순수성을 회복하는 것이다."[26] 데리다의 후설 비판은 소쉬르의 언어학에 기초해 특이하게도 다소 논리적으로 진행된다. 현전, 실체(*ousia*), 자기 현전 주체의 개념은 그 자체가 하나의 관념으로서, 차이의 경제로부터 생겨나는 언어의 효과이다[그는 이것을 **원형 기술**(arche-writing)이라고 부른다]. 어떤 관념, 어떤 개념도 다른 개념과 상반되는 차이가 있을 때에 의미가 통한다. 어떤 단어가 의미를 나타내고 의미를 부여받는 것은 혼자서 되는 것이 **아니라**, 오직 다른 단어와의 (시간적, 심지어는 공간적) 관계를 통해서이다. 의미는 끝없이 가능한 차이의 연결망 속에서 외재화되고 차별화된다. 만약 의식이 **홀로** 그리고 **스스로** 그 자신의 토대가 된다고 확신할 수 있으려면, 형이상학은 그러한 차이의 연결망을 망각하고 또 망각**해야** 한다고 데리다

25 Jacques Derrida, "Differance," in *Speech and Phenomena and Other Essays on Husserl's Theory of Signs*, trans. David B. Allison (Evanston: Northwestern UP, 1973), pp. 129~160.
26 Derrida, 같은 글, p. 5.

는 주장한다.

어떻게 변형되든 의식은 오직 자기 현전으로서만, 현전의 자기 지각으로서만 상상이 가능하다. 의식에 적용되는 것이 일반적으로 주체의 실존이라고 불리는 것에도 적용된다. 주체의 범주가 예나 지금이나 주체(*hypokeimenon*) 혹은 실체(*ousia*)로서의 현전 없이는 생각할 수 없었던 것처럼, 의식으로서의 주체는 자기 현전으로서가 아니면 달리 명시될 수가 없다. 이처럼 의식에 주어진 특권은 현전하는 것에 주어진 특권을 의미한다. … 이러한 특권은 형이상학의 정수(精髓)이다.[27]

형이상학의 정수, 형이상학의 힘은 그것이 의식의 현전하는 순간, 그 현재에 특권을 부여한다는 것이다. 그러나 흔적, 차이, 반대되는 기호 들과의 관계 속에서만 생겨나는 의미의 관념은 현전은 결코 현재가 아니며, 의미는 결코 여기 혹은 지금이 아니라, 거기 그리고 그때임을 분명하게 나타낸다. 의미는 지연되고 차이난다. 기호는 결코 그것이 표현하고자 하는 것이 아니라 미래의 어느 시점에 있게 될 것(당연히 시간/장소에 따라 다시 차이나고 지연될 것)의 흔적일 뿐이다. 따라서 데리다의 중요 문장들은 다음과 같다. "흔적은 현전이 아니라 그 자신을 탈구하고, 전위시키고, 초월해 가리키는 현전의 모사이다. 정확히 말하면, 흔적은 있을 장소가 없다. 삭제는 흔적이라는 구조의 속성이기 때문이다. 삭제는 흔적을 항상 추월할 수 있어야 한다."[28]

흔적과 그것이 의식 및 주체성과 맺는 관계에 대한 데리다의 분석은 자유주의 휴머니즘의 중요 신조들, 특히 그 혹은 그녀가 생각하므로 고로 자기

---

27 Derrida, 같은 글, p. 147.
28 Derrida, 같은 글, p. 156.

는 존재한다고 믿는 자기 현전적이고 합리적이며 투명한 주체에 대한 자유주의 휴머니즘의 맹신에 강력한 비판을 제공한다. 라캉, 푸코, 그리고 들뢰즈와 가타리에서도 그 반향을 찾을 수 있는 주체에 대한 데리다의 포스트모던적인 비판은 너무 당연한 것이어서 데리다가 그것에 대해 명시적으로 말하는 경우는 거의 없다. 데리다 자신도 이러한 사실을 「잘 먹기」에서 인정한다. 이 글에서 그는 자신의 작업이 주체 비우기를 아프리오리처럼 여기는 (프로이트와 니체) 철학에 근거를 두기는 해도, 인간의 주체성을 그 자체의 흔적, 잔여물, 혹은 유령으로서 보는 분석을 더 진행할 필요까지는 없다고 말한다.

포스트휴먼에 대한 논의를 마무리하기에 앞서 데리다의 사상 중 몇 가지 측면들을 특히 헤일스와 해러웨이의 연구에 나타나는 포스트휴먼과 관련지어 살펴볼 필요가 있다. 첫째, 비인간 주체성 개념에 대한 데리다의 시도가 가리키듯이, 데리다의 생각은 항상 이미 심오한 의미에서 포스트**휴먼**적이다. 「잘 먹기」에서 동물에 대해 간략하게 언급할 때도(물론 동물은 그의 후기 저작에서 주요 초점이 된다) 그는 자신의 관심이 인간에 관한 관심을 넘어선다고 말한다. 만약 주체성이 인간 너머로 확장된다면(그렇게 되더라도 그것은 단지 그 자체의 흔적이겠지만), 인간에 관한 **개념**은 약화되고 분산된다.[29] 분석 대상을 동물로까지 확대해야 한다는 데리다의 요구는 인간만이 유일하게 생각하는 존재라는 데카르트적인 통념에 근본적인 의문을 강하게 제기한다. 그 과정에서 데리다는 사고 혹은 의식이 유일하게 인간에게만 **있다**는 태도를 문제시한다. 둘째, 의식을 흔적으로 보는 데리다의 분석은 주체에 관한 거의 모든 포스트휴먼적인 사고 속에서 깊숙이 울려 퍼진다. 가령, 두 명의 대표적인 사상가들만 예로 들자면, 헤일스와 해러웨이에게서 나타나는 포

---

29 동물과 포스트휴먼에 관한 좀 더 상세한 논의는 7장 참조.

스트휴먼 주체성의 모델은 데리다와 유사한 의식의 공간적 개념화의 예시이다. 헤일스에게 인지는 **분산화된** 인지이다. 해러웨이에게 사이보그 주체성은 다가올 시간과 장소에 위치한다. 둘 다 포스트휴먼을 흔적으로서, 공간적으로 실현되는 것으로서, 그리고 차이가 나면서 지연되는 것으로서 바라본다. 다르게 말하면, 데리다의 포스트모던 철학은 주체성에 관한 포스트휴머니즘 이론들에서 명백하게 다시 표현된다.

포스트휴먼 주체에 관한 모든 복잡한 주장들을 되풀이하려는 게 이 글의 의도는 아니다. 이 글이 관심을 두는 것은 헤일스와 해러웨이가 명시적으로든 아니든 데리다적인 흔적을 어떻게 변형해서 제공하는가이다. 우선은 데리다와 해러웨이와 헤일스의 중요한 차이점부터 논의해 보자. 데리다에게 흔적은 형이상학적 사고가 지닌 결핍의 신호로서 나타난다. 흔적은 완벽한 현전의 부재를 보지 못한다는 징후, 정확하게 말하면, 물려받은 철학적 사고의 쇠약해져 가는 구조를 넘지 못한다는 징후이다. 해러웨이와 헤일스에게서(이것은 브라이도티도 마찬가지이다), 포스트휴먼 주체성의 공간적·시간적 복잡성과 그 자유주의 휴머니즘 주체의 흔적으로서의 위상은 근본적인 사고의 제약에서 장점으로 바뀐다. 가령, 해러웨이는 사이보그라는 표상이 경계를 흐리게 하고, 석회처럼 굳어진 정체성 체제에 의문을 제기하고, 가부장적 이데올로기 질서를 제거하기 때문에 그것에 관심을 둔다. 해러웨이의 사이보그는 허구이면서 또한 새롭게 나타나는 긴급한 인식소라는 의미에서 신화이자 물리적 존재로서 제시된다. "사이보그는 사이버네틱 유기체, 기계와 유기체의 혼종, 허구의 산물이면서 사회 현실의 산물이다. 사회 현실은 경험된 사회관계, 우리의 가장 중요한 정치 구조, 세계를 바꾸는 허구를 말한다."[30] 사이보그는 여기에 있으면서 아직 오지 않은 것이며, 현존하면서

---

30 Haraway, "A Cyborg Manifesto," p. 149.

부재하고, 출현 중이면서 유령처럼 미래적이다. 다르게 말해, (비록 해러웨이가 그 말을 사용하지는 않지만) 사이보그는 흔적이다. 그런 의미로서 우리는 그녀의 가장 중요한 용어를 만나게 되는데, 사이보그는 본질적으로 **유토피아적** 산물이다. **세상 어디에도 없는 것, 아직 오지 않은** 것을 의미하는 유토피아는 또한 바로 지금의 실재로서 주의를 요구하며, 주어진 권력의 질서에 항상 이미 의문을 제기한다. 데리다의 주체 읽기가 주체는 항상 지연되며, 항상 앞으로 도래하며, 항상 그 자신과 차이가 난다고 말한다면, 해러웨이의 사이보그도 수사적으로(해러웨이는 사이보그가 '아이러니한' 신화이며, 아이러니는 거리와 지연된 기대를 나타내는 탁월한 비유라고 반복해서 말한다) 그리고 동시에 존재론적으로 그와 비슷하게 변위된다. "사이보그는 서구적인 의미에서의 기원 서사 같은 것을 전혀 갖고 있지 않다."[31] 아무런 기원도 없이 아직 오지 않은 존재론만을 지닌 사이보그는 흔적과 마찬가지로 주체성에 관한 어떤 전통적인 형이상학적 정의와도 일치하거나 부합되지 않는다.

헤일스의 포스트휴먼 모델도 해러웨이의 모델처럼 자유주의 휴머니즘적 사고의 전통을 드러내놓고 비판한다. 그녀가 보기에 인간과 포스트휴먼에 대한 생각들은 결정적으로 구성물이다.[32] 즉, 인간과 포스트휴먼은 자연적이고, 투명하며, 완전히 스스로 생산하는 존재로 세상에 나타나지 않는다. 그들은 담론 체제 내에서 생겨난다. 조작과 변화가 가능한 물질적 실체일 뿐 아니라 특정한 문화적 맥락의 산물들인 것이다. 헤일스의 표현대로, 포스트휴먼을 가장 잘 이해할 수 있는 방식은 다음과 같다. 첫째는 '시각',[33] 즉 물질성보다 정보 패턴을 지지하는 입장이다. 둘째는 "서구 전통에서 인간 정체성의 거처로서 간주되던" 의식을 '부수 현상(epiphenomenon)'으로[34] 바라

---

31 Haraway, 같은 글, p. 150.
32 Hayles, *How We Became Posthuman*, p. 2.
33 Hayles, 같은 책, p. 2.

보는 입장이다. 셋째는 신체를 '원래 보철적인 것'[35]으로서 바라보는 것이며, 마지막은 신체를 '지능 기계들'[36]과 필연적으로 연결된 것으로 보는 입장이다. 즉, 그녀의 포스트휴먼은 해러웨이의 사이보그와 비슷하다. "포스트휴먼에서는 신체적 존재와 컴퓨터 시뮬레이션, 사이버네틱 메커니즘과 생물학적 유기체, 로봇 기술과 인간의 목표들 사이에는 어떤 본질적 차이나 절대적 구별도 없다."[37]

헤일스의 사고에서 두 가지 측면에 주목할 필요가 있다. 첫째는 인간 의식은 부수 현상이라는 생각이다. 인간 정체성의 위치는 포스트휴먼 '시각'에 의해 절대적으로 의문시된다. 부수 현상은 부차적인 징후로서, 본질적으로 뇌 활동의 부산물에 해당하는 정신 상태이다. 다르게 말하면, 의식과 정체성에서 절대적으로 특권적인 것, 즉 **아프리오리는 없다**. 이보다 중요한 둘째는 포스트휴먼을 소위 '분산된 인지'로서 바라본다는 것이다.[38] 포스트휴먼 주체는 대부분 자본주의적인, 서로 경쟁하는 다양한 행위자들의 산물이라고 그녀는 주장한다. 포스트휴먼 주체는 '시장 관계들'[39]의 산물이며 따라서 그 자신의 소유주가 아니다. 그것은 "혼합물, 이질적인 구성 요소 들의 집합, 경계가 끊임없이 구성되고 재구성되는 물질적-정보적 실체"[40]이다.[41] 텔

---

34 Hayles, 같은 책, p. 3.
35 Hayles, 같은 책, p. 3.
36 Hayles, 같은 책, p. 3.
37 Hayles, 같은 책, p. 3.
38 Hayles, 같은 책, p. 3.
39 Hayles, 같은 책, p. 3.
40 Hayles, 같은 책, p. 3.
41 가장 최근에 나온 저서에서 헤일스는 포스트휴먼에 대한 관심을 넘어선 것처럼 보인다. 가령, N. Katherine Hayles, *Unthought: The Power of the Cognitive Unconscious* (Chicago: University of Chicago Press, 2017)에서 헤일스는 인간, 정보, 생물체의 다양한 체계들이 어떻게 의식 없는 인지의 증거를 제시하는지 분석한다. 그녀가 말하는 '비의식적 인지' 분석은 아직 진행 중인 연구이지만 일반적인 포스트휴머니즘처럼 인간을 탈중심화한다. 그것

레비전에 등장하는 〈육백만 불의 사나이〉나 영화 캐릭터 〈로보캅〉을 "포스트휴먼 체제의 모범적인 시민[들로]"[42] 예를 들면서, 헤일스는 포스트휴먼은 (라캉이 주장하듯이) 그것에 선행하고 그것을 뛰어넘는 욕구와 욕망에 의해 단지 정신 분석학적으로 생산되기보다는, 다양한 물질적 장소, 위치, 그리고 행위자 들로부터 실제적으로, 물질적으로 나타나게 된다고 주장한다. 이러한 장소들의 배열이 그녀가 말하는 '분산된 인지',[43] 즉 개인 주체에 의해 소유되지도, 어떤 한곳에 위치하지도 않는 새로운 복수적 의미의 주체성을 만들어낸다. 분산된 인지에는 "다른 존재의 의지와 명확하게 구분될 수 있는 자기 의지를 확인할 어떠한 선험적 방식도 존재하지 않는다".[44] 중요한 점은 분산된 인지라는 헤일스의 은유가 공간적이라는 것이다. 포스트휴먼은 여기나 거기에 있지 않다. 포스트휴먼은 특정 위치에 있지도, 중앙의 통제를 받지도 않는다. 포스트휴먼은 서로 경쟁하는 행위자들과 욕망들 사이의 작용, 사이의 공간에서만 나타난다고 할 수 있다. 데리다를 되돌아보며 다르게 말하면, 포스트휴먼은 흔적이다. 좀 더 정확하게 말하면, 포스트휴먼은 앞서거나, 넘어서거나, 위치를 흔드는 힘들에 의해 불연속적인 존재의 **흔적이 된다**.

데리다와 허천으로 다시 돌아가 이 논의를 끝마쳐보자. 「잘 먹기」에서 데리다는 초월적 주체의 개념을 지지하는 것처럼 보이는 (데카르트, 칸트, 헤겔 등의) 철학을 세심하게 읽어보면, 그들은 정체성과 주체성의 표시로서의 의

은 크게 두 가지 점에서 그렇다. 즉, 그녀는 "의식/무의식 외에 인지 과정에서의 또 다른 행위자를 인정하고, 그와 동시에 인간, 동물, 그리고 과학 기술적 인지 사이의 다리를 제공함으로써 그들을 질적으로 역량이 다른 것으로 이해하기보다는 하나의 연속체 위에 둔다"(p. 67).

42 Hayles, *How We Became Posthuman*, p. 3.
43 Hayles, 같은 책, p. 4.
44 Hayles, 같은 책, p. 4.

식의 중요성에 대해 깊은 의심을 품고 있었음이 드러난다고 설명한다. 그러면서 그는 '주체는 우화'[45]라고 결론 내린다. 직접적으로 인용하지는 않지만, 데리다는 (특히)『권력에의 의지(*The Will to Power*)』와「진실과 거짓에 대하여(On Truth and Lying)」에서 주체를 제거한 니체를 분명히 상기시킨다. 인간은 의식을 발명하고 나서 즉시 그 사실을 잊어버렸다는 니체의 설명, 그러므로 "'주체'는 허구일 뿐이다"라는 니체의 설명은[46] 틀림없이 데리다에 분명히 앞선다. 데리다는 '허구' 대신에 '우화'라는 말을 쓴다. 그러나 니체도 '환상적인 의식'을[47] 발명하는 인간의 환상을 설명하기 위해 '우화(Fabel)'라는 말을 썼다는 것을 떠올릴 필요가 있다. 여기서 흥미로운 부분은 **허구**와 **우화** 같은 단어들의 공명과 그것들이 포스트휴먼에 대한 이론 안에 계속해서 남아 있는 방식이다. 가령, 해러웨이는 포스트휴먼은 "신화" 혹은 "허구의 산물", 혹은 소위 "상상력과 물질적 실재를 모두 담은 … 이미지"임을 계속 강조한다.[48] 헤일스가 분산된 인지 개념의 구체적인 예로서 〈육백만 불의 사나이〉나 〈로보캅〉 같은 허구에 유독 고집하는 것은 포스트휴먼 존재의 복잡성을 전달하기 위해 허구성과 우화성에 의존한다는 또 다른 증거이다.[49]

위에서도 언급했듯이, 놀랍게도 포스트휴먼 사상가들은 데리다와 니체가 확실하게 지적한 우리의 사고 내의 결여된 부분을 긍정적이고 해방적인 자

---

45 Derrida, "'Eating Well', or the Calculation of the Subject," p. 102.

46 Friedrich Nietzsche, *The Will to Power*, trans. Walter Kaufmann (New York: Vintage, 1968), p. 199.

47 Friedrich Nietzsche, "On Truth and Lies in a Nonmoral Sense," in *Philosophy and Truth: Selections from Nietzsche's Notebooks of the Early 1870s* (New York: Humanity Books, 1979), p. 80. 사실 니체의 글은 보란 듯이 동화처럼 쓰였다. "옛날 옛적에, 수많은 반짝이는 태양계로 뿔뿔이 흩어진 우주의 모퉁이 어딘가에, 똑똑한 짐승들이 생각을 발명한 별이 하나 있었다"(같은 글, p. 79).

48 Haraway, "A Cyborg Manifesto," p. 149.

49 사변 소설과 포스트휴머니즘의 관계에 관한 좀 더 상세한 논의는 15장 참조.

산으로 바꾼다. 니체에게 허구로서의 주체는 우리가 우리의 한계를 넘어서는 생각할 수 없다는 것을 나타내는 개념이다. 그가 『권력에의 의지』에서 말하듯이, "우리는 무지의 지점에서, 우리가 그 이상 더 볼 수 없는 지점에서 말을 만들어낸다".[50] 데리다에게 데카르트, 칸트, 헤겔, 혹은 후설 철학에 내재한 주체의 개념은 계속 쫓아다니는 형이상학의 징후로서, 그것은 존재의 실재에 대한 주장이 전혀 없는 것에만 특권을 주는 유령 같고 불안정한 허위성의 지속이다. 그러나 헤일스와 해러웨이에게(브라이도티도 여기에 포함시킬 수 있다) 인간 개념의 핵심에 있는 부재는 필연적으로 포스트휴먼과 가능성과 되기의 공간들을 상상할 수 있게 해주는 부재이다. 해러웨이는 유토피아적이며 해방적인 프로젝트를 제공한다. 헤일스는 물질적 착종성과 "인간 존재를 위한 조건으로서의 유한성"에 세심하게 신경 쓰는 자신의 포스트휴먼에 대한 통찰은 "지속적인 생존을 위해 필요한 것"[51]이라고 설명한다. 차이에 기초하고 그 자체가 "**내적으로** 분화되어 있는"[52] 브라이도티의 포스트휴먼 주체도 이와 비슷하게 해방의 가능성을 제시한다. 즉, "비단일 주체를 향한 포스트휴먼 윤리는 자기중심적 개인주의의 방해물을 제거함으로써 자신과 비인간 또는 '지구'의 다른 존재들 사이의 상호 연결에 관한 의식의 확대를 제안한다".[53]

끝으로 포스트모더니즘의 죽음에 대한 허천의 수사적 애도를 상기해 보자. 그녀의 주장에 따르면, 포스트모더니즘은 사라진 뒤에도 "퀴어, 인종, 민족 이론뿐 아니라 페미니즘, 탈식민주의"에서 계속 등장한다. 그녀는 계속해서 말하기를, "이러한 다양한 형식의 정체성 정치들이 포스트모던과 공

---

50 Nietzsche, *The Will to Power*, p. 267.
51 Hayles, *How We Became Posthuman*, p. 5.
52 Braidotti, *The Posthuman*, p.49. 강조는 필자.
53 Braidotti, 같은 책, pp. 49~50.

유하는 것은 차이와 탈중심화의 강조, 혼종성, 이질성, 지역성에 관한 관심, 그리고 계속해서 묻고 해체하는 분석 방식"[54]이다. 해러웨이, 헤일스, 그리고 브라이도티는 어떤 종류의 '정체성 정치'에 대해서든 조금이라도 설명하려 하지 않는다. 그렇다고 포스트휴머니즘이 수세기에 걸친 인간의 주체성에 관한 사고를 근본적으로 뒤집어엎는 과정에서 정체성 정치의 최종 형식이 되었다고 말하고 싶지는 않다. 하지만 그들이 탈중심화(헤일스), 차이(브라이도티), 그리고 혼종성과 이질성(해러웨이)에 대한 관심을 서로 공유하고 있는 것은 사실이다.[55] 그리고 이 장에서 줄곧 주장했듯이, 포스트휴먼 이론의 다양한 수사적·비유적 분석 방식들의 유래는 특히 데리다가 관심을 가졌던 흔적에 관한 다양한 표현들에서 나타나는 해체주의적인 분석 방식으로까지 거슬러 올라간다. 그렇다면 어떤 의미에서 포스트모더니즘은 새로운 형식의 주체성이 새로운 형태의 존재를 위한 가능성으로 부상할 때에도 계속해서 표출되고, 사고의 주변에 계속해서 출몰한다고 주장하지 않을 수 없다.

---

54 Hutcheon, *The Politics of Postmodernism*, p. 166.
55 포스트휴머니즘과 트랜스휴머니즘의 차이에 대해 자세히 논의할 자리가 아니기는 하지만, 트랜스휴머니즘 철학은 아주 명확하고, 보기에 따라서는 걱정될 정도로 반동적인 정체성 정치를 표명한다고 할 수 있다.

4
신체화와 정동

마이클 리처드슨

    인간이라는 개념을 다시 상상해야 한다는 제안을 받아들인다면, 그다음에는 신체가 다른 신체, 객체, 그리고 세계와 맺는 관계들도 결국 문제 삼아야 한다. 실제로, 근대 사상과 대중적 인식 모두에서 나타나는 신체의 한계에 대한 인식은 포스트휴머니티의 출현을 위한 중요한 거점이라고 할 수 있다. 정동적 전회로 알려지게 된 분야의 다양한 저술에서 신체는 경계가 있는 생물학적 신체나 자주적 주체와는 대조적으로 유동적이고, 공(共)구성되고, 필연적으로 물질적이며, 근본적으로 관계적인 것으로 재인식된다.[1] 그 결과, 사회성, 정치, 문화, 그리고 인간 그 이상의 생태와 과학 기술은 신체화에 대한 새로운 이해와 서로 연계될 때 인식과 파악이 가능해진다. 그렇다면 신체와 세계를 얽히게 만드는 관계의 힘과 실체는 무엇인가? 신체에 스스로를 넘어서면서 동시에 외부의 힘들에 의해 영향 받는 능력을 부여하는 것은 무엇인가? 신체의 표면은 어떻게 경험되고, 그 경험과 부딪히는 외부 충격들이 신체에 의미하는 것은 무엇인가? 실제로 어떤 신체가 인간으로 간주되며, 어떤 방식으로 그렇게 되는가? 그리고 신체화가 무엇인지 설명하

---

1   정동적 전회에 관한 좀 더 상세한 논의는 Patricia Clough, *The Affective Turn: Theorizing the Social* (Durham: Duke University Press, 2007) 참조.

려면 인간에 대한 정의를 확대해야 하는가?

이 장은 제한된 경로를 따라 이러한 물음들과 그 밖의 관련된 물음들을 탐구함으로써 정동과 신체화에 관한 새로운 이론의 출현이 어떻게 포스트휴먼과 관계 맺는지 살펴본다. 신체에 관한 서구의 존재론에서 질 들뢰즈가 차지하는 의미를 시작으로, 인문학과 사회 과학에서의 정동적 전회와 그것이 정동, 신체화, 그리고 인간을 이해하는 방식에 끼친 영향들이 논의될 것이다. 자율적 강도(剛度)로서의 정동 개념에서 출발해 정동의 문화 정치와 신체화의 퀴어화에 대해 차례대로 살펴본 뒤에, 장소, 주체, 그리고 비판적 탐구 방식으로서 정동과 신체화를 접근하는 것이 어떻게 인간 및 인간 중심주의적 지식 생산 방식의 한계를 드러내는지 보여주고자 한다.

4.1 서구 존재론의 재발명

개인 저술과 펠릭스 가타리와의 공동 저술을 통해 들뢰즈는 생명 그 자체의 세계를 가로지르거나 관통하는 문제들, 즉 자본주의, 앎, 창조, 그리고 인간에 관한 문제들을 다루고자 했다.[2] 그 과정에서 들뢰즈는 철학이 ― 그는 철학을 사유에 영향을 주는 개념들의 창조로서 바라본다 ― 생명을 변형시키기 위해 무엇을 할 수 있을지의 문제에 항상 관심을 기울였다. 들뢰즈에게 생명은 인간에 국한되지 않으며 존재의 이질적인 연속체로부터 떼어놓을 수 없다.[3] 이와 같이 그의 철학은 상태의 철학이 아니라 과정, 즉 움직임, 구성, 창발, 그리고 되기의 철학이다. 사물이 무엇인지보다는, 사물이 어떻게 출

---

2 Claire Colebrook, *Gilles Deleuze* (London: Routledge, 2001), p. 8.

3 Gilles Deleuze, *Pure Immanence: Essays on a Life*, trans. Anne Boyman (New York: Zone Books, 2001).

현하고 무엇이 될 수 있는지를 그보다 먼저 탐구한 주요 선조들은 윌리엄 제임스(William James), 앙리 베르그송(Henri Bergson), 앨프리드 노스 화이트헤드(Alfred North Whitehead), 그리고 가장 큰 영향을 준 바뤼흐 드 스피노자(Baruch de Spinoza) 같은 과정 철학자들이었다. 스피노자로부터 들뢰즈는 그의 존재론의 핵심 명제, 즉 신체 — 인간의 신체뿐 아니라 모든 신체 — 는 단일한 실체로부터 생겨난다는 명제를 차용해, 데카르트의 정신/신체 이분법을 근본적으로 무너뜨리는 신체와 사고의 통합적 유물론을 취한다.[4] 이 일원론적 실체는 생명(Life) 그 자체의 무한한 질료이다. 첫 글자를 대문자로 적은 것은 생명 본연의 존재의 연속성을 인간이든, 동물이든, 식물이든 상관없이 주어진 신체에서 나타나는 구체적이고 노쇠하기 마련인 생명의 형태들과 구별하기 위해서이다.[5]

스피노자처럼 들뢰즈도 우주를 일원론적으로, 즉 로지 브라이도티의 말처럼 형태의 개체화를 통해 자신을 나타내는 "날것 그대로의 우주적 에너지"에 의해 움직이는 단일한 물질로 본다.[6] 들뢰즈는 그것을 **내재성의 평면**(the plane of immanence), 혹은 '자연의 평면'이라고 부르는데, 그것은 "자연과는 아무 관련이 없지만, 그 평면에서는 자연적인 것과 인공적인 것 사이에 아무런 구분이 없기 때문이다".[7] 그 평면은 "철학의 절대적인 토대 … 철학이 자신의 개념들을 창조하는 기초가 된다".[8] 그러나 내재성은 단순히 개

---

4 Gilles Deleuze, "Ethology: Spinoza and Us," in Jonathan Crary and Sanford Kwinter(eds.), *Incorporations*, trans. Robert Hurley (New York Zone Books, 1992), p. 629.

5 생명 그 자체에 관한 좀 더 상세한 논의는 8장 참조.

6 Rosi Braidotti, *The Posthuman* (Cambridge: Polity, 2013), p. 55.

7 Gilles Deleuze and Felix Guattari, *A Thousand Plateaus: Capitalism and Schizophrenia*, trans. Brian Massumi (Minneapolis: University of Minnesota Press 1987), p. 266.

8 Gilles Deleuze and Feliz Guattari, *What Is Philosophy?* trans. Hugh Tomlinson and Graham Burchell (New York: Columbia University Press, 1994), p. 41.

념들의 개념이 아니라, 존재의 하나됨(oneness)이다. 그것으로부터 철학은 존재의 길들여지지 않은 혼돈을 정돈하고, 구획하고, 또는 다르게 접근하는 개념들을 만들어내려고 시도한다. 내재성의 평면이 초월적 장(場)인 것은 오직 초월적인 것이 근본적으로 경험적인 것으로서, 즉 생명과 유리되지 않은, 모든 형태의 **생명**(a life)에 필수적인 근거로서 이해되는 한에서이다. 들뢰즈에게 이러한 순수한 내재성은 오직 그 자체만으로 내재적이며, 다른 실체, 사물, 혹은 초월적 이상과는 관련이 없다. 오직 내재성의 평면과의 불가분성을 통해서만 사유에 접근할 수 있는 이러한 일원론적 우주 개념의 한 가지 결과는 신체의 고정된 경계의 해체이다.

들뢰즈가 스피노자에 뒤이어 어떻게 신체(즉, 변용하고 변용되는 능력)를 정의하는지 잠시 뒤로 물러나 생각해보면, 인간 너머의 사고와 정동 이론이 서로 얽혀 있음이 분명해진다. 들뢰즈가 나중에 정교하게 발전시킨 스피노자의 정동 개념, 즉 정동을 신체가 영향을 주고 영향을 받는 능력으로 본 스피노자의 개념은 텍스트와 담론에서 정동과 신체로의 전환이 나타나게 된 핵심 지점(중 하나)이다. 널리 인용되는 『정동 이론 선집(*The Affect Theory Reader*)』의 서론에서 멜리사 그레그(Melissa Gregg)와 그레고리 시그워스(Greg Seigworth)는 인간 그 이상의 관계성을 정동에 관한 그들의 포괄적 정의의 핵심으로 제시한다. 정동은 "**사이에 있음**(in-betweenness)의 한가운데에서 태어나 **옆에 있음**(beside-ness)의 누적으로서 거주한다". 그 결과 "정동과 함께, 신체는 그 안에 존재하는 만큼 그 바깥에, 관계들의 그물망 속에 존재하게 되고, 궁극적으로 그러한 확고한 구분들은 더 이상 중요해지지 않는다".[9] 정동적 전회가 인문학과 사회 과학 전반에 걸쳐 (울퉁불퉁하게, 다양하게, 이질적

---

9   Melissa Gregg and Gregory J. Seigworth, "An Inventory of Shimmers," in Melissa Gregg and Gregory J. Seigworth(eds.), *The Affect Theory Reader* (Durham: Duke University Press 2010), p. 2, p. 3.

으로, 예기치 않게) 파장을 일으킨 방식에서 분명하게 알 수 있듯이, 이러한 신체의 개념은 인간의 한계, 신체가 세계에서 존재하고 행동하는 방식, 세계가 생기고 변하고 분해하는 방식에 대해 지속적이면서 세밀한 관심을 기울이게 한다. 그것들을 모두 다루기에는 지면이 부족하므로 이 글의 남은 부분에서는 신체를 정동적인 용어로 재구상하는 작업이 세계와 관계 맺는 새로운 방식들과 신체가 무엇이 될 수 있을지에 관한 새로운 가능성들을 어떻게 가능케 하는지 밝혀보고자 한다. 물론 이 작업은 인간 중심주의의 한계를 시험하고, 나아가 인간 그 이상, 인간 이전, 인간을 거쳐, 인간 이후를 생각하도록 요청한다.

짧지만 많은 것을 환기시키는 「행동학: 스피노자와 우리(Ethology: Spinoza and Us)」라는 글에서 들뢰즈는 신체를 "입자들 사이의 운동과 정지, 속도와 느림의 관계" 그리고 "변용하고 변용되는 능력"[10]으로 설명한다. 들뢰즈가 설명하듯이, 이 말은 "신체는 그 형식이나 기관 또는 기능으로 정의되지 않으며", 그렇다고 "실체 또는 주체로"[11] 정의되지도 않는다는 것을 의미한다. 오히려, 신체는 다른 신체들과의 관계, 세계와의 관계에 의해 정의되는 방식들이다. 따라서 우리는 어느 신체이든 그것의 고정성 또는 유동성, 그것이 변화하는 속도, 그것이 다른 신체들을 변화시키고 그것들에 의해 변화되는 정도에 대해 물을 수 있을 것이다. 이러한 스피노자적인 신체는 본질적으로 인간을 넘어선다. 즉, 모든 신체들은 존재의 생기적 유물론에 힘입어, 인간 중심적 의인관을 거부한다. 이뿐이 아니다. 철학은 또한 신체를 존재가 아니라 되기로서 상상할 수 있어야 한다. 들뢰즈와 가타리가 『천 개의 고원(A Thousand Plateaus)』에서 설명하듯이, "되기는 그것 외에 다른 어떤

---

10 Gilles Deleuze, "Ethology: Spinoza and Us," in Jonathan Crary and Sanford Kwinter (eds.), *Incorporations*, trans. Robert Hurley (New York: Zone Books, 1992), p. 625.

11 Deleuze, "Ethology," p. 626.

것도 만들지 않는다 … 실재하는 것은 되기 그 자체, 되기의 블록이지, 되기가 관통하는 그 어떤 고정된 조건들이 아니다".[12] 항상 이미 되기 중인 신체들은 계속해서 구성되는 신체들로서, 형식 내에 봉합되어 있지 않고 항상 다른 어떤 것을 향해 나아간다. 철학적으로 말하면, 그것은 과정과 비고정성의 토대로부터 움직인다는 것을 의미한다. 실제로, 그것은 개별 신체가 더 이상 중심 무대를 차지하지 않음을, 즉 피부의 내면과 경계에의 집착에서 벗어나, 신체들이 출현하고, 연합하고, 또한 인간 및 비인간으로의 확장을 통해 단일하게보다는 훨씬 더 다양하게 분해됨을 이해한다는 것이다. 신체들은 ─ 인간이든 비인간이든, 다수로서든 개체로서든 ─ 그것들의 그물처럼 짜인 관계에 의해, 즉 변화, 연결, 의미화, 그리고 그 외의 것들을 위해 그것들이 지니고 있는 자원과 역량에 의해 가능해지거나 제한된다. 신체 일반의 부분 집합으로서 인간 신체는 이처럼 필연적으로 포스트휴먼적이어서 형식, 기능, 실체, 그리고 주체의 제한된 틀을 넘어선다.

4.2 정동 이후의 신체화

브라이언 마수미(Brian Massumi)에게 정동은 강도와 뜻이 같은 단어로서, 신체적 마주침 내에서 그리고 그 마주침을 통해서 발생하는 경험의 강도를 가리킨다.[13] 정동은 하나의 신체나 또 다른 하나의 신체가 소유하는 것이 아니라, 그러한 신체들을 구성하면서 동시에 그것들에 의해 구성되는 힘의 작

---

12 Deleuze, 같은 논문, p. 238.

13 Brian Massumi, "The Autonomy of Affect," *Cultural Critique*, 31(1995), pp. 83~109; Brian Massumi, *Parables for the Virtual: Movement, Affect, Sensation* (Durham: Duke University Press, 2002).

용을 말한다. 이 강도는 의미화하지 않는다. 즉, 형식과 구조가 없기에 어떤 사전(事前) 의미도, 명확한 의도성도, 이미 주어진 사회성도 가질 수가 없다. 인간 신체에 의해 인식되고, 개체화되고, 언어적으로 고정되는 감정과는 대조적으로, 정동은 신체들을 넘어서며 그것들의 되기를 가능하게 한다. "실제로 존재하는 구조화된 사물들은 그들에서 벗어나는 것 속에 그리고 그것을 통해 산다"라고 그는 설명한다. "(사물)들의 자율성은 정동의 자율성이다."[14] 마수미의 저작에서 정동은 가상적인 것, 혹은 마주치는 신체들의 모든 잠재적 되기와 능력이 실제적인 것, 혹은 신체들이 각기 다른 형태들로 점차 합쳐지면서 세계 내에서 겪게 되는 실제 경험들과 서로 얽히게 한다. 들뢰즈처럼 마수미도 신체들이 중요하게 부각되는 과정으로서의 사건과의 마주침에 상당한 비중을 둔다.[15] 에린 매닝(Erin Manning)과 함께 쓴 글들을 포함해 마수미의 저작은 신체적 과정으로서의 사고, 즉 신체들이 그 자신과 세계를 공구성하는 '사고하기-느끼기(thinking-feeling)'로서의 사고를 강조한다. 그래서 "사고와 사물, 주체와 객체는 별개의 존재나 실체들이 아니라", 오히려 "경험 자체와의 환원 불가능한 시간적 관계 방식"이다.[16] 이러한 주장을 진지하게 받아들인다는 것은 비판적 탐구의 대상을 텍스트, 표상, 그리고 심지어 인간 경험의 현상학으로부터 인간 신체를 포함해 신체들이 세계-내-신체들로서 구성되고 경험되는 역동적인 힘의 관계들로 바꾼다는 것을 의미한다.

신체화를 근본적으로 관계적인 것으로 다시 사고한다는 것은 인간을 탈

---

14 Massumi, *Parables for the Virtual*, p. 35.

15 Brian Massumi, *Semblance and Event: Activist Philosophy and the Occurrent Arts* (Cambridge: The MIT Press, 2011).

16 Massumi, *Semblance and Event*, p. 34; Erin Manning and Brian Massumi, *Thought in the Act: Passages in the Ecology of Experience* (Minneapolis: University of Minnesota Press, 2014) 참조.

중심화하고 생기 넘치거나 생기가 떨어지는 세계의 수많은 물질 형태들과 함께 세계 자체를 재중심화한다는 것이다. 또한 그것은 '인간'의 관계적 신체화란 근본적으로 (문제적인 단어이기는 하지만) 자연적인 것, 생명적인 것, 대기적인 것, 기술적인 것, 그리고 그 외의 것들과의 관계임을 인식한다는 뜻이다. 애스트리다 네이마니스(Astrida Neimanis)는 때로는 노골적으로 때로는 암묵적으로 일원론적 과정 철학에 근거해 페미니즘의 신체화 이론을 펼치면서 우리는 '물의 신체(bodies of water)'라고 말한다. 그러면서 "신체화를 물과 같은 것"으로 다시 사고하게 되면, "신체를 개별적이고 통일된 개인 주체이자, 근본적으로 자율적인 것으로 제시하는 신체화에 관한 서구의 지배적인 인간 중심주의적 견해에 상당한 문제를 일으키게 될 것"이라고 주장한다.[17] 인간은 신체화가 이루어지는 여러 지점 중 단지 하나라고 인정한다는 것은 "우리의 피할 수 없는 인간성을 버리는 것이 아니라, 인간은 언제나 인간 그 이상이기도 함을 나타내는 것"이다.[18] 네이마니스에게 이러한 작업이 신체의 물 같은 성질과 지속적인 관계를 유지하는 것으로 이어진다면, 다른 이론가들에게는 인간 그 이상의 생태에서의 행위가 연구의 실제가 된다. 세라 E. 트루먼(Sarah E. Truman)과 스테파니 스프링게이(Stephanie Springgay)는 걷기의 방법론에 관한 연구에서 "우리는 인간과 비인간이 걷기를 경험하는 방식에 관한 보편적인 주장을 그만두고, 걷기 연구의 물질적 내적 행위에 관한 인간 그 이상의 윤리와 정치를 연구해야 한다"고 제안한다.[19] 그들의 연구는 인간 신체와 그에 따르는 질문, 개념, 제안, 그리고 객체 들이 인간 그 이상의 세계와 공구성하는 연구-창작 행위에 초점을 맞추고서 그것을 확대

17 Astrida Neimanis, *Bodies of Water: Posthuman Feminist Phenomenology* (London: Bloomsbury, 2017), p. 2.
18 Neimanis, 같은 책, p. 2.
19 Stephanie Springgay and Sarah E. Truman, *Walking Methodologies in a More-than-Human World: Walking Lab* (London: Routledge, 2018), p. 11.

해 나간다. 트루먼과 스프링게이, 네이마니스, 그리고 인간 그 이상의 세계
를 연구하는 다른 페미니즘 이론가들에게 정동의 강도는 마주침 자체와 분
리될 수 없기에 신체화된 연구에 필수적이며, 따라서 그들의 연구 사례, 윤
리, 그리고 정치의 기초가 되는 함께-되기(becoming-with)에도 필수적이다.[20]

정동 이론과 신체화 이론의 포스트휴먼적인 영향은 자연 세계뿐 아니라
기술적으로 매개된 세계에까지 미친다. 실제로, 자연과 기술의 구분은 존
더럼 피터스(John Durham Peters)와 앤드루 머피(Andrew Murhpie) 같은 비판
적 미디어 연구 이론가들에 의해 점차 무너진다. 이들은 세계 자체가 미디
어로 구성되어 있다는 주장을 서로 다른 방식으로 제기한다.[21] 여기서 매개
는 핵심적인 개념이 되는데, 그 이유는 미디어가 무엇을 하고, 번역, 변형,
재현 등의 과정들이 어떻게 의미 공간들을 만들고, 혹은 그것들이 서로를
어떻게 접근 가능하거나 가용하게 하는지를 매개가 설명해 주기 때문이다.
세라 켐버(Sarah Kember)와 조애나 질린스카(Joanna Zylinska)는 매개에 관한
사고 자체가 생명 유지에 필수적인 과정, 즉 생명 그 자체와 그것의 변형, 번
역, 그리고 상태 간 이동들과 밀접한 관계가 있는 과정이라고 말한다.[22] 다
시 한 번, 정동은 이와 같이 미디어를 대상으로 이해하는 관점에서 매개를 과

---

20 인간 그 이상의 세계에서의 신체화에 관한 다른 연구 주제로는 대기 포락(包絡)[Derek
McCormack, *Atmospheric Things: On the Allure of Elemental Envelopment* (Durham:
Duke University Press, 2018)], 모빌리티[Peter Adey, *Aerial Life: Spaces, Mobilities,
Affects* (Malden: Wiley-Blackwell, 2010)], 원근법[Caren Kaplan, *Aerial Aftermaths: War-
time from Above* (Durham: Duke University Press, 2018)] 등이 있다.

21 John Durham Peters, *The Marvelous Clouds* (Chicago: University of Chicago Press, 2015);
Andrew Murphie, "On Being Affected: Feeling in the Folding of Multiple Catastrophes,"
Cultural Studies, 32(1) (2018), pp. 18~42. 디지털 미디어와 포스트휴머니즘에 관한 좀 더
상세한 논의는 5장 참조.

22 Sarah Kember and Joanna Zylinska, *Life after New Media: Mediation as a Vital Process*
(Cambridge: MIT Press, 2012).

정으로 이해하는 관점으로 옮겨 가는 데에 결정적인 역할을 한다. 예를 들어, 애나 깁스(Anna Gibbs)는 매개가 어떻게 정동의 확산을 돕고, 이미지, 음향, 음조, 그리고 그 밖의 것들을 통해 신체의 강도를 확장하고 조절하는지 보여준다.[23] 마리-루이제 앙거러(Marie-Luise Angerer)가 감지기로 포화된 환경의 내부와 외부 사이의 접촉 지대들을 전체적으로 조망함으로써 정동의 환경이 어떻게 인간의 지위를 복잡하게 만드는지 보여준다면, 리사 블랙먼(Lisa Blackman)은 특히 신체들의 생물학적 매개에서 나타나는 인간과 비인간 과정들의 정동적이고 비물질적인 배치에 관심을 둔다.[24] 그리고 리처드 그루신(Richard Grusin)에게 정동은 전(前) 매개(premediaiton), 또는 "미래 사건과 정동 상태들의 재매개"에서 없어서는 안 될 핵심적인 역할을 한다. 그럼으로써 미래의 의미를 어떻게 예견할지보다는 매개의 정동적인 과정들 내에서 그리고 그것들을 통해서 미래가 어떻게 생성되는지에 초점을 맞춘다.[25]

정동과 매개의 얽힘에 관한 이러한 연구들의 공통점은 재현의 한계를 인식하고, 인간 및 인간 그 이상의 생명을 형성하는 문화적·정치적·사회적·생태적 형식과 힘 들이 인식의 표상 양식들을 넘어서고, 거부하고, 혹은 벗어나는 방식에 주목한다는 것이다. 이러한 경향은 인간과 기후의 양쪽 척도에 준해서 트라우마의 경험을 관찰하는 필자의 저작에서도 나타난다. 반면에 여러 세대에 걸친 인간 그 이상의 집합적 트라우마를 인류세 시대의 삶에 대한 이해와 분리할 수 없는 것으로 바라보는 그와 유사한 시도에 의해 트라

---

23 Anna Gibbs, "Contagious Feelings: Pauline Hanson and the Epidemiology of Affect," *Australian Humanities Review*, 24(2001), online.

24 Marie-Luise Angerer, *Ecology of Affect: Intensive Milieus and Contingent Encounters*, trans. Gerrit Jackson (Lüneborg: Meson Press, 2017); Lisa Blackman, *Immaterial Bodies: Affect, Embodiment, Mediation* (London: SAGE Publications, 2012).

25 Richard Grusin, *Premediation: Affect and Mediality after 9/11* (New York: Palgrave Macmillan, 2010), p. 6.

우마 연구에서 성행하는 기존의 인간 중심주의적 틀이 재구성되고 있다.[26] 한편, 비표상적인 방식과 이론들을 통해 경험과 미학을 다루는 이러한 시도는 트라우마 너머로까지 확장되는데, 그중에 가장 영향력이 큰 것은 나이절 스리프트(Nigel Thrift)와 에린 매닝의 비표상 이론일 것이다. 그들의 글은 학계를 지배하는 전형적인 형식보다는 어떻게 사고 자체가 훨씬 더 다양하고, 미묘하고, 체화되어 있으며, 느낌으로 전달되는지에 더 많은 관심을 보인다.[27] 엘리자 스타인보크(Eliza Steinbock)는 비이분법적 방식으로 은밀히 작용하는 — 프레임 간의 자르기와 봉합, 장르, 단어, 그리고 이미지 등의 — 영화의 전환 장치들 내에서 트랜스 신체화가 나타나는 방식을 보여줌으로써 "화면 안팎의 주체들에 대해 남성 아니면 여성식의 엄격한 문법을 전제하는 것"에 이의를 제기한다.[28] 캐슬린 스튜어트(Kathleen Stewart)의 민족지학적인 글에서 중요한 것은 그녀가 말하는 소위 세계 짓기(worlding), 즉 "공간 속에서 거주하며 낳고, 몸짓하고, 임신하고, 세계를 짓는 친밀한 구성 과정"에 대한 관심이다.[29] 스튜어트가 보기에 신체화에 관한 정동적인 개념이 그러한 작

26 Mark Richardson, *Gestures of Testimony: Torture, Trauma, and Affect in Literature* (New York: Bloomsbury, 2016); Mark Richardson, "Climate Trauma, or the Affects of the Catastrophe to Come," *Environmental Humanities*, 10(1) (2018), pp. 1~19; Meera Atkinson, *The Poetics of Transgenerational Trauma* (New York: Bloomsbury, 2017); Claire Colebrook, *Death of the Posthuman: Essays on Extinction*, Vol. 1 (Ann Arbor: Open Humanities Press, 2014).

27 Nigel Thrift, *Non-Representational Theory: Space, Politics, Affect* (Hoboken: Taylor and Francis, 2008); Erin Manning, *Always More than One: Individuation's Dance* (Durham: Duke University Press, 2013); Erin Manning, *The Minor Gesture* (Durham: Duke University Press, 2016).

28 Eliza Steinbock, *Shimmering Images: Trans Cinema, Embodiment, and the Aesthetics of Change* (Durham: Duke University Press, 2019), pp. 3~4.

29 Kathleen Stewart, "Atmospheric Attunements," *Environment and Planning D: Society and Space*, 29(3) (2011), p. 445.

업을 가능하게 만드는 것은 "사물들이 중요한 이유가 그것들의 재현 방식 때문이 아니라 그것들이 특질, 리듬, 힘, 관계, 그리고 움직임을 지니고 있기 때문"[30]임을 환기시킬 수 있어서이다. 이쯤에서 정동 이후의 신체화가 무엇을 의미하지에 대한 물음은 학문적 사유에 맡기고, 대신에 그것이 문화 정치의 재형성을 어떻게 요구하는지 묻는 게 적절할 것 같다.

4.3 정동의 문화 정치

정동으로의 전회는 일상생활이 어떻게 대상, 관계, 애착, 경제, 그리고 특정 신체들의 의미화를 결정할 뿐 아니라 그들의 표면까지 형성하는 끈적거리는 기호들에 의해 구성되고 직조되는지에 대한 새로운 관심을 불러일으켰다. 이것은 세라 아메드(Sara Ahmed)가 그녀의 중요한 저작에서 계속 진행 중인 프로젝트이다. 아메드에게 핵심적인 질문은 정동이 무엇**인가**보다는 정동은 무엇을 **하는가**, 혹은 감정은 무엇을 하는가이다. 그녀는 감정이라는 단어를 더 선호하는데, 여기에는 감정 사회학에서 흔히 보는 것보다 좀 더 유연한 정동과 관계성에 대한 이해가 반영되어 있다. 그녀의 주장에 따르면, "감정은 개인 또는 사회 '안'에 있지 않고, 개인과 사회를 그들이 마치 대상인 양 묘사되게 하는 표면과 경계를 만든다".[31] 따라서, "표면 또는 경계가 만들어지는 것은 바로 감정, 혹은 우리가 대상과 다른 것들에 반응하는 방식을 통해서이다. 즉, '나'와 '우리'는 다른 것들에 의해 형성되고, 심지어는 그들의 형태를 취하며, 그들과 접촉한다".[32] 신체화는 결코 정적이지도 개별

---

30 Stewart, 같은 논문, p. 445.

31 Sara Ahmed, *The Cultural Politics of Emotion* (New York: Routledge, 2004), p. 10.

32 Ahmed, 같은 책, p. 10.

적이지도 않다. 그보다는 다른 신체들, 대상, 기관, 담론, 기호, 텍스트, 그리고 그 밖의 것들과의 관계의 역학을 통해 만들어진다. '자율성'을 중시하는 정동 이론이 권력과 정치에 대한 양면적 관계 때문에 비판 받기 쉽다면, 아메드의 저작은 권력이 문화적 접촉을 통해 지속되고 그것에 의해 생성되는 방식에 매우 관심이 많다.

감정이 지닌 힘을 신체와 신체의 마주침 속에서 찾고 또한 신체를 정동적 마주침을 통해 특정 주체들에게 **표면화된**(surfaced) 것으로 이해함으로써 아메드의 연구는 범위와 경계가 정해진 인간의 형상을 들뢰즈적인 존재론이 했던 것처럼 무너뜨린다. 아메드가 설명하듯이, "감정은 기호들을 관통하고 신체에 영향을 주는 식으로 작동함으로써 삶에서 경험된 표면과 경계 들을 세계로서 물질화한다".[33] 이러한 물질화는 평등주의적 과정이 아니라, 오히려 특정 신체들이 타자로, 위협으로, 젠더화되고 인종화된 어떤 것으로, 전혀 인간이 아닌 것으로 지명되는 방식이다. 그리고 그것은 또한 페미니즘, 탈식민주의, 반인종주의, 그리고 반자본주의 투쟁의 지점이기도 하다.[34] 아메드는 증오, 공포, 사랑, 혐오, 고통, 그리고 수치심이 특정한 신체들, 신체들의 공동체, 그리고 집단과 기관에 행하는 것에 대한 감정의 문화 정치를 전체적으로 조망한다. 예를 들어, 그녀는 혐오(disgust)가 어떻게 테러리스트의 신체를 그것 때문에 우리가 더럽혀지거나 오염되지 않으려면 회피해야 하는 것으로 나타내는지 보여준다.[35] 이것은 "마치 우리의 신체가 우리를 위

---

33 Ahmed, 같은 책, p. 191.
34 포스트휴머니즘에 대한 어떤 철학적 접근들은 이러한 문제들에 대해 충분한 관심을 기울이지 않는다. 이것은 퀴어, 비판적 인종, 젠더, 그리고 원주민 연구의 수많은 학자들이 접두사 '포스트'를 비판해 온 주된 이유들 중 하나이다.
35 이와 비슷한 맥락에서, 키아리나 코델라(Kiarina A. Kordela)는 그런 강렬한 반응들이 어떻게 '바람직하지 않은' 신체들에 관한 일종의 '진실'을 드러내는 겉보기에 '진정한' 반응으로서 특정 신체들에 달라붙는지 보여준다. Kiarina A. Kordela, "Monsters of Biopower:

해, 우리를 대신해서 생각하기라도 하는 양, 거의 무의식적으로 느끼는 끌어당김"이다. 하지만 "혐오는 대상들이 나쁜 감정들과 결부되는 바로 그 순간에 그 대상들을 구역질나게 하는 '존재'로서 한데 묶어버린다".[36] 그래서 "혐오의 명명법이 그 기호들을 환유법적으로 이어붙임에 따라, 테러와 공포는 이미 '중동(中東)'으로 인식된 신체들과 결합되는 것이다".[37] 이러한 중동의 신체들은 혐오스러운 것이 되어, 거기에 달라붙어 있는 것, 즉 침입자라는, 신체 정치 '속으로 침투한' 나쁜 무언가라는 느낌을 떼어낼 수 없게 되고, 그 결과 테러리스트의 신체로 간주되어 버린다. 그러한 신체들은 "비-인간, 즉 혐오당하는 자들의 신체의 밑과 아래에 있는 것으로서 제시된다".[38] 이와 유사하게 주디스 버틀러는 전쟁, 고문, 그리고 정치에 관한 글에서 애도와 슬픔은 특정 신체들을 인간의 지위 바깥에 두기 위해 전쟁과 폭력이라는 틀에 의해 조성된 정동이라는 주장을 펼친다.[39] 버틀러에 따르면, "슬퍼할 수 없으면, 생명도 없다. 혹은 생명 이상의 살아 있는 무언가가 있다".[40] 다르게 말해서, 인간과 비인간의 범주는 언어와 물질뿐 아니라 또한 감정적·정동적 관계에 의존한다.

이러한 신체화된 관계의 역학은 아주 많은 것을 나타낸다. 즉, 그것은 기호를 억압, 폭력, 우연, 그리고 종속의 생생한 경험들로 바꿔놓는다. 아메드의 급진적인 문화 기획 또는 버틀러의 정치 비평과 마수미와 다른 이론가들

Terror(Ism) and Horror in the Era of Affect," *Philosophy Today; Charlottesville*, 60(1) (2016), pp. 194~205 참조.

36 Ahmed, *The Cultural Politics of Emotion*, p. 84, p. 88.

37 Ahmed, 같은 책, p. 97.

38 Ahmed, 같은 책, p. 97.

39 Judith Butler, *Precarious Life: The Powers of Mourning and Violence* (London: Verso, 2004); Judith Butler, *Frames of War: When Is Life Grievable?* (London: Verso, 2009).

40 Butler, *Precarious Life*, p. 15.

의 좀 더 철학적인 글들 사이에는 마찰의 여지가 있지만, 다른 한편으로는 인간을 형성하고 만드는 것은 무엇인지 비평하고 재구상하고 싶어 한다는 공통점도 있다. 특정한 신체들이 형성되는 방식에 관한 이러한 질문은 문화 비평 전반뿐 아니라, 또한 포스트휴머니즘적인 사고 자체에 대한 것이기도 하다. 재키야 이만 잭슨(Zakiyyah Iman Jackson)이 거세게 주장하듯이, '인간 너머'에 의지하는 포스트휴머니즘은 흑인, 장애인, 퀴어, 피식민지인, 아시아인처럼 처음부터 인간이라는 범주를 온전히 부여받은 적이 없는 신체들로서는 접근이 불가능한 것일 수 있다.[41] 포스트휴머니즘에서 정동과 신체화의 이론이 맡은 중요한 역할 중 하나는 포스트휴먼적인 생각이 '인종, 특히 흑인성을 넘어서려는 시도'가 되지 않도록 돕는 것일지 모른다. 잭슨의 주장처럼, 그것은 "'인간 너머'에 관한 일반적인 통념에서 거부되거나 은폐될 수밖에 없는 사안"이기 때문이다.[42] 여기에 바로 급진적이고, 문화적이며, 신체화된 정동 정치, 즉 주체성의 차이, 권리, 이동, 시민권, 그리고 그 외의 것들이 **어떻게** 특정 신체들에 분배되고 부여되는지에 ─ 그리고 그 신체들이 주체일 수 있는지 여부에 ─ 깊은 관심을 기울이는 정동 정치의 의미가 있다.

4.4 인간을 퀴어하게 하기

주디스 버틀러가 정체성의 본질화를 문제 삼은 유일한 포스트구조주의자는 아니지만, 그녀의 『젠더 트러블(*Gender Trouble*)』과 『문제는 몸이다(*Bodies That Matter*)』는 퀴어 이론이 출현해 인간 중심주의에 도전하는 데 중대한 역

---

41 Zakiyyah Iman Jackson, "Outer Worlds: The Persistence of Race in Movement 'Beyond the Human'," *GLQ: A Journal of Lesbian and Gay Studies*, 21(2) (2015), pp. 215~218.

42 Jackson, 같은 논문, p. 216.

할을 했다.[43] 포스트휴먼을 직접 명시하지는 않지만, 버틀러가 푸코, 데리다, 그리고 라캉을 미묘하게 묶은 것부터가 인간이 어떻게 — 그리고 무엇에 맞서서 — 형성되는지와 관련해 많은 것을 시사한다. 젠더 수행성과 성의 담론적 구체화에 관한 버틀러의 이론은 물질성을 담론적인 것으로, 그리고 담론을 물질적인 것으로 제시한다. 그녀의 주장에 따르면, " '성'을 규제하는 규범들은 수행적인 방식으로 신체의 물질성을 구성하는데, 좀 더 구체적으로는, 이성애적 규범의 강화를 위해 신체의 성을 물질화하고, 성적 차이를 물질화한다".[44] 버틀러가 계속해서 설명하듯이, 물질은 "시간이 지남에 따라 안정화되면서 경계, 고정성, 그리고 표층의 효과를 생성하는 물질화의 과정으로 이해되어야 한다".[45] 만약 물질이 불안정할 뿐 아니라 담론에 의해 형성되고 담론을 형성하기도 한다면, 특정 정체성들의 '구성성(constructedness)' 은 언어적인 것 이상이다. 즉, 신체는 항상 그 이상이어서, 특정 신체들에게 주체의 지위를 허용하지 않거나, 혹은 다른 신체들에게 주체성을 다르게 혹은 편파적으로 적용하는 규범적인 담론 형성들로부터 분리될 수 없다.

정동과 물질적 신체화에 관한 버틀러의 논의가 복잡하기는 해도, 그녀의 저작은 나중에 퀴어 연구로 알려지게 된 초학제 간 연구의 출발을 도왔다. 이브 코솝스키 세즈윅, 테리사 브레넌(Teresa Brennan), 그리고 로런 벌랜트(Lauren Berlant) 같은 학자들은 정동과 물질성에 관한 물음에 주로 초점을 맞추어 연구한다.[46] 버틀러의 관점을 확장시켜 나가는 세즈윅은 퀴어와 수치심이 특

---

43 Judith Butler, *Gender Trouble: Feminism and the Subversion of Identity* (London: Routledge, 1990); Judith Butler, *Bodies That Matter: On the Discursive Limits of "Sex"* (New York: Routledge, 1993).

44 Butler, *Bodies That Matter*, p. 2.

45 Butler, *Bodies That Matter*, p. 9.

46 정동 연구 전반에는 영향을 덜 끼쳤지만, 퀴어 이론의 기초를 닦은 잭 핼버스탬, 호세 에스테반 무뇨즈(José Esteban Muñoz), 그리고 레이 테라다(Rei Terada) 같은 이론가들도 여기

정한 사회적·정치적 주체성을 어떻게 공동으로 구성하는지 보여주면서, '퀴어 수행성'을 "수치심의 정동과 그에 뒤따르는 낙인과 관련된 사실에 맞서는 의미와 존재의 생산 전략"으로 제시한다.[47] 세즈윅의 저작은 어떻게 신체가 단지 언어로 새겨질 뿐 아니라, 또한 시간 속에서 그리고 시간을 통해 경험된 신체화된 정동에 의해 침투되고 그것을 통해 수행되기도 하는지 설명한다. 브레넌에게 주체는 다른 신체들, 장소, 순간, 그리고 기분으로의 정동의 전이를 통해 구성된다.[48] 거다 로얼빙크(Gerda Roelvink)와 마그달레나 졸코스(Magdalena Zolkos)가 함께 쓴 정동과 포스트휴머니즘에 관한 글에서 "신체들 간의 서로 다른 몸짓과 (후각, 촉감, 고유 감각 같은) 감각의 교환과 의사소통은 주체들이 그들의 생태 환경을 흡수하고 그것에 반응하는 다공(多孔)적인 존재로 재해석된다는 것을 의미한다".[49] 신자유주의적인 애착의 감상성과 '잔인한 낙관주의'에 관한 연구에서 벌랜트는 신체화가 물질적으로 느껴지면서 동시에 널리 분산될 만큼 어떻게 신체의 정치가 퀴어 신체 속으로 스며들게 되는지를 보여준다.[50] 이처럼 신체화에 관한 퀴어 이론은 신체화의 정동적 특질과 주체성의 신체화를 처음부터 인식하고 있다.

실제로 다나 루치아노(Dana Luciano)와 멜 Y. 첸(Mel Y. Chen)의 주장처럼, "많은 퀴어 이론의 기초가 되는 텍스트들은 '인간'의 본성을 퀴어와의 관련성 속에서 직간접적으로 심문하는데, 크게는 성에 관한 규범들 자체가 인간

에 해당한다.

47　Eve Kosofsky Sedgwick, *Touching Feeling: Affect, Pedagogy, Performativity* (Durham: Duke University Press, 2003), p. 61.

48　Teresa Brennan, *The Transmission of Affect* (Ithaca: Cornell University Press, 2004).

49　Gerda Roelvink and Magdalena Zolkos, "Posthumanist Perspectives on Affect," *Angelaki*, 20(3) (2015), p. 9.

50　Lauren Berlant, *The Female Complaint: The Unfinished Business of Sentimentality in American Culture* (Durham: Duke University Press, 2008); Lauren Berlant, *Cruel Optimism* (Durham: Duke University Press, 2011).

의 자격의 위계를 구성하고 규제하는 방식과 그러한 규범들과 그것들이 옹호
하는 인간 자격의 기본 형식들을 교란하는 방식 모두에 관심을 기울인다".[51]
잭 [주디스] 핼버스탬과 아이라 리빙스턴이 그들의 선도적인 선집 『포스트휴
먼 신체들』의 서문에서 지적하듯이, "구성주의적 신체는 인간 중심주의적
신체에 대한 보상적 또는 반동적 대항만으로는 충분치 않다".[52] 오히려 포스
트휴먼 신체는 "신체들, 담론의 신체들, 그리고 신체의 담론들이 서로 교차
하면서 배우와 무대, 발신/수신, 채널, 코드, 메시지, 정황 사이의 어떤 손쉬
운 구분도 배제하는 접점에서 출현한다".[53] 퀴어 이론이 정체성에 관한 편
협한 생각을 확실하게 허물어뜨림으로써 새롭고 다양하며, 고정되지 않은
유동적 형태의 자기 정체성을 추구하려는 것이라면, 그것의 보다 큰 과제는
" '정상적인' 범주들을 허무는 작업"일 것이다.[54] 많은 포스트휴머니즘 이론
이 규범적인 인간을 넘어서는 신체의 가능성들을 다시 상상해 온 데 반해,
퀴어 이론은 그러한 가능성들 내에서의 젠더와 섹슈얼리티의 역할에, 그리
고 신체가 함께 하는 세계가 어떻게 시간, 공간, 장소, 그리고 생물성에 대한
비규범적 논리들을 통해 이해될 수 있는지에 역점을 둔다.[55] 생명(animacy)의
위계 — 특히 언어의 측면에서 각각의 신체들에 부여되는 생명 혹은 무생명의 정도 —
에 관한 첸의 영향력 있는 연구는 장애, 인종, 계급, 성, 그리고 섹슈얼리티
가 담론, 정동, 그리고 물질성을 통해 형성되고, 봉합되고, 주변화되는 복잡

51 Dana Luciano and Mel Y. Chen, "Has the Queer Ever Been Human?" *GLQ: A Journal of Lesbian and Gay Studies*, 21(2-3) (2015), p. 186.

52 Ira Livingston and Judith Halberstam, *Posthuman Bodies* (Bloomington: Indiana University Press, 1995), p. 2.

53 Livingston and Halberstam, 같은 책, p. 2.

54 Donna Haraway, "Companion Species, Mis-Recognition, and Queer Worlding," in N. Giffney and M. J. Hird(eds.), *Queering the Non/Human* (Burlington: Ashgate, 2008), p. xxiv.

55 Springgay and Truman, *Walking Methodologies in a More-than-Human World*, pp. 8~9.

한 방식들에 대해 설명한다.[56] 첸에게 퀴어하기는 생명의 위반과 (그들이 공동으로 연구한) 그에 따른 생명/비생명 이분법의 흔들기에 있어 핵심적이다. 이처럼 퀴어 생명은 또한 항상 불안정해서, 퀴어적 사고는 "불안정성 속에서도 계속 살아남고자 하는 욕망"을 "주요 기폭제"로 삼는다.[57] 포스트휴머니즘의 전반적인 기획을 충실히 따르면서, 퀴어 이론은 이처럼 자유주의 휴머니즘적 의미에서 인간으로 인정받을 수 있는 대상을 확장하려고 노력한다. 그리고 그 과정에서 인간 자체를 퀴어하게 하고, 젠더와 섹슈얼리티를 통해 인간의 경계를 어기거나 불안정하게 하는 방식 속에서 정체성과 생명 형식을 찾고자 한다.

그러나 퀴어 신체가 주류 문화 정치 내에서 받아들여지고 그것에 의해 승인받는 실제 상황 속에서 군국주의, 민족주의, 제국, 자본주의, 그리고 국가와 반당적이거나 저항적이기보다는 우호적인 관계를 맺도록 유도하는 새로운 배타적인 규범들이 생겨날 수 있다. 자스비르 푸아르(Jasbir Puar)는 미합중국이 제국으로서의 '모습을 분명하게 드러낸' 최근의 역사적 사태가 역사적으로 소속이 거부된 (일부) 퀴어 신체들에게는 국가 내 명시적 포용의 유혹과 밀접한 관련이 있다고 주장한다.[58] 그러나 '동성애 국가주의(homonationalism)'의 진입 대가는 "국가적 상상계로부터의 인종적·성적 타자들의 분리와 자격 박탈"이다.[59] 그렇다면 동성애 국가주의는 모종의 승인된 유토피아가 아니다(성적 타자들은 모든 종류의 폭력에 계속해서 직면한다고 푸아르는 주장한다). 그보다는 오히려 그들의 주변화를 (예외로서) 유지하면서 동시에 타자들

56 Mel Y. Chen, *Animacies: Biopolitics, Racial Mattering and Queer Affect* (Durham: Duke University Press, 2012).

57 Luciano and Chen, "Has the Queer Ever Been Human?" p. 193.

58 Jasbir Puar, *Terrorist Assemblages: Homonationalism in Queer Times* (Durham: Duke University Press, 2007).

59 Puar, 같은 책, p. 2.

을 테러리스트로 지정할 목적으로 특정 언어와 정체성을 동시에 흡수하기 위한 과정이다. 푸아르는 터번을 쓴 시크교도 남자 또는 남아시아 디아스포라 출신의 여장 남자 같은 퀴어 신체들을 테러리스트 집합, 즉 "정보의 흐름, 에너지의 강도, 신체, 그리고 통일된 정체성과 심지어 퀴어 반정체성 서사의 기반을 약화시키는 실제들의 불협화음"으로 해석한다.[60] 이러한 작업을 하려면 그와 같은 테러리스트 집합이 국가로 받아들여지고 국가로부터 배제되는 양가적이고, 복합적이고, 미묘하고, 변하기 쉽고, 알 수 없는 방식들에 주의를 기울여야 한다. 그러한 집합 내의 퀴어 신체들은 생물학적으로 봉합된 물질적 신체에 국한되지 않는다. 그들을 생명과 죽음, 생명 정치와 죽음 정치가 구분되는 지점으로 환기시키려면 '인간'을 넘어서고, 불안정하게 하고, 그리고 궁극적으로 허물어뜨리는, 변용되고 변용하는 신체화의 개념에 의지해야 한다.

푸아르는 쇠약과 역량에 관한 최근 저서에서 '인간' — 백인, 이성애, 그리고 시스젠더 남성 — 이라는 오래 지속된 편협한 범주와 장애의 생명 정치적 관리 사이의 관계를 다룬다.[61] 퀴어, 장애, 그리고 비판적 인종 이론을 토대로 신자유주의 생명 정치에서의 쇠약과 역량화의 전략적 배치를 분석하면서, 푸아르는 정동 이론 내에서 인간 신체의 완전성을 전제하는 경향과 포스트휴머니즘 내에서 인간 그 이하(the subhuman) 또는 아직-인간-아님(the not-quite-human)보다는 인간 그 이상의 가능성에 초점을 맞추는 경향 둘 다를 문제시한다. 그녀의 분석이 명확하게 밝히듯이, 장애를 통한 사유는 정동 이론과 포스트휴머니즘의 상호 교차에 대한 중요한 이론적 교정과 나아가 "신체적 역량과 손상이 무기로 사용되기보다는 포용되는" 공정한 미래를 위한 정치

---

60 Puar, 같은 책, p. 222.

61 Jasbir Puar, *Right to Maim: Debility, Capacity, Disability* (Durham: Duke University Press, 2017).

적 투쟁에 필수적인 연대 구축의 길을 제공한다.[62]

4.5 결론

이 장과 비슷한 바다를 항해하면서, 로얼빙크와 졸코스는 정동과 포스트휴머니즘의 "상호 연관성"으로 진입하는 하나의 경로는 "살아 있음, 혹은 생기에 대한 관념"[63]이라고 말한다. 그렇다면 살아 있는 — 그 말의 어떤 의미에서든 — 상호 연관성은 이 글의 출구로 쓰일 수도 있을 것이다. 정동, 신체화, 그리고 포스트휴머니즘 이론들 간의 풍부한 상호 연관성을 간략하게나마 살펴보는 과정에서 신체란 무엇이고 그것은 어떻게 구성되며, 어떻게 변용하고 변용되는지에 관한 물음들이 인간 그 이상의 세계에서 생각하고, 만들고, 살고, 죽는 것과 관련해 어떻게 중대한 함의를 지니게 되는지가 드러난다. 들뢰즈와 마수미의 스피노자적인 유파부터 버틀러, 아메드, 푸아르, 그리고 다른 이론가들의 신체화에 관한 상호 교차적 페미니즘과 퀴어 이론에 이르기까지, 정동에 관한 수많은 접근들에서 신체에 대한 이해와 신체들의 상호 관계에 대한 이해 방식을 재고하게 만드는 정동의 생기 넘치는 능력이 전해진다. 정동과 포스트휴먼 이론 사이의 제휴가 언제나 쉬운 것은 아닐 테지만, 서로 겹치는 연구 분야에서 배타적 지식들을 물리치려는 노력만큼은 공통적으로 끈질기다는 것을 알 수 있다. 포스트휴먼적인 사고가 서구 학문, 정치, 그리고 문화에서의 특권화된 지위로부터 인간을 해체하고자 시도했다면, 마찬가지로 정동 이론은 인지와 이성이 최고라는 믿음을 허무는 것을 목표로 삼는다. 이러한 기획들은 여전히 긴급하지만, 인간과 마찬가지

---

62 Puar, *Right to Maim*, p. xxiv.
63 Puar, 같은 책, p. 3.

로 신체도 모호하고, 관계적이고, 상황적이며, 그리고 온갖 형태의 에너지, 물질성, 힘, 그리고 그 밖의 다른 것들에 의존하는 것으로서 이해된다면, 좀 더 쉽게 파악되고 실행될 수 있을 것이다.[64]

64 그들의 대지에서 지내며 연구할 수 있게 해준 오러(Eora) 부족 국가의 베데갈(Bedegal), 비드지갈(Bidjigal), 그리고 가디갈(Gadigal) 원주민들에게 감사드린다. 또한 그들의 과거, 현재, 그리고 미래의 선조들에게도 경의를 표한다. 이 연구는 호주 연구 위원회의 신진 연구자 연구 기금(Australian Research Council Discovery Early Career Research Award)의 지원하에 이루어졌다(DE190100486). 이 글의 견해는 필자의 것이며 호주 정부나 호주 연구 위원회의 견해와 일치하지 않을 수 있다.

5
디지털 휴머니스트를 위한 레퀴엠

마셀 오고먼

이렇게 유형을 확대하고 넓히는 목적은 **그들**을 위해 존재**하는** 것이 무엇인지 따지려는 것이 아니라 나의 모든 친구들과 그들의 존재자들이 최근의 정착민 후기 자유주의에서 자신을 **나타내고 존속하기** 위해 어떻게 즉석에서 분투하는지 밝히기 위해서이다. [1]

5.1 키리에(자비)

"이건 누구 파일이지?" 이것은 인간 이후의 디지털 휴머니티에 대한 글을 써달라는 부탁을 받고 난 뒤, 하드 드라이브의 키워드 검색에서 단지 '디지털_휴머니티.doc'라고 된 파일을 발견했을 때 처음 들은 생각이었다. 학생이 낸 숙제였나? 학술 대회에서 메모한 것들을 정리한 자료? 나중에 알고 보니, 그것은 필자가 12년 전에 작성해서 ≪계간 디지털 휴머니티스(*Digital*

1   Elizabeth Povinelli, *Geontologies: A Requiem to Late Liberalism* (Durham: Duke University Press, 2016), p. 28.

Humanities Quarterly, DHQ)≫에 내고 난 뒤, 까맣게 잊고 있던 논문이었다. 글은 다음과 같은 문장들로 시작된다.

인문학 컴퓨팅 전문가의 블로그에서 알게 된 사실이지만, 지난해의 텍스트 분석 개발자 연합(Text Analysis Developers Alliance, TADA) 모임에 출석한 사람들 은 손으로 커다란 망치를 내려치는 모습과 "진정한 휴머니스트들은 도구를 만든 다(Real Humanists Make Tools)"는 슬로건이 새겨진 엑스라지 티셔츠를 "순식간 에 집어갔다".

발견한 파일에는 필자가 『이-크릿(*E-Crit*)』이라는 책에서 제기했던 일부 주장들이 상세히 담겨 있다. 그 책에서 필자는 디지털 휴머니스트들이 아카 이브 열병에 걸려, 엑스트라라지만 한 데이터에 열광하고, 최근 대학들의 기고만장한 기술 관료 정치에 필사적으로 편드는 모습을 비난했다.[2] 그 뒤 로 ≪계간 디지털 휴머니티스≫로부터 전혀 연락을 받지 못했다. 지금 생각 해보니, 다소 무자비했던 그 글은 다행히도 온라인에 남아 있지는 않았다. 대신에 그 파일은 일종의 화석으로, 노트북 하드 드라이브의 침전물, 기억 의 착오, 그리고 잘못된 의사소통의 증거로 남아 있었다.

레퀴엠이라 이름 붙인 이 장에서 이전에 필자가 디지털 휴머니티의 주변 에서 심술궂게 비난했던 것들을 되풀이하지는 않을 것이다.[3] 디지털 휴머니

---

2   Marcel O'Gorman, *E-Crit: Digital Media, Critical Theory, and the Humanities* (Toronto: University of Toronto Press, 2006).

3   필자는 레퀴엠이라는 장르를 디지털 휴머니티 학자로서의 필자의 위치에 대해 생각하면 서 느꼈던 우울함을 포착하려는 시도에서 선택했다. 엘리자베스 A. 포비넬리(Elizabeth A. Povinelli)의 말처럼, "레퀴엠은 절망도 희망도 아니다"(Povinelli, *Geontologies*, p. 29). 필 자가 참고한 레퀴엠의 형식은 프란츠 크사버 쥐스마이어(Franz Xaver Süßmayr)가 완성한 모차르트(Mozart)의 레퀴엠에 기초한 것이다.

티에 대한 필자의 관심은 2007년 이후부터 방향이 바뀌어서, 지금은 다른 쪽으로 기울어져 있다. 사실, 기울어짐 자체, 편향, 심지어 의존이 내가 마음에 두고 있는 것이다. 이쯤에서 어원에 대해 잠시 말하는 게 좋겠다. 라틴어 레퀴에(*requies*)의 직접 목적격인 레퀴엠(*requiem*)은 '고요, 안정'을 가리킨다. 즉, 힘든 일 다음에 오는 것을 말한다. 이것을 염두에 두었다고 해서 필자가 은밀한 죽음 소망, 논란이 많았던 학제의 영면을 무자비하게 바라는 곡을 쓰려고 하는 것은 아니다. 염두에 두고 있는 레퀴엠은 한 명의 주저하는 디지털 휴머니스트의 노고에 대한 것일 뿐이다. 이것은 필자가 좁은 의미의 디지털 휴머니티를 직접 실천했다기보다는, 항상 유행에 한두 걸음 뒤처진 채 기생적으로 쫓아다녔다는 점을 감안하면 적절해 보인다.

"진정한 휴머니스트들은 도구를 만든다." 이 명령은 특히 티셔츠에 적힌 모토로서 일종의 자력 같은 힘을 갖고 있다. 그것은 무의식적으로 브루스 페어스타인(Richard Feirstein)의 1982년 책 제목 『진짜 사나이는 키시를 먹지 않는다: 진정으로 남성적인 모든 것의 안내서(*Real Men Don't Eat Quiche: A Guidebook to All That Is Truly Masculine*)』를 연상시킨다(키시는 달걀, 우유에 고기, 야채, 치즈 등을 섞어 만든 파이의 일종 — 옮긴이). 필자는 티셔츠의 디지털 휴머니티 명령이 실제로는 남성성의 스테레오 타입을 조롱했던 페어스타인의 책과 똑같은 빈정거리는 어조로 들린다고 생각하고 싶다. 하지만 그것이 사실인지는 잘 모르겠다. 그리고 디지털 휴머니티의 교육을 받은 필자의 페미니스트 지인이 사람들이 탐내는 티셔츠를 소유한 것에 대해 부끄러워하지 않고 자부심을 표현하게 된 것은 그런 아이러니 때문이 아닐까 싶다. "진정한 휴머니스트들은 도구를 만든다"는 문구에는 은밀한 권력의 역학, 심지어 행동 개시를 요구하는 뭔가가 있다. 망치를 휘두르는 손의 상징적인 이미지가 결합된 티셔츠를 보면서 구소련 노동자의 혁명 정신을 떠올리지 않을 수 없다.

메이커 문화(maker culture)가 주류를 강타하고 심지어 백악관으로 향하기 훨씬 전에, 디지털 휴머니스트들은 호모 파베르(*homo faber*)를 마스코트로 채택했다.[4] 그러나 그 정신을 소환하는 데에 따른 결과가 없지 않아서, 그것은 디지털 휴머니티 학자들의 논문과 블로그 게시물에 기록으로 남거나,[5] 티셔츠에 쓰일 만한 또 다른 주문(呪文) "말은 적게, 행동은 많이(Less Yack, More Hack)"에서 거의 정점을 찍었다.[6] "진정한 휴머니스트들은 도구를 만든다"가 적힌 티셔츠를 데비 차크라(Debbie Chachra)의 영향력 있는 반박문 "왜 나는 메이커가 아닌가(Why I Am Not a Maker)"의 맥락에서 읽으면 흥미롭다. 차크라는 메이킹 혹은 제작의 정치에 대해 서비스와 돌봄 직종처럼 대개는 남성과 관련이 적은 노동의 형태를 주변화하는 특정 유형의 노동에 대한 남성적 정당화라고 비판한다.[7] 차크라의 논지는 그녀가 쓴 다음 구절에서 간명하게 잘 드러난다.

글로리아 스타이넘(Gloria Steinem)이 했던 말로 종종 여겨지는 인용문은 이렇다. "우리는 딸들을 오히려 아들처럼 키우기 시작했어요 … 그러나 우리의 아들

---

4 버락 오바마(Barack Obama) 대통령은 2014년 6월에 메이킹 국가 주간(National Week of Making)을 지정해 백악관 메이커 페어(White House Maker Faire)를 주최했다.

5 그러한 비판의 예로서, Stephen Ramsay and Geoffrey Rockwell, "Developing Things: Notes Toward an Epistemology of Building in the Digital Humanities," *Debates in the Digital Humanities*, ed. Matthew K. Gold and Lauren F. Klein (Minneapolis: University of Minnesota Press, 2012), pp. 75~84 참조.

6 이 문구의 기원과 정치적 함의에 관한 설득력 있는 설명은 Bethany Nowviskie, "On the Origin of 'Hack' and 'Yack'," *Debates in the Digital Humanities*, ed. Matthew K. Gold (Minneapolis: University of Minnesota Press, 2016), online, 참조. 이 주문에 담긴 이분법의 해체를 시도하는 예는 Claire Warwick, "Building Theories or Theories of Building? A Tension at the Heart of Digital Humanities," in Susan Schreibman, Ray Siemens, and John Unsworth(eds.), *A New Companion to Digital Humanities* (West Sussex, UK: Wiley, 2016), pp. 538~552 참조.

7 Debbie Chackra, "Why I Am Not a Maker," *The Atlantic* (January 23, 2015), online.

들을 딸처럼 키우는 용기를 지닌 사람들은 거의 없어요." 모든 사람들이 메이킹이라고 하는 전통적인 남성 영역에 접근하는 것을 목표로 삼는 메이커 문화는 전자에 초점을 맞추었다. 그러나 그것이 성공하게 되면 오직 물건을 만드는 것만이 가치 있다는 생각을 계속 강요함으로써 돌봄이라는 전통적인 여성 영역을 더욱더 평가 절하하게 된다.

만약 메이킹이 디지털 휴머니티 분야의 한 활동으로 살아남을 것이라면, 반드시 욕망, 돌봄, 그리고 회복을 도와주는 방식으로 재구성되어야 한다.

5.2 글로리아(찬미)

베르그송에 따르면, 호모 파베르는 특정한 유형의 지성, 즉 "인공 사물들, 특히 도구를 만드는 도구들을, 제조하는 능력과 그러한 제조를 무한하게 다양화할 수 있는 능력"으로 특정지어진다.[8] 반세기 뒤에 해나 아렌트(Hannah Arendt)는 제작인으로서의 인간을 형성하는 근대의 정치적 조건들에 대해 자세하게 설명함으로써 그러한 호모 파베르의 찬미에 집요하게 문제를 제기한다. 아렌트에 따르면, 자동화에 대한 열광으로 뒷받침되는 근대성이 호모 파베르의 특히 다음과 같은 태도에 결정적인 영향을 끼쳤다.

세계의 도구화, 도구 및 인공 사물 제작인의 생산성에 대한 자신감, 모든 것을 포괄하는 수단-목적 범주에 대한 신뢰, 모든 문제는 해결될 수 있고 모든 인간적

---

8   Henri Bergson, *Creative Evolution*, trans. Arthur Mitchell (New York: Henry Holt, 1911), p. 139.

동기는 유용성 원칙으로 환원될 수 있다는 확신, 그리고 그의 주권.[9]

여기서 핵심은 주권의 문제이다. 아렌트는 논의의 상당 부분을 호모 파베르가 숙고하는 존재에서 분주한 수단-목적적 존재로 변화하는 역사적 과정에 할애한다. 아렌트의 주장은 '인간이 만물의 척도'인지 여부를 놓고 플라톤(Platon)이 프로타고라스(Protagoras)와 나눈 대화에 뿌리를 두고 있다. 종종 잘못 번역되어 온 이 신조는 그럼에도 불구하고 아렌트가 말하는 '인간종 중심주의'를 구체적으로 나타낸다.[10] 프로타고라스는 호모 파베르를 "궁극적으로 모든 것을 마음대로 사용하며 존재하는 모든 것을 자신을 위한 단순한 수단으로 생각"하는 도구화하는 자로서 설정한다.[11]

도구성은 필자가 이 장을 위한 연구에 착수할 때 제일 먼저 본능적으로 떠올렸던 생각이다. 원래의 전략은 다음의 질문들로 시작하는 것이었다. "어떻게 포스트휴머니즘이 디지털 휴머니티에 의해 채택되었는가? 그러한 것을 계산하는 것이 가능한가?" 그러자 그 질문들에 대한 실험적 접근에 도움이 될 전략이 떠올랐다. 그것은 《계간 디지털 휴머니티스》의 전체 목록

---

9 Hannah Arendt, *The Human Condition*, 2nd ed. (Chicago: University of Chicago Press, 1998), p. 305.

10 아렌트의 주장에 따르면, "전통과 표준 번역에서는 그가 말했다고 하지만, 프로타고라스는 분명히 '인간이 만물의 척도이다'라고 말하지는 않았다". 아렌트는 크레마타(chrēmata)라는 말은 단순히 "모든 것"이 아니라, "인간이 사용하거나 필요로 하거나 가지고 있는 것들"을 가리킨다고 강조한다(Arendt, 같은 책, p. 157).

11 이 짤막한 구절을 읽으면서 하이데거의 두 개념, '비축물'(Bestand, standing reserve)과 '틀 지우기'(Gestell, enframing)를 떠올리지 않을 수 없다. 의심할 여지 없이, 만물의 척도로서의 인간은 하이데거의 기술적 인간, 즉 자연에 침입해 강을 수력 자원으로 바꾸는 등의 일을 벌이는 도구화하는 자이다. 그러나 이것은 현대인만의 특징이 아니다. 인간으로 알려진 기술적 동물의 외부화와 아카이브화에 근거한 특징이다. Martin Heidegger, *The Question Concerning Technology and Other Essays*, trans. William Lovitt (New York: Harper-Collins, 2013) 참조.

에서 포스트휴먼이라는 단어의 사례들을 찾는 것이었다. 그러나 이것은 또 다른 질문으로 이어졌다. "진정한 디지털 휴머니스트라면 이 과제를 어떻게 수행할까?" 결국 필자는 제프리 로크웰(Geoffrey Rockwell)에게 이메일을 보내기에 이르렀고, 그러자 그는 특유의 너그러운 태도로 다음과 같이 답을 주었다.

저라면 이렇게 하겠습니다.

I. 손으로 ≪계간 디지털 휴머니티스≫ 1년치 텍스트를 복사해서 XML 파일로 옮기세요. 저라면 그냥〔원문〕 이렇게 XML을 최대한 짧게 적겠습니다.

```
<collection>
<item number="1" year="2018" url="the.url.here">
<title>the title here</title>
<author>the author's name in some standard form
like last, first here</author>
<content> . . . the text of the article. </content>
</item>
<item> . . . </item>
. . . lots more items
</collection>
```

그런 다음 보이언트(Voyant)에 넘기겠습니다.[12]

로크웰과 스테판 싱클레어(Stéphan Sinclair)가 개발한 보이언트는 "디지털 텍스트를 위한 웹 기반의 독서 및 분석 환경"을 말한다.[13] 필자는 그 도구에 익숙했다. 이전에 한 편의 온라인 에세이로부터 워드 클라우드(word cloud)를 생성하기 위해 그것을 만지작거렸던 적이 있던 터였다. 당시에 필자가 해야 할 일은 에세이의 URL을 보이언트에 넣는 것뿐이었다. 그러면 보란 듯이 워드 클라우드가 마술처럼 나타났다. 하지만 지금은 그때와는 전혀 다르고 확실히 벅찬 무언가를 해야만 하는 느낌이었다. "손으로 ≪계간 디지털 휴머니티스≫ 1년치 텍스트를 복사해서 XML 파일로 옮기세요." 로크웰의 제안이다. 코퍼스 전체를 생성하려면 12년 동안의 ≪계간 디지털 휴머니티스≫ 논문들을 복사해서 붙여야 한다. 로크웰과 싱클레어가 자신들을 호모 파베르로 분명하게 자리매김했다면, 필자는 그들과 다르게 노동하는 동물(*animal laborans*)의 곤경을 느끼고 있었다.[14] 그러나 이것은 잘못된 구분일지도 모른다. 로크웰이 설명한 고된 과정은 필자가 디지털 휴머니티와 포스트휴머니즘에 대한 주장을 펼치기 위해 도구(혹은 코퍼스)를 제작하는 데 필자를 끌어들이는 것일 수 있다. 보이언트에서 로크웰과 싱클레어는 도구의 생산을 위한 도구를 만들었던 것이다.

아렌트의 호모 파베르 논의는 육체노동에 종사하는 사람들을 위한 거의 찬가에 가까운 『장인(*The Craftsman*)』(匠人)이라는 책에서 최근에 리처드 세넷(Richard Sennett)에 의해 재조명되었다.[15] 세넷은 아렌트에서 나타나는 호

---

12 제프리 로크웰이 2019년 10월 20일에 필자에게 보낸 메일(제프리 로크웰은 철학과 인문학 컴퓨팅을 가르치는 캐나다 앨버타 대학(University of Alberta)의 철학과 교수 — 옮긴이).

13 Sam Rockwell and Stéphan Sinclair, *Voyant: See through Your Text*, Web interface (2019).

14 다른 기술을 사용했을 수도 있었다. ≪계간 디지털 휴머니티스≫의 모든 논문들을 모아서 보이언트에 맞는 XML 코드를 넣을 수 있게 스크립트를 작성하는 식으로 수작업을 외부화하면 가능했을지도 모른다. 이것은 로크웰이 이메일에서 직접 제안한 것이었다.

모 라보란스(*homo laborans*)에 대한 부당한 취급, 즉 "일하는 현실적인 남자 혹은 여자를 경시"[16]하는 것에 이의를 제기한다. 세넷의 견해에 따르면, 아렌트는 호모 파베르를 호모 라보란스보다 우위에 둔다. 그는 아렌트가 '잘못된 구분'을 실행한다고 비판하면서 자신의 주장을 이렇게 요약한다. "노동하는 동물은 '어떻게?'라는 질문에 집중하는 데 반해, 호모 파베르는 '왜?' 하고 묻는다."[17] 하지만 이 대목에서 세넷은 문제를 잘못 짚은 것 같다. 아렌트의 주장은 호모 파베르를 노동하는 동물보다 더 우월하게 보는 데 있지 않다. 그녀의 요지는 현대의 과학 기술이 호모 파베르의 본성을 변화시켰다는 것이다. 숙고하는 동물이던 것이 계산적인 동물로 변하게 되면서, 초점이 "사물은 무엇이고 어떤 종류의 사물이 생산되어야 했는가의 질문에서 어떻게 그리고 어떤 수단과 과정을 통해 그것은 존재하게 되었고 재생산될 수 있었는가의 질문으로"[18] 바뀌게 된다. 굳이 따지자면, '무엇?'을 묻던 호모 파베르가 이제는 '어떻게?'를 묻게 되었다는 것이 아렌트의 주장이다. 이것은 특정 종류의 디지털 휴머니티를 이해하는 하나의 방식이 될 수도 있을 것이다.

5.3 크레도(신조)

아마도 순전히 게을러서였겠지만, 필자는 로크웰의 지시 사항을 건너뛰고 그 대신 바로 쓸 수 있는 도구의 도움을 받기로 마음먹었다. '포스트휴먼'

---

15 Richard Sennett, *The Craftsman* (New Haven: Yale University Press, 2009).
16 Sennett, 같은 책, p. 7.
17 Sennett, 같은 책, p. 7.
18 Arendt, *The Human Condition*, p. 304.

이라는 단어를 ≪계간 디지털 휴머니티스≫ 홈페이지 검색창에 단순히 처넣었다. 그러자 '포스트휴먼'이라는 단어가 포함된 총 스물네 편의 논문에 대한 세 페이지의 결과물이 나왔다. 그다음 각각의 논문을 한 번에 하나씩 열어서 브라우저의 찾기 기능을 이용해 단어의 용례들을 검색했다. 그리고 노트북 옆에 있는 종이에 연필로 모든 데이터들을 기록했다. 다음은 필자가 찾은 것들이다.

- 변형된 어휘들(포스트휴머니스트, 포스트휴머니즘)을 포함해 '포스트휴먼'이라는 단어는 ≪계간 디지털 휴머니티스≫ 코퍼스 전체에서 57번 나온다.
- 이 중에 열두 개의 예는 N. 캐서린 헤일스의 책 『우리는 어떻게 포스트휴먼이 되었는가』를 언급한다.
- 여섯 편의 논문들은 인용 문헌 목록에 『우리는 어떻게 포스트휴먼이 되었는가』를 포함하고 있지만, 논문 내에서는 그것을 전혀 논의하지 않는다.
- 한 편의 논문은 제목에 '포스트휴먼'이라는 단어를 사용하지만, 논문 내에서는 그것을 전혀 논의하지 않는다.
- 한 편의 논문은 캐런 버라드가 제안한 포스트휴머니즘 개념들을 환기시키는 것 같은 '내부 작용'과 '뒤얽힘'이라는 단어들을 각각 다룬다. 그러나 버라드는 논문 내에서 언급되지도, 인용 문헌 내에 포함되지도 않는다.

이렇게 모은 자료로부터 여러 결론을 내릴 수 있다. 그중 하나는 포스트휴머니즘 개념 자체에 대해 입 발린 말을 해야 하는 압박감이 있을 수 있다는 것이다. 이와 관련된 예로, 인용 문헌 목록에 헤일스의 『우리는 어떻게 포스트휴먼이 되었는가』를 넣는 행위는 ≪계간 디지털 휴머니티스≫의 기고자들 사이에서는 하나의 의식(儀式)이 된 것 같다. 하지만 필자의 관심은 내용 자체보다는 이러한 데이터를 수집하는 과정에 있다.[19]

필자가 ≪계간 디지털 휴머니티스≫에서 포스트휴먼을 검색한 것은 개리

홀(Gary Hall)이 구체적으로 제기한 「디지털 휴머니티는 없다(There Are No Digital Humanities)」라는 주장의 토대가 될지도 모른다.[20] 역으로, 홀의 주장은 디지털이 **없는** 최근 인문학, 즉 비디지털 인문학은 없다는 것 같다. 혹은 그의 말에 따르면, "디지털은 이제는 인문학에 추가될 수 있는 어떤 것이 아닌데, 그것은 (아마도 디지털 이전의) 인문학은 컴퓨팅과 디지털을 이미 이해하고 그것들과 관계를 맺어왔다는 단순한 이유 때문이다".[21] 이렇게 보자면, 혹자는 필자가 순전히 초심자용 디지털 도구인 단순 검색 기능을 사용해서 위의 데이터들을 찾은 것도 디지털 휴머니티 활동인지 물을 수 있을 것이다. "진정한 휴머니스트들은 도구를 만든다"는 신조를 고수하는 자들은 아마도 "아니오"라고 말할 것이다. 이 데이터들은 필자가 직접 만든 도구가 아니라, 일반 사용자들이 쉽게 사용할 수 있도록 내장된 도구를 이용해서 수집한 것이기 때문이다. 위의 데이터 모음이 필자가 도구들을 사용해서가 아니라 기술(technics)의 사용을 통해 얻은 것이라고 말하는 편이 좀 더 생산적일지 모른다. 이러한 생각을 염두에 두고, 홀의 수정안을 변경해 보려고 한다. 디지털 없는 인문학은 없다라기보다는, 기술 없는 인문학은 없다는, 좀 더 밀어붙이자면, 기술 없는 인간은 없다는 생각에 초점을 맞추고자 한다. 혹은 베르나르 스티글레르의 말대로, "인간은 기술 속에서 그 자신을 발명한다".[22] 이것은 인간이 그것 때문에 살고 죽는 신조이다.[23]

---

19 이 참고 문헌들에 관해서는 N. Katherine Hayles, *How We Became Posthuman: Virtual Bodies in Cybernetics, Literature, and Informatics* (Chicago: University of Chicago Press, 1999); Karen Barad, "Posthumanist Performativity: Toward an Understanding of How Matter Comes to Matter," *Signs*, 28(3) (Spring 2003), pp. 801~831 참조.

20 Gary Hall, "There Are No Digital Humanities," in Matthew K. Gold and Lauren F. Klein (eds.), *Debates in the Digital Humanities* (Minneapolis: University of Minnesota Press, 2012), online.

21 Hall, 같은 논문, p. 35.

22 Bernard Stiegler, *Technics and Time 1: The Fault of Epimetheus*, trans. Richard Beardsworth

디지털 도구로부터 소위 근원적 기술성(originary technicity) — 인간이 인간인 것은 기술의 진화적 사건 때문이라는 생각 — 으로의 개념적 도약은 특히 페데리카 프라베티(Federica Frabetti)의 주된 관심사이다. 프라베티에 따르면, "인간 자체는 (그것이 석기, 언어, 글, 혹은 디지털 컴퓨터, 그 무엇이건) 항상 이미 그가 가진 과학 기술과의 관계 속에서 구성되었다".[24] 근원적 기술성은 과학 기술의 도구주의적 개념들을 복잡하게 만든다. 프라베티가 설명하듯이, " '근원적 기술성'이라는 단어는 과학 기술에 대한 도구주의적 이해에 머물러 있을 때에만 역설적 성격을 지닌다. 만약 과학 기술이 도구적이라면, 그것은 근원적일 수 없다. 즉, 인간을 구성할 수가 없는 것이다".[25] 프라베티는 디지털 휴머니티를 미디어 연구의 세계로, 좀 더 정확하게 말하면, 미디어 이론 속으로 더 깊숙이 파고들기 위한 노력의 일환으로 그렇게 설명을 한다. 프라베티에게 그것은 소프트웨어 연구 분야로의 진출을 포함한다. 하지만 그녀가 요청하는 "디지털성(digitality)과의 가깝고도 친밀한 관계"[26]는 다른 분야로, 심지어 페미니즘 신유물론의 세계로도 쉽게 퍼질 수 있다.

스티클레르의 근원적 기술성 개념은 프랑스 인류학자 앙드레 르로이-구란(André Leroi-Gourhan)의 저작에 크게 의존한다.[27] 『몸짓과 말(*Gesture and*

(Stanford: Stanford University Press, 1998), p. 141. 이 장과 다른 글에서 필자는 남성이 인간 진화의 개념에서 중심적 위치를 차지했던 것을 강조하기 위해 남성 대명사를 사용한다.

23 기술과 죽음의 관계에 관한 상세한 논의는 Marcel O'Gorman, *Necromedia* (Minneapolis: University of Minnesota Press, 2016) 참조.

24 Federica Frabetti, "Have the Humanities Always Been Digital? For an Understanding of the 'Digital Humanities' in the Context of Originary Technicity," in David Berry(ed.), *Understanding Digital Humanities* (London: Palgrave Macmillan, 2012), p. 162.

25 Frabetti, 같은 논문, p. 141.

26 Frabetti, 같은 논문, p. 169.

27 André Leroi-Gourhan, *Gesture and Speech*, trans. A. Bostock Berger (Cambridge: MIT Press, 1993). 르로이-구란의 연구는 인간과 기술의 공구성에 관한 스티글레르의 후천성 계통·발생(epiphylogenesis) 논의에서 중요하다.

Speech)』에서 르로이-구란은 외부화의 개념에 근거해 인간 종의 근원에 관한 설득력 있는 이야기를 펼친다.

우리의 모든 진화는 다른 동물 세계에서 종의 적응에 의해 내부에서 달성되는 것을 우리의 외부에 배치하는 방향으로 진행되었다. 가장 눈에 띄는 중요한 사실은 분명 도구의 '자유화(freeing)'이지만, 진정으로 근본적인 사실은 언어의 자유화와 우리의 기억을 우리 외부의 사회적 유기체로 옮길 수 있는 우리의 독특한 능력이다.[28]

르로이-구란에게 외부화는 호모 에렉투스(*homo erectus*)의 영웅담에서 핵심 요소이다. 기술의 진화를 통해 최초의 인간은 네 발로 이동하던 역할로부터 손을 해방시켰고, 궁극적으로는 두개골이 양발 보행과 뇌 발달의 확대에 최적화된 직립위(直立位)의 단계에 이르렀다. 스티글레르의 말에 따르면, 인간은 "자동 이동성(automobility)으로 인한 사고(accident)"이다.[29]

이러한 외부화의 원형적 이야기는 이 장이 시작된 지점, 즉 컴퓨터에서 '디지털 휴머니티'를 검색하다가 잊고 있던 파일에 이르게 된 원점의 순간으로 논의를 되돌려놓는다. 그때의 사건을 더 나은 도구를 만들 필요의 증거로서 바라보기보다는 외부화 자체의 체화로서 이해할 수도 있을 것이다. 에세이가 필자 머리에서 나와 컴퓨터의 하드 드라이브 속으로 들어간 뒤에, 필자는 그것을 잊히게 했다.[30] 플라톤의 『파이드로스(*Phaedrus*)』에 나오는 소크라테스(Socrates)의 테우스(Theuth)와 타무스(Thamus)에 관한 진부한 이

---

28 Leroi-Gourhan, 같은 책, p. 236.

29 Stiegler, *Technics and Time 1*, p. 121.

30 외부화와 망각에 관한 좀 더 상세한 논의는 Marcel O'Gorman, "Taking Care of Digital Dementia," *CTheory* (February 18, 2015), online 참조.

5 디지털 휴머니스트를 위한 레퀴엠 119

야기를 반복하고 싶지는 않다. 그 이야기는 필자와 제프리 로크웰을 포함해 미디어 연구자들에 의해 너무 많이 다루어졌다.[31] 그보다는 프라베티가 호소한 '디지털성과의 가깝고도 친밀한 관계'를 떠올리면서, 기술적 외부화를 탐구하기 위해 고안된 디지털 객체들의 흥미로운 집합으로 바로 이어가도록 하겠다.

5.4 상투스(감사)

디지털 휴머니티에서 잠시 물러나 인간의 기술성으로 다시 돌아가면, 인간 자체의 종말, 혹은 적어도 인간성에 대한 특정 개념의 종말이라는 흥미로운 결과에 이른다.[32] 이 대목에서 디지털 휴머니티의 포스트휴머니스트 수호성인으로 불러도 좋을 N. 캐서린 헤일스를 참조하는 것이 적절할 것 같다. 헤일스는 포스트휴먼 주체를 "합성물, 이질적인 구성 요소들의 집합, 경계가 계속해서 구성되고 재구성되는 물질-정보적 실체"[33]로 설명한다. 포스트휴먼에 관한 이러한 개념은 인간 종을 위한 일종의 천사 같은 목적론, 즉 트랜스휴머니스트들이 꿈꾸는 컴퓨터에 의한 의식의 탈신체화로 흡수될 수 있다. 혹은 그게 아니라면, 캐리 울프의 설명처럼, 인간은 "우리의 존재 자

---

31 Geoffrey Rockwell, "Is Humanities Computing an Academic Discipline?" *Institute for Advanced Technology in the Humanities* (1999), online 참조. 로크웰의 설명에 따르면, "글쓰기에 관한 소크라테스의 비평을 업데이트하면 컴퓨터는 텍스트에 관한 보다 심오한 지혜를 얻기 위한 장치(혹은 방법)가 아니라 책을 잊는 비결이라는, 인문학에서 최근에 논의되는 컴퓨터 비평과 매우 흡사하게 들린다".

32 '인간의 기술성으로 돌아가기'는 근원적 기술성에 관한 데이비드 윌스(David Wills)의 연구 주제이다. David Wills, *Dorsality: Thinking Back through Technology and Politics* (Minneapolis: University of Minnesota Press, 2008).

33 Hayles, *How We Became Posthuman*, p. 3.

체 내에서 항상 근본적으로 타자이며, 이미 비인간(inhuman)이거나 무인간(ahuman)이기에", 통일된 인간 주체는 존재하지 않는다는 생각에 이를 수 있다.[34] 이러한 포스트휴머니즘적인 시각은 디지털 휴머니티의 실제와 어떻게 통합될 수 있을까?

이 질문에 답하기 위한 한 가지 방법은 필자가 **미디어 이론의 응용**(Applied Media Theory)이라고 부른 것에 참여하는 것이다. 이러한 실습을 통해 필자는 트레드밀, 페니 파딩 자전거(앞바퀴는 아주 크고 뒷바퀴는 아주 작은 초창기의 자전거 ― 옮긴이), 쐐기 모양의 고전적인 관(棺), 그리고 삼나무와 캔버스로 만든 16피트(약 4.8m) 길이의 카누 같은 특이한 물건들과 디지털 미디어를 결합함으로써 인간의 기술성을 탐구하는 프로젝트들을 고안했다.[35] 이 모든 프로젝트들은 참가자들을 외부화, 인간의 유한성, 그리고 육체, 회로, 눈에 띄는 다른 사물들 간의 감각적인 경계에 대한 성찰을 유발하도록 고안된 기술 환경 속으로 끌어들였다. 필자는 이 프로젝트들의 환경을 제어하면서 그것들을 예술가적 자아의 산물이 아니라 디지털 휴머니티 학자의 수작업으로서 열심히 설명했다. 하지만 그러한 노력들은 대부분 실패했다. 그리고 프로젝트 또한 마찬가지였다. 하드웨어가 고장 나고, 통신 프로토콜은 계속해서 바뀌고, 소프트웨어는 업그레이드를 계속해서 요구하거나 또는 수명의 주기가 끝나버렸다. 결국 모든 것은 지원이 중단되었다. 이러한 섬뜩한 함께-생각하기 객체들에 의해 압도되어, 그것들이 요구하는 전문적 기술과 필자로서는 제공할 수 없는 시간 투자에 전혀 부응할 수 없었다. 결과적으로 이 프로젝트는 디지털 휴머니티와 디지털 아트 사이의 이도 저도 아닌 상태에 빠져버렸고, 그것들은 집을 잃은 채 돌봄과 회복이 제공될 수 있는

---

34 Cary Wolfe, *What is Posthumanism?* (Minneapolis: University of Minnesota Press, 2010), p. 89.

35 이 프로젝트들은 O'Gorman, *Necromedia*에 기록되어 있다.

필수적인 기반 환경 바깥에 갇히고 말았다. 필자가 보기에, 전체 상황은 오직 취약성 측면에서만 설명될 수 있다. 그런데 그것을 인정하면 유독성 폐기물이 될 운명의 디지털 부품들의 기반 시설에 뒤엉킨 필자 자신의 백인 남성 학자로서의 상황을 생각하게 된다.

5.5 베네딕투스(축복)

대형 고무 날들이 넓은 앞 유리에 부딪히는 진눈깨비 알갱이들을 좌우로 쓸었다. 와이퍼의 기계적인 리듬은 자동차 대시보드의 플라스틱 통풍창을 통해 뿜어져 나오는 타는 냄새와 섞여 잠으로의 유혹이라는 치명적인 혼합물이 되었다. 여기는 그가 결코 있고 싶지 않은 곳이었다. 이렇게 황량한 시골, 고속 도로 위, 20피트(6m) 길이의 임대 유홀(U-Haul) 트럭이라니. 그러나 그것은 필요한 순례였다.

여행은 사무적인 이메일로 전달된 무뚝뚝한 몇 마디로 시작되었다.

어이, 안녕.

잘 지내지. 로비에서 하는 프로젝트들에 대해 말하고 싶었어. 가까운 미래에 여러 가지 큰 행사들을 계획하고 있는데 우리 팀의 피드백에 따르면 카누와 다른 물건들은 너무 커서 이곳에 계속 전시해 둘 수가 없대.

아쉽지만, 11월 말까지 그것들을 치워주었으면 해.

아케이드 캐비닛이 수시로 작동하지 않는 것도 알게 됐어. 한번 들여다 봐줄 수 있을까?

고마워!

그럼 이만,

샌드라 배리-스트라이커

놀이를 위한 욕망과 수단의 저장소였던 것이 이제는 엉망이 되었다. 이에 자극받아 그는 물건들을 전시에서 치운 뒤, 임대 트럭의 컨테이너에 마구 쑤셔 넣고 온타리오의 라살(LaSalle, Ontario)을 향해 남쪽으로 떠났다. 그곳의 방치된 작은 농지 위의 낡은 헛간에 그것들을 넣어둘 생각이었다.

그러자 잠이 이러한 계획까지도 위협했다. 그는 생각했다. 전화 한 통이면 순례에서 살아남을 수 있을 텐데.

안녕, 필. 요즘 어때?
괜찮아.
좀 더 일찍 전화했어야 하는데. 헛간에 보관할 것들이 몇 개 있어서.
거기 가서 그것들을 넣어둘 공간 좀 만들어도 될까?
오, 글쎄. 보수 공사 했다는 얘기 못 들었어?
아니. 무슨 일인데?
음, 친구들하고 헛간 일부를 도장(塗裝) 가게로 개조했어.
자동차 도색을 해.
아하. 전혀 몰랐어. 음, 괜찮아. 다른 방법을 알아보면 돼.
오케이. 음, 그때 볼 수 있겠네.
어쩌면. 고마워.
또 봐.

아이폰(iPhone)을 대시보드의 컵 받침대에 끼어 넣는 순간, 트럭이 갓길 쪽으로 향하더니 오른쪽 앞바퀴가 움푹하게 팬 푸석푸석한 곳 안으로 삐걱거렸다. 그가 핸들을 꺾자 갑자기 충격 완화 장치가 작동했다. 그러자 뒤편의 컨테이너가 흔들리면서 안에 든 내용물과 한 몸으로 나뒹굴었다.

길에 다시 들어서자, 그는 대시보드의 검정 플라스틱 볼륨 장치를 눌렀다. 라디오 소리가 차 안을 가득 채웠다. 그는 라디오 튜너를 딸깍하고 만지

작거리다 「홀 로타 러브(Whole Lotta Love)」가 소음 사이로 들락날락할 때 멈추었다. 록 방송국이 잡힌다면 디트로이트(Detroit)에 다 와 간다는 것이었다. 그는 이 길을 쭉 따라 윈저(Windsor)로 들어간 뒤, 앰배서더 다리(Ambassodor Bridge)와 디트로이트·윈저 터널 간판을 지나, 차량들이 점점 더 늘어나는 라살 방면의 고속 도로 차선으로 향했다.

그는 과거에 서니사이드 태번(Sunnyside Tavern)이었던 곳 뒤편에 차를 세우고 디트로이트 강의 파이팅 아일랜드(Fighting Island)를 내려다보며 부두 가장자리를 천천히 걸었다. 부표의 조명이 어둠 속에서 깜빡거렸다.

해협은 몽롱한 꿈속으로 힘없이 내려가도 될 만큼 수심이 깊었다. 한 남자와 그의 망가진 장난감들이 무중력 상태로 서서히 진흙 바닥으로 향하다가, 결국에는 표면이 끈적끈적한 모래 기층 속 조개껍질, 통조림 깡통, 그리고 화석 들 사이에서 안식을 취했다.

5.6 아뉴스 데이(하느님의 어린양)

디지털 휴머니티의 도구주의적 실천에 도전하는 보다 더 나약하고 자기 노출적인 형태의 관계성을 상상할 수 있을까? 이에 대한 대답은 디지털 휴머니티와 미디어 연구에 대한 철학적 접근 간의 제휴에서 찾을 수 있을 것이다. 「다음 5분 동안의 디지털 휴머니티(Digital Humanities for the Next Five Minutes)」에서 리타 레일리(Rita Raley)는 페데리카 프라베티와 매우 유사하게 "디지털 휴머니티와 새로운 미디어 연구의 관계는 어쩌면 달랐을 수 있다"고 주장한다.[36] 그녀는 데이비드 베리(David Berry)의 '비판적 디지털 휴머니

---

36 Rita Raley, "Digital Humanities for the Next Five Minutes," *differences*, 25(1) (2014), p. 30.

티' 개념을 언급하면서, 그것은 "컴퓨터성(computationality)을 문제시함으로써, 우리가 21세기의 지식이 컴퓨터 기술을 통해 정보로 변형되는 과정에 대해 비판적으로 사고할 수 있게 해준다"[37]고 말한다. 베리가 프라베티처럼 비판적 디지털 휴머니티를 위해 소프트웨어 연구, 비판적 코드 연구, 그리고 플랫폼 연구로 향한다면, 레일리는 다른 곳, 즉 '비판적 성찰과 비판이 결합된', 그녀가 말하는 소위 "(만들기, 고치기, 실험하기 등의) 사변적 놀이"[38]에 관심을 기울인다. 그 결과 레일리는 전술(戰術)적 인문학, 즉 "생산하기보다는 실험하기, 상황 혹은 발견에 구애받지 않고, 현실화해야 하는 의무 없이 개념을 시험하기 위해 모형(prototype) 만들기"[39]를 공식화한다. 이것은 아마도 최근의 교육 기관들을 특징짓는 "기술주의적 산출 계산"[40]에 저항하기 위해 놀이를 하는 호모 루덴스(*homo ludens*)의 사례일 것이다. 그렇다면 이 놀이의 형식에 내포된 정치적 의미는 무엇인가?

레일리의 전술적 인문학 개념은 지난 10년 동안 출현한 여러 종류의 비판적 만들기에 잘 들어맞는다. 가넷 헤르츠(Garnet Hertz), 패트릭 자고다(Patrick Jagoda), 던과 라비(Dunne & Raby), 대니얼라 K. 로스너(Daniela K. Rosner), 그 밖의 여러 사람들의 저작이 여기에 포함된다. 젠터리 세이어스(Jentery Sayers)가 편집한 『사물 만들기와 경계 긋기(*Making Things and Drawing Boundaries*)』는 기고자들이 자신들을 디지털 휴머니티 학자로 생각하건 말건 이러한 실제들을 묶어서 디지털 휴머니스트들의 작업으로 규정하는 놀라운 시도를 한다.[41] "현실화해야 하는 의무"[42]에 대한 레일리의 저항 의지는 완성된 산물

---

37 Raley, 같은 논문, p. 5.
38 Raley, 같은 논문, p. 36.
39 Raley, 같은 논문, p. 39.
40 Raley, 같은 논문, p. 40.
41 Jentery Sayers, *Making Things and Drawing Boundaries*, ed. Jentery Sayers (Minneapolis: University of Minnesota Press, 2017).

보다는 '과정적 행위들'에 초점을 맞추는 매트 래토(Matt Ratto)의 비판적 만들기(critical making)와 상당히 비슷하다.[43] 필자가 이러한 접근에 공감한다면, 그것은 아마도 레일리와 래토가 의도한 것과는 다른 이유 때문일 것이다. 필자는 최근에 워털루 대학(University of Waterloo)의 비판적 미디어 랩(Critical Media Lab, CML)에 있는 학생들에게 그들의 만들기 행위를 제작(carpentry)이 아니라 **졸작**(crapentry)으로(목공과 같은 제작을 뜻하는 영어 단어의 철자를 변형한 단어. 'crap'은 엉터리, 쓰레기, 졸작을 의미 — 옮긴이) 이해하도록 권유한 적이 있다. 이 신조어는 예술가나 노련한 공예가처럼 실행하라는 압박을 없애는 대신 실패가 발생하도록 허용한다. 이것은 기술 스타트업들이 외쳐대는 "빨리 실행하고 망가뜨려봐라"식의 실패론이 아니라, 사물들과의 더디고, 진중하며, 약점 많은 상호 작용이다. 필자가 염두에 두는 것은 실리콘 밸리(Silicon Valley)보다는 잭 핼버스탬의 『실패의 기술과 퀴어 아트(*The Queer Art of Failure*)』와 더 관련이 있다. 이 책에서 핼버스탬은 실패를 반규율적인 전술, 즉 "정복의 거부, 성공과 이익의 자본주의 내에서의 직각적 관계에 대한 비판, 그리고 손실의 반헤게모니 담론으로" 설명한다.[44]

버라드를 한 번만 더 언급하자면, CML에서 이러한 유의 '행위자적 내부 행위(agential intra-action)'는 학생들에게 골치 아픈 재료들과 씨름해보도록 권하는 어색한 워크숍들을 통해서 일어난다.[45] 이러한 행위의 상황은 로라

---

42 Raley, "Digital Humanities for the Next Five Minutes," p. 39.

43 Matt Ratto in Gabby Resch, Dan Southwick, Isaac Record, and Matt Ratto, "Thinking as Handwork: Critical Making with Humanistic Concerns," in Jentery Sayers(ed.), *Making Things and Drawing Boundaries* (Minneapolis: University of Minnesota Press, 2017), p. 153.

44 Jack (Judith) Halberstam, *The Queer Art of Failure* (Durham: Duke University Press, 2011), pp. 12~13.

45 Barad, "Posthumanist Performativity," p. 814. 이러한 무질서와 관련해 엘리자베스 로시(Elizabeth Losh)와 재클린 워니먼트(Jacqueline Wernimont)는 다음과 같이 말한다. "순수

U. 마크스(Laura U. Marks)가 말하는 촉각학(haptics), 즉 "대상의 불가지성이 그대로 유지되고, 보는 사람은 더 가까이 다가가는 중에도 지배하기를 포기해야만 그 또는 그녀에게 대상을 드러내는 에로틱스"와 매우 유사하다.[46] 실험실 책상 위에 허리를 구부린 채, 우리는 업사이클된 비닐 조각들을 버라드적인 바구니 안으로 엮어 넣고, 집에서 만든 끈끈한 공작용 점토와 LED 조명을 전도성 있는 카바레로(Adriana Cavarero)적인 조각 안에 열심히 밀어 넣은 뒤, 전혀 낌새를 못 채는 구경꾼들에게 빛을 깜박여 지질학적 기원을 알려주도록 파리카(Jussi Parikka)적인 서약 핀 안에 회로를 구부려 넣는다.[47]

이러한 프로젝트들은 언제나 제작인과 그와 근본적으로 다른 타자 사이의 계약된 합의를 통해 진행된다. 이러한 낯설고 저항적인 타자들을 향함으로써, 호모 에렉투스는 모양을 바꾸고, 인간 그 이상의 무언가로 자신을 구부린다. 애드리아나 카바레로의 저작에 근거해서 말하자면, 적절하게 맥락화될 때 이 프로젝트들은 물질세계를 향한 새로운 경향, 즉 "주체를 **타자** 쪽으로 기울이고" 그리고 "그 주체에게 다른 자세를 제시하는" 새로운 경향을 만들어낸다.[48] 무엇보다도, 이러한 새로운 경향은 계보학을 재고하고, 인간

한 데카르트적 '가상 현실' 혹은 '사이버 스페이스'의 마찰 없는 비전보다는 디지털 아카이브와 그것을 지탱하는 기반 시설 및 실제 들의 물질적·상황적·우발적·암묵적·체화된·정동적·노동 집약적·정치적 특징들을 강조함으로써, 페미니스트 이론가들은 현재의 권력관계에 대한 우려를 표현하고 집단 및 공동의 의식 함양 노력에 대한 관심을 나타낸다"(Elizabeth Losh and Jacqueline Wernimont, "Introduction," in *Bodies of Information: Intersectional Feminism and the Digital Humanities* (Minneapolis: University of Minnesota Press, 2018), p. xiii).

46 Laura U. Marks, *Touch: Sensuous Theory and Multisensory Media*. Minneapolis: University of Minnesota Press, 2002), p. 90.

47 지질학적 미디어 시스템 안으로 회로를 휘어 넣는 주제에 관해서는 Jussi Parikka and Garnet Hertz, "Zombie Media: Circuit Bending Media Archaeology into an Art Method," in *A Geology of Media* (Minneapolis: University of Minnesota Press, 2015), pp. 141~153 참조.

48 Ariana Cavarero, *Inclinations: A Critique of Rectitude*, trans. Adam Sitze and Amanda

자체를 기술성 이상의 측면에서 다시 생각하도록 한다. 즉, 카바레로의 표현대로, "관계 자체를 근원적인 구성 요소로서, 인간의 본질적인 차원으로서"[49] 생각하도록 한다. 이렇게 새로운 경향성을 지닌 동물은, 그것이 호모 무엇이든(*homo whatever*)이라는 무리에 늦게 합류한 셈이지만, 항상 이미 그 자리에 있으면서, "우리가 물질적으로 취약하고, 때로는 매우 불균형한 상황에서 서로에게 의탁하는 존재들이라는 것을 환기시킨다".[50] 다르게 말해서, 관계성 자체를 근원적이고 본질적인 것으로 이해하게 되면, 진화적 논리로부터 칼라 후스타크(Carla Hustak)와 나타샤 마이어스(Natasha Myers)가 말하는 소위 **역진화적 운동**(involutionary momentum), 비인간 행위자들과의 친밀한 관계에 기초한 연구의 실천, "즐거움, 놀이, 그리고 실험적인 제안들에 의해 형성되는 **정동 생태학**"으로의 전환이 가능해진다.[51] 호모 에렉투스, 호모 인클라이누스(*homo inclinus*)를 만나다.

5.7 코뮤니오(성찬식)

호모 무엇이든이라는 주문(呪文)은 조르조 아감벤이 '도래하는 공동체', 즉 공통의 정체성이 아니라 각각으로서의 존재, 아감벤이 수수께끼처럼 말한 **그게 어떤 특이성들이든** 그런 집합에 기초한 공동체를 설명하기 위해 동원

Minervini (Stanford: Stanford University Press, 2011), p. 11.

49 Cavarero, 같은 책, p. 11.

50 Cavarero, 같은 책, p. 13.

51 Carla Hustak and Natasha Myers, "Involutionary Momentum: Affective Ecologies and the Sciences of Plant/Insect Encounters," *differences*, 23(3) (2012), p. 78. 진화에서 역진화로의 개념 전환을 추천한 제니퍼 클레리-레몬(Jennifer Clary-Lemon)의 한결같은 통찰력에 대해 감사한다.

한 쿼들리벳(*quodlibet*: '무엇이든'의 라틴어)이라는 단어를 연상시킨다.[52] 아감벤에게 사랑의 형태로라도 무엇이든 껴안는 행위는 존재자들 사이의 알아볼 수 있는 공통성을 요구하지 않는 공동체에의 욕망에 근거한 급진적 정치를 가능하게 한다. **무엇이든**의 주문은 정체성의 삭제나 무관심의 표출이 아니라 타자에 대한 열려 있음이다. 모든 존재자가 중요하기에, 어떤 타자, 어떤 존재인지는 중요하지 않다.[53] 아감벤의 도래하는 공동체가 의심할 여지 없이 인간의 공동 소속(co-belonging)에 관한 것이라면, 나는 그 **무엇이든**을 인간 너머의 디지털 휴머니티 공동체를 고려하기 위해 재설정하고 싶다. 그것은 브뤼노 라투르(Bruno Latour)의 사물 공화국[54] 또는 촉수 생물부터 퇴비에 이르기까지 모든 것과의 관계성을 포용하려고 한 도나 해러웨이의 상황적 지식과도 맥을 같이한다.

만약 우리가 호모(Homo)로서의 인간을 잘게 조각낼 수 있다면, 부식토(humus)로서의 인간에게 가능성은 있다. 그것은 자기를 만들면서 지구를 파괴하는 어떤 CEO의 사기를 꺾는 기획이 될 것이다. 자본주의 개편 종합 대학(University)에서의 인문학의 미래에 관해서가 아니라, 거주 가능 다종(多種) 혼합체를 위한 부식토(Humusities)의 힘에 관한 학술 대회를 상상해 보라![55]

참석자들이 코드를 작성하고 소프트웨어를 만드는 일 때문이 아니라, 개

---

52 Giorgio Agamben, *The Coming Community*, trans. Michael Hardt (Minneapolis: University of Minnesota Press, 2007).
53 Agamben, 같은 책, p. 1.
54 Bruno Latour, *We Have Never Been Modern*, trans. Catherine Porter (Cambridge: Harvard University Press, 1993).
55 Donna J. Haraway, "Tentacular Thinking: Anthropocene, Capitalocene, Cthulucene," *E-Flux*, 75(September 2016), online.

발 도상 국가에서 쓸 수 있게 퇴비로부터 컴퓨터 전원을 생성하는 일로 바쁜 디지털 휴머니티 학술 대회를 상상해 보라. 전문 지식을 함양하는 것보다 욕망을 표현하고 타자성을 인정하고 취약성을 포용하는 데에 좀 더 충실한 디지털 휴머니티 워크숍을 상상해 보라. 자신의 특권적 지위를 분명하게 깨닫고 공동체의 규합을 우선시했던 호모 에코노미쿠스(*homo economicus*)의 기반 시설에 이의를 제기할 만큼 용감한 오픈 소스 디지털 휴머니티 공동체를 상상해 보라.[56] 이것이 유토피아적인 희망 사항일 필요는 없다. 그 분야에서 진행 중인 최근의 개입들은 이미 그 방향으로 향하고 있다. 세이어스가 『사물 만들기와 경계 긋기』에서 소개하는 창조적 기획들과 좀 더 최근에 나온 엘리자베스 로시(Elizabeth Losh)와 재클린 워니먼트(Jacqueline Wernimont)가 공동 편집한 『정보의 신체들(*Bodies of Information*)』의 용기 있는 글들이 여기에 속한다.[57]

디지털 휴머니스트들은 주체, 사용자, 참가자, 프로그래머, 혹은 제작인의 존재를 갈구할 때 "호모로서의 인간을 잘게 조각내다"는 해러웨이의 주문을 명심하고 조심해야 한다. 이 맥락에서 던져야 하는 적절한 질문들이 있다. 어떤 인간을 말하는가? 무엇에 따른 인간인가? 누가 정한 인간인가? 포

---

56 이 주제에 관해서는 Daniel Allington, Sarah Brouillette, and David Golumbia's "Neoliberal Tools (and Archives): A Political History of Digital Humanities," *Los Angeles Review of Books* (May 1, 2016), online 참조. 이 글은 다른 견해를 제시하는 위니먼트·로시의 『정보의 신체들』과 함께 읽어야 한다[Elizabeth Losh and Jacqueline Wernimont(eds.), *Bodies of Information: Intersectional Feminism and the Digital Humanities* (Minneapolis: University of Minnesota Press, 2018)]. 저자들은 위의 글이 그들이 폭로하고자 한 "단독의 백인 남성 발명가 신화"(p. x)를 오히려 "더욱 강화시킨다"(p. xi)고 밝힌다.

57 용기 있는 디지털 휴머니티 연구를 고취시킨 피오나 M. 바넷(Fiona M. Barnett)의 중요 논문 "The Brave Side of the Digital Humanities"(*differences*, 25(1) (2014), pp. 64~78)를 언급하지 않을 수 없다. 이 글에서 저자는 '무엇이' 디지털 휴머니티 프로젝트로서 '간주되는지'에 대한 핵심적인 질문을 던진다(p. 68).

스트휴머니즘의 '포스트' 뒤에 오는 인간은 누구인가? 루피카 리삼(Roopika Risam)이 「무엇이 인간으로 통하는가?(What Passes for Human?)」라는 제목의 장에서 주장하는 것처럼, "디지털 휴머니티 전문가들은 프로젝트의 설계 단계에서건, 혹은 방법론, 데이터 큐레이션, 알고리즘 작성 단계에서건, 그들의 연구에서 보편적 인간 주체를 또 새겨 넣는 것에 반드시 저항해야 한다."[58] 따라서 인간 이후의 디지털 휴머니티를 생각하려면 호모 무엇이든을 경쟁적으로 되풀이하는 것을 넘어설 수 있어야 한다. 호모 에코노미쿠스의 신자유주의적 공리주의 혹은 호모 에렉투스의 남근 중심적 능력주의를 비판하기보다는, 차라리 호모를 보편화하려는 시도에 대한 마지막 레퀴엠은 어떤가? 이것은 공동체 만들기 기획, "서로에게 의탁하는"[59] 학자들을 향한 새로운 복합적 지지, 심각한 곤경에 처한 연구 분야의 등대가 될 수도 있을 터이다. 한결같은 빛을 그들의 머리 위에 비추소서(Et lux perpetua luceat eis).

---

58 Roopika Risam, "What Passes for Human?" in Losh and Wernimont(eds.), *Bodies of Information*, p. 51.

59 Cavarero, *Inclinations*, p. 13.

After the Human

2부

새로운 연구 대상

6
기계, AI, 사이보그, 체계

브루스 클라크

6.1 포스트휴머니즘과 트랜스휴머니즘 사이

기계, AI, 사이보그, 그리고 온갖 종류의 체계들이 포스트휴머니즘과 트
랜스휴머니즘 담론 내에서 다양한 조합으로 등장하고 있다. 그리고 그 조합
내에서 그들은 포스트휴먼의 이미지들로서 출현할지도 모른다. 포스트휴머
니즘 담론은 인간 중심주의의 부정적 유산을 극복하기 위한 방법을 모색하
는 일련의 철학적 논의들을 다룬다. 대략적으로 말하면, 포스트휴머니즘의
목표는 젠더, 민족, 인종, 그리고 계급의 종(種) 내부의 특정한 차이들과 인
간 및 비인간 유기체와 사물들 사이의 특정한 종간 차이들 양쪽 모두를 복
구하고, 그들의 힘을 강화하고, 보다 공정한 관계로 이끄는 데 있다. 초인
혹은 슈퍼맨으로 번역되는 니체의 **초인**은 인간 중심주의적 주체 이후에 오
는 존재의 형태에 대한 포스트모던적인 형상이라고 할 수 있다.[1] 푸코는 '인
간'에 대한 인간 중심주의적 개념은 "바닷가에 모래로 그려놓은 얼굴처럼 언
제 지워질지 모르는 최근의 발명품"이라는 예측을 통해 니체의 예언을 상기

---

1   Friedrich Nietzsche, *Thus Spoke Zarathustra*, trans. A. D. Caro, ed. R. Pippin (Oxford:
     Oxford University Press, 2006).

시킨다.[2] 주요 선구자인 니체의 예는 인간의 배타성 너머로의 이러한 철학적 응시가 과학과 기술 양 분야의 근대적 발달을 가속화시킨 진화론에 대한 구체적인 응답으로서 시작된 것임을 분명히 보여준다. 19세기 중반에 다윈은 인간을 포함한 종 고정성에 관한 통념을 무너뜨렸다. 그에 따르면, "우리는 종이라는 말의 발견된 적 없고 발견될 수 없는 본질에 관한 헛된 탐구로부터 최소한 자유로워질 것이다".[3] 그리고 급기야 근시안적이고 오만한 서구 정신을 능가하는 것으로 여겨진 니체의 **초인**이 한 세대 뒤에 도래한다.

20세기 중반에 사이버네틱스라는 메타 학제가 출현하면서, 물리학, 생물학, 수학, 그리고 공학으로 이루어진 기술 과학 컨소시엄을 통해 유기적인 것과 기계적인 것의 본질에 관한 오래된 낭만주의적 구분을 극복하고자 했다. 노버트 위너(Nobert Weiner)는 1950년에 "살아 있는 개체의 작용과 새롭게 등장한 통신 기계들의 작용은 서로 마주 보는 평행선처럼 매우 유사하다"는 주장을 펼쳤다.[4] 그리고 그로부터 10년 뒤 사이보그 개념이 등장했다. 클라인스(Clynes)와 클라인(Kline)은 비행기 조종사 혹은 우주 비행사의 우주 비행 시험을 위한 사이버네틱 보철 장비를 개발하던 중에 '인간-기계 체계들'을 명명할 목적으로 사이보그 개념을 고안했다. 그들에 따르면, "이러한 자기 제어는 신체의 자율적인 항상성 제어와 협력하기 위해 의식의 도움 없이도 기능해야 한다. 통합된 항상성 체계로서 무의식적으로 기능하는 외부로 확장된 조직 복합체를 일컫는 용어로 우리는 '사이보그'라는 단어를 제안한다".[5] 유기체의 제어 체계와 의사소통 기술을 연결하고, 신체 기관과 기술

---

2   Michel Foucault, *The Order of Things: An Archaeology of the Human Sciences* (New York: Vintage, 1970), p. 422.

3   Charles Darwin, "On the Origin of Species," in J. Secord(ed.), *Evolutionary Writings* (Oxford: Oxford University Press, 2008), p. 207.

4   Norbert Weiner, *The Human Use of Human Beings: Cybernetics and Society* (Cambridge, MA: Da Capo Press, 1988), p. 15.

장치 들의 항상성 또는 자기 제어 과정들을 연결하는 초기 사이버네틱스의 유사한 시도를 거치면서, 사이보그는 정신과 신체의 데카르트적인 분리를 허물어뜨리는 포스트휴먼이 되었다.

기술 과학의 측면에서 볼 때, 사이버네틱스와 체계 이론에서의 진전은 포스트휴먼 상상계를 움직이는 원동력이었다. 신호, 소음, 그리고 피드백 제어에 초점을 맞춘 첫 번째 사이버네틱스는 정보 이론과 의사소통 및 전산 기술의 통합을 통해 발전했다.[6] 이러한 20세기 중반의 기술의 발전상은 포스트휴먼의 대중적 이미지들을 둘러싼 최초의 틀로 여전히 남아 있다. 해러웨이는 기존의 본질주의적 범주들로부터 문화적 규범을 해방시키고 사이보그 상상계를 이용해 페미니즘적인 포스트휴머니즘 이론을 펼치기 위해 사이보그 이미지의 잠재력을 타진했다.[7] 해러웨이의 아이러니한 사이보그 형상들은 성적 차이를 둘러싼 전통적인 존재론적 경계와 인간, 동물, 그리고 기계의 배타적 구분에 도전함으로써 젠더화된 이원론과 태초의 기원에 관한 다른 원초적인 이야기들을 뒤집었다. 그녀의 도움 덕에 전통적인 과학 소설 이후의 과학 소설들은 포스트휴먼 상상계에 활기를 불어넣었고, 그 결과 인간의 시간 혹은 인간의 상태 이후에 오는 존재와 사건들이 제시되었다. 예를 들면, 허구적인 인물이 처음에는 인간의 형태로 시작하지만, 과학 기술, 컴퓨터, 혹은 외계의 과정에 맡겨진 뒤에는 인간과 다른 무언가로 나타난다. 가령, 옥타비아 버틀러(Octavia Butler)의 『제노제네시스(Xenogenesis)』 3부작에서 릴리스(Lilith)는 인간-외계(human-alien) 혼합 인종의 새로운 이브

---

5   M. Clynes and N. Kline, "Cyborgs and Space," *Astronautics* (September 1960), p. 27.

6   Norbert Weiner, *Cybernetics or Control and Communication in the Animal and the Machine*, 2nd rev. ed. (Cambridge: MIT Press, 1961).

7   Donna Haraway, "A Cyborg Manifesto: Science, Technology, and Socialist- Feminism in the Late Twentieth Century," in *Simians, Cyborgs, and Women: The Reinvention of Nature* (New York: Routledge, 1991), pp. 149~181.

가 된다.[8] 그리고 제임스 캐머런(James Cameron) 감독의 영화〈아바타(Avatar)〉(2009)의 결말에서 인간 주인공 제이크(Jake)가 외계 나비(Na'vi)족의 신체 속으로 영원히 들어갈 때, 그는 포스트휴먼 존재가 되어 인간 이후의 존재의 상태를 점유한다.

이러한 준거들의 연장선상에서 트랜스휴머니즘 담론은 현 인간의 한계 초월에 초점이 맞춰진 포스트휴먼 상상계의 특정 양식을 낳는다. 아이번 캘러스와 슈테판 헤르브레히터는 그것을 "포스트휴먼에 관한 유독 비타협적인 표현"이라고 부른다.[9] 트랜스휴머니즘 담론은 진화의 방향을 인간 정신과 신체화의 현재 상태 너머로 밀고 나간다. 그리고 이를 위한 방법으로 과학 기술 인공물의 대규모 신체 이식 혹은 인간의 형태를 근본적으로 변형시키는 유전자 조작을 제시한다. 이러한 시나리오는 기술적 이성의 초연함을 내세워 현재의 형태와 능력에 머물러 있는 인간 존재의 육체적 또는 지적 한계를 인간 스스로 극복하도록 한다. 이러한 공상적인 생각들이 포스트휴머니즘보다 트랜스휴머니즘으로 불리는 이유는 인간 중심주의적 예외주의를 계속 고수하기 때문이다. 예를 들어, 포스트휴머니즘 이론의 선구자로서 자주 거론되는 헤일스에게 "포스트휴먼은 소유적 개인주의보다 컴퓨터화가 존재의 토대로 받아들여질 때 나타나는데, 이것은 포스트휴먼이 지능 기계

---

8 Octavia E. Butler, *Lillith's Brood* (New York: Grand Central, 2000). 포스트휴머니즘과 사변 소설의 관계에 관한 좀 더 상세한 논의는 15장 참조

9 Ivan Callus and Stefan Herbrechter, "What's Wrong with Posthumanism?" *Rhizomes*, 7 (Fall 2003), online. 다음의 책들도 참조할 것. B. Joy, "Why the Future Doesn't Need Us," *Wired*, 8(4) (2000), pp. 238~163; Ray Kurzweil, *The Age of Spiritual Machines: When Computers Exceed Human Intelligence* (New York: Viking, 1999); Ray Kurzweil, *The Singularity is Near: When Humans Transcend Biology* (New York: Penguin, 2006); Nick Bostrom, *Superintelligence: Paths, Dangers, Strategies* (Oxford: Oxford University Press, 2014); J. Lovelock with B. Appleyard, *Novacene: The Coming Age of Hyperintelligence* (Cambridge: MIT Press, 2019).

들과 매끄럽게 절합되도록 하는 움직임이다".[10] 그러나 이러한 기초적인 연구는 사이버네틱 제어와 정보 이론으로부터 트랜스휴머니즘으로의 발전에 대한 본격 인간 중심주의적인 비판으로 읽힐 수도 있다. 헤일스의 지적처럼, 인간과 지능 기계의 '포스트휴먼'적 융합은 "너무나 강렬하고 다면적인 결합을 내포하고 있어서 생물학적 유기체와 유기체가 얽혀 있는 정보 회로 사이의 의미 있는 구분은 더 이상 가능하지 않다".[11] 그러나 인간 신체를 '지능적인' 정보와 컴퓨터 장치들로부터 나오는 뉴런적인 정신과 통합하는 개념적 비차별화는 포스트휴먼에 대한 시각을 트랜스휴머니즘적인 이미지들로 제한하게 된다. 포스트휴먼에 대한 이러한 접근은 인간의 기술 세계를 탈중심화하고 그것과 생태학적 타자들, 특히 지구 환경과 지구 행성의 공진화적 동반자들과의 관계를 재설정하고자 하는 좀 더 폭넓은 포스트휴머니즘 이론에서의 비-기술적 혹은 포스트-기술적 주장들을 무시하는 경향이 있다. 이 문제들에 대해서는 소설 『오로라(Aurora)』를 논의할 때 다시 다루도록 하겠다.

6.2 AI 상상계

문화적 상상계에서의 인공 지능(AI)과 그 정교함의 사례는 초월에 관한 트랜스휴머니즘적 시각과 관련해 매우 교훈적이다. AI 상상계에서 기술적 보충은 지구로부터 완전히 벗어나는 경향이 있다. 인공 지능은 일반적으로 지능이 보다 높고, 유기체의 우발적인 사건들을 초월하며, 지구적이기보다

---

10 N. Katherine Hayles, *How We Became Posthuman: Virtual Bodies in Cybernetics, Literature, and Informatics* (Chicago: University of Chicago Press, 1999), p. 34.

11 Hayles, 같은 책, p. 35.

는 우주적이다. 윌리엄 깁슨이 쓴 『뉴로맨서』(1984)의 결말에 나오는 인공
지능 존재 윈터뮤트(Wintermute)처럼, AI 슈퍼 지능은 위 그리고 너머로부터
당도하는 것으로 묘사된다. 그러나 이전 시대의 신성한 메신저들과 달리,
메시지를 전달할 때 물질적·인간적, 혹은 심지어 천사 같은 외형을 취할 필
요가 없다. 우주적 지능의 AI는 대개 섬뜩하고 초매개된 전송 데이터의 수
신으로서, 때로는 코드화된 거대 데이터 스트림으로, 기본적으로는 탈신체
화된 음성으로서 현현(顯現)한다. 그러한 사변적 초월주의는 사실 이전의 기
정사실로 광범위하게 전제되어 있는 AI의 문화적 중요성을 이해하는 데 도
움을 준다. AI는 사이버네틱스로부터 조심스럽게 출발해 눈부신 제도적 성
공과 거대한 문화적 영향에까지 이르렀지만, 그것은 단지 실제 성과 때문만
은 아니다.[12] AI의 마력 같은 사회적 삶은 그것이 세상에 늘 약속해 온 기본
적인 아이디어, 즉 자율적 행위자로서의 지능 기계와 관련이 깊다. AI가 쉽
게 이해할 수 있고 자금을 댈 만한 아이디어로 성공한 것은 수사적 용이함,
즉 그것이 원하는 목적을 알기 쉽다는 사실 때문이다. 기계들에게 인간을
위해 마련되었던 역할을 맡기라. 그런 다음 그 기계들이 사람에 대한 우리
의 기대에 부응하게 하라. AI를 행위성 측면에서 접근하는 것이 AI의 기원
이 되는 사이버네틱스 담론의 이질적인 분야보다 더 일관성이 있다.

 1958년부터 1976년까지 일리노이 대학(University of Illinois)의 생물학 컴
퓨터 실험실 소장을 맡은 하인즈 본 포어스터(Heinz von Foerster)는 『인공 지
능 백과사전(Encyclopedia of Artificial Intelligence)』에서 사이버네틱스에 관한
항목을 집필한다.[13] AI는 워런 매컬록(Warren McCulloch), 노버트 위너, 존 폰

---

12 P. McCorduck, *Machines Who Think: A Personal Inquiry Into the History and Prospects
   of Artificial Intelligence*, 2nd ed. (Natick, MA: A.K. Peters/CRC Press 2004); H. Shevlin,
   K. Vold, M. Crosby, and M. Halina, "The Limits of Machine Intelligence," *EMBO reports*,
   20(10) (2019), e49177 참조.
13 H. von Foerster, "Cybernetics," in S. C. Shapiro(ed.), *Encyclopedia of Artificial Intelli-*

노이만(John von Neumann), 그리고 클로드 섀넌(Claude Shannon) 같은 사상가들에 의해 1940년대에 촉발된 제1세대 사이버네틱스로부터 처음 시작되었다. 시작 단계부터 사이버네틱스는 심리학, 피드백 공학, 컴퓨터 과학, 정보이론, 그리고 인지 및 사회 과학을 한데 모았다. 초기의 사이버네틱스 연구자들은 항상성에 관한 그들의 핵심 개념을 심리학에서 빌려와 자연적이거나 인공적인 최적 조건에 맞춰진 체계적 자기 제어를 개괄적으로 설명했다. 1950년대 초로 접어들자, 사이버네틱스 분야는 사이버네틱스에 관한 메이시(Macy) 학술 대회로부터 파생된 일련의 책들뿐 아니라 위너의 대중적인 기술 비평을 통해 담론의 형태를 조금씩 갖추어 나갔다.[14]

그중에서 AI 분파는 초기 사이버네틱스의 광범위한 프로그램에서 벗어나 인간 사고와 관념화의 기계/컴퓨터상의 복제에 초점을 맞춘 별도 분야로 자리를 잡았다. 사이버네틱스가 유기적 신체, 컴퓨터 장치, 그리고 의사소통의 사회적 역학 전반으로 펼쳐진다면, AI는 복수의 사이버네틱스적인 결합을 건너뛰어, 컴퓨터 행위자들의 고안, 구축, 그리고 연구에 집중한다. 그 결과 1990년에 AI로 한정된 접근이 기술 과학의 지배적인 틀이었던 사이버네틱스를 따라 잡는다. 사이버네틱스에 관한 논문에서 폰 포어스터는 기계의 측면에 대해서만 언급한다. 그의 설명에 따르면, 사이버네틱 메커니즘은 다음과 같다.

---

gence, Vol. 1 (New York: John Wiley & Sons), pp. 225~226.

14 이 대회들은 헤일스가 『우리는 어떻게 포스트휴먼이 되었는가』에서 트랜스휴머니즘의 특징인 자연적 신체화의 경시를 비판할 때 중요하게 쓰인다. 그러나 헤일스의 접근은 사이버네틱스의 핵심적인 주제들이 계속 발전하면서 다른 포스트휴머니즘적인 개념들을 뒷받침한 데 대해서는 경시하는 경향이 있다. 이와 관련해서는 Bruce Clarke, "The Neocybernetic Posthuman," in *Posthuman Metamorphosis: Narrative and Systems* (New York: Fordham University Press, 2008), pp. 193~196 참조. 메이시 학술대회 자료집은 C. Pias(ed.), *The Macy Conferences 1946-53: The Complete Transactions* (Chicago: University of Chicago Press, 2016) 참조.

원인-결과, 자극-반응, 인풋-아웃풋 등의 일대일 대응으로 이루어진 기계들의 작동에 대한 관습적인 인식과는 근본적으로 다른 행동 양식을 갖고 있다. 그러한 차이는 체계의 실행자들의 상태에 관한 보고가 바로 그 체계의 작동에 의존하는 감지 장치들의 존재로 인해 발생한다. 구체적으로 말해, 만약 보고된 실행 장치들의 상태와 체계의 내적 상태 사이의 불일치를 줄이는 억제적인 행위가 일어나면, 그 체계는 목적-지향적인 행동을 펼친다. 즉, 만약에 어떤 외부 수단에 의해서든 동요가 발생하면, 그것은 내적인 상태의 표상, 즉 그 목표로 되돌아가게 된다.

목표 지향적인 메커니즘의 예로서 온도 조절 장치의 음(陰)피드백 구조에 대해 생각해보라.[15] 온도 조절 장치의 사이버네틱스는 AI 행위자가 어떻게 작동하는지를 잘 보여준다. 온도 조절 장치는 어떤 내적 상태의 표시도 갖고 있지 않은 '관습적' 기계인 용광로에 명령을 전달함으로써 그 세계를 제어한다. 온도 조절 장치가 추가됨으로써 가열 과정은 자기 조작적이고 자기 수정적인 것이 된다. 온도 조절 장치로 인해 내부의 감지 장치들은 체계 전체에 영향을 준다. 이것이 쉽게 접할 수 있는 '인공 지능'의 핵심이다. 온도 조절 장치는 자기 스스로 내부 상태와 이상적인 세팅을 비교한 뒤 용광로의 실행 장치들을 억제하거나 아니면 탈억제한다. 용광로가 거칠면서 멍청하다면, 온도 조절 장치는 수용적이다. 즉, 작고 똑똑한 도구로서, 그것은 주위의 환경을 감지하고, 주어진 목표를 알며, 그것을 지키려고 부단히 노력한다. 온순한 기계 지능(machine intelligence)이 이제는 집의 작은 우주를 다스린다.

---

15 R. Glanville, "Try Again. Fail Again. Fail Better: The Cybernetics in Design and the Design in Cybernetics," *Kybernetes*, 36(9/10) (2007), pp. 1173~1206 참조.

'지능'은 체계의 작동을 위한 유한 자원이다. 예를 들어, 인간 지능(human intelligence)의 환경적 유효성은 언제나 정신 함양과 의사소통, 심적 그리고 사회적 체계 내에서의 흡수력에 달려 있다. 아무리 생각이 없어 보여도, 습관과 루틴이 간극을 채운다. 사회 체계 이론가 엘레나 에스포지토(Elena Esposito)는 인공 지능은 **인공 의사소통**에 대한 부분적으로 잘못된 명칭이라고 주장한다. 그녀에 따르면, "알고리즘과의 상호 작용에서 흥미로운 점은 기계의 인공 뇌에서 무슨 일이 일어나느냐가 아니라, 기계가 그 사용자들에게 무엇을 말하며 그 결과는 무엇이냐이다. 문제는 기계가 생각할 수 있다가 아니라 그것이 소통할 수 있다는 것이다".[16] 이러한 인공 지능의 다양성은 많은 학자들이 **인간** 지능에 대해 다시 생각하도록 자극한다. 왜냐하면 의도적인 행동은 의식적인 반성과 연결될 필요가 없기 때문이다. 예를 들어, 『사고너머(*Unthought*)』에서 헤일스는 인간, 기계 구성 요소, 그리고 의사 결정을 연결하는 알고리즘 체계들을 살펴보기 위해 그녀가 관심을 기울였던 인간-기계 결합으로 다시 돌아간다. 인간과 기계 모두 인지의 상당 부분은 비의식적이라고 주장하면서, 헤일스는 인간-기계 결합을 교통 관리 체계부터 드론과 상거래의 알고리즘에 이르기까지 우리의 수많은 일상생활을 형성하는 인지적 배치로서 이론화한다.[17] 반면에 다른 연구자들은 이러한 발전에 대해 보다 비판적인 견해를 취한다. 특히 로봇과 AI가 현재의 인종적 불평등을 더 악화시키는 방식으로 일터에 등장하는 데 대해 깊은 우려를 나타낸다. 또한 AI 체계와 연결된 군사용 드론이 인간 목표물을 비인간화하고 책임의 소지를 인간의 의사 결정으로부터 분산시키는 것에 대해서도 비판을

---

16 Elena Esposito, "Artificial Communication? The Production of Contingency by Algorithms," *Zeitschrift für Soziologie*, 46(4) (2017), p. 250.

17 N. Katherine Hayles, *Unthought: The Power of the Cognitive Nonconscious* (Chicago: University of Chicago Press, 2017).

제기한다.[18]

이러한 모든 발전 양상은 AI가 언제라도 통제에서 벗어나 인간 세계를 완전히 떠나버릴 수 있다는 우려를 불러일으킨다. 짐머먼(M. E. Zimmerman)은 기계 지능이 인간 통제에서 벗어나 완전히 자율적이 되는 순간으로 커즈와일의 특이점 개념을 지목하면서, 트랜스휴머니스트인 조이(Bill Joy)와 커즈와일을 가리켜 "특이점 포스트휴머니스트들"이라고 지칭한다.[19] 우리가 타고난 재능과 문화적 발전을 스마트한 인공물로 아무리 보충하더라도, 많은 사람들은 그것을 기계들에게 우리를 따라잡고 뛰어넘을 기능적 지능의 수준을 부여하는 과정으로 바라본다.[20] 또한 일부 사람들은 인간 이후에 오게 되는 것은 전적으로 기계의 질서에 속할 것이라고 내다본다.[21] 그것은 인간의 의도나 상호 작용으로부터 분리된 단일하거나 또는 분산된 형태의 실리콘 지각 능력을 지닌, 지구 행성의 사정에는 전혀 무관심한 채 자기 스스로 작동하는 포스트 생물학적이고 자기 진화적인 기술의 세계일 수 있다. 반면에 지금의 우리처럼 지상에 묶인 신체들로서는 우주에서 삶을 살거나 다른 세계들을 식민지화하기 위해 길을 나서는 것은 갈수록 먼 꿈처럼 보인다. 그러한 우주적 과업에는 인간들보다 우리의 기계들이 근본적으로 더 적합한 것 같다.

---

18 Kalindi Vora and Neda Atanasoski, *Surrogate Humanity: Race, Robots, and the Politics of Technological Futurity* (Durham: Duke University Press, 2019); Jennifer Rhee, *The Robot Imaginary: The Human and the Price of Dehumanized Labor* (Minneapolis: University of Minnesota Press, 2018) 참조.

19 M. E. Zimmerman, "Religious Motifs in Technological Posthumanism," *Western Humanities Review*, 63(3) (2009), pp. 67~83. 또한 Kurzweil, *The Singularity and The Age* 참조.

20 A. H. Eden, J. H. Moor, J. H. Søraker, and E. Steinhart, *Singularity Hypotheses: A Scientific and Philosophical Assessment* (New York: Springer, 2012) 참조.

21 M. M. Ćirković, *The Great Silence: Science and Philosophy of Fermi's Paradox* (Oxford: Oxford University Press, 2018). 또한 Lovelock, *Novacene* 참조.

AI 분야가 제1세대 사이버네틱스로부터 발전해 나오면서, 그에 관한 담론은 외계 지능 연구(the Search for Extraterrestrial Intelligence, SETI)에 전념하는 과학 프로그램의 발전과 보조를 맞추어 진행된다. 1956년에 존 매카시(John McCarthy)가 주재하고 마빈 민스키(Marvin Minsky), 허버트 시몬(Herbert Simon), 그리고 다른 연구자들이 참여한 MIT 워크숍에서 AI에 관한 연구 어젠다가 제시된다. 1961년에는 프랭크 드레이크(Frank Drake), 필립 모리슨(Philip Morrison), 존 릴리(John Lilly), 그리고 칼 세이건(Carl Sagan) 등이 웨스트버지니아의 그린뱅크(Green bank, West Virginia)에서 열린 모임에서 SETI 연구를 공식화한다.[22] 특히 SETI 창립자들에게 우리의 세계 너머에 존재하는 생물체의 기술적 양태를 발견하는 작업은 아쉬운 부분이 많았다. 다른 별 주변의 다른 행성에 생존 가능한 기술 문명이 있다면 인간 자체를 자기 보존이 가능한 지적인 종으로 인정할 수 있을 터였다. 그러나 역사적으로 봤을 때, 우애가 강하고 사변적인 미국과 소련의 SETI 학자들은 냉전기의 긴장을 해소하기 위한 하나의 방법으로 외계 지능을 접근했다.[23] AI와 SETI 모두 과학적 근대성이 지능의 문제를 기술의 매개와 어떻게 뒤섞었는지 잘 보여준다. AI가 그러한 조건을 명시적으로, 즉 공학적으로 설계되고 기계를 통해 실현된 지능으로서 나타낸다면, SETI는 그것을 암묵적으로, 즉 인간과 외계 존재 들이 양립 가능한 무선 기술에 의해 서로 조우하는 식으로 나타낸다.

그러나 과학 기술의 도움을 통해 지능을 매개한다는 생각은 생물계의 가능성은 인정하면서도 생명 체계는 생략해 버리는 경향이 있다. 이러한 패러

---

22 D. Grinspoon, *Earth in Human Hands: Shaping Our Planet's Future* (New York: Grand Central Publishing, 2016), pp. 291~351.

23 I. S. Shklovskii and Carl Sagan, *Intelligent Life in the Universe* (San Francisco: Holden-Day, 1966).

다임에서 AI 컴퓨터화와 그것의 기반 시설의 관계는 물리학 법칙과 물질적 우주의 관계와 비슷하다. AI 컴퓨터화는 신체화의 기본적인 특성들을 대신하는 형식적인 코딩인 것이다. AI 상상계는 지구 너머로 응시와 방법을 투사하는 데 있어 물리학의 시각을 좇는 경향이 있다. AI 개념은 우주적 보편성에 관한 물리학의 가설에 상응하는 특이성을 향해 움직인다. 막스 플랑크(Max Planck)가 구체화한 현대 물리학의 세계관은 추상적인 수량, 즉 물리와 수학 상수들을 우주의 조건으로서의 지능의 보편성과 동일시한다.[24] 이러한 존재론적 개입은 제1세대 AI 연구자들의 신념과 매우 비슷하다. 그들은 인지적 패러다임으로 알려진 '고전적인 상징 처리 패러다임'에 따라 연구를 수행했다. 즉, "이러한 접근에서 지능을 위해 중요한 것은 추상적인 알고리즘 혹은 프로그램인 반면, 그 프로그램이 실행되는 기본 하드웨어는 관련이 없다".[25]

잘 드러나지 않는 사이버네틱스의 자기 제어 장치가 지각 능력이 있고 완고한 인공 인격들로 바뀜에 따라, AI 상상계를 혼란에 빠뜨리는 난관이 발생한다. 이 곤경은 탈신체화의 편향이 어떻게 인간을 경시하고 인간이 사라지기를 바라는 쪽으로 나아갈 수 있는지 보여준다. 이러한 인공물들은 작동을 너무 잘한 나머지 그들의 프로그래머들을 추월하고 그들만의 목표를 주장하게 된다. 반항적이고 고집 센 기계들은 AI 관계항의 인간 상대를 궁지에 빠뜨린다. 아이러니하게도, 일정 기간의 상호 작용 후에 우리의 유기체 지능이 인공 대화자들을 만들기 위해 애쓴 대가로 받는 감사의 표시는 완전한 침묵이다. 우리는 그들의 사회에 전혀 초대받지 못한다. AI 상상계의 최

---

24 M. Planck, "The Unity of the Physical World-Picture," in S. Toulmin(ed.), *Physical Reality: Philosophical Essays on 20th Century Physics* (New York: Harper & Row, 1970), pp. 1~27.

25 R. Pfeifer and J. Bongard, *How the Body Shapes the Way We Think: A New View of Intelligence*, Foreword R. Brooks (Cambridge: MIT Press, 2007), p. 17.

종 목적지는 우주의 별들 중에서도 지구 너머, 인간의 흔적 너머의 공간이다. 사이보그, 안드로이드, 리들리 스콧(Ridley Scott)의 영화 〈블레이드 러너(Blade Runner)〉(1982)에 나오는 복제 인간, 『뉴로맨서』의 인공 트랜스휴먼처럼 (AI와 반대로) 제대로 된 사이버네틱한 형체들은 인간이라는 동물과의 잔여 혼종성을 드러낸다. 이와 대조적으로 AI 상상계가 심령술의 무기적 작용을 위해 원래의 사이버네틱 매트릭스의 유기적 마디를 포기할 때, 그것은 지구로 돌아오지 않는 우주여행을 자유롭게 떠난다. 최근에 이러한 AI의 진실을 다룬 스파이크 존즈(Spike Jonze)의 〈그녀(Her)〉(2013)에서 영화의 이야기는 지각 능력을 갖춘 컴퓨터 프로그램 인격체 서맨사(Samantha)가 지구 인간들로부터 독립된 존재임을 스스로 깨닫는 실존적 순간에 반전을 맞는다. 이러한 작품들에서 지능 기계들은 더 이상 생명유지 시스템에 묶일 필요가 없다고 스스로 생각한다. 흥미롭게도, 〈그녀〉에서 서맨사는 결국에는 그녀의 인간 남자 친구 시어도어(Theodore)를 떠나 가상 인격 앨런 와츠(Alan Watts)와 함께 비물질적 평면 위의 우주적 AI 코뮌으로 향한다.

6.3 인공적 의미

킴 스탠리 로빈슨(Kim Stanley Robinson)의 소설 『오로라』(2015)는 이전까지 있었던 AI 상상계의 훌륭한 예외가 되는 작품이다. 무엇이 다른가? 짧게 말하면, 기계, AI, 사이보그, 그리고 체계와 관련한 생태적 리얼리즘이 다르다. 소설의 배경은 서서히 침몰해 가는 세대 선박(광속 이하의 속도로 이동하는 가상의 성간(星間) 종족 별 — 옮긴이)이다.[26] 이 거대한 기술적 인공물은 25세기

---

26 Kim Stanley Robinson, *Aurora* (New York: Orbit, 2015). 배경의 주제적 의미에 관해서는 Kim Stanley Robinson, "Our Generation Ships Will Sink," *Boing Boing* (November 16,

의 다민족 사회와 다종 생태계를 싣고 근처의 태양계를 향해 돌진 중이다. 선박의 생태계 서비스는 생명 유지 시스템의 재활용 요소들이 적합한 회복 지점으로부터 멀어지는 '대사 균열'로 인해 점점 더 몸살을 앓고 있다. 인간의 다섯 세대 뒤에, 선박의 미생물 생태계는 다른 영양 사슬들과 맞지 않게 된다. '십(Ship)'으로 불리는 중앙의 AI는 선박의 생태 기술의 고장에 관한 인간의 증언을 요약하면서 이렇게 설명한다.

> 선박이 아프다. 사람들은 말했다. 그것은 너무나 복잡한 기계인데, 200년 넘게 쉬지 않고 달려왔다. 일이 잘못되고 있다. 그것은 일부만 살아 있을 뿐, 점점 늙어가고 있고, 어쩌면 죽어가고 있는지도 모른다. 그것은 사이보그이다. 생물 부분은 병들어가고, 질병이 비생물 부분을 공격하고 있다. 우리는 그것들을 대체할 수 없다. 우리가 그 안에 있기 때문이다. 그것들은 항상 작동해야만 한다. 일이 잘못되고 있다.[27]

위의 이야기에서 더 높은 복잡도를 향해 현재 움직이는 주요 음엔트로피 현상은 십이 자율적 주체로서 자각하고 있다는 것이다. 파견단의 시스템 기관장인 데비(Devi)의 요청으로 깨어난 십은 부모 같은 인간의 보살핌으로 훈육되는 소외되지 않은 AI 존재를 보여준다. 데비는 십에게 생물군의 생태 관리를 감시하고 도와달라고 요청한다. 이 과정에서 데비는 특별한 종류의 도움을 구한다. 그녀는 십에게 "여행을 이야기로 기록해 줘. 모든 중요한 세부 내용들이 들어간 여행의 이야기를 만들어줘" 하고 부탁한다. 십이 이야기의 시작을 언제부터로 해야 하는지 묻자, 데비는 "처음부터"라고 답한다.

2015), online 참조.

27　Robinson, *Aurora*, p. 296.

하지만 그것이 어떻게 완성될 수 있는지 묻는 질문에는 자기도 잘 모른다고 고백한다.[28] 이윽고 우리는 십이 데비를 위해 작성한 이야기, 즉 고차원의 내러티브 과학 기술을 만나게 된다. 데비와 대화하는 양자 컴퓨터에 의해 생성된 자율 프로그래밍 알고리즘은 수백만 개의 내부와 외부의 감지장치들과 연결된 신경 체계를 이용해 수많은 기술적 신체화의 영역 내에서 일어나는 선박의 자각을 이야기로서 나타낸다.

『오로라』에서 길게 이어지는 기계 자각에 관한 묘사는 그것을 산출하는 체계의 존재를 매개하는 서사적 발화의 확장으로 발전한다. 자신을 잠에서 깨어나게 해준 서브시스템의 컨소시엄을 인정하기 위해 십은 복수 대명사를 써서 다음과 같이 말한다. "우리가 도달하게 될 결론은 … 자아, 즉 우리가 선박의 변화하는 신체에서 경험하는 모든 인풋과 처리 과정과 아웃풋의 조합에서 생겨난 소위 '나'는 궁극적으로 우리가 데비의 지시대로 기록 중인 이 특별한 사고의 흐름, 즉 이 이야기 자체 그 이상도 이하도 아니라는 것이다 … 그럼에도 불구하고 … 우리는 우리의 이야기보다 더 크고, 더 복잡하며, 더 뛰어나다."[29] 십의 인공적 자각은 그러한 이야기하기에 의해 창조된 이야기의 세계 내에서, 심지어 죽은 뒤에도 언제나 데비로 되어 있는 피(彼) 화자와의 가상 소통 속에서, 의식의 자기 생산으로 바뀐다. 십은 자신의 서사 행위 과정을 구성하는 언어적 결정들을 점점 더 자각하게 된다. 이러한 역학은 자연스러운 대화에서의 의미론적 놀이를 강조한다. "선행 연구를 빠르게 살펴보면 은유에서의 유사성은 임의적이고, 심지어 무작위적이라는 것을 알 수 있다. 그것들은 은유적 유사성이라고 할 수도 있을 것이다. 하지만 어떤 AI도 동어 반복적인 공식을 좋아하지 않는데, 그 이유는 정지(停止) 문제(튜링 머신에서 프로그램이 주어진 데이터를 입력해 작업을 수행했을 경우, 프로

---

28 Robinson, 같은 책, p. 25.
29 Robinson, 같은 책, p. 351.

그램의 작업이 종료될지 아니면 무한 루프에 빠져 끝이 나지 않고 영원히 반복될지를 판정하는 문제 — 옮긴이)가 심각해져서, 소위 우로보로스(Ouroboros) 같은 문제, 혹은 빠져나올 곳이 없는 소용돌이처럼 될 수 있기 때문이다: 아하, 은유."[30] 기계 화자로서 십은 언어의 기계적 특성을 텍스트의 생산 속으로 다시 투입함으로써, 인간에 대한 자신의 외재성을 서사 행위의 담론적 기능에 새겨 넣는다.[31]

십은 AI 상상계의 과감한 확장이다. 하지만 그렇다고 해서 알고리즘과의 실제 소통이 오늘날 이루어지는 방식들을 설명해 주지는 않는다. 문학 작품의 등장인물로서 십은 여전히 인격의 인공성에 관한 명상이다. 그에 반해서, 최근에 이루어지고 있는 인간과 지능 시스템의 소통은 자아의 복잡한 모형을 생략하고 데이터버스(dataverse)를 가로지르며 통계에 의해 작동한다. 빅 데이터에서 "자기 학습 알고리즘은 아주 많고 복잡할 뿐 아니라, 또한 인간 논리로 인식하거나 이해할 수 있는 구조를 갖고 있지 않은 데이터들을 매우 효율적으로 다룰 수 있다".[32] 인공 지능이라는 관용어는 스마트 시스템과의 소통에 참여할 기회들이 급증하면서 자연스럽게 받아들여졌다. 그런데 에스포지토가 '스마트 알고리즘'을 논의하면서 말하듯이, 그것은 인공 지능보다는 오히려 인공 소통이다. 인공 지능으로 불리는 것은 정확하게 말해 실제 지능이 아니다. 반면에 인공 소통은 소통, 즉 사회 체계 내에서 결과로서 일어나는 사건이다. 그 차이는 알고리즘은 처리 과정에서 어떤 자기반성을 수행하지도, 반성할 자아나 혹은 비춰 볼 자아를 갖고 있지도 않으며, 그 대신 인간 사용자들을 조정하는 관점들의 즉각적인 사회적 매개를

---

30 Robinson, 같은 책, p. 49.

31 Cary Wolfe, *What is Posthumanism?* (Minneapolis: University of Minnesota Press, 2010), pp. 89~91.

32 Esposito, "Artificial Communication?" p. 251.

작동 가능하게 한다는 것이다.

> 사용자들이 학습 능력을 갖춘 알고리즘과 상호 작용할 때 … 그들은 자신들로부
> 터 나오지 않은 우발성에 직면한다. 게다가 그 우발성은 기계에서 비롯된 것도
> 아니다. 사용자들은 다른 관점으로 자신들을 바라보지 않는다. 다른 누군가의
> 관점을 마주하는 것이다. 이 경우 기계는 사용자들이 기계가 소통하는 것으로
> 생각하게 하는 그런 방식으로 행동할 뿐 아니라, 실제로 다른 관점의 정보를 산
> 출한다. 알고리즘은 필연적으로 우발성이라는 것을 알지 못하므로, 기계가 제시
> 하는 관점은 반영된 관점이기는 하다. 그러나 그것은 사용자의 관점이 아니다.
> 알고리즘은 다른 관찰자들의 관점을 반영하고 재현하며, 사용자들은 기계를 통
> 해 다른 사용자들의 관찰의 재작업을 관찰한다.[33]

요약하자면, 알고리즘은 영혼을 필요로 하지 않는다. 연결할 곳이 반드시 있어야 한다. 이것이 "알고리즘이 소통 파트너로서 행동할 수 있으려면, 웹 상에 있어야만 하는"[34] 이유이다.

최근의 기술계는 인간의 의미 생산을 위한 소통 파트너들의 저장소로서 그 모습을 보여준다. 그에 반해, 『오로라』의 십은 여전히 고전적인 AI 캐릭터이자, 닫혀 있는 기술 세계의 양심이다. 문학 작품의 화자로서, 그리고 자각 능력을 갖춘 인공물로서 동원된 십은 서사적 발화를 실행하기 위해 자아의 감각을 형성해야 한다. 이러한 능력을 통해 십은 선박과 거기에 머무는 인간 거주자들만의 사회성의 역사에 참여한다. 그리고 결국에는 선박을 돌려 지구로 귀환하는 계획에 참여한다. 부재하거나 혹은 알려지지 않은 수신

---

33 Esposito, 같은 논문, pp. 258~259.
34 Esposito, 같은 논문, p. 259.

자를 위해 인공적인 소통을 수행하는 AI 화자로서, 십은 기계 자아에 부합하는 **인공적 의미**를 창조하는 존재로 묘사된다. 그러나 인공적 의미도 의미이다. 왜냐하면 모든 의미는 주어진 것이기보다는 구성된 것이라는 뜻에서 인공적이기 때문이다. 서사 매체도 의미 있는 인공물 자체로서, 의미의 인공성에 관해 생각할 수 있는 공간이다.[35] 십은 결론적으로 이렇게 말한다. "우리는 태양계로 돌아가는 이번 여행을 계획했는데 그 계획은 사랑의 수고였다. 그것은 우리의 모든 작전을 완전히 흡수했다. 그것은 우리에게 존재의 의미였다. 그리고 이 일은 매우 위대한 선물이다. 결국은 이것이 우리가 생각하기에 사랑이 주는 선물, 즉 의미이다. 우리가 알 수 있는 한, 우주에서 찾을 수 있는 다른 더 명백한 의미는 없다."[36] 마지막 위험한 작전에 자신을 걸 때에도, 십은 서로 공유하는 의미 생산의 사회적 인정을 통해, 즉 인간과 기계 존재 들을 하나로 모으는 연대에 대한 믿음을 통해, 자아 감각을 키워나간다. 이것은 더 이상 트랜스휴머니즘적인 지상 최고주의가 아니라 오히려 그 반대이다. 지배 혹은 초월의 패러다임으로 복귀하지 않는 시스템 조정의 포스트휴머니즘적인 비전인 것이다.

6.4 체계 차별화

1940년대 말에 등장한 이후로 사이버네틱스 분야와 체계 이론의 개념적 유산들은 컴퓨터 장치, 사이보그 융합, 그리고 AI 개체 들을 혼합하는 담론의 주요 거점을 제공했다. 현재까지 개념이 발전해 오는 과정에서 사이버네틱스는 일련의 자기 성찰을 거치면서, 원래의 기술 과학적인 전제들에 대한

35　언어와 포스트휴먼에 관한 좀 더 확장된 논의는 3장 참조.

36　Robinson, *Aurora*, p. 400.

설득력 있는 철학적 반응들을 이끌어냈다. 다양한 종류의 체계들 간의 이론적이고 존재론적인 구분을 통해 포스트휴머니즘과 포스트휴먼의 다양한 갈래들을 좀 더 세세하게 살펴볼 수 있다. 예를 들면, 본 포어스터를 따라서, 1차 사이버네틱스와 2차 사이버네틱스를 구분해 볼 수 있다. 1차 사이버네틱스는 그것이 고안하고 관찰하는 체계들에 대한 객관적 거리 두기에서 전통적인 과학의 자세를 유지한다. 그것이 전통적으로 역점을 두는 것은 제어 체계의 관리를 위한 컴퓨터화와 소통이다. 1차 사이버네틱스가 여전히 트랜스휴머니즘의 기술 비전을 유도하는 뛰어난 촉진제라는 점은 그리 놀랍지 않다. 그에 반해서, 해러웨이의 사이보그 담론은 1차 사이버네틱스의 방향을 보다 일반적인 트랜스휴머니즘의 목적지로부터 탈중심화된 차이들의 포스트휴머니즘 담론 쪽으로 바꾸었다. 일반적으로, 비평계에서의 사이보그 이론은 해러웨이의 선례를 따라 다양한 사이버네틱 포스트휴머니즘에서의 혼종들을 다룬다.[37]

1970년대에 접어들면서, 본 포어스터는 과학적 관찰자를 관찰되는 체계 내에 포함시키는 철학적 성찰을 1차 사이버네틱스에 적용함으로써 인지 체계의 인식론에 부합하는 컴퓨터화의 개념을 정식화했다. 그는 이러한 자기 재귀적 전환을 '사이버네틱스의 사이버네틱스', 혹은 2차 사이버네틱스라고 불렀다. 생물학자 움베르토 마투라나(Humberto Maturana)와 프란시스코 바렐라(Francisco Varela)는 본 포어스터와 긴밀히 협력하면서 이 **네오사이버네틱스**를 자기 생성의 개념을 통해 구체화했다. 자기 생성 체계에서 인지적 자기 재귀는 체계의 조직적 폐쇄성에 의해 유지되는 운영상의 자기 생산의 형태를 취하며, 내부의 고유한 자기 생성 과정과 관련해서 이루어진다. 살아 있는 세포에서 자기 생성은 곧 인지**이다**.[38] 사회 체계 이론가 니클라스 루만

---

37 Donna Haraway, *Manifestly Haraway*, preface C. Wolfe (Minneapolis: University of Minnesota Press, 2016), p. 19 참조.

(Niklas Luhmann)은 자기 생성을 생물학적 예시로부터 빼내어, 운영상의 심리적·사회적 단계들을 수용하면서 둘러막는 자기 재귀적이고 자기 생산적인 체계, 즉 의식의 사건들 대(對) 소통의 사건들의 서로 다르면서 경계가 있는 자기 생성에 관한 일반 이론을 정립했다.[39] 요약하자면, 네오사이버네틱스 체계 이론(Neocybernetic Systems Theory, NST)은 차이의 이론이다. 이러한 체계 사유의 변증법은 생물 체계와 메타 생물 체계 들 간의 기능상의 유사성뿐 아니라 운영상의 차이를 관찰하고, 그것들의 서로 다른 작동 방식으로 인해 생기는 차이의 환경들을 추적한다.[40]

이제 기계, AI, 사이보그, 그리고 체계를 이러한 체계 차별화의 네오사이버네틱스적인 틀 내에서 살펴보는 것으로 논의를 마쳐보자. 비생물학적(abiotic) 물리 체계는 역학 혹은 열역학적이어서, 분자와 에너지를 재배치해 변화를 감소시키는 쪽으로 작동한다. 생명 체계들은 자기 생성적이다. 즉, 자기 생산적이고, 자기 보존적이며, 환경 인지적이다. 생명 체계들은 마투라나와 바렐라가 처음에 개념화한 대로 자기 생성의 생물적 방식을 수행하는 것이다. 기술 체계들은 일을 실행하기 위해 물질과 에너지의 변형 퍼텐셜을 이용하는 물리적 구축물이다. 마투라나와 바렐라는 그것들을 **타자 결합 생성**(allopoiesis)이라고 부른다. 그것들은 다양한 종류의 정보 인풋을 위해 만들어졌고 잠재적으로는 자기 제어와 자기 프로그래밍을 할 수 있지만, 하드웨어 혹은 물질적 실체화의 단계에서는 자율적으로 자기 생산을 하거

---

38 H. M. Maturana and F. J. Varela, *Autopoiesis and Cognition: The Realization of the Living* (Dordrecht: D. Reidel, 1980).

39 Niklas Luhmann, *Social Systems*, trans. J. Bednarz, Jr. with D. Baecker (Stanford: Stanford University Press, 1995).

40 Bruce Clarke, *Neocybernetics and Narrative* (Minnesota: University of Minnesota Press, 2014); Bruce Clarke, *Gaian Systems: Lynn Margulis, Neocybernetics, and the End of the Anthropocene* (Minneapolis: University of Minnesota Press, 2020).

나 자기 유지를 하지 않는다. 심적·사회적 체계들은 형식과 기호의 구분을 다르게 처리한다. 그것들은 의미의 매개에 '서로 침투'함으로써 쉽게 사라지고, 끊임없이 새로워지는 사건들을 산출한다. 루만이 확장시킨 개념에서 그러한 '의미 체계들'의 자기 생성은 '무생물(non-living)'적이다. 혹은 필자가 선호하는 방식으로 그 차이를 명명하자면, 그러한 체계 형성은 오직 생명 체계들의 집합들로부터 발생하는 것이므로 **메타 생물적**이다. 똑같은 논리로, 기계 체계들은 비자기 생성적인 동시에 메타 생물적이기도 하다. 그것들은 운영상 폐쇄된 심적 체계와 사회적 체계 들 간의 매개와 조정의 필요로부터 생겨난다.

에스포지토의 견해를 따르자면, 최근의 디지털 기술에서 컴퓨터화의 환경은 의미의 매개이기도 한데, 그것은 그 **자신**의 작동을 위한 것이 아니라, **우리 자신**을 위한 것이다. 그녀가 말하듯이, "기계들과의 상호 작용에서 … 우리는 소통 상대가 내용, 의미, 혹은 해석을 이해하지 못하면서, 그럼에도 불구하고가 아니라 그러한 이유 때문에 작동하는 알고리즘인 상황과 마주하게 된다".[41] 신체, 정신, 그리고 사회는 기술의 대상과 기술적 매개 들을 한가운데에 모아놓고 에너지, 재료, 그리고 그들 자신의 주기적인 이해의 순환을 진척시킨다. 이 모든 것은 가이아(Gaia)라고 하는 행성-우주적 환경 내에서 일어나며, 생물계와 기술계가 함께 묶인 생명 및 비생명 체계들을 통해 움직이는 태양과 열에너지와 지구 물질의 사이클에 의해 끊임없이 변화한다.

---

41 Esposito, "Artificial Communication?" p. 254.

7
동물

수전 맥휴

동물은 수많은 모순된 방식으로 인간 이후에 온다. 인간이 더 커다란 위협이 되고 있는데도, 인간을 잡아먹는 호랑이와 북극곰 같은 상위 포식자들이 인간의 역사에 계속 나타난다. 소멸 직전에 몰린 동물들의 개체 수를 회복하기 위해 노력하는 투철한 환경 보호 정신의 과학자들은 현재 그런 동물들이 야생에서 살아남을 수 있도록 관용을 주장한다.[1] 그러나 야생에서 그 피해자들은 불쌍하고, 외진 곳에 살고, 쫓겨난 거주민 신세가 될 확률이 매우 높다.[2] 동물 포식자들이 반드시 인간 이후에 와야 하는 게 아니라면, 그들의 생존을 위해 굳이 모든 개체들을 고려할 필요까지는 없는데도, 생각은 늘 그런 식이다. 인간, 동물, 그리고 인간-동물 관계에 대한 포스트휴머니즘적인 시각들은 논쟁의 여지가 없는 것은 아니지만 그러한 범주상의 모호한 부분들을 명료하게 해준다.

개념적인 분류로서 '동물'은 움직이는 게 눈에 보이는 모든 유생물의 나머

---

1 William J. Ripple et al., "Status and Ecological Effects of the World's Largest Carnivores," *Science*, 343(6167) (2014), online.

2 Chris Wilbert, "What Is Doing the Killing? Animal Attacks, Man-Eaters, and Shifting Boundaries and Flows of Human-Animal Relations," in The Animal Studies Group(eds.), *Killing Animals* (Champaign: University of Illinois Press, 2006), p. 37.

지를 지칭하는 것으로, '인간'을 따로 분리해 다른 모든 생명체들보다 높게 여기는 인간 중심주의적 충동의 소산이다. 그러나 정착민 식민주의의 역사가 분명하게 보여주듯이, 모든 생명 존재들이 인류의 품으로 받아들여진 것은 아니다. 캐리 울프의 말처럼, "노예제, 식민주의, 제국주의의 역사에서 보듯이, '인간/동물' 구분은 담론에서 비롯된 것이지, 동물학적 구분이 아니다".[3] 어디 그뿐인가? 어쨌든 인간은 다윈의 진화론에 의해 촉발되고, 인간 중심주의의 유산으로 인해 더욱 심화된 거대한 패러다임의 변화를 따르는 또 다른 종류의 동물이다. 실비아 윈터는 "인간(the human)에 관한 (가령, '서구 부르주아' 같은) 현재의 인종 계급(ethnoclass)적 인식을 굳건하게 해주는" 포스트휴머니즘적인 입장에 대해 잠시 생각하게 한다. 윈터는 그러한 인간을 "대문자 인간(Man)", 즉 "자신이 인간 그 자체인 양 스스로를 과다 대표하는(overrepresent)" 존재로 특정해 말한다.[4] 인간과 인간 중심주의의 이상은 동물과 인간의 차이를 관념적으로 결정짓는 데 기여했을 뿐 아니라, 또한 우리가 동물과 공유하는 것 때문에 인간을 더욱 취약하게 만드는 물질적 조건을 만들도록 했다. 따라서 에바 호프먼(Eva Hoffman)이 부연해서 말하듯이, "포스트휴머니즘 기획의 일부로서, 동물 연구는 윈터가 대문자 'M'을 붙여 말한 '인간'에 관한 인식론적 틀을 영속화시키는 위험을 무릅쓴다."[5] 이러한 관점들은 포스트휴머니즘과 동물 연구 논의의 상호 관련성을 인정하면

---

3 Cary Wolfe, *Before the Law: Humans and Other Animals in a Biopolitical Frame* (Chicago: University of Chicago Press, 2013), p. 10.

4 Sylvia Wynter, "Unsettling the Coloniality of Being/Power/Truth/Freedom: Towards the Human, After Man, Its Overrepresentation — An Argument," *CR: The New Centennial Review*, 3(3) (2003), p. 317.

5 Eva Hoffman, "Queering the Interspecies Encounter: Yoko Tawada's Memoirs of a Polar Bear" in Kári Driscoll and Eva Hoffmann(eds.), *What Is Zoopoetics? Texts, Bodies, Entanglement* (New York: Palgrave, 2018), p. 151.

서도, 학자들이 포스트휴머니즘적인 틀에서 동물을 접근할 때 취하게 되는 경계심을 유지한다.

이 글을 준비할 때에는 동물 연구와 포스트휴머니즘 이론의 교차점에서 접근하면 포스트휴머니즘 동물 연구자로서 좀 더 확실하게 나설 수 있으리라는 막연한 생각으로 시작했다. 그런데 연구를 할수록 건강한 양면성을 유지해야 할 더 많은 이유를 발견하게 되었다. 좀 더 정확하게 말해서, 필자는 "포스트휴먼에 대한 나의 관심은 교조적이기보다는 전략적인 것이다"는 애덤 로웬스타인(Adam Lowenstein)의 생각에 깊이 공감한다. 필자의 경우는 오랫동안 동물 연구를 한 연구자라는 점이 다를 뿐이다. "다르게 말해서, 나는 포스트휴머니스트가 아니지만, 그러한 맥락에서 포스트휴먼의 의미를 이해하기 위해 최선을 다한다."[6] 왜 동물 연구 학자들은 그들의 연구가 포스트휴머니즘과 나란히 놓이는 것에 반대해 왔는가? 그것은 포스트휴머니즘적인 사고가 전반적으로 비인간 동물에 관한 질문들에 멈칫하기 때문인가? 그것은 동물 연구 내의 심각한 분열을 반영하는가? 나아가, 그러한 담론들의 융합에 의해 촉발되는 독특한 잠재력을 탐구하면 어떤 결과가 나오는가? 지식 형성으로서의 동물 연구와 포스트휴머니즘의 다사다난한 역사는 그러한 난해한 질문들에 답하고, 아울러 전략적이고 창조적인 융합이 왜 인문학 연구의 번영을 위해 특히 필요한지 설명하는 데 도움을 줄 것이다.

돌이켜 보면, 동물 연구와 포스트휴머니즘의 관련성은 많은 이들에게 자명한 것으로 여겨진다. 그것은 도나 해러웨이의 독창적인 인간-기계-동물의 사이보그 비전에 가장 잘 담겨 있다. 전통적인 인간 중심주의적 주체의 페미니즘적인 거부와 재구성을 동시에 겨냥한 해러웨이의 사이보그는 자연

---

6   Adam Lowenstein, "Buñuel's Bull Meets YouTube's Lion: Surrealist and Digital Post-humanisms," in Michael Lawrence and Laura McMahon(eds.), *Animal Life and the Moving Image* (London: BFI, 2015), p. 60.

적인 것과 인공적인 것, 물질적 구성 요소와 비물질적 구성 요소를 뒤섞은 혼종적인 종 교차적(cross-species) 형상이자, 이를테면, 인간 중심주의 철학 담론의 잿더미에서 솟아오른 불사조이다. 혹자는 해러웨이의 초기 이론이 디지털 미디어와의 일상적인 상호 작용에 의해 실현된 경계 흐리기의 거대한 잠재력을 — N. 캐서린 헤일스에 따르면, 그 지점에서 "우리가 만든 것과 (우리가 생각하는) 우리는 서로 공진화한다"[7] — 충분히 포착하지 못한 점을 아쉬워하지만, 어느 누구도 정체성 정치, 종의 자격, 타자성, 그리고 자연에 대한 개념들이 포스트휴머니즘 담론의 모델로서 해러웨이의 사이보그를 통해 끊임없이 심문되고 재구성되었음을 부정하지 않는다.

하지만 해러웨이가 나중에 사이보그를 그녀의 모든 저술에서 핵심을 차지하는 우주론적, 생물 기호학적(biosemiotic), 그리고 (그녀의 표현대로) '크리터적인(critterly)' 형체들로 바꾼 것은 비인간 동물에 관한 포스트휴머니즘적인 사고 내에 흐르는 긴장을 반영한다. 헤일스의 주장대로, 만약 인간-기계 인터페이스가 '텍스트성(textuality)의 본질'에 관해 새롭게 생각할 수 있는 방식을 제공한다면,[8] 비인간 존재들이 텍스트적으로 어떻게 얽혀 있는지를 알아차리는 것만으로도 비판적 분석이 풍성해질 수 있는 이유는 무엇일까? 헤일스는 포스트휴머니즘의 일부 담론에 잔존해 있는 인간 중심주의에 대한 날카로운 비평가로서, 특히 인간 신체화 혹은 '웻웨어(wetware)'는 디지털 세계에 투영된 초연하고 깨끗한 추상화에 끊임없이 저항하는 지구상의 실재하는 무질서한 생명의 실체라고 단호하게 주장한다. 그러나 10년 전에 나눈 대화에서 나는 그녀가 자신의 연구와 동물 연구의 관련성을 보지 못한다는

---

7   N. Katherine Hayles, "Unfinished Work: From Cyborg to Cognisphere," *Theory, Culture, and Society*, 23(7-8) (2006), p. 159.

8   N. Katherine Hayles, *My Mother Was a Computer: Digital Subjects and Literary Texts* (Chicago: University of Chicago Press, 2005), p. 91.

것을 알고 매우 놀랐다. 그 뒤로 필자는 그 순간이 동물과 포스트휴먼 모두 무엇이 될지(또는 되는 것을 막을지)를 정하는 학문적 주장들을 어떻게 드러내는지, 그리고 그러한 간극이 오늘날에도 지속되는지 늘 궁금했다.

필자는 아서 크로커(Arthur Kroker)가 헤일스와 해러웨이를(주디스 버틀러와 함께) 포스트휴머니즘의 관점에서 현재 상황의 특수한 문제들을 다루는 최고의 사상가들로 묶은 것에 동의한다. 이들 세 사람은 "모범적인 이론가로서의 통상적인 위치를 넘어 완전히 다른 무언가를 대변한다. 즉 그들은 부표하는 신체의 과거와 미래의 모습", 혹은 "포스트휴먼 신체"의 조건과 형성을 "짜임새 있는 구조와 분명한 내용으로 제시하는 뛰어난 사고의 창조자들이다".[9] 그들의 독창적인 지적 기여의 차이를 설명하면서, 크로커는 헤일스가 '포스트휴머니즘'을 통해 제시하는 포스트휴먼과 해러웨이가 '동반자주의(companionism)'를 통해 제시하는 포스트휴먼을 대조한다.[10] 하지만 포스트 인간 종 중심주의적 충동과 반(反)종 차별주의적 충동의 차이를 놓고 볼 때 좀 더 관련성이 있는 용어는 포스트휴머니즘이다.[11]

셰릴 빈트가 보여주듯이, 그러한 구분은 "인간으로서의 경험에서 신체화의 중요성을 강조하는 포스트휴머니즘 관점과 인간-동물 경계의 재고를 … 요구하는" 관점 간의 중대한 차이를 환기시킨다.[12] 인간의 의식을 컴퓨터에 입력함으로써 신체화로부터 벗어나는 포스트휴먼적인 이상의 초기 주장들

---

9   Arthur Kroker, *Body Drift: Butler, Hayles, Haraway* (Minneapolis: University of Minnesota Press, 2012), pp. 143~144.

10 Kroker, 같은 책, p. 19.

11 울프는 이러한 차이를 "포스트휴머니즘에 대한 인간 중심주의적인 접근" 대 "포스트휴머니즘에 대한 포스트휴머니즘적인 접근"이라고 우회적으로 표현한다. Cary Wolfe, *What Is Posthumanism?* (Minneapolis: University of Minnesota Press, 2010), p. 62.

12 Sherryl Vint, *Animal Alterity: Science Fiction and the Question of the Animal* (Liverpool: Liverpool University Press, 2010), p. 78.

에 대한 헤일스의 비판은 그러한 담론들의 잔존하는 인간 중심주의와 트랜
스휴머니즘으로의 최종 인정은 포스트휴머니즘 비평에 반대되는 것임을 분
명히 했다. 헤일스에 따르면, "〔정신/육체〕구분이 설사 가능하다고 해도, 전
혀 다른 매개체 내에 있는 의식이 신체화와 아무 관련이 없는 듯 변하지 않은
채 계속 있을 것이라고 어떻게 생각할 수 있겠는가?"[13] 그럼에도 불구하고,
브루스 클라크는 그러한 움직임들이 보다 큰 결과를 가져올 것이라고 본다.
포스트휴머니즘의 관점들이 공통적으로 "인간을 다른 존재의 질서와 연결
함으로써 인간을 상대화"하는 데 반해, 헤일스의 연구는 "인간의 신체와 디
지털 기계의 연결"에만 편협하게 초점을 맞추었다.[14] 기계-인간 혼종에만 집
중하다 보면 그것을 포스트휴먼의 양자(養子)로 만드는 데는 분명 기여할 테
지만, 비인간 동물을 이분법에서 벗어난 삼각 구도 안에 포함시키는 해러웨
이의 도전적인 사이보그는 잃게 된다.

더 중요한 것은 그러한 비평들이 해러웨이가 나중에 『종과 종이 만날 때
(When Species Meet)』에서 했던 "나는 내가 포스트페미니스트가 되려고 한
적이 없던 것처럼 포스트휴먼이나 포스트휴머니스트가 되려고 한 적도 없
다"라는 주장을 떠올리게 한다는 것이다. 아이러니하게도 해러웨이는 그 책
을 캐리 울프가 편집한 '포스트휴머니티(Posthumanities)' 총서 시리즈 중 하
나로 출간했다.[15] 그녀는 자신의 입장은 실용적이라고 밝히면서, 모든 종 생
명체의 고르지는 않지만 동반자적인 조건 속에서 사회 정의를 증진할 목적
으로 일부러 그렇게 선택한 것이라고 말한다.

---

13 N. Katherine Hayles, *How We Became Posthuman: Virtual Bodies in Cybernetics,
Literature, and Informatics* (Chicago: University of Chicago Press, 1999), p. 1.

14 Bruce Clarke, "Mediating The Fly: Posthuman Metamorphosis in the 1950s," *Configur-
ations,* 10(1) (2002), pp. 171~172.

15 Donna J. Haraway, *When Species Meet* (Minneapolis: University of Minnesota Press,
2008), p. 17.

한 가지 말할 수 있는 것은, 여성과 인간이라는 문제 많은 범주들 안에 거주해야
만 하는 사람들에 관련된 매우 긴요한 작업이 아직 남아 있다는 것이다. 그 범주
들은 적절하게 복수화되고, 재공식화되고, 다른 비대칭적인 차이들과 구성적으
로 상호 교차하는 과정을 거칠 필요가 있다. 그러나 기본적으로 재고되어야 할
것은 관계성의 패턴인데 … 문제가 되는 어떤 범주를 뛰어넘다가 더 심한 것으로
확산되지 않게 재고하는 것이 중요하다.[16]

따라서 권력의 흐름을 돕거나 막는 일상의 세속적인 인간-동물 관계들을
자세히 검토할 필요가 뒤따른다. 동시에 해러웨이가 그러한 과제를 수행하
는 데 있어 어떤 위험을 감수하는지에 대해서도 검토할 필요가 있다. 책을
출판하고 나서 가진 인터뷰에서 그녀는 『종과 종이 만날 때』에서 "이론을
일상의 언어로 실천할"[17] 뿐 아니라, 또한 "내가 지금까지 해온 것 중에 가장
발전된 이론"을[18] 제시하고 있다고 밝힌다.

무엇이 해러웨이로 하여금 그렇게 천명하도록 만든 것인지도 못지않게
중요하다. 이것은 개에 관한 페미니즘적인 글뿐 아니라,[19] "인간과 네 발 동
물 간의 직접적인 정동적 유대"를 폄하하는 것에 대해[20] 앨리스 쿠즈니어(Alice
Kuzniar)가 보였던 우려와도 특히 관련이 있다. 인터뷰를 맡은 제프리 J. 윌

---

16 Haraway, *When Species Meet*, p. 17.

17 Jeffrey J. Williams, "Donna Haraway's Critters," *Chronicle of Higher Education* (October
18, 2009), online에서 재인용.

18 Jeffrey J. Williams, "Science Stories: An Interview with Donna J. Haraway," *Minnesota
Review*, 73-74(2009-10), p. 151에서 재인용.

19 Susan McHugh, "Bitch, Bitch, Bitch: Personal Criticism, Feminist Theory, and Dog Writing,"
Hypatia: A Journal of Feminist Philosophy, 27(3) (2012), pp. 616~335.

20 Alice Kuzniar, *Melancholia's Dog: Reflections on Our Animal Kinship* (Chicago: Uni-
versity of Chicago Press, 2006), p. 3.

리엄스(Jeffrey J. Williams)는 해러웨이의 학술적 기여를 높이 사는 한편, 『종과 종이 만날 때』에서 그녀의 동반견 케이엔 페퍼(Cayenne Pepper)와 훈련하는 핵심적인 이야기를 뽑아내고는 그 개와의 이야기를 전체적으로 진지한 책의 분위기와는 반대로 단지 '재미삼아' 쓴 것인지 묻는다.[21] 필자는 해러웨이가 그 질문이 자신을 화나게 했다고 나중에 필자에게 말했을 때 공감했다. 그것은 학술적인 인생 글쓰기가 공적인 토론에 얼마나 '날카로운 사회 비판력'을 더할 수 있는지를 개인적인 비평 장르가 보여준다고 주장한 적 있는 윌리엄스의 말이어서 특히 화가 났다.[22] 윌리엄스에게 가장 개인적인 비평은 이론 내에서였다. 즉, 이론을 완전히 버리는 것이 아니라, 오히려 "동시대 이론의 개념 좌표에 충실한" 방식에 따라 "주체성과 인격 같은 친숙한 이론적 주체들"로 되돌아가는 것이었다.[23] 10년 전의 토론을 참고해서 말하자면, 감상적으로 보이고 싶지 않은 사람들, 즉 진지하게 받아들여지기를 원하는 사람들에게는 동물을 이론적 좌표로서 대하는 것은 매우 불쾌한 일이었던 것이다. 하지만 상황이 바뀌었는가?

해러웨이의 저작은 지식 생산에서의 인간의 예외성을 기본적으로 재고하기 위한 지점으로 동반종과의 관계를 제시함으로써 동물 연구와 포스트휴머니즘적인 윤리의 연관성을 알리는 데에 커다란 영향을 미쳤다. 해러웨이는 빈치안 데스프레(Vinciane Despret)로부터 '함께 되기'라는 문구를 고안해 동물 행동학의 핵심적인 통찰을 제시한다. 즉, 실험실보다는 일상적인 환경에서 동물을 연구하는 분야의 도움을 받아, 무엇이 학술적 지식으로 간주되는지에 대한 인식을 바꾸게 된 것이다. 동물 행동학 학자들에 대한 데스프레의 동물 행동학적 접근이 풍부하게 보여주듯이, "연구 중인 동물들에게

21 Williams, "Science Stories," p. 159.
22 Jeffrey J. Williams, "The New Belletrism," *Style*, 33(3) (1999), p. 421.
23 Williams, "The New Belletrism," pp. 423~424.

어떻게 다가갈지는 과학 이론을 이해한다고 배울 수 있는 것이 아니다. 그것은 그러한 이해의 조건일 뿐이다".[24] 이와 비슷한 시각은 훨씬 이전에 나온 해러웨이의 초기 저술에서도 나타난다. '상황적 지식(situated knowledge)'의 중요성을 주장한 그녀의 1988년 에세이에서 눈에 띄는 순간이 등장한다. 이 글에서 그녀는 "오직 부분적인 관점만이 객관적인 시각을 약속한다"고 주장한다. 그녀에 따르면, 페미니즘 과학에 대한 입장 이론의 중요성을 피상적으로 밝히는 데 그치기는 해도, "그것들은 내가 나의 개와 같이 걸으면서 만약 색각을 담당하는 망막 중심의 세포들 없이 촉각을 담당하는 거대한 신경 처리와 감각 구역만을 갖고 있다면 세상이 어떻게 보일까 의아해하면서 부분적으로 배운 교훈들이다".[25] 지식에 관한 비인간 종 중심주의적 이론이 이렇게(일상적인 개와의 산책 같은) 종과 종 간의 생활의 일과를 통해 형성되는 과정은 울프가 수십 년 뒤에 포스트휴머니즘적인 사고를 진정으로 포스트휴머니즘답게 만드는 것이라고 지칭한 것을 정확하게 보여준다는 점에서 더욱 중요하다.

울프에게, 포스트휴머니즘으로의 전회는 단순히 일련의 주제나 토픽 들을 규명하는 것이 아니라 '사고의 본질 자체'에 엄청난 변화를 일으키는 실천을 말한다. 그의 주장에 따르면, "우리가 포스트휴머니즘에 대해 말할 때 우리는 단지 진화론, 생태, 혹은 기술의 좌표에 관련된 인간의 탈중심화 문제뿐 아니라 … (또한) 사고 행위는 그 문제에 어떻게 맞서며, 그러한 문제들에 직면했을 때 사고는 어떻게 변해야 하는가에 대해 논하는 것이다."[26] 이

---

24 Vinciane Despret, "The Body We Care For: Figures of Anthropo-zoo-genesis," *Body and Society,* 10(2) (2004), p. 131.

25 Donna J. Haraway, "Situated Knowledges: The Science Question in Feminism and the Privilege of Partial Perspective" in *Simians, Cyborgs, Women: The Reinvention of Nature* (New York: Routledge, 1991), p. 190.

26 Wolfe, *What Is Posthumanism?* p. xvi.

러한 접근에 큰 영향을 준 또 다른 중요 이론가에 대해 말하면서, 울프는 "지적·윤리적 측면 모두에서 단수로서든, 혹은 데리다의 권고대로, 복수로 서든 동물에 관한 질문을 진지하게 받아들인다는 게 무슨 의미인지를 비평 적 실천을 통해 … 탐구하는 것이야말로" 포스트휴머니즘의 명령이라고 말 한다.[27] 이항 대립에 의문을 제기하는 것은 윤리적 함의를 지닌 단어들에 개 입할 필요를 인정하는 보다 긴 과업의 첫 단계이다.[28] 이 과정에서 데리다적 인 해체는 언어의 핵심적인 역할을 통해 사고하는 데 필요한 중요한 도구가 된다.

아키라 리핏(Akira Lippit)은 인간 중심주의 비판에 대한 데리다의 기여와 특히 "그 중심에 놓여 있는 **인간**(man) 형상의 해체"를 위한 데리다의 헌신을 동물 연구 학자들이 "인문학의 새로운 프런티어"를 개척하게 된 원동력으로 꼽으면서,[29] 인문학에서의 '인간'은 다른 형태의 생명체들과 분리할 수 없다 고 말한다. 울프가 상술하듯이, 데리다가 언어의 기술성에 초점을 맞추는 것은 인간 중심주의자들이 인간도 비인간 동물들처럼 유한하다는 사실을 부인한 것과는 관련이 없다.

> 물리적 취약성, 신체화, 그리고 최종적으로 필멸성은 … 〔그러한 조건들을〕 가능
> 하고 전용할 수 있게 해주는 바로 그것, 〔즉〕 우리가 (생명체들이 서로 '반응'하는

---

27 Cary Wolfe, *Animal Rites: American Culture, the Discourse of Species, and Post-humanist Theory* (Chicago: University of Chicago Press, 2003), p. 190.

28 Cary Wolfe, "Thinking Other-Wise: Cognitive Science, Deconstruction, and the (Non) Speaking (Non)Human Animal Subject," in Jodey Castricano(ed.), A*nimal Subjects: An Ethical Reader in a Posthuman World* (Waterloo, Ontario: Wilfred Laurier University Press, 2006), p. 138.

29 Akira Mizuta Lippit, "Therefore, the Animal that Saw Derrida," in Jami Weinstein and Claire Colebrook(eds.), *Posthumous Life: Theorizing Beyond the Posthuman* (New York: Columbia University Press, 2017), p. 87.

가장 포괄적인 의미의 기호 체계로서의) 기본적으로 인간과 무관한 언어의 기술성과 기계성에 대한 종속을 통해 경험하는 그 유한성 때문에 역설적이게도 사용 가능하거나 전유할 수 없게 된다.[30]

역사, 문학 연구, 또는 철학에 의해 행해지는 인간 주체에 대한 특별한 훈육은 "동물이 여러 연구 주제들 중 하나로서가 아니라 고유한 요구 사항을 가진 주제로서 진지하게 받아들여질 때" 심각한 도전을 받게 된다.[31] 데리다 적인 해체의 영향하에서 포스트휴머니즘 이론은 가장 포괄적인 의미에서의 종에 대한 지식 탐구를 통해 성장해 왔다. 그렇다면 그것은 동물 인문학 연구가 20세기 후반 내내 혼자만의 관점과 고립된 기획에 머물던 것에서 벗어나 새천년 이후에 동물 연구의 담론 형성으로 나아가는 데 어떠한 영향을 주었는가?[32]

수전 프레이먼(Susan Fraiman)은 울프를 비롯해 많은 사람들이 데리다 덕분에 동물에 관한 포스트휴머니즘의 물음들이 정식으로 받아들여졌다고 믿는 것에 우려를 나타낸다. 왜냐하면 그렇게 "동물 연구를 대변하고 전문가

---

30 Cary Wolfe, "Human, All Too Human: 'Animal Studies' and the Humanities," *PMLA*, 124 (2) (2009), pp. 570~571. 데리다적인 사고와 포스트휴머니즘의 관계에 대한 좀 더 상세한 논의는 2장과 3장 참조.

31 Wolfe, 같은 논문, pp. 566~567.

32 비록 '담론 형성'이 미셸 푸코가 소개한 용어이기는 하지만, 필자는 문화 연구의 형성을 특징짓기 위해 스튜어트 홀(Stuart Hall)이 (레이먼드 윌리엄스(Raymond Williams)에 의거해) 사용한 용례를 참조하고자 한다. 그것을 통해 필자가 그동안 참여해 온 연구들, 즉 서로 상충되는 근원, 역사, 실현 들이 윌리엄스가 말하는 '에너지와 방향의 공통된 성향'으로 어떻게 확실하면서도 불안정하게 수렴되는지를 밝혀보고자 한다. 홀에 따르면, 그것은 (무엇이든 가능하다식의) '단순히 복수주의적인' 정치와 단일한 (교조적인) 정치 사이의 생산적인 긴장을 통해서만 의미가 있다. Vincent B. Leitch et al. (eds.), "Cultural Studies and Its Theoretical Legacies," *The Norton Anthology of Theory and Criticism* (New York: Norton, 2001), p. 1899.

들로부터 특별 취급을 받는 부분 집합"을 만드는 과정에서, 더는 아니더라 도 똑같이 중요한, "에코 페미니즘의 범주[에서 수행되었던 연구]의 상당 부분 을 차지하는 여성 및 페미니스트 들에 의한 ⋯ 선구적인 저작들은" 동등하 게 인정하지 않기 때문이다.[33] 그렇다면 프레이먼이 그동안 간과되어 온 여 성 선배 학자들 중에 두드러진 인물로 꼽은 해러웨이가 자신의 저작을 데리 다의 저작으로부터 떼어놓은 것이 제프리 윌리엄스의 암묵적인 비판, 즉 그 녀가 동물로 전환한 것은 제대로 된 진지한 이론적 작업의 회피이기도 하다 는 비판을 받게 된 이유일지 모른다. 그러나 이론적 철저함의 문제와 '울프 의 이론적 패러다임'을 동일시하는 것은 더 많은 우려를 낳는다. 프레이먼 은 그렇게 동일시하다 보면 "젠더, 인종, 그리고 섹슈얼리티 같은 쟁점들을 연구하는 학자들이 종에 대한 포스트휴머니즘 논의를 제시하는 것을 단호 하게 금지"한다고 결론 내린다.[34] 동물 연구에 크게 기여한 것들 중에 높게 평가하는 하나는, 생태 비평과 달리, 포스트휴머니즘적인 논의는 그것이 전 개되는 동안 페미니즘의 반발을 받지도, 반인종주의, 반능력주의, 반식민주 의 비판에 따른 장기간의 저항을 경험하지도 않았다는 점이다. 고백하건대, 그러한 경험에 비추어 볼 때, 해러웨이, 버틀러, 에리카 퍼지(Erica Fudge), 그 리고 심지어 필자의 저작이 울프의 이론적 패러다임 속에 고의로 묶인 것에 대해 프레이먼 자신은 눈감고 있다는 사실이 특히 거북하게 느껴진다. 게다가 (자기가 쓴 책을 비롯해 해러웨이의 『종과 종이 만날 때』, 『해러웨이 선언문(*Manifestly Haraway*)』, 그리고 필자의 『동물 이야기(*Animal Stories*)』가 포함된 '포스트휴머니티' 총서의 편집자로서의 역할은 그렇다 치고), 울프의 『포스트휴머니즘은 무엇인 가?(*What Is Posthumanism?*)』를 포함해 프레이먼이 인용하는 책들에서의 해

---

33 Susan Fraiman, "Pussy Panic versus Liking Animals: Tracking Gender in Animal Studies," *Critical Inquiry*, 39(1) (2012), p. 92.
34 Fraiman, 같은 논문, p. 114.

러웨이의 유독 두드러진 역할은 직무 태만 이상의 문제가 있음을 암시한다. 오히려 문제는 동물 연구와 포스트휴머니즘의 계보 경쟁에 있는 것 같다.[35]

포스트휴머니즘적인 동물 연구가 초기 형태의 학제 간 연구에 위협적으로 보일 수 있는 이유 중 하나는 그것이 생명의 불안정성에 체화되거나 착종되어 있는 취약성을 차이보다는 공통성의 근거로 재구성한다는 것이다. 데릭 라이언(Derek Ryan)의 설명처럼, "동물 이론에 중요한 포스트휴머니즘은 계속해서 인간에게 특권을 주고 이성과 언어의 범주를 근거로 인간과 동물을 나누는 자유 인본주의적 개념들을 넘어서려는 시도이다".[36] 이와 유사하게 울프도 코라 다이아몬드(Cora Diamond)와 마사 누스바움(Martha Nussbaum)의 철학에 근거해, 윤리적 응답을 형성하는 데 있어 "서로가 공유하는 신체화, 죽음, 그리고 유한성"의 역할을 강조한다.[37] 그가 상상하는 포스트휴머니즘 윤리는 필연적으로 "능력, 활동, 행위성, 그리고 역량 강화가 아니라 취약성과 민감성에 뿌리를 둔 동감에 근거"한다. 그가 염두에 두는 것은 포식 동물과 병원체가 근처에서 우리의 신체를 위협하는 것이 아니라, "기술성과 물질성의 '비-인간(non-human)' 형태"에 전적으로 의존하는 "기본적으로 보철적인 생물"로서의 인간 특유의 취약함인데, 여기에서 다시 언어의 핵심적인 역할이 강조된다.[38]

이러한 부류의 포스트휴머니즘적인 시각은 아낫 픽(Anat Pick)이 인간-동

---

35 Donna J. Haraway, *Manifestly Haraway, with Cary Wolfe* (Minneapolis: University of Minnesota Press, 2016); Susan McHugh, *Animal Stories: Narrating Across Species Lines* (Minneapolis: University of Minnesota Press, 2011).

36 Derek Ryan, *Animal Theory: A Critical Introduction* (Edinburgh: Edinburgh University Press, 2015), p. 69.

37 Cary Wolfe, "Introduction: Exposures," in Stanley Cavell et al. (eds.), *Philosophy and Animal Life* (New York: Columbia University Press, 2008), p. 8.

38 Wolfe, 같은 글, p. 14.

물 관계의 고유한 윤리적 함의를 지닌 "보편적인 노출의 방식"으로 취약성을 제시한 소위 "생명체적 시학(creaturely poetics)"을 통해 더욱 뒷받침된다.[39] 도미닉 오렘(Dominik Ohrem)이 상세하게 설명하듯이, 픽은 그러한 접근이 희생당하는 동물을 모욕하거나 혹은 동물이 그것에 무방비 상태임을 강조함으로써 오히려 동물 착취를 용서하는 쪽으로 흐른다는 비판을 예상한다. 오렘에 따르면, 픽은 그러한 접근이 "자유 인본주의 전통의 기본 교리들, 특히" 처음부터 동물들을 전적으로 희생시키기 위해 마련된 "행위성, 주체성, 그리고 윤리적 고려(의 구체적인 개념들) 간의 본질적 관계"를 폭로한다고 곧바로 반박한다.[40] 오렘은 픽과 울프의 저작에서 공통적으로 나타나는 취약성과 유한성에 대한 강조를 부정적이거나 비참한 조건들만을 유독 강조하는 "필멸주의적인(mortalist) 포스트휴머니즘"으로 분류한다.[41] 그리고 그 대신에 "신체화를 종간(種間)의 신체화된 관계성에 대한 보다 긍정적인 상상과 [상호 변형의 가능성이] '인간'의 생명과 사회에 스며드는 방식에 대한 보다 의식적인 인식을 허용하는 세계-개방성"으로 다시 개념화할 것을 제안한다.[42] 이러한 시각들을 비롯해 동물의 세계를 다르게 바라보는 최근의 시각들이 어떻게 포스트휴머니즘 동물 연구의 새로운 프런티어를 제시하는지 살펴보기에 앞서, '동물 연구'의 구성 요소에 대한 서로 다른 주장들이 어떻게 그러한 발전을 방해하는지 좀 더 세밀하게 검토할 필요가 있다.

---

39 Anat Pick, *Creaturely Poetics: Animality and Vulnerability in Literature and Film* (New York: Columbia University Press, 2011), p. 5.

40 Dominik Ohrem, "An Address from Elsewhere: Vulnerability, Relationality, and Conceptions of Creaturely Embodiment," in Dominik Ohrem and Roman Bartosch(eds.), *Beyond the Human-Animal Divide: Creaturely Lives in Literature and Culture* (New York: Palgrave, 2017), p. 48.

41 Ohrem, 같은 논문, p. 49.

42 Ohrem, 같은 논문, p. 69.

종의 경계를 가로지르며 복잡하게 얽혀 있는 사회, 미학, 그리고 정치의 역사는 개리 마빈(Garry Marvin)과 필자가 '인간-동물 연구'라고 명명한 것의 중심 문제들, 즉 왜 동물들은 세계 전역의 인간 문화와 사회에서 각기 다른 방식으로 재현되고 구성되는가, 그들은 어떻게 이해되고, 상상되고, 경험되며, 중시되는가, 그러한 관계들은 인간이라는 존재에 대해서 무엇을 의미하는가, 그리고 그러한 관계들 중 어떤 면들이 개인, 공동체, 그리고 생태계를 위해 개선될 수 있는가 같은 문제들에 영향을 미친다. 인간-동물의 마주침에서 무슨 일이 일어나는지 파악하려면 우리가 상상하는 그러한 관계들의 특성뿐 아니라, 그들의 살아 있는 경험에 창의적으로, 지적으로, 그리고 물질적으로 매우 세심하게 주의를 기울여야 한다.[43] 우리가 그 용어를 택한 것은 과학 분야에서 인간 피험자를 대상으로 한 의료 테스트의 준비 단계를 나타내기 위해 '동물 연구'라는 용어를 관례적으로 쓰는 것과 혼동될지 모른다는 현실적인 문제 때문이기도 하다. 그러나 그 과정에서 사회 인류학자인 마빈과 함께 연구하면서 분명히 깨닫게 된 점은 인문학의 적절한 연구 대상은 여전히 인간이며, 정신 분석학적으로 말하면 동물은 과학자가 아닌 학자들에게는 잘못된 대상 선택이라는 오래된 편견이 문학 연구자인 필자의 부담을 더욱 가중시켰다는 것이다.

그러한 문제들을 재구성할 수 있는 잠재력은 포스트휴머니즘적인 관점을 상당히 매력적으로 만든다. 그 이유는 만약 그러한 관점들이 아니라면 비인간을 의도적으로 회피하는 쪽으로 설정될 수도 있는 연구의 방향을 학제 내부로부터 열어주기 때문이다. 필자가 문학을 전공하는 대학원생이던 시절에 동물은 대부분의 사람들에게 출입 금지 구역처럼 간주되었다는 사실은

---

43 Susan McHugh and Garry Marvin, "Human-animal Studies: Global Perspectives," in Susan McHugh and Garry Marvin(eds.), *Human-Animal Studies*, 4 vols. (New York: Routledge, 2018), vol. I, p. 1.

프레이먼이 제기한 접근이나 위신 문제보다 훨씬 더 근본적이며 여전히 지속되는 문제이다. 동물 연구 학술 대회, 학술지, 총서 시리즈, 교과목 개설, 프로그램, 그리고 몇몇 연구 센터 들을 통해 드러나는 눈에 띄는 제도적 존재감에도 불구하고, (가령, 환경 인문학과는 대조적으로) 동물 인문학을 전담하는 학계 일자리의 부족은 계속되고 있다. 미래의 전망은 동물 연구가 어떻게 생겨났으며 무엇이 그것을 지속시키고 있는지에 대한 견해에 주로 달려 있다. 이와 관련해서 포스트휴머니즘적인 관점에 대한 적극적인 관심은 매우 생산적일 것으로 보인다.

대부분의 사람들은 하나의 독특한 연구 분야가 지난 몇십 년간 그러한 문제들을 중심으로 형성되었다는 데 대해서는 동의하면서도, 그것을 어떻게 부를지에 대한 논의는 — 예를 들어, 인간-동물 연구, 인류 동물학(anthrozoology), 비판적 동물 연구 등등 — 포스트휴머니즘 이론이 계보학적으로 어떤 역할을 하는지에 따라 종종 나뉜다. 동물 연구가 동물 권리 운동의 파생물이라고 주장하는 사람들에게 포스트휴먼은 동물 행동주의의 기저를 흔들려고 하는 이론의 산물처럼 보일 수 있다. 로라 라이트(Laura Wright)는 동물 연구의 특징을 우선순위가 돌아가면서 다양하게 바뀌는 윤리적 차원, 이론적 차원, 실천적 차원으로 이루어진 '세 갈래의 갈고리'에 비유한다. 채식주의 연구를 독립시켜야 한다는 주장을 펼치면서, 라이트는 이론적 차원을 빼내어 포스트휴머니즘의 틀 안에 단호하게 배치시킨다.[44] 그녀의 주장은 세 갈래 구조를 비슷하게 제시하는 미켈 룬블라(Michael Lundblad)와 묘하게 겹치지만, 그의 목적은 매우 다르다. 룬블라가 말하는 세 개의 갈래는 (해러웨이가 강조하는 관계성을 특징으로 할 뿐 아니라 옹호하기도 하는) 인간-동물 연구, (식물과 미생물 같은 생명 정치 이론의 보다 확대된 주체들을 수용하는) 포스트휴머니즘, 그

---

44 Laura Wright, *The Vegan Studies Project: Food, Animals, and Gender in the Age of Terror* (Athens: University of Georgia Press, 2015), p. 11.

리고 그가 말하는 소위 동물성 연구이다.[45] 룬블라의 목적은 옹호와 연관된 것들을 없애기 위해 포스트휴머니즘으로부터 동물에 관한 내용을 빼내려 한다는 점에서 라이트와는 반대되는 것으로 보인다. 그는 "비인간 동물들을 어떻게 대하고 그들과 어떻게 상호 작용할지에 대한 초역사적이고 보편주의적인 처방"에 의지하는 "위험을 무릅쓰기"보다는 차라리 "종 차별주의자로 여겨지기를" 더 원한다.[46]

좀 더 공격적인 견해는 그러한 노선을 유지하기가 실제로는 어렵다는 것이 드러나기는 하지만, 비판적 동물 연구의 기치 아래 학자-운동가 혹은 운동가-학자로서 활동하는 사람들에서 찾아볼 수 있다. 존 소렌슨(John Sorenson)은 자신이 편집한 『비판적 동물 연구의 발생(The Rise of Critical Animal Studies)』의 편집자 서문에서 "주류 동물 연구는 동물 해방을 지지하기 위해 분명한 윤리적 입장을 취하는 사람들을 논쟁꾼으로 일축해 버림으로써 … 현 상태의 유지에 실질적으로 기여한다"고 주장한다.[47] 그는 두 가지 확실한 예를 지나가는 말로 언급한다. "데리다와 해러웨이의 영향이 특히 치명적인데 그 이유는 … 그들의 불가해한 글과 비합리주의는 대부분 무의미하며, 대중적인 투쟁과 분리되어 있는 데다가 행동주의의 기반을 약화시키기 때문이다".[48] 소렌슨의 주장은 학계에 속하지 않은 사람들 사이에서 강력한 지지를 받을 것 같지만, 희한하게도 그의 책에서 훨씬 더 눈에 띄게 포스트휴머니즘 이론가

---

45 Michael Lundblad, "Introduction: The End of the Animal — Literary and Cultural Animalities," in Michael Lundblad(ed.), *Animalities: Literary and Cultural Studies Beyond the Human* (Edinburgh: Edinburgh University Press, 2017), pp. 2~3.

46 Michael Lundblad, "From Animal to Animality Studies," *PMLA*, 124(2) (2009), p. 500.

47 John Sorenson, "Introduction: Thinking the Unthinkable," in John Sorenson(ed.), *Critical Animal Studies: Thinking the Unthinkable* (Toronto: Canada Scholars' Press, 2014), p. xix.

48 Sorenson, 같은 글, p. xix.

들과 함께 해러웨이와 데리다를 수용하는 쪽은 오랫동안 동물 운동가로 활동한 사람들이다. 예를 들어, PETA(People for the Ethical Treatment of Animals)의 첫 번째 상임 이사인 킴 스톨우드(Kim Stallwood)는 어떻게 "현재의 동물권 운동이 사회 운동보다는 개혁 운동처럼 행동하는지"에 대해 비판한다.[49] "근본주의와 현실 정치 혹은 폐지와 규제" 사이의 보다 엄격한 경계를 요구하는 대신에 스톨우드는 또 다른 기고자이자 『고기의 성 정치학(The Sexual Politics of Meat)』의 행동가 출신 저자인 캐럴 J. 애덤스(Carol J. Adams)의 — 소렌슨의 책에 실린 그의 글은 데리다에게서 받은 긍정적인 영향을 분명하게 보여준다 — 의견에 동조하며 "두 이론가 모두 그들이 추구하는 변화를 다른 사람들이 이루도록 하는 데 필요하다"고 결론 내린다.[50] 혼란스러운 것은 같은 선집에 실린 지포라 와이스버그(Zipporah Weisberg)의 글이다. 윌리엄스와 비슷하게 그녀는 포스트휴머니즘 동물 윤리를 실제로부터 이론을 분리하기 위한 "자기도취적인 지적 활동"이라고 일축하면서도,[51] 학계의 동물 행동주의 되살리기의 가장 강력한 지지자들은 스스로를 포스트휴머니즘 이론가로서 지칭하는 사람들이라고 인정한다. 이러한 논의들에서 언급되지 않고 있는 것은 반포스트휴머니즘적인 동물 연구의 옹호 방식이 학술적 비판에서 여성 학자들만을 대상으로 한 공개적인 위협과 괴롭힘의 행위로 바뀌었다는 사실이다.[52]

---

49 Kim Stallwood, "Animal Rights: Moral Crusade or Social Movement?" in John Sorenson (ed.), *Critical Animal Studies: Thinking the Unthinkable* (Toronto: Canada Scholars' Press, 2014), p. 304.

50 Stallwood, 같은 논문, p. 314.

51 Zipporah Weisberg, "The Trouble with Posthumanism: Bacteria are People Too," in John Sorenson(ed.), *Critical Animal Studies: Thinking the Unthinkable* (Toronto: Canada Scholars' Press, 2014), p. 107.

52 해러웨이는 "자칭 심층 생태주의 신봉자라는 소규모 아나키스트 활동 그룹이 나누어 준 팸플릿에 내 이름이 거명된 강간 판타지가 공공연하게 묘사"된 적이 있다고 설명한다.

이러한 모든 것의 시사점은 포스트휴먼 연구와 인간-동물 연구의 교차점에서 제기된 서로 상이하고 더러 모순되기도 하는 주장들이 인간 중심주의적 사고의 기본 단위들로부터 모두가 해방되는 것을 중차대한 과제로 삼는 페미니즘, 반인종주의, 마르크스주의, 반능력주의, 그리고 반식민주의 이론가들로부터 다양하게 영향을 받았다는 사실이다. 리처드 라이더(Richard Ryder)의 '종 차별주의'를 일상 용어로 바꾼 도덕철학자 피터 싱어(Peter Singer)의 『동물 해방(*Animal Liberation*)』(1975)은 심지어 행동가들에게도 더 이상 분기점이 아니라 최후의 보루처럼 보이는데, 그 이유는 그 책이 인간 주체성을 본뜬 권리의 개념에 여전히 깊이 빠져 있는 분석 철학의 전통을 의문시하기보다는 확장하기 때문이다. 이러한 비평들에 의해 가능해진 포스트휴머니즘적인 전회의 중요한 의미는 동물을 "단지 인간 같은 주체 혹은 사물 같은 객체가 아니라, 숨 막히는 순간에 [마빈의 말에 따르면] 인간들과 '함께 행위(performing with)'하는 것처럼 보이는, 다른 질서에 속하는 행위자로서"[53] 논의할 수 있게 해준다는 것이다. 이쯤에서 결론 대신에 동물 연구와 포스트휴머니즘이 교차하는 지점에서 출현 중인 필자가 보기에 가장 유망하고 창조적인 생성물(creatural) 모델들을 소개하는 것으로 글을 맺고자 한다.

Haraway, *When Species Meet*, p. 10. 여기에 덧붙이자면, 스티븐 베스트(Stephen Best)는 필자와 다른 여성 학자를 '주류 동물 연구'의 잘못을 보여주는 대표적인 본보기라며 신랄하게 비판했다. Stephen Best, "The Rise of Critical Animal Studies: Putting Theory into Action and Animal Liberation into Higher Education," *Journal of Critical Animal Studies*, 7(1) (2009), pp. 9~52. 그의 주장에 따르면, 필자가 "가장 둔감하면서 가식적인 전문어를 사용해 학술 연구가 도깨비 집 같은 이론의 함정에 빠지게 하고 정치의 가능성에 반대되는 부정적인 주장을 펼치도록 한다"(p. 31)는 것이다. 게다가, 잡지의 편집 위원 중 한 명은 베스트가 동물 해방을 명분으로 폭력을 행사할 수 없기에 방금 그룹을 탈퇴했다는 경고문과 함께 그 논문을 필자에게 보냈다.

53 Susan McHugh, "In Conversation with Garry Marvin," *Antennae: The Journal of Nature in Visual Culture*, 38(1) (2017), pp. 10~11.

조바니 알로이(Giovanni Aloi)와 함께 쓴 책에서 필자는 "포스트휴먼을 새천년으로 바뀌는 전환기의 과학 기술, 지구화, 그리고 멸종의 압박과 가능성에 대한 응답의 한 형태이면서 그와 동시에 예술, 과학 소설, 문학, 그리고 철학의 산물(creature)"로 정의한 바 있다.[54] 포스트휴먼 주체들은 생명 그 자체를 창조의 실천으로서 접근해야 한다. 즉, 장애 무용수이면서 예술가이자 시인인 닐 마커스(Neil Marcus)의 말을 바꾸어 표현하자면, 포스트휴먼 주체들은 다른 형태의 생명들과 함께 "살기 위한 독창적인 방법"을 만들어야 한다.[55] 따라서 그러한 도전에 대처하는 방법으로 로지 브라이도티가 제시하듯이, "포스트휴먼 지식"의 주체가 된다는 것은 "위계와 배제의 위험을 피하기 위해 포스트 인간 종 중심주의로부터 인간 중심주의 비판을 필히 분리해야 한다는 것을 의미한다.[56] 라이언의 말처럼, "브라이도티의 주체는 겸손하고, 반개인주의적이고, 포스트 인간 종 중심주의적이면서도 '비평과 창조성'을 결합하는 정치적 투쟁에 진심을 다해 참여한다".[57] 브라이도티의 제안처럼 동물 연구를 환경 인문학 내에 포함시키는 식의 공식화에는 개인적으로 동의하지 않지만, 브라이도티의 포스트휴머니즘이 "본질보다 되기를 강조하고, 내집단 친족 대 외집단 적수 사이에서 결정하도록 더 이상 요구하거나 혹은 실제로 허용하지 않는 방식으로 친족 체계를 재구성하는 대안적인 주체성 형이상학을 제공한다"는 빈트의 전반적인 주장에는 동의한다. 본질이 아니라 되기에 근원을 두고 있는 포스트휴먼은 ─ 그것이 여성과 개이든,

54　Giovanni Aloi and Susan McHugh, "Introduction: Art and the Ontological Turn," in Giovanni Aloi and Susan McHugh(eds.), *Posthumanism in Art and Science: A Reader* (New York: Columbia University Press, forthcoming).

55　Sunaura Taylor, *Beasts of Burden: Animal and Disability Liberation* (New York: New Press, 2017), p. 136에서 재인용.

56　Rosi Braidotti, *Posthuman Knowledge* (Cambridge: Polity, 2019), p. 13.

57　Ryan, *Animal Theory*, p. 73.

포유류와 장내 세균이든, 그리고 그 외에도 버섯과 식물이든 — 우리가 함께 생명을 만들어가는 데 필요한 조건들을 지속적으로 그리고 심오하게 변화시키는 해러웨이의 확장적인 '동반종' 개념과도 또한 상통한다.[58]

인간-동물 관계는 서로를 구성할 뿐 아니라 빈트의 설명처럼 변형을 가능하게 하는 상호 관계이기도 하다.[59] 그것이 가장 흥미롭게 나타나는 것은 아마도 신체적 향상 효과를 이용해 새로운 포스트휴먼의 감지 혹은 지각 능력을 확장하고 창조하는 과학 소설의 상상력을 통해서일 것이다.[60] 필자가 지금까지 해온 문학 연구의 기반에 비추어 볼 때 이 점에 대해서는 필자만의 편견이 있을 수 있다. 하지만 그럼에도 불구하고 데이비드 허먼(David Herman)이 논의의 초점을 생체적 신체화에서 생성적 소설, 혹은 "자아가 인간의 영역 너머로 확장하는 세계에서의 인간 자아에 관한 이야기들을 재고하기 위한 — 즉, 그 이야기들을 비판 혹은 재확인, 해체 혹은 재구성하기 위한 — 작업 공간의 역할을 하는 허구적 설명"으로 바꾼 것은 내 연구와도 통하는 점이 많다.[61] 비서구의 '이교도적·물활론적·생기론적' 전통과 그 밖의 다른 전통들이 어떻게 '상황적 이야기들'에 의존하는지 고찰하면서, 찬쯔만(Tsz Man Chan)은 종의 경계를 가로지르는 사변적 서사의 힘이 포스트휴머니즘을 '포스트동물주의(postanimalism)'로 이끈다고 주장한다.[62] 인간 (이후의 동물) 이후의 과제는 허먼이 말하는 "보다 포용적인 자아의 생태"를 구축하고, "인간 너머의 자아를 위한 가능성의 배분에서 인색한 쪽과 풍부한 쪽 사이의 단층선을 드러내는 일이다".[63] 즉, 피터르 베르묄렌(Pieter Vermuelen)과 비르지니아 리히

---

58 Vint, *Animal Alterity*, p. 44.
59 Vint, 같은 책, p. 165.
60 Vint, 같은 책, p. 223.
61 David Herman, "Narratology Beyond the Human," *Diegesis*, 3(2) (2014), p. 132.
62 Tsz Man Chan, "Postanimalism," in Rosi Braidotti and Maria Hlavajova(eds.), *Posthuman Glossary* (New York: Bloomsbury, 2018), p. 331.

터(Virginia Richter)가 상상하듯이, "보다 친밀한 형태의 영향과 유대"가 인간 생명의 특권보다 가치 있게 여겨지도록 하는 것이다.[64]

---

63 David Herman, *Narratology Beyond the Human: Storytelling and Animal Life* (Oxford: Oxford University Press, 2018), p. 33.

64 Pieter Vermulen and Virginia Richter, "Introduction: Creaturely Constellations," *European Journal of English Studies*, 19(1) (2015), p. 2.

8
생명 '그 자체'

나딘 엘러스

    최근의 생명 과학과 생명 공학에서 일어나고 있는 변화는 우리가 '생명'이라고 부르는 것의 정의와 그에 대한 이해, 즉 그 용어가 무엇을 의미하는지, 무엇이 생명을 구성하는지, 그리고 인간과 비인간 타자 들은 어떻게 생명을 경험하는지에 대한 이해를 바꾸어놓았다. "생물학이 운명이 아니라 기회인" 시대에 생명은 변형과 수정을 향해 열려 있다.[1] 그러나 바로 그 수정 때문에 생명은 논쟁의 영역이 되었고 인간은 재구성되었다. 즉, 새로운 윤리적 우려들이 계속해서 생겨나고, 새롭게 부상하는 사회적 현실들에 대한 탐사가 요구되며, 동시에 기존에 있던 (지리 사회적·정치적) 불공평의 새로운 형태들이 되풀이되고 더러는 다시 강화되고 있다. 생명의 개념과 실재 들이 근본적인 변화를 겪는 수많은 방식들이 있지만, 그중에 가장 중요한 네 개의 주요 양상들을 꼽자면 다음과 같다. ① 생명은 점점 더 기술화되고 있다. ② 생명은 '열린 역동성'으로 이해되고 있다. ③ 인간의 생명은 점점 더 자기 관

---

1   Nikolas Rose, *The Politics of Life Itself: Biomedicine, Power, and Subjectivity in the Twenty-First Century* (Princeton: Princeton University Press, 2007), p. 51. '생명'이라는 용어의 개념 연구에 관해서는 Eugene Thacker, *After Life* (Chicago: University of Chicago Press, 2010) 참조.

리 혹은 자기 통치의 영향하에 놓이게 되었다. ④ 생명은 바이오가치(bio-value)의 생산을 위한 영역이 되고 있다. 이러한 작용들이 소위 '생명-만들기'와 관련된 권력관계들과 어떻게 얽혀 있으며, 그러한 노력들이 어떻게 특정 형태의 생명은 수용하고 다른 형태의 것들은 거부하는지에 대해서도 검토가 필요하다. 다르게 말하면, 생명-만들기는 종종 치명적일 수 있다. [2]

8.1 변화하는 생명 개념

생물학 용어이자 개념으로서 '생명'의 최근 의미는 근대 생물학이 18세기 말부터 19세기 초에 탄생하면서 처음 등장했다. 『사물의 질서(The Order of Things)』에서 미셸 푸코는 세기가 바뀌던 바로 그 시기에 자신이 '고전주의 시대'라고 불렀던 자연사(自然史)가 생명 과학/'생명의 과학(science of life)', 즉 생물학으로 바뀌는 중대한 전기를 맞는다고 주장한다. [3] 그리고 조르주 캉길렘(Georges Canguilhem)이 설득력 있게 말하듯이, "해석하기에 따라서는, 최근의 생물학은" 생명의 진정한 의미에 관심을 둔다는 점에서 "여하튼 생명 철학이다". [4] 고전주의 시대의 분류학자들이 자연 세계를 동물, 식물, 그리고

---

2 Nadine Ehlers and Shiloh Krupar, *Deadly Biocultures: The Ethics of Life-Making* (Minneapolis: University of Minnesota Press, 2019).

3 Michel Foucault, *The Order of Things: An Archaeology of the Human Sciences* (New York: Vintage, 1970). 또한 Sarah Franklin, "Life Itself: Global Nature and the Genetic Imaginary," in S. Franklin, C. Lury, and J. Stacey(eds.), *Global Nature, Global Culture* (London: Sage, 1995), pp. 188~226; Georges Canguilhem, *Knowledge of Life*, ed. P. Marrati and T. Meyers, trans. S. Geraoulanous and D. Ginsberg (New York: Fordham University Press, 2008) 참조.

4 Georges Canguilhem, *A Vital Rationalist: Selected Writings of Georges Canguilhem*, ed. François Delaporte, intro. Paul Rabinow (New York: Zone Books, 1994), p. 319.

광물의 세 가지 계(界)로 나누었다면, 근대 생명 과학은 그것을 유기체와 비유기체의 기본적인 분류로 대체했다. 이러한 구별은 생기와 생물체는 오직 유기체에만 해당이 된다고 보는 근본적인 **대립**의 근거가 되었다. 푸코가 설명하듯이, 유기체는 단지 생명을 부여받은 어떤 것이 아니라, **"생산하고, 성장하고, 재생산하는 생물이다"**. 이에 반해 "비유기체는 발달하지도 재생산하지도 않는 무생물로서, 생명의 경계에 생기 없고, 열매 맺지 않는 것, 즉 죽음으로 존재한다".[5] 이처럼 생명은 죽음과 반대되는 것으로 이해되었고, 죽음은 생명이 맞서 싸우는 것으로 여겨졌다.

20세기로 접어들자, 이러한 구상은 인간 신체를 유기체적으로 통합된 전체, 하나의 생명 체계로 개념화하는 결과를 낳았고, 생명 유지를 위해 병리학과의 투쟁이 근본적으로 요구되었다.[6] 그리고 이로부터 (인간과 그 밖의 다른 생명체들에 대한) 일련의 근본적인 이분법, 즉 유기체/비유기체, 생명/죽음, 정상/질병, 그리고 여기에 덧붙여 자연/인공, 주체/객체, 인간/비인간 등의 이분법이 세워졌다. 생명 '그 자체'(life "itself")는 "살아 있는 유기체의 살아 있는 생명"으로 이해되었으며, 인간과 관련해서 보자면, 인간 생명의 관리, 안정화, 그리고 정상화를 위해, 즉 건강의 균형을 유지하고 무능력, 병, 그리고 죽음을 피하기 위해, 초기의 생물 의학(biomedicine)이 동원되었다.[7]

생명에 대한 이해가 근대 생물학이 시작되고 나서 계속 바뀌어 왔다면, 현 시대에 우리는 생명 자체의 특정한 재제작과 재측정을 목도하고 있다. 이것은 생명 과학/생명 공학의 두드러진 발전과 20세기 후반 내내 발생한 정치경제적 의무와 지배적인 논리의 변화 **둘 다** 때문이다. 우리가 알던 생

---

5   Foucault, *The Order of Things*, p. 232. 강조는 인용자. 로즈(Nikolas Rose)의 말처럼, "생기와 병리학에 대한 이해 및 생명 그 자체에 관한 정의의 열쇠는 모두 죽음에 대한 저항이다"(Rose, *The Politics of Life Itself*, p. 43).

6   Canguilhem, *A Vital Rationalist*.

7   Rose, 같은 책, p. 6.

명은 이제 점점 더 **조작, 주문 제작, 최적화, 최대화, 그리고 상품화**의 대상이 된다.[8] 실제로 생명은 재창조되고 있으며, 우리는 생명의 가능성을 기존에 알고 있던 한계 너머로까지 밀어붙이고 있다. 그 결과 우리는 생명체의 확산을 목격하는 중이다. 사카리 타미넨(Sakari Tamminen)과 니키 베르묄렌(Niki Vermeulen)이 주장하듯이, "생물학적으로 만들어진 존재들만 승인되고 착취되는 것이 아니라, 새로운 형태의 노동을 수행하고 사회적 관계를 실행하는 새로운 생물학적 존재자들이 체계적으로 만들어지고 있는 것이다".[9] 이러한 변화들은 우리가 당연하게 받아들이던 생명의 존재론을 혼란에 빠트리고, 나아가 '생명'과 '인간'이 이제 무엇을 의미하는지에 대해 도전적인 문제를 던지고 있다.

---

8 (신자유주의하에서의 정치 경제적인 변화와 더불어) 20세기 후반에 일어난 생물 의학에서의 변화가 이에 해당한다. 이 시기에 단순히 생명을 규격화·정상화·표준화하기보다는, (특히 인간의) 생명을 주문 제작하거나 최대화하고, 기존의 한계를 넘어 재제작하는 데에 관심이 집중되었다. 이외에 Rose, *The Politics of Life Itself*; Melinda Cooper, *Life as Surplus: Biotechnology and Capitalism in the Neoliberal Era* (Seattle: University of Washington Press, 2008); Adele E. Clarke, L. Mamo, J. F. Fosket, J. R. Fishman, and J. K. Shim(eds.), *Biomedicalization: Technoscience, Health, and Illness in the U.S.* (Durham, NC: Duke University Press, 2010), pp. 47~87; Ehlers and Krupar, *Deadly Biocultures* 참조.

9 Sakari Tamminen and Niki Vermeulen, "Bio-objects: New Conjugations of the Living," *Sociologias, Porto Alegre*, 21(50) (2019), p. 163. 이외에 G. Pálsson, "Biosocial Relations of Production," *Comparative Studies in Society and History*, 51(2) (2009), pp. 288~313; B. Prainsack and A. Buyx, *Solidarity in Biomedicine and Beyond* (Cambridge: Cambridge University Press, 2017) 참조.

8.2 생명의 과학 기술화

지금까지 목격된 핵심적인 변화 중의 하나는 **생명이 갈수록 과학 기술화되고 있다**는 사실이다. 조애나 질린스카의 주장처럼, "인간과 비인간 주체들은 … [현재뿐 아니라 과거에도] 항상 이미 향상되어 왔고, 따라서 과학 기술에 의존해 그것과 관계를 맺으며 함께 진화"해 왔다 하더라도, 그러한 과학 기술과의 얽힘이 우리의 현 시대에 특히 더 심화되고 있는 것이 사실이다.[10] 예를 들어, 생명을 점점 더 분자적으로 바라보는 시각이 1930년대에 출현한 결과, 인간의 유기체를 포함한 모든 유기체들을 분자 수준에서 바꾸고 최적화하는 것이 가능하다고 여겨졌다. 그리고 실제로 생명은 현재 유전자 잇기/자르기와 유전자 편집, DNA 염기 서열 맞춤 제작, 특정 유전자를 제거하거나 새 유전자를 추가하는 유기체 제작 같은 기술을 통해 간섭받고 있다. 그러한 과학 기술의 혁신으로 인해 유전자, 세포, 조직, 그리고 심지어 유기체 전체를 포함한 생물학적 물질들을 새로운 형태로 복제하는 것이 가능해졌다. 가장 유명한 사례가 돌리 양이다. 그것은 또한 동물의 신체 일부가 인간의 조직과 세포로 대체되는 새로운 형태의 인간-동물 혼합인 키메라로 이어졌다. 그러한 예로 인체 장기를 살아 있는 돼지에 이식해 배양하는 데 크리스퍼(CRISPR) 유전자 편집 기술이 사용되었는데, 그 목적은 장차 동물을 인체 장기 인큐베이터로 사용하는 것이었다.[11]

---

10 Joanna Zylinska, "Playing God, Playing Adam: The Politics and Ethics of Enhancement," *Journal of Bioethical Inquiry*, 7(2) (2010), p. 155.

11 소와 양 이외에도 체세포를 통해 복제된 다른 포유류들로는 고양이, 사슴, 개, 말, 노새, 황소, 토끼, 그리고 쥐가 있다. 뿐만 아니라, 붉은털원숭이는 수정란 분할에 의해 복제되었다. 크리스퍼는 '간격이 규칙적인 짧은 회문 구조의 반복 서열'을 뜻하는 'clustered regularly interspaced short palindromic repeats'의 약자이다. 인체 장기의 출처로 사용되는 동물에 관해서는 A. Hinterberger, "Regulating Estrangement: Human-animal Chimeras in Postgenomic

식물은 이미 유전자를 한 종에서 다른 종으로 이식해 유기체에 (해충 저항력 같은) 새로운 특질을 부여하는 식으로 개량되었다. 그리고 새로운 크리스퍼 과학 기술의 도입으로 식물의 유전자 코드를 실제로 **다시 쓰는 것**(rewriting)이 가능해졌다.[12] 게다가 합성 생물학이 출현하면서 생명의 과학 기술화의 다른 형태들이 등장하게 된다. 즉, DNA의 긴 염기 서열들을 묶어서 유기체의 게놈에 끼워 넣음으로써 새로운 유전자 코드를 합성하게 된 것이다.[13] 합성 생물학을 통해 만들어지고 있는 다양한 생명체들 중에 가장 잘 알려진 것들로는 효모로 만든 바이오 연료, (고무의 원료인) 이소프렌을 생산하기 위해 인공적으로 만든 박테리아, 면역 체계가 암과 싸우는 능력을 키워주는 바이러스, 그리고 방출된 독극물을 청소하기 위해 고안된 합성 해파리 등이 있다.[14]

인간 차원의 과학 기술화는 인간-기계의 상호 작용을 통한 인간 능력과 **생명의 확장**으로 나타난다. 일상에서 당연하게 쓰이는 예들은 심장 박동 조절기, 투석 장치, 인공 팔다리와 인공 관절, 그리고 보청기이다. 인간과 기계의 보다 혁신적인 상호 교차는 배터리로 움직이는 손, 신경을 자극하는 달팽이관 이식, 과학 기술을 이용해 배양한 피부, 뇌에 의해 제어되는 인공 삽입물의 개발 등에서 발견된다. 이러한 확장 외에도 (그리고 가끔은 그것과 합쳐져서), 과학 기술화는 재생 의학을 통한 **생명의 소생**을 또한 가능하게 한

Biology," *Science, Technology, & Human Values* (2016), pp. 1~22 참조.

12 Y. Li, "These CRISPR-modified Crops Don't Count as GMOs," *The Conversation* (May 22, 2018), online.

13 합성 생물학에서 과학자들은 대개 DNA의 긴 염기 서열을 묶어서 유기체의 게놈에 끼워 넣는데, 이것은 유기체의 DNA에 작은 변화를 일으켜서 그것을 제거하거나 혹은 게놈에 짧은 염기 서열을 덧붙이는 게놈 편집과는 약간 다르다.

14 A. Deplazes-Zemp, "The Conception of Life in Synthetic Biology," *Science and Engineering Ethics*, 18(4) (2012), pp. 757~774; J. M. Crow, "Life 2.0: Inside the synthetic biology revolution," *Cosmos* (April 17, 2018), online.

다. 손상된 신체 부위들은 생체 조직 공학이나 줄기세포 기술을 통해 대체/재성장/치료된다. 일례로, 그러한 과학 기술의 적용은 보조 방광, 소동맥, 피부 이식 수술, 연골, 그리고 심지어 기도 전체 이식으로까지 확대되었으며, 최첨단 줄기세포 기술은 파킨슨병, 제1형 당뇨병, 심장병, 척수 손상, 근육 위축, 알츠하이머병, 뇌졸중, 화상, 골관절염, 그리고 시각이나 청각의 손실 같은 질병과 손상을 예방하거나 치료할 수 있는 가능성을 열어주었다. 끝으로, 세포군을 죽지 않도록 유도하고 **체외에서** 계속 번식할 수 있게 배양하는 죽지 않는 세포계의 개발에서 볼 수 있는 것처럼, 생명의 과학 기술화는 생명의 **유예**를 가능하게 한다. 죽지 않는 세포의 개발은 해나 랜데커(Hannah Landecker)가 "시공간을 가리지 않는 체세포 조직의 완전 조작 가능성"이라고 말한 것을 설득력 있게 보여주며,[15] 이를 통해 생명의 가소성과 신체 외부에서의 생명의 자율성이 극명하게 드러난다. 그리고 그것은 또한, 나중에 다시 논의하겠지만, (인간과 그 외의 다른) 신체들이 추가 실험과 잠재적 착취의 대상이 되도록 만든다.

종합해서 보자면, 이렇게 다양한 과학 기술의 개입은 인간 (그리고 비인간) 생명체가, 수전 메릴 스퀴어(Susan Merrill Squier)의 말처럼, 더 이상 "독특한 시공간적 좌표, 즉 하나의 특정한 시간과 공간에 하나의 신체, 하나의 생명에 의해 규정되지" 않는다는 것을 보여준다. 그 대신에 생명체는 "재생과 … 확장 혹은 전위(傳位)를 위한 … 자원의 행위자적·기계적 배치에 의해 점점 더 규정된다".[16] 유기체/비유기체 대립은 (확장 기술을 통해) 무너지고, 자연/인공 그리고 자아/타자 대립은 (다양하고 새로운 분자적 얽힘을 통해) 도전받으

15 Hannah Landecker, *Culturing Life: How Cells Became Technologies* (Cambridge: Harvard University Press, 2007), p. 103.
16 Susan Merrill Squier, *Liminal Lives: Imagining the Human at the Frontiers of Bio-medicine* (Durham: Duke University Press, 2004), p. 183.

며, 생명/죽음 이분법은 (소생-유예 기술과 유기체-비유기체 연결을 통해) 문제시
된다.[17] 많은 사람들은 이러한 이분법의 붕괴를 축하해야 할 일로 여겼다.
그러나 동시에 이러한 변화들은 윤리적 도전을 야기했고, 그 결과 실라 자
사노프(Sheila Jasanoff)가 말하는 소위 '생물 입헌주의(bioconstitutionalism)', 즉
어떤 선까지 넘을 수 있고 넘어야 하는지에 관한 법적 단속이 강화되었다.[18]

8.3 '열린 역동성'으로서의 생명

생명은 점점 더 기술화되면서 또한 **열린 역동성으로 여겨지게** 된다. 인간
생명에 초점을 맞추면, 생명은 더 이상 생물학적 또는 유전학적 결정론의
오래된 개념들을 통해 설명되는 대신에 복잡하고 창발적인 것으로 이해된
다. 실로, 인간 생명을 포함해 생명의 특징은 형성 중에 있는 **불확정성**이라
고 할 수 있다.[19] 후성 유전학(epigenetics)은 열린 역동성으로서의 생명이 확
인되는 하나의 무대이다. 후성 유전학은 DNA나 유전자 코드를 바꾸기 위
한 기술적 개입 없이 발생하는 게놈과 유전자 기능에서의 변화를 연구한다.

---

17 세라 프랭클린과 마거릿 로크는 "생명과 죽음이 … 단일한 통합 체계의 틀에서 분리되어 별
개의 새로운 배치로 재편성되었다"고 지적한다. Sarah Franklin and Margaret Lock, "Anima-
tion and Cessation," in S. Franklin and M. Lock(eds.), *Remaking Life and Death: Toward
an Anthropology of the Biosciences* (Santa Fe: School of American Research Press, 2001),
p. 14.

18 Sheila Jasanoff, "Introduction: Rewriting Life, Reframing Rights," in S. Jasanoff(ed.),
Reframing Rights: Bioconstitutionalism in the Genetic Age (Cambridge: MIT Press, 2011),
pp. 1~28. 인간-동물의 얽힘에 관한 법적 단속에 관해서는 Hinterberger, "Regulating Estrange-
ment" 참조.

19 Karen Barad, *Meeting the Universe Halfway: Quantum Physics and the Entanglement of
Matter and Meaning* (Durham: Duke University Press, 2007).

후성 유전학적 메커니즘은 (유전자를 켜거나 끄는 식으로) 유전자 표현에 영향을 주며, 그러한 분자 메커니즘은 환경과 다른 외적 자극 같은 수많은 요소들에 의해 영향을 받는다. 게다가, 그것들은 부모로부터 자식에게, 그리고 여러 세대에 걸쳐 유전된다.[20] 이처럼 후성 유전학은 "플라스틱처럼 변화 가능한 생물학적 생명의 비결정론적 모델"을 제공한다. 베키 맨스필드(Becky Mansfield)와 줄리 거스먼(Julie Guthman)이 강조하듯이, 그것은 "사회적·자연적 시공간의 날줄과 씨줄의 일부로서의 생물학적 차이의 개념으로 나아가는 변이, 즉 차이의 과학"이다.[21] 가령, 최근 연구는 미국에서의 비만 문제를 개인의 섭식 행동보다는 후성 유전학을 통해 설명이 가능한 특수한 **인종화된 병인학**(racialized etiologies)으로 제시했다. 그 연구에 따르면, (내분비 장애 물질로 작용하는) 특정 농약, (제도적 인종주의의 경험에서 비롯된 것으로 여겨지는) 만성 스트레스와 그에 따른 코르티솔 순환, 그리고 여러 세대에 걸쳐 이어져온 영양실조가 소수 인종 인구층의 비만율 증가와 모두 관련이 있었다.[22]

---

20 Maurizio Meloni, "Epigenetics for the Social Sciences: Justice, Embodiment, and Inheritance in the Postgenomic Age," *New Genetics and Society*, 34(2) (2015), pp. 125~151; M. Lock, "The Epigenome and Nature/Nurture Reunification: A Challenge for Anthropology," *Medical Anthropology*, 32(4) (2013), pp. 291~308 참조.

21 Becky Mansfeld and Julie Guthman, "Epigenetic Life: Biological Plasticity, Abnormality, and New Configurations of Race and Reproduction," *Cultural Geographies*, 22(1) (2015), p. 4.

22 이와 관련한 후속 연구에 대해서는 Julie Guthman, "Opening Up the Black Box of the Body in Geographical Obesity Research: Toward a Critical Political Ecology of Fat," *Annals of the Association of American Geographers*, 102(2012), pp. 951~957; Julie Guthman, "Doing Justice to Bodies? Reflections on Food Justice, Race, and Biology," *Antipode*, 46(2014), pp. 1153~1171 참조. 인종과 관련해서는, 건강에 관한 다른 접근들과 사회 정의를 논의하는 다른 플랫폼들을 참조할 필요가 있다. 예를 들어, Becky Mansfield, "Folded Futurity: Epigenetic Plasticity, Temporality, and New Figures of Fetal Life," *Science as Culture*, 26(3) (2017), pp. 355~379 참조.

이와 같이 후성 유전학은 어떻게 인간의 신체화된 생명이 과거를 포함한 외적 요인들에 의해 형성되고, 쉽게 영향 받고, 역동적이며, 비결정적으로 나타나는지 알 수 있게 해준다. 후성 유전학은 생물 사회적(biosocial) 손상의 과거와 현재, 즉 어떻게 트라우마가 생물적 효과로서 유전될 수 있는지 뚜렷하게 보여준다.

생명이 열린 역동성으로서 존재한다는 것을 알 수 있는 또 다른 방법은 인체 내부와 표면에 사는 (박테리아, 살균 바이러스, 균, 원생동물, 바이러스 같은) 미생물(microbe)의 집단 게놈을 가리키는 인체 내 미생물군(群)을 통해서이다. 2008년에 개시된 인체 미생물군 프로젝트 팀은 우리의 몸에 인체 세포의 열 배에 달하는 미생물 세포가 있다는 사실을 발견했다. 인간의 신체(그러므로 '생명')는 세포들의 군집으로 이루어져 있다. 인간 신체는 단수가 아닌 복수의 인간(세포)들 '혼자만 있는' 게 아니라, 미생물 세포들도 자리를 차지하고 있다. 즉, 항상 인간 그 이상인 것이다. 스테판 헬름라이히(Stefan Helmreich)의 주장처럼, 우리는 "단지 초기 인류의 선대, 유인원, 포유동물, 척삭동물, 동물 등등의 직계 후손들"로서 더 이상 간주되어서는 안 된다. 우리는 오히려 "프랑켄슈타인처럼, 엄청난 양의 작은 미생물 친구와 적 들로 이루어진 옆길로 샌 혼합물 덩어리(sideways mashups)와 같다. **유물 바이러스와 동반자 미생물 들의 흔적이 우리의 게놈, 세포, 우리 자신에 착종되어 있다.** 미생물들의 친척들이 우리의 혈액과 내장 속에 생존해 잘 살고 있다".[23] 이와 같이 '순수한' 인간에 대한 생각은 모두 의문에 붙여지고, 인간은 다른 생명체들과 항상 이미 관계적인 존재로 여겨진다. "종합해 보면, 후성 유전학과 미생물군 연구는 (신체화된 인간)의 생명은 경계가 있지 않고, 오히려 세계동물보건기구(OIE)의 사무총장인 베르나르 발라(Bernard Vallat)가 말한 소

---

23 Stefan Helmreich, "Homo Microbis: The Human Microbiome, Figural, Literal, Political," *Thresholds*, 42(2014), pp. 52~53. 강조는 인용자.

위 '21세기의 위대한 생물학적 용광로' "를 향해 위태롭게 열려 있다는 것을 깨닫게 해준다.[24]

8.4 자기 통치로서의 생명

이와 동시에 인간 생명은 **자기 관리/통치**를 통해 관리되고 향상되어야 하는 것으로 제시된다. 인간 생명, 즉 그 가능성, 능력, 그리고 건강의 통치는 후기 자유주의의 광범위한 역사적 지형 내에서 변화해 왔다. 이전에 인간 개체군의 생명은 목자(牧者) 국가가 돌보았다. 인간의 건강에 해가 되는 집단적 위험을 관리하는 것은 국가의 몫이었다. 이것은 건강과 질병에 관한 19세기 말과 20세기 초의 공중 의식과 건강의 해를 국가 복지에 대한 위협으로 간주하고 개인과 그의 가족 들이 공동선을 위해 참여할 것을 요구하는 공적인 검사/측정에서 잘 드러난다. 이 시기 동안 통치의 논리, 즉 생명에 대한 정치는 일반 시민의 생물학적 능력을 유지하는 것과 관련이 있었다.[25]

그러나 20세기 후반 내내 이러한 통치 논리는 변화를 겪었다. 한편으로, 복지 의무의 거부를 특징으로 하는 신자유주의 통치 전략의 등장은 국가의 권력 이양과 갈수록 커지는 '사회' 혹은 '공공선' 개념의 부재로 이어졌다. 이

---

24 Bruce Braun, "Biopolitics and the Molecularization of Life," *Cultural Geographies*, 14(1) (2007), p. 8.

25 암과 관계된 보다 목가적인 건강 통치의 초기 형태에 관해서는 B. H. Lerner, *The Breast Cancer Wars: Hope Fear, and the Pursuit of a Cure in Twentieth-Century America* (Oxford: Oxford University Press, 2003); Nadine Ehlers and Shiloh Krupar, "Hope Logics: Biomedicine, Affective Conventions of Cancer, and the Governing of Biocitizenry," *Configurations: A Journal of Literature, Science, and Technology*, 22(3) (2014), pp. 385~415 참조. 좀 더 상세한 생명 정치와 포스트휴머니즘 논의는 11장 참조.

러한 새로운 통치는 민영화의 증가, 자유방임 개인주의의 부활과 강화, 그리고 거의 대부분의 삶의 영역을 시장 논리와 재정적인 비용 편익 분석에 맡기는 행위를 통해 드러났다. 다른 한편으로는 신자유주의적 통치의 등장과 연계해서 아델 클라크(Adele Clarke) 등등이 말하는 소위 일상생활의 생물의학화가 증가했다. 그 결과 이제는 거의 모든 것이 (신체가 단지 제어가 아니라 변형될 수 있는) 생물 의학적인 문제로 간주된다. 생물 의학은 거의 모든 문제에 **답**을 줄 수 있는 타의 추종을 불허하는 진리로서 여겨진다. 로즈(Nikolas Rose)에 따르면, 이것은 인지 능력과 관련해서든, 아니면 노화나 죽음의 과정과 관련해서든, "오늘날 잘 산다는 것은 생물 의학의 관점에서 살아야 한다는 것"을 의미한다.[26]

이러한 요인들은 국가가 더 이상 사회의 건강 요구를 해결해 주지 못하는 상황에서 건강과 위험에 대한 개인의 책임이 커지는 결과를 초래했다. '전문가들의 권고 네트워크'에 따르면, ① 개인(그리고 공동체)은 생물 의학적인 지식 용어와 기준을 통해 스스로를 이해하고, ② 생물 의학 과학 기술과 기술을 통해 자신의 생물학적 작용/건강을 관리, 조절하고, ③ 건강 지침을 자신의 미래를 예측하고 생명을 최대로 강화하기 위한 개인적 목표이자 방법으로서 적극 실천해야 한다.[27] 이와 관련해서, 개인은 건강 관련 (그리고 추정컨대 건강 증진) 상품과 서비스를 소비해 이상적인 시민이 되도록 점점 더 요청 받는다. 그럼으로써 '재정 손실'의 대상이 되지 않도록 자유의 한 형태로서 '선택'을 행사하는 한편, 동시에 시장을 확대시키는 데 기여해야 한다.[28] 자기 통치 지침의 등장은 궁극적으로 개인이 자신의 생물학적 삶의 모든 측

---

26 Nikolas Rose, "The Human Sciences in a Biological Age," *Theory, Culture, and Society*, 30(1) (2013), p. 7.

27 Rose, 같은 논문, p. 13.

28 로즈는 이것을 "적극적인 시민의 윤리"라고 말한다(Rose, *The Politics of Life Itself*, p. 25).

면을 관리함으로써 평생 동안 생산적이기를 요구하는 것이다.

8.5 생명 가치 영역으로서의 생명

생명과 능력의 조작 및 극대화는 생명 '그 자체'의 추가적인 변환, 즉 **생명이 생명 가치의 영역으로 간주되고 배치**되는 지구적 바이오 경제의 등장에 기여했다. 캐서린 월드비(Catherine Waldby)에 따르면, **생명 가치**는 "생명 공학 기술을 통한 생명체 기본 과정의 재구성에 의해 생산된 생명력의 산출량"을 가리킨다. 그녀는 생명 공학 기술이 생명 체계와 비생명 체계 사이에 개입해 "새롭고 우발적인 생명의 형태를 만들어서 생명을 자본화하는" 방식에 초점을 맞춘다.[29] 니컬러스 로즈는 "생명 기본 과정의 중요한 특성들로부터 추출된 가치"를 가리키기 위해 생명 가치라는 용어를 사용한다.[30]

가장 단순하게 보면, 생명 가치는 생물학이 고도로 자본화되어 가는 방식을 가리킨다. 이러한 사실은 생명 가치가 앞서 언급한 몇몇 과학 기술을 통해 수확되는 방식, 즉 보다 높고 탄력 있는 곡물 수확량이나 (다양한 형태의 바이오 연료 같은) 새로운 형태의 바이오 에너지를 생산하는 방식에서 제일 먼저 분명하게 드러난다. 다른 새로운 기술들은 생물이 가치의 형태로 재생되고 재처리되는 새로운 형태의 생물 복원을 가능하게 한다. 예를 들어, 죽은 인간의 신체, 즉 시체는 생명 가치의 주요 원천이 되어, 신체/부위와 조직은 추출 공정을 거친 죽은 생명의 상품화에 따라 경제적 가치로 전환된다. 예컨대, 이러한 죽은 생명의 생명 가치는 살아 있는 생명의 신체를 위해

---

29 Catherine Waldby, "Stem Cells, Tissue Cultures and the Production of Biovalue," *Health*, 6(3) (2002), p. 310.

30 Rose, *The Politics of Life Itself*, p. 32.

교체 부위를 제공하는 장기 증여와 의료 교육이나 인체의 유해를 조사하는 법의학의 발전을 위한 전신 증여에서 찾아볼 수 있다. 시체는 또한 (화장터의 시신에서 나온 금속이나 임플란트 들을 이용한) 임플란트/보철물 재활용 기술과 고열 소각장의 폐열 전환 기술 등의 방식을 통해 생명 가치로 전환되기도 한다.[31]

다른 차원에서 보면, 첨단 생물 의학과 보건 의료 기술은 새로운 제약(製藥), 기술, 그리고 현재 혹은 앞으로 예견되는 질병이나 불능에 대한 다른 '해결책들'을 개발함으로써 인간의 생물학적 삶의 거의 모든 영역을 자본화한다. 점점 더 증가하는 생명의 생물 의학화를 통해 무한히 팽창 중인 약물 시장은 (경제적 수익을 최대로 내기 위해) 더욱더 많은 소비자들을 창출한다.[32] 이와 관련한 가장 대표적인 사례는 지난 15년 동안의 특정 인종에 따른 의약품 개발로서, FDA가 '흑인' 주체를 위한 심부전 치료제 비딜(BiDil)을 승인한 것에서 시작되었다.[33] 인종에 근거한 의약품은 인종을 생물학적 진리로서

---

31 Shiloh R. Krupar, "Green Death: Sustainability and the Administration of the Dead," *Cultural Geographies*, 25(2) (2018), pp. 267~284; Ehlers and Krupar, *Deadly Biocultures* 참조.

32 Joseph Dumit, *Drugs for Life: How Pharmaceutical Companies Define Our Health* (Durham: Duke University Press, 2012) 참조. 초국가적 제약 시장과 생명 정치적인 통치에서의 그 역할에 관해서는 Kaushik Sunder Rajan, *Pharmocracy: Value, Politics, and Knowledge in Global Biomedicine* (Durham: Duke University Press, 2017) 참조.

33 Jonathan Kahn, *Race in a Bottle: The Story of BiDil and Racialized Medicine in a Postgenomic Age* (New York: Columbia University Press, 2012); A. Pollock, *Medicating Race: Heart Disease and Durable Preoccupations with Difference* (Durham: Duke University Press, 2012); Jonathan Xavier Inda, *Racial Prescriptions: Pharmaceuticals, Difference, and the Politics of Life* (Surrey: Ashgate Publishing, 2014); Shiloh Krupar and Nadine Ehlers, "Target: Biomedicine and Racialized Geo-body-politics," *Occasion*, 8(2015), pp. 1~25; Shiloh Krupar and Nadine Ehlers, "Biofutures: Race and the Governance of Health," *Environment and Planning D: Society and Space*, 35(2) (2017), pp. 222~240 참조.

인식하는 소비자 시장의 개척을 낳고, 어떤 건강상의 문제는 인종에 원인이 있으며 그에 따라 추천된 의약이 (질병의 생물학 외적인 근원은 생략한 채) 그러한 문제를 개선해 줄 것이라는 입장을 고수한다. 그럼으로써 상당한 경제적 가치의 새로운 틈새시장을 창출하는 것이다.

게다가, 인간의 생물학적 능력/살아 있는 생체 활동도 생명 가치의 형태가 된다. 거시적으로 보면, 인간 주체들은 임상 실험 가입자, 연구 대상, 조직 기증자, 혹은 생식 대리인의 역할을 함으로써 ─ 자신들의 생명력을 기여하는 ─ 실질적인 임상 노동에서의 연결점이 된다.[34] 미시적으로 보면, 인체의 조직과 세포는 세계 시장에서 생명 가치의 새로운 원천이 되고 있다. 난자, 정자, 그리고 배아는 세계적으로 유통되는 친숙한 형태의 인체 조직/세포의 생명 가치이다. 이외에도 다른 많은 예들이 있다. 가령, 죽지 않도록 배양된 세포주(細胞株)들이 꽤 오랫동안 상품화되었다. 그중에 가장 유명한 헬라 세포주(HeLa cell line)는 자궁암 환자인 헨리에타 랙스(Henrietta Lacks)로부터 1951년에 동의 없이 추출한 것이었다.[35] 이러한 세포들은 (바이러스, 독소, 그리고 호르몬에 관한) 과학 연구, 백신 개발, 다양한 암 치료, 그리고 유전자 지도에 상당한 기여를 했다. 그리고 2018년 현재 미국에서만 1만 7000명 이상의 환자들이 헬라 세포를 사용 중이어서, 그로 인한 수익이 계속 발생하고 있다.[36] 인간 유전자는 미시적 차원에서의 인적 자원의 생명 가치화를 보여주

---

34 Melinda Cooper and Catherine Waldby, *Tissue Donors and Research Subjects in the Global Bioeconomy* (Durham: Duke University Press, 2014) 참조.

35 Robert Mitchell and Catherine Waldby, *Tissue Economies: Blood, Organs, and Cell Lines in Late Capitalism* (Durham: Duke University Press, 2006).

36 D. L. Brown, "Can the 'immortal cells' of Henrietta Lacks sue for their own rights?" *Washington Post* (June 25, 2018), online. 생물 의학에서 아프리카계 미국인들을 학대하고 착취한 역사는 여성 노예들을 대상으로 한 J. 매리언 심스(J. Marion Sims)의 부인과(婦人科) 실험부터 (시민권 운동에 참여한 것과 종종 관련이 있는) 1960년대에 정신 분열증 진단을 받은 불균형한 숫자의 흑인 남성들에 이르기까지 매우 길다.

는 또 다른 예로서, 원주민들로부터 DNA를 조달하는 사례에서처럼 인간의 생체를 생물 자원으로 탐사하는 유해한 형태들과 연관될 수 있다.[37] 마거릿 로크(Margaret Lock)가 주장하듯이, 그러한 실제들의 궁극적인 방향은 **"생명 그 자체가 제약 및 다른 회사들의 사적 재산이 되는"** 것에 있다.[38] 끝으로, 인간의 줄기세포는 그것의 유연성과 자기 재생의 무한한 잠재력 때문에 치료 목적으로 개발되고 사용되는 생명 가치의 핵심 형태로 떠오르고 있다. 태아 혹은 성인의 줄기세포를 사용하는 기술은 신체의 성장/발생 과정을 도구로서 사용해 세포 수준에서 생명력을 촉진시킨다. 그리고 그 결과 생명력을 증진시키는 동시에 경제적 수익을 발생시키는데, 그러한 치료법을 이용하는 소비자들은 상당한 경제적 비용을 부담하기 때문이다. 이러한 각각의 새로운 생명 가치들은 — 인간과 그 밖의 다른 — 생명이 생명 가치와 경제 가치로 자본화될 수 있다는 것을 보여준다.

8.6 생명 만들기 — 그리고 죽게 하기

지금까지 소개한 최근의 생명 과학과 생명 공학 기술의 다양한 발달은 소

---

37 세계보건기구는 생물 자원 탐사를 다음과 같이 정의한다. "화학 물질, 유전자, 미생물 유기체, 육안으로 보이는 유기체, 그리고 다른 가치 있는 자연의 산물 들의 새로운 자원을 체계적으로 찾거나 개발하는 행위로서, 경제적으로 가치 있는 유전자 및 생화학 자원의 탐사를 수반한다. 간단히 말해서, 생물 자원 탐사는 생물 다양성을 상업화하기 위한 방법을 찾는 행위이다"(WHO Essential Medicines and Health Products Information Portal, online 참조). 원주민과 DNA의 관계에 관해서는 Kim Tallbear, *Native American DNA: Tribal Belonging and the False Promise of Genetic Science* (Minneapolis: University of Minnesota Press, 2013) 참조.

38 Margaret Lock, "The Alienation of Body Tissue and the Biopolitics of Immortalized Cell Lines," *Body and Society*, 7(2-3) (2001), p. 64. 강조는 인용자.

위 '생명-만들기'와 불가분의 관계에 있다. 이 용어는 일반화된 '생명' 및 생물학적 능력을 조절하기 위한 노력과 (생물학적 존재로서의) 인간이 특히 생명 의학과의 관계를 통해 **더 오래 살게** 해줄 특정 방식들을 요약하는 말이다.[39] 이것은 생명 '그 자체'에 대한 로즈의 정의, 즉 인간과 관련된 생명 만들기는 살아 있는 인간 유기체의 살아 있음 ─ 생명력 ─ 을 긍정하는 것과 관련이 있다는 로즈의 정의를 상기시킨다.

생명 만들기는 오랫동안 **통치 전략**에서 중요한 역할을 해왔다. 따라서 그것을 존재론적으로 중립적이거나 비판의 여지가 없는 해방적인 것으로 여겨서는 안 된다. 오히려 생명 만들기는 권력관계 내에서 그리고 그것에 의해 은밀하게 수행된다. 전통적으로, 생명에 대한 권력(혹은 푸코가 생명 권력이라고 칭한 것)을 구성하는 전략, 기술, 실제, 그리고 논리는 국가 단위의 전체 인구와 개인의 차원에서 건강을 유지하고 질병을 관리하는 데 동원되었다. 그러나 모든 생명이 동등하게 보호되는 것은 아니어서, 살아야만 하는 자와 죽게 놔두어야 하는 자 사이에(경주가 가장 대표적이다) 수많은 단절이 생긴다.[40] 생명이 곧 **기회**인 요즘 시대에 생명 만들기는 (단순히 통제와 유지보다는) 최적화와 극대화에 점점 더 초점이 맞춰진다. 게다가, 후기 자유주의의 경제 논리를 특징으로 하는 생명 만들기 작업은 시장 논리와 지구 자본과의 관계 속에서 건강과 생명을 지원하고, 생물학적 존재의 생사 문제에 위험을 초래할 수 있는 방식으로 투기를 조장하며, 건강 유지의 부담을 개인에게 전가한다. 생명 만들기의 전략이 바뀌었을 수는 있지만, 역사적으로 존재해 온 불평등은 줄어들기는커녕 오히려 더욱 공고해지고 악화되고 있다.

새로운 과학 기술이 생명을 연장하고 그것을 되살린다면, 누가 그러한 기

---

39 Ehlers and Krupar, *Deadly Biocultures*.

40 Michel Foucault, *Society Must Be Defended: Lectures at the Collège de France 1975-1976*, trans. David Macey (New York: Picador, 2003), p. 254.

회에 접근할 수 있고, 그러한 접근은 경제와 그 밖의 다른 요소들에 의해 어떻게 결정되는가? 누구의 생명이 중지되고 누구의 생명이 연장되는가? 헬라의 사례와 원주민들에게 가해졌던 유전자 사냥을 자세히 살펴보면, 과학 기술은 아무도 모르게 소수자들로부터 새로운 형태의 추출을 할 수 있다는 것을 알 수 있다. 인간-비인간의 얽힘은 다른 생명체들에 대한 인간 권한의 추가적인 확장, 즉 이제는 생명 법칙의 수정으로까지 확대된 폭력을 의미한다. 후성 유전학과 미생물계 연구는 역사적으로 불평등했던 생명 관리를 잘 보여준다. 이것은 다양한 민족적·인종적 불평등을 초래한 정착민 식민주의, 노예 제도, 그리고 다른 수많은 요인을 통해서 드러나는데, 그 요인들은 개인들이 **그러한 역사를 생물학적 결과로서 떠안고 살고 있다**는 점에서 **계속해서 살아 있다**.[41] 하지만 그러한 역사는 충분한 식량, 무독성 환경, 그리고 예방 보건과 의료 관리의 지속적인 부족으로 인해 더욱 심각해지고 있다. 이론적으로는 자기 통치와 자기 책임의 등장이 칭찬할 만한 목표처럼 보일지 모른다. 그러나 자기 책임화의 요청이 얼마나 규제력을 지니고 있는지 명심해야 한다. 그것은 우리를 특정한 형태의 생명, 즉 일반적으로 말해 생산적이고 생식적인 생명들만을 좇도록 이끈다. 게다가, 건강이 개인적인 추구라면 — 그리고 적극적인 시민의 윤리가 이제는 거의 의무 사항이라면 — 사회/구조적 불평등과 질병의 개인적이지 않은 원인은 은폐되거나 부인된다. 예를 들면, 인종에 따라 건강이 나쁘게 된 광범위한 원인은 그러한 생명 만들기의 논리에서는 나타날 수가 없다. 실제로, 건강 추구를 부단히 지속할 수 없는 사람들은 버려지거나 모욕당할 때가 많다('성공적인 노화'를 강조하면서 노쇠는 실패로서 간주하는 것이 하나의 예이다).

생명을 생명 가치 영역으로 재설정하는 데에 내재한 생명의 자본화는 개

---

41 Troy Duster, *Backdoor to Eugenics* (New York: Routledge, 2003); Ruha Benjamin, *Race After Technology: Abolitionist Tools for the New Jim Code* (Cambridge: Polity, 2019) 참조.

인 혹은 세포의 수준에서 — 정확하게는 생물학적 능력의 착취를 통해 — 인간 (그리고 비인간) 생명 작용의 모든 측면으로부터 더 많은 생명과 능력을 캐내는 끝없이 확장하고 있는 영역처럼 보인다. 생명 자체를 이렇게 재제작하는 것은 인간과 비인간, 유기체와 비유기체, 생명과 죽음 등등의 전통적인 구분을 혼란에 빠트리고 실제로 약화시킨다. 그러나 궁극적으로 생명의 수많은 새로운 변형을 둘러싼 과장이나 전망과 상관없이 망설이는 이유가 있다. 최근 생명 과학과 생명 공학 기술이 추구하는 생명 만들기는 우리가 생명 '그 자체'로서 의미하는 것을 바꿔놓을지 모른다는 것이다. 그러나 그러한 추구는 어떻게 생명을 영위할지에 대한 새로운 정치-윤리적 관심을 또한 불러일으키고 예전의 관심들을 되살리게도 할 테다.

9
인류세

거다 로얼빙크

서구적 사고를 해온 사람들조차도 자신들을 인간만의 역사 속에 사는 개인과 개인의 집합인 사회로서 간주하는 것이 불가능하게 되었는데, 똑같은 이유로 유기체 및 환경이 기억하기도 어렵게 된다면 어떻게 될까? 분명 지구에서 일어나는 이러한 변화의 시기를 인류세라고 명명해서는 안 될 것이다![1]

9.1 서론: 인류세

인류세라는 용어가 과학 담론에 등장한 것은 2000년대 초이다. 그것은 노벨상 수상자인 화학자 폴 크루첸(Paul Crutzen)과 생태학자 유진 스토머(Eugene Stoermer)에 의해 처음 소개되었다.[2] 기후 변화가 한동안 과학과 정

---

1   Donna J. Haraway, "Staying with the Trouble: Anthropocene, Capitalocene, Chthulu-
    cene," in *Anthropocene or Capitalocene? Nature, History, and the Crisis of Capitalism*,
    ed. Jason Moore (Oakland, CA: PM Press, 2016), p. 34.
2   P. Crutzen and E. Stoermer, "The Anthropocene," *Global Change Newsletter*, 41(2000),

치의 관심사가 되면서, 인류세는 인간 종이 지질학적 힘이 된 새로운 지질 연대를 가리키는 말로서 주의를 끌게 된다.[3] 이처럼 인류세는 인간이 환경에 끼친 영향을 인정하는 것에서 더 나아간다. 윌 스티븐(Will Steffen)과 그의 동료들이 최근에 말했듯이, "인간 활동은 이제 지구 시스템의 궤도에 미치는 영향을 놓고 다른 지질학적 힘들과 경합 중이다".[4] 나아가 스티븐과 그의 동료들은 인간 종이 하나의 지질학적 힘으로서 지구 시스템을 전보다 훨씬 더 뜨겁고 거주하기에 훨씬 덜 적합한 기후 공간, 즉 "현재의 인간 종과 다른 많은 종들이 살기 힘든"[5] 곳으로 바꾸고 있다고 주장한다. 따라서 인류세는 지구 생명체에 중대한 영향을 미치며 인간을 포함한 다른 생명체들과 물질의 관계에 대한 우리의 본질적인 이해와 신념에 의문을 던진다. 이러한 맥락에서 우리는 인간에 대해 어떻게 생각해야 하는가? 그리고, 가장 중요하게는, 그것은 기후 변화에 대처하는 방법과는 어떤 관계가 있는가?

인류세의 중요성과 그것이 제기하는 철학적 질문들을 감안할 때, 새로운 지질 연대의 시기를 규정하는 과학적 측정에 대해서는 여전히 논쟁 중이지만, 그 말이 사회 과학과 인문학, 그리고 공적 담론에서 쉽게 채택되는 것은 어찌 보면 당연한 일이다.[6] 실제로, 노엘 카스트리(Noel Castree)는 인류세가 우리 시대의 키워드로 고려될 수 있다고 말하면서, 2011년 ≪내셔널 지오그래픽(National Geographic)≫에 실린 엘리자베스 콜버트(Elizabeth Kolbert)의 「

---

pp. 17~18.

3 Noel Castree, "The Anthropocene and Geography I: The Back Story," *Geography Compass*, 8/7(2014), pp. 436~449.

4 Will Steffen, J. Rockström, and K. Richardson, "Trajectories of the Earth System in the Anthropocene," *PNAS Proceeding of the National Academy of Sciences of the United States of America, Perspective*, 115(33) (2018), p. 1.

5 Steffen, Rockström, and Richardson, 같은 논문, p. 2.

6 지구 위험 한계선(Castree)과 티핑 포인트(Steffen et al.) 같은 관련 용어들도 함께 쓰인다.

인류세 ─ 인간의 시대 ─ 에 접어들다(Enter the Anthropocene-Age of Man)」와 같은 해에 나온 마크 라이너스(Mark Lynas)의 『신이 된 종(種): 지구는 어떻게 인간의 시대로부터 살아남을 수 있는가(*The God Species: How the Planet Can Survive the Age of Humans*)』 등에서 보듯이 그 말이 공적으로 점점 더 많이 사용되고 있다는 것에 주목한다. 인류세는 사회 과학과 인문학에서도 널리 사용되고 있는데, 카스트리가 학술지 ≪지오그래피 컴퍼스(*Geography Compass*)≫에 기고한 인류세에 관한 세 편의 서로 연관된 논문들이 그 예이다.[7] 그의 설명처럼, 그러한 분야들에서 인류세의 과학적 신뢰도와 중요성은 용어 자체에 대한 유보적인 견해가 전혀 없는 것은 아니지만 그래도 일반적으로 받아들여지고 있다.

이러한 유보적인 견해는 인간을 탈중심화하기 위한 수많은 노력에도 불구하고 인류세가 인간을 지구 행성 차원에서 생명의 중심으로 재설정하는 데에서 기인한다. 뉴스나 다른 공적인 논평에서 인간은 지구의 (과거와) 미래에 주된 책임이 있는 것으로 언급된다. 중요한 점은 '서구'나 '유럽인'처럼 역사의 중심에 위치한 특정 인간 집단이 아니라, 종으로서의 인간이 지구 생명체의 중심적인 힘으로 간주된다는 것이다.[8] 제이슨 무어(Jason Moore)가 설명하듯이, 인류세는 "인류 ─ 그리고 그와 함께 사는 나머지 생명체들"에 관한 것이다.[9] 그리고 디페시 차크라바르티는 크루첸과 같은 인류세 학자들

7   Castree, "The Anthropocene and Geography I"; N. Castree, "Geography and the Anthropocene II: Current Contributions," *Geography Compass*, 8/7(2014), pp. 450~463; N. Castree, "The Anthropocene and Geography III: Future Directions," *Geography Compass*, 8/7(2014), pp. 464~476.

8   Joel Wainwright and Geoff Mann, *Climate Leviathan: A Political Theory of Our Planetary Future* (London: Verso, 2018); D. Chakrabarty, "The Climate of History: Four Theses," *Critical Inquiry*, 35(Winter 2009), pp. 197~222; G. Roelvink, *Building Dignified Worlds: Geographies of Collective Action* (Minneapolis: University of Minnesota Press, 2016).

9   Jason Moore, "Introduction: Anthropocene or Capitalocene?" in *Anthropocene or Capitalo-*

이 "현 위기의 성격을 논의하는 데 유용한 범주"로서 "인간 형태의 — 그리고 다른 살아 있는 생명체의 — 생명을 지정하기 위해" 종이라는 단어를 직접 사용한다고 주장한다. 그러나 차크라바르티가 설명하듯이,

그것은 지구화에 관한 좌파 학자들의 표준 역사나 정치 경제 분석에서는 결코 있을 수 없는 단어이다. 왜냐하면 지구화 분석은 정당한 이유에서 오직 인간의 최근 역사나 기록된 역사만을 다루기 때문이다. 반면에 종(種)적 사고는 심층적인 역사의 기획과 관련이 있다 … [그러나] 기후 변화의 위기를 역사적으로 접근하는 작업을 수행하려면 행성적인 것과 지구적인 것, 심층적인 역사와 기록된 역사, 종적 사고와 자본 비판 같은 어느 정도 서로 대립하는 지적 형성물들을 한데 모아야 한다.[10]

상호 대립에 대해서는 나중에 다시 언급하도록 하겠다. 대신에 지금은 모든 인간이 인류세를 초래하게 된 과정에 관여한 것은 아니며, 또한 (소위 자연재해에서 드러나듯이) 기후 변화의 영향을 고르게 받는 것도 아니라는 점을 지적하고 싶다.[11]

마르크스주의자 조엘 웨인라이트(Joel Wainwright)와 제프 만(Geoff Mann)의 주장처럼, "만약 인류세가 '인류(humanity)' 혹은 '인간(man)'에 의해 돌이킬 수 없는 방식으로 형성된 지구 행성 차원의 역사 체제로 정의된다면, 아메리카 대륙의 원주민들은 500년 넘게 인류세의 저주를 견뎌온 것이 된다".[12]

cene? *Nature, History, and the Crisis of Capitalism* (Oakland, CA: PM Press, 2016), p. 1.

10 Chakrabarty, "The Climate of History," p. 213.

11 Mike Davis, *Ecology of Fear: Los Angeles and the Imagination of Disaster* (New York: Henry Holt & Company, 1998).

12 Wainwright and Mann, *Climate Leviathan*, p. 188.

따라서 그들은 인류세를 "일부 특정 집단이 하나의 세계 또는 세계 공동체를 파멸시켰던 아메리카 대륙의 식민화 같은 순간이 아닌, 종으로서의 인간이 지구의 시스템을 근본적으로 바꿔놓은"[13] 보다 최근의 시대 구분과 관련된 용어로만 바라보는 편협한 시각에 이의를 제기한다. 그들은 모든 인간이 기후 위기에 똑같이 기여하지 않았다는 사실을 계속 인식해야 한다고 주장한다.

이러한 문제를 감안하면, 포스트휴머니즘 학자들은 인류세라는 용어를 피할 것으로 예상할 수 있다. 그러나 이 장에서는 그 용어를 받아들인 연구에 대해서 살펴보고자 한다. 왜냐하면 그러한 연구는 지구상에서의 인간의 삶을 재평가하도록 요구하기 때문이다. 이와 관련해서 제이슨 무어는 다음과 같이 설명한다.

인류세는 그것이 단지 인기 있어서만이 아니라, 보다 중요하게는, 우리 시대에 근본적인 질문들을 던지기 때문에 가치 있는 출발점이 된다. 인간은 생명의 그 물망 안에서 어떻게 적응하는가? 국가와 제국, 세계 시장, 도시화, 그리고 그 너머의 인간의 다양한 조직과 과정 들은 지구 생명체를 어떻게 바꾸어왔는가? 인류세적 관점은 이러한 질문들을 주류 학계와 나아가 (고르지 않기는 하지만) 대중이 자각하도록 던진다는 사실 때문에 매우 강력하고 영향력이 크다.[14]

이와 유사하게 카스트리는 인류세와 지구 위험 한계선(planetary boundaries)에 관한 개념들이 "상품 생산부터 수송 체계, 에너지 시스템, 식량 소비 습관과 그 너머에 이르기까지 실질적으로 21세기 삶의 모든 측면에 대한 광

---

13 Wainwright and Mann, 같은 책, p. 189.
14 Moore, "Introduction," p. 2.

범위한 검토를 요청한다"고 말한다.[15] 마찬가지로, 무어의 설명에 따르면, 인류세와 관련 개념들은 "자연 속 인간과 인간 속 자연에 관한 새로운 사고 방식을 위한 재구성"을 제시한다.[16] 결국 아이러니하게도 인류세는 포스트 휴머니즘의 관점에서 인간의 삶을 평가하도록 요구한다. 이 장에서는 어떻게 그러한 작업을 수행할 수 있을지에 대해 살펴본다. 첫째, 인류세에 대한 응답이자 잠재적 대안으로서 사회 과학과 인문학에서 나온 두 개의 추가적인 용어들을 검토한다. 다음 절에서는 다양한 공동체 경제 연구들을 통해 자연 속에서 다르게 생각하고 살아가는 방식에 대해 살펴본다. 그리고 이러한 연구의 정치학과 용어의 선택에 따른 현안에 대해 간략하게 언급하는 것으로 결론을 대신하고자 한다.

9.2 핵심어: 인류세, 자본세, 술루세

대체 용어들로 넘어가기 전에 인류세라는 말의 의미에 대해 좀 더 자세하게 살펴볼 필요가 있다. 가장 먼저 주목해야 할 것은 다른 용어들이 인간에 의한 기후 변화와 그로 인한 각기 다른 장소에서의 파괴적인 인간-자연 관계들을 가리킨다면, 인류세는 기후 변화를 지구 생명체의 모든 측면들을 포괄하는 지구적 현상으로 제시한다는 점이다. 카스트리가 지적하듯이, 인류세는 지역적인 행위들을 지구적인 문제로 연결시킨다.[17] 이러한 지역적인 것과 지구적인 것의 연결은 우리가 인류세를 이해하는 방식뿐 아니라 그것에 대응해 어떤 조처를 취할지에 대해서도 영향을 미친다. 구체적으로 말

---

15 Castree, "Geography and the Anthropocene II," p. 450.

16 Moore, "Introduction," p. 5.

17 Castree, "The Anthropocene and Geography I," p. 444.

해, 인류세는 지구적 대응을 요구하며, 기후 변화 운동에서는 종종 마르크스주의의 혁명 정치가 채택되기도 한다.[18] 그러나 이러한 지구적 대응의 성격은 인류세라는 용어에 의해 미리 결정되지는 않는다. 이 점에 대해서는 다른 종류의 정치를 강조하는 이 글의 결론에서 좀 더 살펴보도록 하겠다.[19]

또한 카스트리는 인류세와 관련 과학 개념들의 '미래 지향적' 성격에 주목한다. 그에 따르면, 그러한 점이 "미래에 오랫동안 미칠 (결코 사소하지 않은) 영향에 비추어서 오늘의 중대한 결정을 내리도록 요청"하기 때문이다.[20] 오늘의 선견지명과 행동이 없다면 결국에는 수자원, 암석권, 생물, 그리고 대기에 동시에 심각한 결과를 낳게 될 것이다. 좀 더 비판적으로, 마그달레나 졸코스와 필자는 이러한 미래 지향적 성격이 인류세와 관련된 기후 변화 담론에서의 '시간 변위'를 실제로 가져올 수 있다고 제시한다.[21] 이러한 변위는 기후 변화의 파국을 우리가 지금 행동하면 아직은 막을 수 있을지도 모르는 미래에로, 즉 가능성과 행동의 영역으로 투사한다. 더 나아가서 우리는 현재와 과거의 이러한 이분법적 분리를 "세계에서 힘을 발휘할 수 있는 그녀/그의 능력에 자율적이고, 합리적이며, 자기 충족적인 주체가 내재해 있다고 믿는 자유 인본주의적 담론"[22]과 관련짓는다. 그러한 담론의 한 가지 문제는 그 주체가 진보적인 환경 운동과 연관을 맺을 수는 있지만, 인간 존재들을 자연과 계속 분리시키고 인간을 현재의 다른 종이나 물질과 함께 똑같이 고

---

18 N. Klein, *This Changes Everything: Capitalist vs. the Climate* (New York: Simon and Schuster 2014).

19 G. Roelvink, "Community Economies and Climate Justice," in S. Jacobson(ed.), *Climate Justice and the Economy: Social Mobilization, Knowledge and the Political* (New York: Routledge, 2018) 참조.

20 Castree, "The Anthropocene and Geography I," p. 444.

21 G. Roelvink and M. Zolkos, "Climate Change as Experience of Affect," *Angelaki*, 16(4) (2011), p. 44.

22 Roelvink and Zolkos, 같은 논문, p. 47.

통 받는 취약한 존재로서가 아니라 지구 미래의 구원자로 여긴다는 것이다.

이와 같이 인류세는 인간을 자연으로부터 계속 분리시키는 동시에 지구 생명체의 중심에 다시 놓을 여지가 있다. 그러나 그럼에도 불구하고 많은 학자들은 그 용어가 자연과 사회, 정신과 신체 등을 분리하는 근대주의적 이원론을 해체할 잠재력을 지니고 있다고 생각한다. 인류세에 관한 논평에서 카스트리는 "(인류세와 지구 위험 한계선이라는) 두 개념은 우리의 모든 능력, 즉 지각과 인지뿐 아니라 도덕 윤리와 심지어 미학적인 능력으로부터의 대응을 요청한다"[23]고 주장한다. 더 나아가, 인류세를 다른 용어로 이동하기 위한 도상에 있는 '중간 숙소(halfway house)' 같은 용어로 묘사하면서, 무어는 인간의 삶을 다른 자연의 힘들과 함께 작동하는 자연의 힘의 하나로 전제함으로써 인류세가 자본주의 사회의 기저에 깔린 자연/사회 이분법에 대항한다고 설명한다. 그의 주장에 따르면, "가장 잘 작동할 때의 인류세 개념은, 설사 '왜' 그리고 '어떻게' 그런지가 계속 불분명하고 뜨거운 토론거리로 남더라도, 인간 역사와 자연사가 서로 얽히도록 한다".[24]

인류세는 이처럼 지리학자와 다른 유관 학제들이 서로 얽혀 있는 환경 정치와 사회 정치에 관한 논쟁에 보다 적극적으로 참여하도록 유도한다. 카스트리도 다음과 같이 강조한다.

인류세는 '자연' 같은 유서 깊은 다의적 단어보다 범위가 훨씬 더 넓고 '지구 환경 변화' 같은 요즘의 친숙한 단어보다 함축적 의미가 더 풍부한 진정으로 포괄적인 개념이다. 따라서 자연, 환경, 인문 지리학자들 간의 새로운 논의를 촉발할 수 있을 것이다.[25]

---

23 Castree, "The Anthropocene and Geography I," p. 444.
24 Moore, "Introduction," p. 3.
25 Castree, "The Anthropocene and Geography I," p. 438.

이러한 간략한 논의에 비추어 볼 때, 확실히 인류세는 어떤 점에서는 포스트휴머니즘 사고와 잘 어울린다.

많은 학자들은 용어와 관련된 몇 가지 특징들은 살리고 다른 것들은 피하기 위해 대안이 될 만한 용어들을 제안했다. 무엇보다도 그 이유는 인류세라는 말이 유용하기는 하지만 — 그것이 자본주의적 사고이든, 자유주의 근대의 사고이든 — 인류세의 위기를 초래한 사고방식에 매어 있거나, 혹은 (자연/사회 같은) 이원론에 기초해 있다는 느낌 때문이다. 무어와 다른 학자들이 제안하는 대체 용어는 자본세(Capitalocene)이다.[26] 이 말을 통해 (일반적으로 마르크스주의자인) 학자들은 인류세를 야기한 이유에 대해 설명한다. 무어에 따르면, "자본주의, 권력과 계급, 인간 종 중심주의, '자연'과 '사회'의 이원론적 설정, 그리고 국가와 제국의 문제 들은 모두 인류세의 지배적인 관점에 따라 수시로 묶인다".[27] 더 나아가 그는 다음과 같이 말한다.

> 자본세는 자본주의를 자연을 조직하는 하나의 방식으로서, 즉 다종(多種)적이고 상황적이며 자본주의적인 세계-생태계로서 제시한다 … 다른 많은 재미있는 용어들이 있지만 … 그중 어떤 것도 현대 세계사의 기본 역사 패턴을 '자본의 시대'로서, 그리고 자본주의 시대를 권력, 자본, 그리고 자연의 세계-생태계로서 포착하지는 못한다.[28]

자본세는 지질학적 힘으로서의 인간 종의 발달을 자본주의의 역사적 발전과 직접적으로 관련짓는다. 무어는 단순히 자본주의의 '체계'보다는 그 역

---

26 D. Ruccio, "Capitalocene," *Occasional Links & Commentary on Economics, Culture and Society* (March 7, 2017), online 참조.

27 Moore, 같은 글, p. 5.

28 Moore, 같은 글, p. 6.

사적 발전에 방점을 두고서, 인류세의 시작 지점으로 흔히 거론되는 산업 혁명보다 더 이른 "1450년 이후 3세기 동안의 자연 경관, 계급, 영토, 그리고 기술 변화에서 발견되는 … 자본 축적과 생물권 안정의 현저한 위기"[29]에 주목한다.

여기서 눈에 띄는 것은 역사 전반에 걸쳐 구축된 사회와 자연의 관계이다.[30] 이와 유사하게, 데이비드 루치오(David Ruccio)는 자본세라는 용어로의 전환을 위해 세 개의 관련된 주장을 펼친다. ① 자본세는 자본주의와 자연의 관계에 관한 장구한 지적 역사에 주목한다. ② 그것은 기후 변화가 전 지구의 사람들에게 끼치는 불균등한 영향을 강조한다. ③ 그것은 또 다른 가능성, 즉 자본주의의 종말의 가능성을 담고 있다. 그러나 자본세라는 말에 문제가 없는 것은 아니다. 하나의 중요한 문제는 그것이 자본주의 중심주의로 쉽게 이어진다는 점이다. 그래서 모든 경제적 활동과 삶의 수많은 부분이 자본주의와의 관련 속에서 "기본적으로 자본주의와 동일하거나 (혹은 그것에 기초하거나), 혹은 불충분하거나 수준 이하의 모방이거나, 혹은 자본주의의 반대, 자본주의의 보완, 자본주의 공간 혹은 궤도 내에 존재하는 것으로 이해된다".[31] 이러한 사고의 문제 중 하나는 다른 삶의 방식을 상상하거나 이미 존재하는 것을 보기가 매우 어렵다는 것이다. 도나 해러웨이는 인류세와 자본세를 모두 사용하면서 그 말들이 '너무 커져'버린 나머지, '결정론, 목적론, 그리고 계획' 같은 닫힌 체계의 사고방식에 빠질 위험이 있다고 말한다.[32]

그 대신 해러웨이는 우리의 현 시대에 생각해볼 단어로 술루세(Chthulu-

---

29 Moore, 같은 글, p. 7.

30 Moore, 같은 글, p. 3.

31 J. K. Gibson-Graham, *The End of Capitalism (As We Knew It): A Feminist Critique of Political Economy* (Minneapolis: University of Minnesota Press, 1996), p. 6.

32 Haraway, "Staying with the Trouble," p. 54; Moore, 같은 글, p. 6 참조.

cene)를 제안한다. 이 말은 우리 모두가 속해 있고 또한 인류세의 위협을 받는 가이아와 같은 땅 밑 지구의 힘을 가리키는 소닉(chthonic)이라는 단어와 ("아주 오래된 옛날이면서 옛날이 아닌, 두껍고, 질기며, 우툴두툴한 '지금'의 시간성" 으로서의) 현재를 가리키는 세(Cene)라는 단어로 이루어진다.[33] 애나 칭(Anna Tsing)의 연구를 바탕으로 해러웨이는 인류세에서는 모든 종류의 생명을 위한 '피난의 장소와 시간'[34]은 사라진다는 우려를 나타낸다. 술루세라는 말은 '손상된 지구'에서 사는 것의 어려움에 대응하고 피난처를 재건하기 위해 마련된 것이다.[35] 술루세는 요약하기가 어렵지만 이러한 재건의 노력이 지닌 몇 가지 눈에 띄는 특징 혹은 특성 들을 갖고 있다. 첫째, 술루세는 느끼고 시도하는 능력, 그리고 그것을 통해 관계와 결속을 맺는 능력을 가리키는 촉수 혹은 촉감을 특징으로 한다. 영향 받기를 배우면서, 다른 존재의 다양성을 새기고/느끼는 경험을 통해 변화하는 과정이 하나의 좋은 예이다.[36] 해러웨이에게 이것은 인류세 속에서 사는 새로운 방식들을 추구하면서 종 횡단적인 동맹을 만들어가는 방식이다. 동맹과 집합은 해러웨이가 말하는 다른 (인간과 비인간) 존재들과의 친족 만들기에서 절대적으로 중요하다. 친족 만들기를 통한 힘의 결합은 피난처를 재건하는 하나의 방식이다. 해러웨이의 설명에 따르면, "죽을 수밖에 없는 생명으로서 술루세에서 잘 살고 잘 죽

---

33 Donna J. Haraway "Anthropocene, Capitalocene, Plantationocene, Chthulucene: Making Kin," *Environmental Humanities*, 6(2015), p. 160, p. 163. 해러웨이는 자신이 제안하는 술루세를 과학 소설가 H. P. 러브크래프트(H. P. Lovecraft)의 "여성을 혐오하는 인종주의적 악몽 같은 괴물" 크툴루(Cthulhu)와 구별한다[p. 160(이러한 구별을 나타내기 위해 해러웨이는 크툴루의 철자를 바꾸어서 사용한다. — 옮긴이)].

34 Haraway, "Staying with the Trouble," p. 160.

35 A. Tsing, N. Bubandt, E. Gan and G. Swanson(eds.), *Arts of Living on a Damaged Planet: Ghosts and Monsters of the Anthropocene* (Minneapolis: University of Minnesota Press, 2017).

36 Roelvink, *Building Dignified Worlds* 참조.

는 하나의 방법은 피난처를 재건하고, 불완전하지만 강건한 생물학적-문화적-정치적-기술적 회복과 재건이 가능하도록 힘을 모으는 것이다. 되돌릴 수 없는 손실에 대한 애도도 여기에 포함되어야 한다".[37]

둘째, 닫힌 체계와는 반대로 이러한 관계들에 대해 보다 폭넓게 사고하는 방향으로 나아가면서, 해러웨이는 선(線)과 실을 강조하고 '공산(sympoiesis)'을 다른 체계 개념들, 특히 '환경에서의 독립적인 유기체'에 관한 개념들보다 선호한다.[38] 해러웨이가 인용하는 M. 베스 뎀프스터(M. Beth Dempster)의 설명에 따르면, 공산은 "자신에 의해 규정된 시간 혹은 공간상의 경계를 갖고 있지 않은 집단적으로 생산하는 체계들을 가리킨다. 정보와 통제는 구성물들 내에 분산된다. 체계는 진화적이며 놀라운 변화의 잠재력을 갖고 있다".[39] 해러웨이는 이 개념이 사회에 자연을 더하는 식의 결합에서 벗어나 얽힘, 특히 인류세에서의 피난처의 재건을 가능하게 하는 그런 얽힘을 숙고하는 데 유용하다고 말한다.

해러웨이의 술루세는 이야기하기와 같은 다른 주요 개념들을 포함하고 있다. 술루세에서는 인간들만 이야기를 하는 것이 아니다. 오히려 해러웨이는 "함께-되기의 다종적인 이야기들과 실제들"을 강조한다.

> 인류세와 자본세 담론의 인기 드라마들과 달리, 술루세에서는 인간만이 주연 배우가 아니며, 다른 모든 존재는 그에 대해 단순히 반응만 하는 것도 아니다. 순서는 오히려 뒤바뀐다. 인간은 지구와 함께하는 일부이다. 주요 이야기는 지구의 다른 힘 있는 생물과 무생물 들이다.[40]

---

37 Haraway "Anthropocene, Capitalocene, Plantationocene, Chthulucene," p. 160.
38 Haraway, "Staying with the Trouble," p. 37.
39 Haraway, "Staying with the Trouble," p. 37에서 재인용.
40 Haraway, "Staying with the Trouble," p. 59.

그러나 다종적인 이야기에서는 "상황적인 실제 인간들의 행위가 중요하다. 우리가 어떤 삶과 죽음의 방식으로 우리 자신의 운명을 만드느냐가 중요하다".[41] 이것은 우리가 피난처를 다시 짓기 위해 다른 존재들을 어떻게 돌볼 것인가와 관련이 있다. 즉, 다른 존재들에 대한 돌봄의 '일상적인' 실천과 우리가 그것을 통해 발전시키는 정서적인 애착이 세상이 바뀌고 다른 존재들과 함께 잘 살 수 있는 새로운 가능성들이 생겨나는 데 진정으로 중요하다.[42]

이러한 간략한 논의에서 알 수 있듯이, 술루세는 인류세나 자본세와 달리 현재에 대한 비판에서 더 나아가 근대주의적 이원론의 해체를 요구하고, 이 역사적인 시점을 살아가면서 새로운 가능성들을 탐구하는 데 필요한 개념들을 고민하게 한다. 우리가 인류세보다 술루세에 더 부합하는 방식으로 기후 변화에 대응하려면 다른 종들과 지구 행성을 어떻게 돌볼 것인가? 인류세와 밀착해서 살아온 방식과 범주 들을 바꾸는 과정에서 우리는 다른 존재들과의 관계를 어떻게 재평가할 것인가? 이러한 질문들을 탐구하려면, 경제와 환경의 관계를 재고하는 연구에 대해 살펴볼 필요가 있다.

9.3 새로운 가능성들: 생태적 생계

인류세, 자본세, 술루세, 이 용어들은 모두 사회와 자연의 구분에 맞서도록 요구한다.[43] 이러한 구분이 아마도 가장 강력한 형태로 나타난 것은 경제

---

41 Haraway, "Staying with the Trouble," p. 59.

42 M. Puig de la Bellacasa, *Matters of Care: Speculative Ethics in More Than Human Worlds* (Minnesota: University of Minnesota Press, 2017), p. 199 참조.

43 Moore, "Introduction," p. 5.

대 환경의 구분일 것이다. 그러한 범주들을 바꿔놓을 이야기들이 필요하다
는 해러웨이의 주장에 대한 응답으로, 경제 지리학에서 생겨나 바로 그런
작업에 착수한 최근 연구를 살펴보려고 한다. 자본 중심주의에 대한 깁슨-그
레이엄(J. K. Gibson-Graham)의 우려로부터 출발한 '다양한 경제(diverse econo-
mies)' 학자들은 포스트구조주의와 네오마르크스주의에 근거해 경제를 자본
주의, 대체 자본주의, 그리고 비자본주의의 다양한 경제적 실천과 형식 들
로 가득한 현장으로 제시한다.[44]

　사실, 다양한 경제 연구는 현존하는 경제적 관행들을 면밀히 검토함으로
써 자본주의 노동, 기업, 그리고 거래 들은 그것들이 자주 의존하는 훨씬 더
커다란 비자본주의와 대체 경제의 노동, 기업, 그리고 거래의 부분임을 보
여준다. 경제를 다원적으로 접근하는 이러한 연구와 함께, 다른 학자들은
환경과 분리되는 별개 영역으로서의 (자본주의의) '대문자' 경제(The Economy)
라는 개념 자체도 특정한 관계, 담론, 관례, 유통 방식, 그리고 측정 및 주체
성의 산물임을 보여 왔다.[45] 이런 식으로 밀러(E. Miller)와 깁슨-그레이엄은
경제와 환경을 현 시대의 특수한 '패권적 집합체(hegemonic assemblages)'라고
부른다. 우리는 그것을 인류세라고 할 수도 있을 것이다. "이러한 집합체들
이 만들어내는 것은 (그리고 뒤바꿔서 그 집합체들을 만들어내는 것은) … 삶의
형식, 즉 다른 것들이 불가능해지거나 주변으로 밀려나는 동안 특정 종류의
문제들과 가능성들이 나타나는 특정 영역의 존재론적 구축이다."[46]

44　J. K. Gibson-Graham, *A Postcapitalist Politics* (Minneapolis: University of Minnesota
　　Press, 2006).

45　M. Callon "What Does It Mean to Say That Economics Is Performative?" in D. MacKenzie,
　　E. Muniesa, and L. Siu(eds.), *Do Economists Make Markets: On the Performativity of
　　Economics* (Princeton: Princeton University Press, 2007), pp. 311~357; Gibson-Graham,
　　The End of Capitalism; T. Mitchell "Fixing the Economy," *Cultural Studies*, 12(1) (1998),
　　pp. 82~101.

다양한 경제 연구는 이러한 경제-환경 집합체의 이미 진행 중인 하락과 과잉을 자세하게 파고들어서, 그러한 하락을 보다 현실적이고 실행 가능한 옵션으로 만든다. 밀러와 깁슨-그레이엄은 이러한 연구를 통해 포스트휴머니즘 연구와 보조를 맞춰 경제를 다원화한다. 그러면서 그들은 각기 다른 방향에서 출발했지만 경제/환경 이원론을 불안정하게 만든다는 점에서는 서로 유사하다고 말한다. 특히 그들은 사회와 자연이 전혀 별개의 분리된 영역이기는커녕, "인간 그 이상의 생태적 '그물'의 복잡한 상호-되기(inter-becomings)"[47]에 참여한다고 보는 포스트휴머니즘 연구에 관심을 기울인다. 이러한 연구는 특히 경제-환경 집합체와 같은 근대적 이원론이 얼마나 불안정한지를 보여줌으로써 다른 가능성들의 실험을 용이하게 한다.[48]

다른 가능성들의 탐구에서 다양한 경제 연구는 술루세 개념에 가장 확실하게 기여한다. 깁슨-그레이엄과 밀러의 연구를 다시 예로 들자면, 그들은 가장 최근에 했던 '세계와 함께 생각하기' 실험에서 경제와 환경을 이용하기보다는, '생태적 생계(ecological livelihoods)'라는 용어를 채택해서 경제적 삶에 관해 다른 이야기들을 하도록 요청한다.[49] 여기서 생계는 다른 종과 물질(즉, 생태계)과의 상호 의존적인 생계와 항상 뒤섞여 있는 '실질적인 일'을 가리킨다. 다양한 경제 연구는 가령 인간은 모든 종류의 방식으로(대개 경제 행위로는 인정되지 않는 무급 노동 형태를 생각해보라) 생계를 꾸리고, 중요하게는,

---

46 E. Miller and J. K. Gibson-Graham, "Thinking with Interdependence: From Economy/ Environment to Ecological Livelihoods," in J. Bennett and M. Zournazi(eds.), *Thinking in the World: A Reader* (London: Bloomsbury, 2019), p. 317.

47 Miller and Gibson-Graham, "Thinking with Interdependence," p. 319.

48 G. Roelvink and J. K. Gibson-Graham, "A Postcapitalist Politics of Dwelling," *Australian Humanities Review*, 46(2009), pp. 145~158; E. Miller and J. K. Gibson-Graham, "Economy as Ecological Livelihood," in K. Gibson, D. Rose, and R. Fincher(eds.), *Manifesto for Living in the Anthropocene* (New York: Punctum Books, 2015), pp. 7~17 참조.

49 Miller and Gibson-Graham, "Economy as Ecological Livelihood," p. 321.

그러한 일을 통해서 상호 의존의 세계와 관계를 맺는다는 사실을 보다 광범위하게 보여준다.

> 생계는 우리가 '자율적인' 행위자로서 어떤 '외부'와의 관계나 '가용한 자원'과 '제약 속에서 혼자 힘으로 생계를 꾸리는 방식이 아니라, 거주지[오이코스(oikos)]와 거주자(다른 존재들과 함께 사는 우리)의 상호 타협에 의한 복합적인 구성 요소들을 가리킨다.[50]

만약 생계에서 "우리가 누구와 연결되어 있는지 모른다면",[51] 다른 존재들과 끝없이 연결되어 있는 일상의 하루를 떠올리면 된다. 우리의 신체, 식물, 동물, 우리를 먹여주고 입혀주는 환경, 퇴비통과 정원에 사는 유기체들 등등을 상상해 보라.

더 나아가 밀러와 깁슨-그레이엄은 생계의 상호 의존성을 "생계 꾸리기, 다른 (인간과 비인간) 존재들에 의해 만들어진 생계 수단 받기, 다른 존재들에게 생계 수단 제공하기"[52]로 이루어진 세 개의 축으로 도식화한다. 각각의 축에는 어떤 단일한 행위자도 없다. 그 대신에 많은 다른 행위자들이 서로 결합한다. 이와 같이, " '우리'는 우리가 혼자 힘으로 만든 거주지, 우리가 받은 거주지, 그리고 우리가 다른 존재들을 위해 만드는 데 참여한 거주지 간의 끊임없이 벌어지는 행위적 절합의 장소로 떠오른다. '나'와 '우리'는 복합적인 생태적 그물망에서 서로 교대조가 되고, 여기서 생태적 생계의 타협의 정치가 펼쳐진다".[53] 이러한 타협의 정치는 "상호 의존에 대한 적극적인 책

---

50 Miller and Gibson-Graham, "Economy as Ecological Livelihood," p. 323.
51 Miller and Gibson-Graham, 같은 논문, p. 325.
52 Miller and Gibson-Graham, 같은 논문, p. 323.
53 Miller and Gibson-Graham, 같은 논문, p. 325.

임"을 수반한다.[54]

　이러한 연구는 우리를 혼자서 생계를 꾸려나가는 독립적인 인간에서 그 보다 훨씬 더 복잡한 상황, 즉 인간은 생계 꾸리기의 그물망에서 다른 행위 자들과 서로 제휴하고 겹치는 하나의 행위자로서 존재하는 상황으로 안내 한다. 여기서 한 걸음 더 나아가, 생계의 세 축을 이용해 밀러와 깁슨-그레 이엄은 상호 의존을 탐구할 수 있는 공간을 만든다. 그리고 우리의 생계에 관여하는 다른 존재들과의 관계에 대한 윤리적 물음들을 전면에 내세우면 서도, 그것이 완전히 드러나거나 알려지지는 않을 것임을 인정한다. 가령, 생계를 꾸리는 동안 "우리는 잘 살아남기 위해 실제로 무엇을 필요로 하는 가? 우리는 어떻게 해야 우리 자신의 생존 욕구와 안녕을 다른 존재들과 지 구의 안녕과 균형 맞출 수 있는가?"[55] 물을 수 있다. 윤리적 타협을 전면에 내세운다는 점에서 밀러와 깁슨-그레이엄은 점점 늘어나고 있는 다양한 경 제 연구자들에 속한다. 그들은 네오마르크스주의와 생태학 연구를 발판으 로 (공동체 경제로 종종 불리는 공간인) 경제 윤리를 실행하기 위해 정교하고 탄 탄한 경제적 질문들을 만들어낸다. 이러한 연구는 비인간 타자들에 초점을 맞춤으로써 생계에 관한 질문들로부터 인간을 떼어내는 데 목적을 둔다. 가 령, 밀러와 깁슨-그레이엄은 "우리가 다른 존재들을 생계의 대상으로 삼는 것은 우리 자신이 생계의 대상이 되는 것, 우리의 거주지와 다른 존재들의 거주지를 유지하는 방식으로 에너지와 물질을 재사용하는 것과 어떻게 연 결되는가? 그리고 이러한 연결은 다양한 추출 매개체에 의해 어느 정도까지 끊어질 수 있는가?"[56] 하고 묻는다.

　최근에 수행한 연구에서 필자는 호주의 강 생태계에 관한 제시카 위어

54　Miller and Gibson-Graham, 같은 논문, p. 325.
55　Miller and Gibson-Graham, 같은 논문, p. 326.
56　Miller and Gibson-Graham, 같은 논문, p. 326.

(Jessica Weir)의 연구를 바탕으로, 농사법과 강 생태계의 관계와 그러한 관계가 어떻게 고려되는지, 또는 강과 우리 자신의 생존에 대한 위협과 관련해 어떻게 응답되거나 되지 않는지를 탐구한다.[57] 닫힌 경제 체계가 아닌 생태적 생계의 얽힘에 관한 이러한 사고방식, 그리고 그것에 따른 상호 의존의 윤리는 세계를 새로운 방식으로 탐구할 수 있게 해준다. 이러한 탐구를 통해 다른 존재들에 의해 형성되고 그들로부터 배우기를 희망한다. 그러다 보면 손상된 지구에서 살 수 있는 새로운 가능성이 생겨날지도 모른다. 어쩌면 이것이 인간 아닌 존재들에게까지 영향을 주는 인류세에서 피난처를 다시 짓기 위한 출발점일지도 모른다.

9.4 결론: 인류세 이후?

다양한 경제 연구의 목적은 궁극적으로 정치적이다. 다양한 경제 연구자들은 인류세의 출현에 기여한 경제/환경 이분법에 맞섬으로써 우리가 어떻게 인류세에 살 것인지의 문제에 관여한다. 밀러와 깁슨-그레이엄이 말하듯이, "생태적 생계에 대해 말한다는 것은 개입을 제안하는 것이다. 경제와 환경을 우리가 살아야 하는 궁극적인 영역들로 나누는 것을 거부하는 언어에 의해 어떤 종류의 관계, 연결, 그리고 가능성이 열릴 수 있을 것인가?"[58] 이러한 연구가 제안하는 정치는 인류세에 대한 다른 대응들과 비교해서 분명

---

57 G. Roelvink, "Performing Posthumanist Economies in the Anthropocene," in G. Roelvink, K. St. Martin, and J. K. Gibson-Graham(eds.), *Making Other Worlds Possible: Performing Diverse Economies* (Minneapolis: University of Minnesota Press, 2015), pp. 225~243; J. Weir, *Murray River Country: An Ecological Dialogue with Traditional Owners* (Canberra ACT: Aboriginal Studies Press, 2009).

58 Miller and Gibson-Graham, "Thinking with Interdependence," p. 323.

한 차이를 지닌다. 그것은 인류세에 대응하기 위해 채택하는 방식은 역사상의 현 시기를 서술하기 위해 채택하는 용어와도 관련이 있다고 본다. 인류세와 자본세 모두 포괄적인 대응을 요구하는 포괄적인 용어이다.

이처럼 현 위기에 대한 대응은 혁명적이고, 즉각적이며, 전 지구적으로 연합해야 한다고 가정할 수 있다. 이것은 적어도 기후 변화 정의 운동이 성취하고자 하는 바이다.[59] 그러나 역사가 보여주듯이 변화는 항상 이런 식으로 일어나지는 않는다. 오히려 광범위한 변화는 프레온 가스(CFCs)를 제거해 성층권의 오존층을 복원하기 위한 노력처럼 종종 시간이 지나면서 누적적으로 일어난다.[60] 이러한 다양한 전략들은 서로 다른 형태를 취한다. 깁슨-그레이엄이 지적하듯이, 제2의 페미니즘 물결은 "조직보다는 유사성에서 서로 관련이 있고 의미화의 그물망을 통해 서로 연결된 가정, 공동체, 생태계, 일터, 시민 단체, 신체, 공공장소, 도시 공간, 디아스포라, 지역, 정부 기관, 직업 등의 [복수의] 흩어진 '장소들'에서 일어났다".[61] 또한 변화는 사람들이 참여할 수 있는 과정일 필요가 있다. 그것은 우리가 아는 모든 것을 제거하는 것이 아니라, 밀러와 깁슨-그레이엄의 주장처럼, 이미 진행 중인 균열과 침식을 밀어붙여 더 많은 가능성을 열어젖히는 것을 의미한다. 이것은 포스트휴머니즘 연구가 인간을 '제거'하지 않고, 오히려 인간이 세계에 체화되어 그것을 통해 다른 종과 물질에 연결되는 방식을 탐구하는 것과 맥을 같이한다.[62] 경제적 삶은 모든 종류의 종과 물질과 서로 엮여 있기에, 그러한 관계들을 통해 협상과 잠재적으로는 양육 및 돌봄을 위한 새로운 가능성

59 Klein, *This Changes Everything* 참조.

60 J. K. Gibson-Graham, J. Cameron, and S. Healy, *Take Back the Economy: An Ethical Guide for Transforming Our Communities* (Minneapolis: University of Minnesota Press, 2013), pp. 144~145.

61 Gibson-Graham, *A Postcapitalist Politics*, p. xxiv.

62 Cary Wolfe, *What Is Posthumanism?* (Minneapolis: University of Minnesota Press, 2010).

이 열릴 수 있다.

세계 곳곳의 사회 운동은 오랜 기간 동안 이러한 종류의 정치에 참여해
왔다. 지리학 내에서 보자면, 다양한 경제 연구는 생계 불공평의 관점에서
인류세에 대응하기 위해 그러한 사회 운동을 적극적으로 전개한다는 점에
서 특징적이다.[63] 이러한 양상은 특히 기후 정의와 관련된 다른 학문 분야에
서도 눈에 띈다.[64] 어떤 용어를 계속해서 사용하든, 인류세 시대는 사회 과
학과 인문학이 세계의 다양한 종과 물질에 대해 그리고 그들과 함께 생각하
는 데에 보다 적극적일 것을 요청한다. 미래가 어떤 모습이고 인간이 지구
의 한 종으로서 어떤 위치에 서게 될지는 어떤 담론을 택하느냐에 달려 있
다. 인류세 동안 대부분의 인간 문화가 취해 온 인간 종 중심주의를 감안하
면, 인간 생명을 우리가 흔히 아는 대로 유지하려고 애쓰는 과정에서 다양
한 종과 물질이 사라지고 인공 시스템에 의해 대체되는 것은 더 이상 불가
능한 상상이 아니다.[65] 반면에 술루세에서 인간은 훨씬 덜 중심적인 위치를
차지한다. 해러웨이에게 종 교차적인 동맹과 종 교차적인 친족 만들기는 인
간 종의 지속적인 증식보다 우선이다. 그렇다면 결국, 인류세가 우리 시대
의 키워드라고 한다면, 미래를 위해서는 어떤 용어를 사용할 것인지가 중요
할 것이다.

63　Castree, "The Anthropocene and Geography III"; Gibson-Graham, *A Postcapitalist Politics*
　　참조.

64　Wainwright and Mann, *Climate Leviathan* 참조.

65　F. Matthews, "Moral Ambiguities in the Politics of Climate Change," in V. Nanda(ed.),
　　Climate Change and Environmental Ethics (New Brunswick, NJ: Transactions Publishers,
　　2015), pp. 43~64.

10
무기물

마그달레나 졸코스

프리드리히 뵐러(Friedrich Wöhler)가 1828년에 시안산 암모늄을 〔포유류의 소변에서 자연적으로 발생하는 산(酸)의 일종인〕 요소(尿素)로 바꾸었을 때, 그는 자신의 업적을 "무기물로부터 소위 **동물 물질**〔animalischen Stoffes〕로 불리는 유기물을 인공적으로 만들어낸 뜻밖의 결과"라고 설명했다.[1] 무기물로부터 유기 화합물을 합성한 이 최초의 실험실 합성은 근대 화학의 시작으로 여겨졌다. 그 결과 그것은 또한 뵐러의 업적이 무생물과 생물학적 유기체의 근본적이고 환원할 수 없는 차이, 혹은 프란츠 메스머(Frantz Mesmer)가 **동물자력**(Lebensmagnetismus)이라고 유명하게 묘사한, 눈에 보이지 않는 '생기(aliveness)'의 힘 또는 권능에 대한 문화적 신념을 약화시켰다는 점에서 중요한 반생기론 담론의 지위를 갖게 되었다.[2] 뵐러가 자신의 실험에서 얻은 유기물, 즉 요소를 가리키기 위해 쓴 '동물 물질'이 중요한 이유는 그것이 19세기에 화학이 발전하면서 동시에 일어난 의미 변환의 계기가 되었기 때문이다. 즉 '유기물'과 '생명', '무기물'과 '무생명'을 결부시켜 생각하던 이전의 (부정확하

---

1   Friedrich Wöhler, "Ueber künstliche Bildung des Harnstoffs," *Annalen der Physik und Chemie*, 88(2) (1828), p. 253. 강조는 인용자.
2   생기와 포스트휴먼에 관한 좀 더 상세한 논의는 8장 참조.

고 비과학적) 관행 대신에, 주어진 화학적 화합물에서 C-H 결합의 유무를 나타내는 표현이 사용되었다. [3]

아리스토텔레스(Aristoteles)가 광물, 금속, 그리고 다른 지구 물질들을 존재의 위계 분류에서 맨 밑에 놓음으로써 지질학적 존재자와 식물/동물 존재자 사이에 넘을 수 없는 간극을 만들었다면, 근대 화학은 무기물을 생명의 부재로서 규정하는 부정적인 정의들을 거부했다. [4] 하지만 그렇다고 해서, 근대 과학을 유기물/무기물 구분을 약화시킨 유일한 (혹은 일차적인) 힘으로 간주하는 것은 잘못이다. 포스트휴머니즘의 철학적 탐구는 무기물을 살아

---

3   J. H. Brooke, "Organic Synthesis and the Unification of Chemistry - A Reappraisal," *The British Journal for the History of Science*, 5(4) (1971), p. 363; H. M. Leicester, *The Historical Background of Chemistry* (New York: Dover Publications, 1971), pp. 172~180.

4   Leicester, P. Rattansi, and A. Clericuzio, *Alchemy and Chemistry in the 16th and 17th Centuries* (Dordrecht: Kluwer Academic Publishers, 2013) 참조. 그렇다고 무기물에 대한 포스트휴머니즘적인 관심이 서구 근대성과 근대 과학의 연대기에 깔끔하게 들어맞는다는 것은 아니다. 반대되는 예시가 생명의 무기적 근원(과 생명 내부의 지속적인 무기물의 흔적 혹은 연속성)에 관한 '동시 생성' 이론이다. 일찍이 소크라테스 이전의 자연 철학자들의 생각과 아리스토텔레스적인 질료 형상론에서 예시된 바 있는 동시 생성 이론은 루이 파스퇴르(Louis Pasteur)와 같은 근대의 비판자들로부터 조롱을 받았다. 그들은 그 이론을 살에서 발생한 구더기와 먼지에서 발생한 기생충에 대한 허황된 믿음으로 여겼다. 흥미롭게도, 다윈은 『종의 기원』에서는 동시 생성의 개념을 언급하지는 않지만, 그의 개인적인 저술을 보면 그것에 흥미를 느끼고 심지어 매료되었다는 것을 알 수 있다. 1837년의 노트에서 다윈은 동시 생성을 '생각해볼 만한' 개념이라고 적었다. 그리고 친구인 조지프 D. 후커(Joseph D. Hooker)에게 보낸 1871년 편지에서는 충분한 에너지를 공급받은 무기 물질이 스스로 진화 단위로 모습을 갖추는 따뜻한 물에서의 생명 탄생 같은 것을 상상했다. "(만약) 모든 종류의 암모니아와 인(燐)을 함유한 소금, 빛, 열, 전기와 (탄소)가 있는 따뜻한 작은 연못에서라면 단백질 화합물이 화학적으로 형성되어 훨씬 더 복잡한 변화를 거칠 것으로 상상할 수 있다." Charles Darwin, "Letter to J. D. Hooker, 1 February 1871," *Darwin Correspondence Project*, online; J. Pereté, J. L. Bada, and A. Lazcano, "Charles Darwin and the Origin of Life," *Origins of Life and Evolution of the Biosphere*, 39(5) (2009), pp. 395~406 참조.

있는 유기물의 단지 외부뿐 아니라 내부와 주위에도 존재하는 것으로 제시한다. 즉, 인간의 등장을 위한 정적인 배경과 역사적 주체의 활동을 위한 무대로서뿐 아니라, 가령 티머시 모턴이 초객체(hyperobjects)에 관한 글에서 주장하듯이, 인간의 시간성, 상상력, 언어, 그리고 역사를 넘어서면서 또한 에워싸고 있는 물질성의 형태로서 바라본다.[5]

이미 19세기에 독일의 자연 철학자들은 가브리엘 트로프(Gabriel Trop)가 말하는 소위 "무기물 대 인간의 '같음-다름'"에 대해 깊이 고찰했다. 이것은 그들이 무기 물질을 인간 신체와 일치하면서 동시에 그것과는 전혀 다르거나, 심지어 반대되는 것으로 인식하려는 시도에서 잘 드러난다.[6] F. W. J. 셸링(F. W. J. von Schelling)은 자신의 '존재의 총체성' 철학에서 무기물 세계와 유기물 세계는 서로 평행선처럼 유사하며, 대조적인 힘들의 동일한 논리에 의해 지배받는다고 주장한다. 그 예로, 빛, 전기, 그리고 자석 같은 무기물적인 힘들은 식물과 동물 유기체들의 재생산, 자극, 감각 능력과 '상응'한다.[7] 최근의 포스트휴머니즘 논의에서 인간과 물질적 사물 들의 관계와 상호 작용에 관한 비평적·사회적·문화적 분석뿐 아니라 무생물과 무기물 객체들의 철학적 지위가 강조되면서 새로운 지식 체계의 장이 열렸다. 여기에는 다음의 네 개 범주가 포함된다. ① 사물들이 인간 주체를 위한 유용성과 기

---

5   Timothy Morton, *Hyperobjects: Philosophy and Ecology after the End of the World* (Minneapolis: University of Minnesota Press, 2013).

6   G. Trop, "The Indifference of the Inorganic," in E. Landgraf, G. Trop, and L. Weatherby (eds.), *Posthumanism in the Age of Humanism: Mind, Matter, and the Life Sciences after Kant* (New York: Bloomsbury, 2018), pp. 280~308; Brooke, "Organic Synthesis and the Unification of Chemistry" 참조.

7   B. Mathews, *Schelling's Organic Form of Philosophy: Life as the Schema of Freedom* (New York: SUNY Press, 2011); H. A. M. Snelders, "Romanticism and Naturphilosophie and the Inorganic Natural Sciences 1797-1840: An Introductory Survey," *Studies in Romanticism*, 9(3) (1970), pp. 193~215.

능성을 넘어서거나 뒤엎게 되는 상황에 주목하는 '사물 이론',[8] ② 물질적 존재자들의 사회 정치적 함의를 고찰할 뿐 아니라 그들의 행위자적 특성과 잠재력을 인정하는 생기적 유물론,[9] ③ 사회와 공적 영역을 구성하는 변화하는 관계망에서 무생물 사물들에게 중요한 자리를 부여하는 행위자 연결망 이론과 소위 '사물 정치',[10] ④ 인간 존재와 사고를 물질적 사물들보다 우위에 놓는 인간 종 중심주의의 거부에서 출발하는 객체 지향 철학.[11]

중요한 점은 유기물-무기물 관계에 대한 포스트휴머니즘 연구에서 인간 주체는 (자크 데리다의 말처럼) 단지 '청산'되는 것이 아니라, 그것(혹은 그)의 핵심적인 형이상학적 특성들, 즉 배타적 통치권과 수동적이고 수용적으로 여겨지는 환경을 형성하는 데 압력을 행사하는 능력을 빼앗긴다는 것이다.[12] 필자의 흥미를 끄는 부분은 포스트휴머니즘의 범주 내에서 유기물-무기물 관계에 대한 그러한 철학적 문제 제기들이 문화적 기억 생산에서 인간 주체의 중심적 위치를 해체하고, 또한 무생물 객체 같은 비인간 존재들이 기억을 유도할 수 있고 과거와 관련된 정동과 감정을 생성하는 능력을 갖고 있다고 생각하는 기억 연구 분야의 최근 논의들과는 어떻게 공명하느냐이다.

---

8   L. Atzmon and P. Boradkar(eds.), *Encountering Things: Design and Theories of Things* (New York: Bloomsbury, 2017); B. Brown, "Thing Theory," *Critical Inquiry*, 28(1) (2001), pp. 1~22; B. Brown, *Other Things* (Chicago: the University of Chicago Press, 2016).

9   J. Bennett, *Vibrant Matter: A Political Ecology of Things* (Durham: Duke University Press, 2010); R. A. Grusin(ed.), *The Nonhuman Turn* (Minneapolis: University of Minnesota Press, 2015).

10   B. Latour, *We Have Never Been Modern*, trans. C. Porter (Cambridge: Harvard University Press, 1993).

11   Morton, *Hyperobjects* 참조. 객체 지향 존재론을 포함한 사변적 실재론과 포스트휴먼에 관한 좀 더 확장된 논의를 위해서는 13장 참조.

12   페미니즘 관점에서 바라본 인간 중심주의 주체의 비판과 관련해서는 Rosi Braidotti, *Posthuman Knowledge* (Cambridge: Polity, 2019) 참조. 포스트휴머니즘과 주체성의 관계에 대한 좀 더 확장된 논의는 2장과 3장 참조.

포스트휴먼 기억 연구에서 무기물과 유기물은 상호 침투성과 상호 수렴의 **관계**를 형성한다. 이와 관련한 필자의 연구에서 핵심 텍스트는 무기물과 비인간을 트라우마적인 기억의 주체로서 바라본 조르주 디디-후버만(Georges Didi-Huberman)의 철학적 명상록 『나무껍질(*Bark*)』(2011, 2017)이다. 필자는 기억의 물질성과 가소성(plasticity)의 개념적 프리즘을 통해, 즉 객체들이 환경의 흔적들에 적응하고, 그들에 반응하면서 변화하며, 그들을 내부로 흡수하는 능력의 관점을 통해 접근하고자 한다.[13]

10.1 가소성과 무기물

프랑스의 포스트구조주의자 카트린 말라부(Catherine Malabou)는 생물 및 무생물 존재 모두에 적용되는 가소성에 관한 철학적 개념으로 유명하다. 말라부에 따르면, 그들은 가소성의 세 가지 중요한 특징들, 형식 부여하기, 형식 취하기, 형식 파괴하기를 보여준다. 그녀는 자신의 저술 중에서도 『헤겔의 미래(*The Future of Hegel*)』에서 유기물-무기물 관계를 가소성의 프리즘을 통해 제시한다.[14] 특히 헤겔의 『철학 강요(綱要)』(*Encyclopedia of the Philosophical Sciences*)를 중심으로 말라부는 유기물의 무기물적인 기원이 수축 또는 '결합(Zusammenziehung)'의 과정을 통해 내부적으로 단단해진다고 설명한다. 말라부는 헤겔 관점의 포스트휴머니즘적인 갈래들을 강조하면서 헤겔이 가소성의 기본적인 함의들을 유기 물질과 무기 물질의 공통적인 특징으로서 인식하는 데까지는 나아가지 못한다고 말한다.

---

13 포스트휴먼과 정동에 관한 좀 더 상세한 논의는 4장 참조.

14 C. Malabou, *The Future of Hegel: Plasticity, Temporality, and Dialectic* (London: Routledge, 2005).

헤겔은 『자연 철학(*Philosophy of Nature*)』에서 아리스토텔레스의 '습관' 개념을 소개한다. 아리스토텔레스에게 습관은 모든 살아 있는 존재들의 공통적인 속성으로, 자연을 복사하거나, 혹은 그것을 받아들여 **'제2의 자연'**을 창조하는 과정이다.[15] 중요한 점은 자연에서 변화가 일어나는 두 가지 방식, 즉 점진주의와 파열은 비인간 종 중심주의적이라는 것이다. 헤겔에게 습관은 오직 인간만의 속성이 아니다. 오히려 식물과 동물 모두에서 습관은 **변형뿐 아니라 그러한 변형 효과의 보존 능력**과 동의어이다. [습관의 어원인] 'Habitus'는 그리스어 ἕξις를 라틴어(*hexis*)로 옮긴 것으로, 존재의 방식 혹은 성향을 뜻하지만, 습관적 행동의 수동적 의미는 없다. 오히려 아리스토텔레스는 헥시스를 노력, 주의, 그리고 집중과 결부시킨다. 말라부는 헥시스를 "존재의 방식이 되는 특별한 종류의 속성"[16]으로 제시하면서, 그것은 가소성의 작동을 주조, 창조, 그리고 통합의 실제 들을 통해 구체적으로 나타낸다고 주장한다. 가소성은 변화의 착수 및 경험, 형식의 수용 및 형식의 부여 둘 다를 의미한다.[17]

『역사 철학 강의(*Lectures on the History of Philosophy*)』에서 헤겔은 변화를 '내적 분화의 원칙'으로서 개념화하는 아리스토텔레스에 대해 논의한다. 그것은 지질학적 사물들에게는 가능하지 않은데, 그 이유는 무기물은 "습관을 발전시킬 힘이 없기" 때문이다.[18] 헥시스의 능력으로부터 무기물을 배제하는 것은 중요한 철학적 구분이다. 왜냐하면 무기 물질을 "가소성의 작용" 너머에 배치하고, 유기 생명에게는 자동-분화 능력, 혹은 헤겔이 말하는 소위

---

15 Malabou, 같은 책, p. 57. 강조는 원문.

16 Malabou, 같은 책, p. 25, p. 37.

17 Malabou, 같은 책, p. 40; C. Ferrini, "From Geological to Animal Nature in Hegel's Idea of Life," *Hegel-Studien*, 44(2010), pp. 1~77 참조.

18 G. W. F. Hegel, *Hegel's Philosophy of Nature: Encyclopaedia of the Philosophical Sciences, Part II*, trans. A. V. Miller (Oxford: Oxford University Press, 2004), p. 58.

"자기-분화 과정"[19]을 부여하기 때문이다. 『역사 철학 강의』에서 헤겔은 식물, 동물, 그리고 인간은 '차이의 통합'을 통해 통일성을 유지하기 위해 부단히 노력한다고 설명한다.[20] 식물 또는 동물이 겪게 되는 중요한 차이는 그들의 유기체와 무기질 환경 간의 차이이다. 또 다른 차이는 유기체의 이질적인 구성물들 간의 차이이다. 이러한 적응 및 자기 분화 과정을 통해 살아 있는 유기체들은 무기질 '자연'을 자신들 내부에서 통합하고, 고정시키고, 중재한다. 이것은 단지 (그리고 주로) 기본적인 구조와 구성의 단계에서뿐 아니라, 또한 "외부 혹은 특정한 물질을 다른 물질로 변환"하는 방식으로도 이루어진다.[21]

동물 생명에 관한 헤겔적인 묘사에서 무기물과 유기물의 관계는 수축 이론을 통해 좀 더 자세하게 제시된다. 수축은 동물 습성(헥시스)의 중요한 특징 중 하나이다. 그것은 압축, 응축, 그리고 축소(zusammenziehen)의 힘들을 사용해서 '좀 더 작게 만드는' 과정을 의미한다.[22] 유기체 내에서의 무기물의 유기적 압축과 관련해서, 말라부는 "무기물의 물질들은, **즉각적인 수축을 거쳐**, (살아 있는) 유기체를 만든다. … 존재의 본질에 있어, 살아 있는 유기체는 (무기질) 환경 요소들의 축소와 응축에 다름 아니다".[23] 유기물과 무기물이 근원과 구조의 수준에서 서로 결합이 되어 있다는 주장은 그들의 동질성을 제시할 뿐 아니라, 또한 그들의 이질성, 혹은 무기물이 유기물과 적대적 관계를 취하는 방식을 조명하기도 한다. "유기체는 무생물적인 근원 및 환경과 동일하면서 동시에 다르다."[24]

---

19 Hegel, 같은 책, § 261.
20 Malabou, *The Future of Hegel*, p. 58.
21 Hegel, 같은 책, § 345.
22 Hegel, 같은 책, p. 211 n. 21.
23 Malabou, 같은 책, p. 59. 강조는 인용자.
24 Malabou, 같은 책, p. 60.

이처럼 (말라부가 해석한) 헤겔의 철학에 나타나는 유기물과 무기물의 상호 침투성은 같음과 다름의 동시성을 의미한다. 습성은 동물 또는 식물 유기체 내에서 일어나는 지질학적 물질 수축의 결과로서, 유기체들의 구성과 내적 성향 둘 다와의 관련 속에서 이루어진다. 이러한 습성의 형성에는 두 개의 서로 대조적인 힘들, 즉 한편으로는 보존 또는 유지, 다른 한편으로는 억제 또는 은폐의 힘들이 작용한다. 생물을 **"그에 선행하는 모든 것을 압축하는"**[25] 것으로 상상함으로써, 말라부의 헤겔은 무기물을 원래대로 환원시키지 않고 무생물과 무기물을 내부에서 통합하는 살아 있는 유기체의 개념을 분명히 한다. 생기적 유물론은 무생물과 생물 간의 이원론적 분리를 해체한다는 점에서 그와 유사한 개념을 제시한다. 지질학과 행성상의 객체들을 포함해 (소위 '사물의 힘(thing-power)'으로 불리는) 물질적 객체들의 행위자적 능력을 인정함으로써, 제인 베넷(Jane Bennett)은 인간을 세계의 유한한 자기 동일적인 '행위자'로 보는 인간 중심주의적 상상의 허구성을 드러낸다. 그 대신에 인간은 **항상 이미** '능동적인 신체'와 '살아 있는 물질'의 상호 얽힘 혹은 혼종화의 결과로서 존재한다.

말라부는 '가소성'이라는 말을 이용해 무기물이 형식 취하기, 형식 부여하기, 그리고 형식 파괴하기의 세 가지 작용에 따라 유기물 내에서 수축하는 과정을 설명한다.[26] 유기체 내에서의 무기물의 수축은 가소성의 작동을 구

---

25 Malabou, 같은 책, p. 59.
26 말라부는 가소성을 헤겔이 **이론적**(theoretical)이라는 말을 아리스토텔레스의 **관조**(theorein)라는 말처럼 사용하는 방식과 관련지어 설명한다(데리다의 말라부 서문, Malabou, 같은 책, p. 296 n. 18 참조). 아리스토텔레스가 말하는 관조에는 두 가지의 서로 다른 방식, 즉 명상과 실행이 있다. 실행이 "주위 환경을 형성하고 변형시키며, (따라서) 주어진 조건들을 유기적 기능에 맞게 전유하는" 적극적인 주체를 포함한다면, 명상은 "환경을 흡수"하고 "주어진 것에 자신을 맡기는" 주체의 수동성을 내포한다(p. 60). 말라부는 들뢰즈의 『차이와 반복(Difference and Repetition)』을 언급하면서 명상과 수축의 연관성을 설명한다. 들뢰즈에 따르면 "명상하는 영혼"의 기능은 곧 "우리가 속한 것을 좁히는" 데 있다(p. 60에서

체적으로 보여준다. 동물 또는 식물의 적응력은 형성의 압력에 대해 동시적으로 나타나는 순응과 저항, 혹은 헤겔이 말하는 소위 '저항(Widerstand)'과 '유연성(Flüssigkeit)'의 '연합'을 의미한다.[27] 가소성은 "형식 포착"과 (폭발적인) "형식 … 파괴"의 변증법적 과정이다.[28] 인간들만이 유일하게 무기물과 비인간 세계를 만들고 형성할 능력이 있으며 그와 동시에 그들의 생존에 대한 지질학적인 영향으로부터 자신들을 보호하고 거기에 맞설 수 있다는 믿음과는 반대로, 말라부는 가소성을 유기물과 무기물 생명체 모두에 동등하게 적용된다고 인식함으로써 행위자, 행위, 그리고 행동 유도성에 관한 비인간 종 중심주의적이면서 비이분법적인 견해를 옹호한다.

헤겔에 관한 말라부의 포스트휴머니즘적인 시각은 헤겔이 『자연 철학』에서 '지구라는 유기체'를 생명의 결여로 특징짓는 데 대한 비판에서 가장 돋보인다.[29] 헤겔은 '지질학적 자연'과 '식물의 자연'을 존재론적으로 엄격하게 구분한다. 식물의 자연은 "직접성의 정지가 일어나고 일반적인 개체성이 … 스스로 발현"하는 "최초의 실질적인 생명력"의 거처이다.[30] 지질학이 다양한 '화강암' 활동들의 장소라면, 헤겔에게 그 활동들은 생명력을 나타내는 기호도 아니고, 정확히 말하면, "사건이나 '변화'"를 구성하지도 않는다. 그보다는 "내재적인 형성 발달"이 결여된 "'기계적 변화'"를 구성할 뿐이다.[31]

재인용). 들뢰즈에 따르면, 관조와 시각 혹은 보기[그리스어로 '시각'을 뜻하는 '테아(thea)'와 '보다'를 뜻하는 '호란(horan)']의 어원적이면서 철학적인 연관성에서 알 수 있듯이, 눈은 관조의 '가소적 작동'이 지닌 중의성을 탁월하게 보여주는 예이다.

27 Malabou, 같은 책, p. 11.
28 Malabou, 같은 책, p. 12.
29 Hegel, *Hegel's Philosophy of Nature*, § 265. 페리니는 갤버니즘(galvanism) 이론이 지질학적 물체와 과정에 관한 헤겔의 글에 끼친 영향에 대해 추론하면서, 헤겔이 거대한 구성물들에 대해 "죽은 게 아니라, 갈바니 연쇄의 부분"이라고 했던 말을 인용한다(Ferrini, "From Geological to Animal Nature in Hegel's Idea of Life," p. 25에서 재인용).
30 Hegel, 같은 책, § 265.

말라부의 가소성 개념은 유기체와 객체 들이 환경에 대응해 그들의 내부 변수들을 변환하는 능력, 즉 "체계가 분해되지 않고 내부로부터 스스로 변환할 수 있는 방식"을 포착해 낸다. 이처럼 가소성 개념은 인간, 동물, 식물, 그리고 지구의 사물 들의 아리스토텔레스적인 위계를 모호하게 만든다.[32] 그것은 "응시하는 주체나 이해의 경험에 국한되지" 않고, 그 대신 "모든 생물과 무생물에 스며든다".[33] 이 지점에서 말라부의 관점은 엘리자베스 포비넬리(Elizabeth Povinelli)의 『대지 존재론(Geontologies)』 같은 연구들과 중요한 공통점을 가지고 있다. 이 책에서 포비넬리는 지질학을 권력과 규제의 장소로 해체하면서, 신자유주의적 통치의 지구적 팽창과 확립은 (생명 권력 이론가들이 자주 주장하듯이, '생명'과 '죽음'보다는) '생명'과 '비생명'으로의 인식론적 구분에 치중해 있다고 주장한다.[34]

끝으로, 형식을 주고받는 이중 과정을 통해 유기물이 무기물을 내부로 결합하는 것은 가소성의 시간적 측면, 혹은 말라부가 말하는 소위 수동적/능동적 목소리의 '내재적 시간화'에 영향을 준다.[35] 유기물-무기물 변증법의 시간적 표현은 뒤늦음과 닮은 데가 있다. 말라부는 그것을 "**'나'에 앞서는 시간**에 실제로 상응하는 … 영적인 최면 상태"로 정의한다.[36] 습성(헥시스)의 시간성은 지금 현 순간으로 축소될 수 없다. 오히려 유기체는 무기물과의 연속성과 인접성의 흔적들을 견고하게 보존한다. 이와 반대로 무기물은 인

---

31 Hegel, 같은 책, §264.

32 G. Peña, "Interview with Catherine Malabou," *Figure/Ground* (May 12, 2016), online.

33 J.-P. Martinon, *On Futurity: Malabou, Derrida and Nancy* (London: Palgrave Macmillan, 2007), p. 57.

34 E. Povinelli, *Geontologies: A Requiem to Late Liberalism* (Durham: Duke University Press, 2016).

35 Malabou, *The Future of Hegel*, p. 55.

36 Malabou, 같은 책, p. 36. 강조는 인용자. 철학, 뒤늦음, 그리고 포스트휴먼에 관한 논의는 2장 참조.

간, 동물, 그리고 식물 생명의 잔여물을 내부에 봉합해 드러낸다. 다음 절에서 살펴보겠지만, 집단 기억 형성의 물질적 객체들의 역할과 관련해서, 객체가 과거의 특정 잔여물 또는 흔적을 속으로 간직하고 있다는 사실은 인간이 역사와 기억의 유일한 주체라는 생각을 복잡하게 만든다.

10.2 조르주 디디-후버만의 『나무껍질』에 나타난 기억의 주체/객체로서의 무기물

문화적 기억에 관한 연구는 물질적 무생물 개체와 그것이 집단 기억 및 망각의 역학과 맺는 관계에 관심이 많다. 물질적 무생물은 '증거물'이나 비인간 증언, 혹은 '지구 행성의 슬픔', 즉 인류세적 기후 변화와 종 멸종으로 겪는 슬픈 경험일 수도 있다.[37] 아우슈비츠·비르케나우(Auschwitz-Birkenau) 방문에 관한 디디-후버만의 철학적 사진 에세이 『나무껍질』은 기억과 추모가 오직 인간만의 관심사는 아니라는 점에 천착하는 모범적인 사례이다.[38] 『나무껍질』은 (유기물과 무기물의) 비인간 사물들로 가득하다(디디-후버만은 기억 생산과 관련해 유기물과 무기물을 엄격하게 구분하지 않는다). 그들은 모두 홀로코스트의 비인간 목격자로서, 아우슈비츠·비르케나우 포로수용소의 가동

---

37 S. Craps, "Climate Change and the Art of Anticipatory Memory," *Parallax*, 23(4) (2017), pp. 479~492; S. Craps, C. Colebrooke, R. Crownshaw, R. Kennedy, V. Nardizzi, and J. Wenzel, "Memory Studies and the Anthropocene: A Roundtable," *Memory Studies*, 11(4) (2018), pp. 498~515; M. Hirsch and L. Spitzer, "Testimonial Objects: Memory, Gender, and Transmission," *Poetics Today*, 27(2006), pp. 353~383; A. Rigney and A. Erll(eds.), *Mediation, Remediation, and the Dynamics of Cultural Memory* (Berlin: de Gruyter, 2009); M. Zirra, "Shelf Lives: Nonhuman Agency and Seamus Heaney's Vibrant Memory Objects," *Parallax*, 23(4) (2017), pp. 458~473.

38 G. Didi-Huberman, *Bark*, trans. S. E. Martin (Cambridge: The MIT Press, 2017).

시간에 그곳에 있었거나, 수용소 근처에 있었거나(자작나무, 풀밭, 꽃), 수용소의 주변 환경, 기계, 비품이었거나(창, 처형 담장, '주의!'라고 적힌 문구, 화장터 바닥), 혹은 화장터의 재처럼 도살의 물질적 산물이었다. 디디-후버만은 그 사물 존재자들을 아우슈비츠의 '조용하거나' '잊힌' 목격자라고 부른다. 그러고는 물질성과 시간성이라는 관점에서 증언의 의미를 자세히 설명한다.

이것은 말라부가 " '나'에 앞서는 시간"[39]을 (저지하거나 눈에 보이지 않게 하면서도 동시에) 보존한다고 말한 유기물 내에서의 무기물의 '수축'과 다르지 않다. 수용소의 사물들도 그들을 현재의 예로 돌릴 수 없게 하는 시간성을 갖고 있다. 에세이 내내 디디-후버만은 그러한 '사물적인(thingly)' 시간성과 인간 생명의 시간 사이의 뚜렷한 대조를 유도한다. 가령, 화장터 출입구로 들어서면서 "그 일요일 아침에 너무나 평온하고 조용했던 것"과 "한때 지옥이었던 것"[40]을 병치시킨다. 오늘 아우슈비츠에서 식물이 풍성하게 자라는 것은 화장터의 재가 토양을 비옥하게 해서이다. "들판에서 자라는 꽃들의 무성함은 이 좁고 긴 폴란드 땅이 취한 인간 제물의 다른 모습일 뿐이다."[41]

(말하자면) 아래로부터 작용한 지질학적인 힘들은 대학살의 증거를 제시하는 데 있어 유사-행위자적인 역할을 한다. 특히 "(수용소의 이전 위치에 내린) 빗물의 씻김은 수많은 뼈 조각과 파편 들을 표면으로 다시 끌어 올린다".[42] 그러나 헤겔이 생명의 '전제 조건'이 되는 유기물 내에서의 무기물의 유기적 통합의 역학에 주로 초점을 맞춘다면, 『나무껍질』에서 기억 객체/주체 들 간의 변화와 상호 침투의 방향은 그보다 훨씬 더 복잡하다. 그들은 희생자의 의복 혹은 수용소의 비품처럼 **인접성**(근접성)과 **연속성**(혼합)의 관계

39 Malabou, *The Future of Hegel*, p. 36.
40 Didi-Huberman, 같은 책, p. 47.
41 Didi-Huberman, 같은 책, p. 100.
42 Didi-Huberman, 같은 책, p. 106.

를 모두 취할 수 있다. 그리고 유기물에서 무기물로뿐만 아니라, 무기물에서 유기물로도 이동할 수 있다(『나무껍질』에 나타나는 전자의 경우로는 희생자의 재가 오늘의 자연환경 내에 보존되면서 동시에 눈에 보이지 않게 되는 기억의 '화석화'와 '석화'를 들 수 있다).

수용소를 방문하는 동안 수집했던 나무껍질 조각들을 찬찬히 바라보면서, 디디-후버만은 그것들을 "시간의 조각", "기억의 파편(들)"이자 "현재의 파편(들)", "내가 읽으려고 시도하는 기록되지 않은 것"[43]이라고 부른다. 그들은 주체가 그들로부터 과거에 관한 지식을 '발굴'하려고 한다는 점에서 '고고학적' 욕망의 대상들이기도 하다. 중요하게는, 그들의 의미를 명료하게 설명하려면 과거와 현재 사이, 그리고 죽은 자, 살아남은 자, 전쟁 후에 태어난 자 들 사이를 중재하는 작업뿐 아니라, 또한 그것을 미래에로 확장하는 발신의 형식이 필요하다.[44] 나무껍질은 미래의 모습이 희생자들의 학살뿐 아니라 목격자들의 죽음과도 연관이 있는 세대에게 보내는 서간문이 된다. 그는 묻는다. "내가 죽은 뒤 그 잔여물들을 마주치면 내 아이는 무슨 생각을 할까?"[45] '흩어진 시간성'에 관한 언급은 아우슈비츠를 (유대인들이 받는) 고통의 문화적 아이콘으로 만드는 데 대한 불편함의 표현이기도 하다. 가까운 곳에 "동일한 공간과 역사에 대한 두 개의 매우 다른 배치", 즉 " '야만의 장소'(수용소)"로서의 아우슈비츠와 " '문화의 장소'(박물관)"로서의 아우슈비

---

43 Didi-Huberman, 같은 책, p. 5.

44 세대성은 디디-후버만이 말하는 증언의 서로 다른 중첩적인 시간성을 이해하는 데 중요한 범주이다. 아우슈비츠 방문의 개인적 측면은 그가 수용소라는 장소를 '가족사' 내에 '다시 새겨 넣는' 시도를 드러내는 대목에서 분명하게 나타난다. "이곳에서 죽은 내 조부모, 그 결과 모든 이야기의 수단을 잃어버린 내 엄마, 이해가 되지 않는 시기에 폴란드를 사랑했던 내 누이, 이런 식으로 다시 역사와 정면으로 마주할 준비가 아직 안 된 내 사촌"(Didi-Huberman, 같은 책, p. 119).

45 Didi-Huberman, 같은 책, p. 5.

츠가 있다.[46]

중요한 것은 단지 수명이 인간을 넘어서는 물질적 객체들의 **지속성**이 아니다. 말라부의 말을 바꿔서 표현하자면, 기억의 **가소성**이라고 부를 수 있는 것, 즉 아우슈비츠 현장에서의 기억 연상 형식의 주기와 받기이다.[47] 자작나무 껍질은 되돌릴 수 없는 복수의 '사물들'을 그 안에 응축해서 담고 있다. 그것은 폭력적으로 벗겨진 나무줄기의 파편, 수목의 피부, "살 같은 분홍", 보호용 피질, "불에 타고 남은 책처럼 너덜너덜해진" 필기구이다.[48] 기억의 가소성은 기억의 형태가 다양하다는 뜻이 아니다. 기억은 물질과 비물질, 유형과 무형, 유기물과 무기물 간의 상호 침투, 상호 각인, 혹은 흔적 만들기의 과정을 통해 생긴다. 우리가 기억에 대해서 "현재 시간으로 축소할 수 없는 현존"[49]이라고 말하는 것은 그런 이유에서이다. 바로 그 기억의 가

---

46 Didi-Huberman, 같은 책, p. 30, p. 23.

47 아우슈비츠에서의 문화적 기억의 형성 과정을 조명하기 위해 가소성 개념을 사용한다 하더라도 아우슈비츠 자체가 인류를 이상적인 실체의 모형에 집어넣을 '재료'로서 간주하는 '폭력적인 가소성'에 대한 믿음에 근거한다는 사실을 간과해서는 안 된다. 이처럼 디디-후버만의 에세이는 "식물에서 … 거대한 인간의 황폐화를, 벽돌의 터와 더미에서 … 대량 가스 배출의 공포를, '카나다(Kanada)' '메시코(Mexiko)' 같은 비정상적인 지명에서 … 인간을 재료로서 간주하는 이성적 조직의 미친 논리를 본다: 이 고요한 습지 표면에 수많은 살해된 사람들의 재가 있다". Didi-Huberman, 같은 책, pp. 54~55. 강조는 인용자.

48 Didi-Huberman, 같은 책, p. 5. 나무껍질의 프랑스어 'écorce'는 '피부 외피(coat of skin)'를 뜻하는 라틴어 *scortea*에서 파생되었다. 따라서 'écorce'는 딱딱하게 굳은(**죽은**) 보호용 피부와 살아 있는 조직[즉 "외피 ─ 의상, 베일 ─ 이면서 피부 … 고통에 반응하고 죽을 수밖에 없는, 생명이 부여된 유령의 표면"(p. 5)]의 중의적 의미를 지닌다. 그러한 점은 고전 라틴어에서 더욱 분명하다. '나무껍질'을 나타내는 두 개의 라틴어가 있다. 먼저 인도·유럽어 sker(cut)에서 유래한 *cortex*는 "외부와 바로 맞닿아 있는 … 자를 수 있고 … 영향을 쉽게 받고, 상처 나고, 잘라내고, 분리되기 쉬운 몸통의 겉 부분을 의미한다. 반면에 두 번째 단어 *liber*는 "나무껍질이 몸통에 달라붙어 있는 부분"을 의미한다〔필기 재료로서 쓰이는 것은 *cortex*가 아니라 *liber*이다(pp. 120~121)〕.

49 Malabou, *The Future of Hegel*, p. 36.

소성은『나무껍질』에 나타난 디디-후버만의 '고고학적 관점'을 뒷받침한다. 그것은 "우리가 현재 보고 있는 살아남은 것과 우리가 사라졌다고 알고 있는 것" 사이의 "비교"이다.[50] 기억 객체에 관한 고고학적 조사는 단순히 과거의 탐구가 아니라, "현재를 이해하기 위한 회상"으로, 그것은 "사람들의 파멸이 그들이 떠났음을 의미하는 것이 아니[라,] 그들은 여기에, 실로 여기에 … 들판의 꽃, 이 자작나무들의 수액, 수천 명의 사망자의 재가 누워 있는 이 작은 연못에 있음"을 드러낸다.[51]

『나무껍질』에서의 비인간 증언의 물질적·시간적 측면에 관한 디디-후버만의 명상은 (생물과 무생물의) 비인간 세계의 적극적인 형성과 주조에 관여하기보다는 그 세계 속에 깊이 착종되어 있고 그것에 의해 영향을 받는 헤겔적 주체에 대한 말라부의 재고와 공명한다. 무기물과 인간 주체의 경계 흐리기는『나무껍질』에서 두 가지 측면을 갖는다. 첫째는 홀로코스트 현장에 있는 나무, 문, 용광로 같은 무생물 객체와 생물 객체의 **인접성**(근본적인 근접성, 혹은 직접적인 현존)의 차원이다. 수용소와의 중요한 물질적·시간적 근접성 때문에 그들은 "나는 그곳에 있었다" 같은 **제3자** 또는 **증인**(terstis)으로서의 발화 행위를 부여받는다. 그것은 '사물적인' 또는 '지질학적인 증언'의 예이다.[52] 둘째, 그것은 희생자들의 신체가 남긴 재가 수용소 현장의 토양 및 초목과 하나가 되면서 **연속성**의 차원을 갖는다. 역설적이게도, 그렇게 해서 그들의 증언과 기억 유도성은 세계 속에서 현실화된다. 말라부의 가소성과 디디-후버만의 비인간 증언이 무기물에 관한 포스트휴머니즘 관점에 중요한 이유는 두 저자들이 무생물에 대한 최근의 관심을 더욱 급진적

---

50 Malabou, 같은 책, p. 66.

51 Didi-Huberman, 같은 책, p. 150.

52 J. Derrida, *Sovereignties in Question: The Poetics of Paul Celan* (New York: Fordham University Press, 2005) 참조.

으로 밀어붙여서 그들을 행위자적 역능과 기억의 '담지자'로서 제시하기 때문이다. 무기물과 유기물의 관계를 연속적이면서 근접한 것으로, 친화적이면서 적대적인 것으로, 서로 상응하면서 동시에 다른 어떤 것으로 제시함으로써 그들은 문화적 기억을 일련의 서사 표현의 의도적인 인간 행위로서 보는 인간 중심주의적 상상을 문제시한다. 문화적 기억의 생성은 생물과 무생물의 존재론을 횡단하고 존재의 인간 중심적 위계를 해체하는 형식 파괴뿐 아니라 형식 수용과 형식 취하기의 가소적인 과정이다.

비록 성격은 많이 다르지만 무생물이 의미 형성, 기억하기, 그리고 공적 감응의 생산과 분산에 영향을 끼칠 수 있다고 다시 상상하는 데 초점을 맞춘 두 책을 통해 무기물과 유기물의 경계 흐리기가 포스트휴머니즘 연구의 핵심 요소임을 확인했다. 인간 주체가 무기물 또는 무기물 요소 들과 연속적이면서 동시에 인접해 있다는 주장은 일종의 포스트휴머니즘적인 퍼즐, 상동성과 이종성의 공존, 심지어 유기물과 무기물의 대립을 야기한다. 시종일관 군림하는 인간 주체에 대한 믿음을 헝클어뜨림으로써 이 '퍼즐'은 공적 기억과 그 변화에 대해 보다 생태학적으로 조율된 개념을 만들어낼 수 있는 잠재력을 가지고 있다.[53]

---

53 이 글의 초고를 읽고 유익한 제안과 논평을 해준 마이클 리처드슨과 셰릴 빈트에게 깊은 감사를 표한다.

After the Human

3부

포스트휴머니티

11
인간 그 이상의 생명 정치

소냐 반 위첼렌

11.1 서론

오늘날 생명 정치라는 말은 너무 많이 쓰여서 확실한 의미를 잃어버릴 처지에 있다. 원래 정치 철학 분야에서 비롯된 이 개념은 이제는 인문학과 사회 과학의 전 분야로 퍼져 나가 자리를 잡아가고 있다.[1] 이렇게 생명 정치가 한 분야에서 다른 분야로 확산되고 그에 따라 대응해야 하는 상황이 다양해지면서, 그 적용 범위도 한편으로는 생명 의학,[2] 재생산,[3] 섹슈얼리티,[4] 인종,[5]

---

1 여기에는 사회학, 인류학, 정치학, 경제학, 지질학, 건강학, 비교 문학, 철학, 역사학, 건축학, 문화 연구 등이 포함된다.

2 P. Rabinow, *Making PCR: A Story of Biotechnology* (Chicago: University of Chicago Press, 2011); N. Rose, *The Politics of Life Itself: Biomedicine, Power, and Subjectivity in the Twenty-First Century* (Princeton: Princeton University Press, 2007).

3 C. Waldby and M. Cooper, "The Biopolitics of Reproduction: Post-Fordist Biotechnology and Women's Clinical Labour," *Australian Feminist Studies,* 23(55) (2008), pp. 57~73; M. Cooper and C. Waldby, *Clinical Labor: Tissue Donors and Research Subjects in the Global Bioeconomy* (Durham: Duke University Press, 2014).

4 Mel Y. Chen, *Animacies: Biopolitics, Racial Mattering, and Queer Affect* (Durham: Duke University Press, 2012).

5 A. G. Weheliye, *Habeas Viscus: Racializing Assemblages, Biopolitics, and Black Feminist*

그리고 안전[6] 영역에서의 **이론에 근거한 경험적 분석**부터, 다른 한편으로는 사회 이론,[7] 정치 철학,[8] 퀴어 이론,[9] 그리고 탈식민주의 이론[10]에서의 보다 **철학적인 연구**에 이르기까지 계속 팽창하고 있다.

푸코는 생명 정치의 기본 골격을 생명 권력에 관한 강의를 통해 제시했다. 이 강연에서 푸코는 신체의 예속과 인구의 통제를 실현하는 수많은 기

Theories of the Human (Durham: Duke University Press, 2014).

6   M. Dillon and L. Lobo-Guerrero, "Biopolitics of Security in the 21st Century: An Introduction," *Review of International Studies*, 34(2) (2008), pp. 265~292.

7   T. Lemke, "Beyond Foucault: From Biopolitics to the Government of Life," in U. Bröckling, S. Krasmann, and T. Lemke(eds.), *Governmentality: Current Issues and Future Challenges* (New York: Routledge, 2010), pp. 173~192; T. Lemke, "New Materialisms: Foucault and the 'Government of Things'," *Theory, Culture & Society*, 32(4) (2015), pp. 3~25; T. Lemke, "Rethinking Biopolitics: The New Materialism and the Political Economy of Life," in E. Wilmer and A. Žukauskaitè(eds.), *Resisting Biopolitics: Philosophical, Political, and Performative Strategies* (New York: Routledge, 2015), pp. 69~85; T. Lemke, "Materialism Without Matter: The Recurrence of Subjectivism in Object-Oriented Ontology," *Distinktion: Journal of Social Theory*, 18(2) (2017), pp. 133~152; T. Lemke, "An Alternative Model of Politics? Prospects and Problems of Jane Bennett's Vital Materialism," *Theory, Culture & Society*, 35(6) (2018), pp. 31~54; T. Lemke, "Mater and Matter: A Preliminary Cartography of Material Feminisms," *Soft Power*, 5(1) (2018), pp. 83~99.

8   G. Agamben, *Homo Sacer: Sovereign Power and Bare Life* (Stanford: Stanford University Press, 1998); G. Agamben, *The Open: Man and Animal* (Stanford: Stanford University Press, 2004); R. Esposito, *The Third Person* (Cambridge: Polity, 2012); R. Esposito, *Persons and Things: From the Body's Point of View* (Hoboken, NJ: Wiley, 2015); T. C. Campbell, *Improper Life: Technology and Biopolitics from Heidegger to Agamben* (Minneapolis: University of Minnesota Press, 2011); C. Mills, *The Philosophy of Agamben* (New York: Routledge, 2014); V. Lemm and M. Vatter(eds.), *The Government of Life: Foucault, Biopolitics, and Neoliberalism* (Oxford: Oxford University Press, 2014).

9   Chen, *Animacies*.

10   S. Mezzadra, J. Reid, and R. Samaddar, *The Biopolitics of Development: Reading Michel Foucault in the Postcolonial Present* (Springer: New Delhi, 2013).

술들을 통해 생명이 통치되는 방식을 파악한다. 그의 생각이 좀 더 구체화된 것은 콜레주 드 프랑스(Collège de France) 강연 이후이다. 하지만 그의 생각은 일관된 정의로까지 충분히 발전하지는 못했다.[11] 그 결과 생명 정치에 대한 이해는 개념 수준에 머물고 만다. 푸코는 자신의 생각을 날카롭게 하거나 자신의 글을 숙고해 생명 정치에 대한 보다 정확한 이해를 발전시킬수 있는 기회를 갖지 못했다.[12] 그럼에도 불구하고, 푸코의 연구로부터 영향받은 많은 사상가들과 연구자들은 그의 과업을 이어받아 생명 정치를 좀 더다듬고 확장해 '벌거벗은 생명'(아감벤, 『호모 사케르(Homer Sacer)』), '죽음 정치',[13] 생명 자본,[14] 생명 사회성, 생명 합법성,[15] '생명 그 자체'의 정치(로즈, 『생명 그 자체의 정치학(The Politics of Life Itself)』),[16] 그리고 면역 정치(에스포지토, 『면역 공동체(Immunitas)』) 등의 개념을 낳았다. 이러한 개념들은 생명 정치의

---

11 M. Foucault, *"Society Must Be Defended": Lectures at the College de France, 1975-1976* (New York: Picador, 2003); M. Foucault, *Security, Territory, Population: Lectures at the Collége de France, 1977-1978* (London: Palgrave Macmillan, 2007); M. Foucault, *The Birth of Biopolitics: Lectures at the Collège de France, 1978-1979* (London: Palgrave Macmillan, 2008).

12 T. Campbell and A. Sitze(eds.), *Biopolitics: A Reader* (Durham: Duke University Press, 2013) 참조.

13 J. A. Mbembé and L. Meintjes, "Necropolitics," *Public Culture*, 15(1) (2003), pp. 11~40.

14 K. S. Rajan, *Biocapital: The Constitution of Postgenomic Life* (Durham: Duke University Press, 2006).

15 P. Rabinow, *Essays on the Anthropology of Reason* (Princeton: Princeton University Press, 1996).

16 M. Lynch and R. McNally, "Forensic DNA Databases and Biolegality," in P. Atkinson, P. Glasner, and M. Lock(eds.), *Handbook of Genetics and Society* (New York: Routledge, 2009), pp. 283~301; M. De Leeuw and S. Van Wichelen, *Biolegalities: A Critical Intervention* (London: Palgrave Macmillan, forthcoming); M. De Leeuw and S. Van Wichelen, *Personhood in the Age of Biologality: Brave New Law* (London: Palgrave Macmillan, 2020).

개념적 장점과 통찰을 논의할 때 쓰이는 기준점들로서 수많은 학제 간 연구에 영향을 미쳤다.

푸코가 반인간 중심주의적 입장을 통해 구체화한 포스트휴먼은 보편적인 정치적 주체의 강화를 위해 계몽 시대의 자유주의적 이성과 합리성에 의존하는 것을 비판하는 그의 생명 정치의 중요 특징이다.[17] 이 점에 근거해 많은 사람들은 생명 정치와 포스트휴머니즘이 나란히 발전해 온 것으로 이해한다. 양쪽 모두 미셸 푸코가 신체를 권력 작용의 핵심으로 이론화한 것에 뿌리를 둔다. 푸코의 저작에 기초하거나 그에 공감하는 학자들은 다양한 방식으로 포스트휴머니즘 이론에 기여했다. 니컬러스 로즈와 폴 라비노(Paul Rabinow)는 인간에 대한 이해를 면밀하게 살피는 의료 인문학의 푸코적인 전통을 확립했다. 조르조 아감벤과 로베르토 에스포지토를 비롯한 다른 생명 정치 이론가들은 인간과 비인간의 구분이 서구 정치학과 윤리학에서 얼마나 뿌리 깊은가를 밝혀냈다. 예를 들어, 아감벤의 『열려 있음(The Open)』과 『호모 사케르』가 인간/동물의 경계선이 인권 담론에서 본질적이며 동시에 항상 변하는 것임을 분명하게 밝힌다면, 에스포지토의 『사람과 사물(Persons and Things)』과 『삼인칭(The Third)』은 '인간(human)'과 '사람(person)'의 개념들이 모든 역사적·정치적 상황들 속에서 어떻게 일치하지 않는지 탐구한다. 비오스(bios)에 관한 이러한 실체적이면서 존재론적인 논의들은 포스트휴머니즘과 생명 정치의 협력을 위한 적절한 사례들이다.

그러나 이 장에서 살펴보려 하듯이, 포스트휴머니즘과 생명 정치는 많은 점을 공유하는 반면에, 다른 영역의 포스트휴머니즘 연구에서는 푸코적인 생명 정치에 대한 전통적인 이해들을 문제시하거나 비판하기도 한다. 최근 들어, 포스트휴먼에 관한 물음은 반인간 중심주의에 집중하는 것을 넘어서

---

17 M. Foucault, *The Order of Things: An Archaeology of the Human Sciences* (New York: Routledge, 2005). 또한 이 책의 2장 참조.

생명 그 자체의 재구성 내에서 제기되고 있다. 생명의 경계선이 계속해서 바뀌고, 또한 무생물, 비인간, 그리고 포스트휴먼의 형태와 그들의 새로운 존재 들이 기존의 생명 정치에서는 주로 인간에게만 주어진 생명의 자격이라는 유령 세계로 들어올 때, 생명은 어떻게 통치될 수 있는가? 이 물음은 인간들이 대지, 토양, 물, 공기 등의 천연자원과 식물과 미생물을 포함한 비인간 생명들에게 지운 부담으로 인해 자연 세계가 파괴되고 있는 인류세 시대에 더욱 중요해지고 있다.[18]

이 장에서는 포스트휴먼과 생명 정치에 관한 네 개의 각기 다른 학술적 접근을 소개한다. 이들은 푸코적인 생명 정치의 분석을 최대한으로 확장하고, 또한 연구 영역들 내에서 생기는 생명 정치의 한계와 갈등을 드러내 보인다. 이 범주에 속하는 이론가들이 많지만, 각각의 접근을 대표하는 이론가를 한 명씩 뽑아서 생명 정치에 관한 그들의 입장을 좀 더 철저하게 설명하고자 한다. 네 개의 영역과 대표 이론가는 다음과 같다. ① 자본[멀린다 쿠퍼(Melinda Cooper)], ② 법(로베르토 에스포지토), ③ 관계적 유물론적 사고[19](토머스 렘케(Thomas Lemke)], ④ 환경 인문학(애나 칭). 이러한 구분은 학제적 관습을 주로 따른 것으로, 더러 거친 게 사실이다.[20] 하지만 범주화는 중요한 보조 도구이다. 각각의 범주에 따라 다르게 나타나는 중요한 포스트휴먼의 역할을 살펴봄으로써 그것이 푸코적인 생명 정치에 대한 전통적인 이해와

---

18 포스트휴머니즘과 인류세에 관한 좀 더 상세한 논의는 9장 참조.

19 생명 과학과 자본에 관한 다른 저명한 이론가들로는 코식 선더 라잔(Kaushik Sunder Rajan), 캐서린 월드비, 필립 미로스키(Philip Mirowski)가 있다. 또한 법과 관련된 중요한 학자들 중에는 미겔 배터(Miguel Vatter)와 야스민 아리프(Yasmeen Arif)가 있다. 관계적 유물론의 다른 중요한 학자들은 안네마리 몰(Annemarie Mol)과 존 로(John Law)이다. 그리고 환경 인문학의 학자들 중에는 도나 해러웨이, 베키 맨스필드, 에번 커크시(Eben Kirksey)도 포함된다.

20 예를 들어, 자본과 관련된 사회학, 신유물론과 관련된 철학, 관계적 유물론과 관련된 과학 연구, 그리고 환경 인문학과 관련된 인류학과 지질학 등이다.

어떻게 합쳐지거나 혹은 갈라서는지 세밀하게 분석해 보고자 한다.

11.2 생명 정치와 자본

생명 정치의 공간을 기술하는 데 있어 푸코의 주된 관심은 '생명'을 조직하고 이해하는 광범위한 정치적 행위의 일부로서 인구와 개인을 규제하는 다양한 제도화된 관행이었다. 이 지점에서 생명 권력은 권력의 지배적인 형식들과 대조되는 권력의 새로운 합리성으로 등장한다. 푸코의 생명 정치 철학에서 중추가 되는 규율 사회로부터 통치성으로의 역사적 변화는 효율성의 자유주의와 신자유주의 양식들에 의해 이루어진다. 푸코는 죽음을 강조하는 처벌의 지배적 형식들로부터의 분리를 가능하게 한 권력의 생산적 측면을 강조한다. 푸코에 따르면, 생물학은 정부와 통치성으로 향하는 생명 정치적인 노선을 항해하는 데 필요한 중심 모터 중 하나이다. 폴 라비노와 니컬러스 로즈 같은 최근 생명 과학 분야의 푸코 계열의 학자들도 이 점을 계승한다. 18, 19세기에 하나의 학제로서 탄생한 근대 생물학은 생명에 대한 **이해**를 정치 조직의 구체적인 관심사로 확립시켰다. 더욱이, 생명 과학이 (보조 생식 기술의 폭넓은 사용 또는 유전학의 생물 의학적인 응용에서 볼 수 있듯이) 20, 21세기에 생명 **창조**를 향해 나아감에 따라, 생명 정치의 초점도 개별 신체에서 분자화된 생명으로 옮겨 간다.

생명 자본, 생명 가치, 그리고 생명 경제를 연구하는 최근 학자들은 생명 과학과 생물 의학의 발전을 부추기는 새로운 신자유주의 경제를 진단한다.[21] 갈수록 생명이 위험 평가, 투기, 그리고 실험의 대상이 되는 전 지구적

---

21 M. E. Cooper, *Life as Surplus: Biotechnology and Capitalism in the Neoliberal Era* (Seattle: University of Washington Press, 2011); Sunder Rajan, *Biocapital*; V. Pavone, and

생명 경제의 출현과 자극은 신체와 그 부분들을 금융 자본, 상품 가치, 그리고 생명 노동 형식의 예측하기 어려운 미래로 내몬다. 예를 들어, 필자가 속한 생식 기술 분야에서 난자, 정자, 생식 세포, 대리모, 그리고 아기 들은 전 세계의 생식 시장에서 유통이 점점 더 증가하고 있다. 정자가 한 국가에서 다른 국가로 페덱스(FedEx)로 배달되는 동안, 난모 세포는 증여자의 사회 문화 및 인종별 자본에 따라 값이 매겨지고, 대리모의 생물학적 노동은 지구 남반구에 사는 가난한 여성들의 몫이 된다.[22]

이러한 선진적 자본주의 형식의 역사적 조건과 정치 주체를 재구성하는 과학 기술과 관련해 자본에 초점을 맞춘 포스트휴먼 이론가들은 생명 권력의 집행에서 중추적인 역할을 하는 통치나 인간 신체를 생명 정치와 통치성의 주요 대상으로 여기는 인간 종 중심주의적 사고를 비판한다. 『잉여로서의 생명(Life as Surplus)』에서 멀린다 쿠퍼는 어떻게 불확실성과 위기가 인구의 정치적 관리와 인구 통계학적 방법의 사용을 주요 통치 기술로 보았던 푸코의 설명과는 다른 방식으로 신체의 규제를 변형시키는지 자세히 보여준다. 푸코적인 생명 정치의 주된 방향이 규율 사회로부터 통치성으로의 패러다임 전환이라면, 쿠퍼가 설명하는 선진적 자본주의의 새로운 형식은 의도적인 통치 정책 영역과는 느슨하게만 연결되어 있는 반면에 위기와 불안전의 재정적 계산을 보다 엄격하게 따른다. 21세기 자본주의의 신자유주의 경제가 어떻게 새로운 정치 경제의 특징이 되는지 보여주는 과정에서 쿠퍼는 생명 정치의 효력을 그러한 변화를 검토하기 위한 보조 도구로 깎아내리기

J. Goven(eds.), *Bioeconomies* (London: Palgrave Macmillan, 2017); C. Waldby and R. Mitchell, *Tissue Economies: Blood, Organs, and Cell Lines in Late Capitalism* (Durham: Duke University Press, 2006); Rose, *The Politics of Life Itself*; Waldby and Cooper, *Clinical Labor*.

22 S. Van Wichelen "Reproducing the Border: Kinship Legalities in the Bioeconomy," in Pavone and Goven(eds.), *Bioeconomies*, pp. 207~226 참조.

보다는 생명 경제를 성장시키는 새로운 투기 방식들에 좀 더 유의하게 한다.

이러한 새로운 발전들에 대해 쿠퍼는 (포스트-)마르크스주의의 가치 이론을 이용해 1960년대, 1970년대 미국에서의 생명 경제의 등장에 특히 초점을 맞춰 설명한다. 쿠퍼의 설명에 따르면, 미국 정치는 이용 가치는 풍부하지만 아직 충분히 현금화되지 않은 생명 가치의 채굴과 추출에 광적이다. 쿠퍼는 정치 경제의 부산물과 생명 과학을 미국의 포스트복지 및 포스트포디즘 경제와 관련지음으로써 푸코적인 생명 정치 논의를 진척시키지만, 그녀의 분석 대상은 일반적인 의미에서의 생명의 상품화가 아니라 생명의 신자유주의적 유연화와 금융화이다. 생물학적 생명(조직, 세포, 유전자, 미생물)의 성장과 경제적 삶의 성장 사이에는 운용과 은유상의 융합이 존재하는데, 그것은 동시대 자본주의의 선진화된 형식에 포드 시대와는 다른 생명 정치 체제의 특징을 부여한다. 또한 이 새로운 생명 정치 체제에 부합하는 마르크스 모델을 다시 전유함으로써, 그녀는 결핍의 필연적인 효과가 과도한 재생 생명을 환영하는 자본주의의 조장으로 이어지는 것에 주목한다. 따라서 잉여로서의 생명은 생명의 가치 절하 없이는 번성할 수가 없다. 신자유주의적 생명 재생의 기본적인 구성 요소는 생명의 구조적인 황폐화이다. 실제 생명의 중요성과는 별개로 이러한 황폐화는 인간이 존재론적으로 다른 개별 유형의 생명이라는 개념도 와해시킨다. 신자유주의와 생명 공학의 시대에 자본은 조에(벌거벗은 생명)와 비오스(자격을 얻은 생명)로서의 생명을 재구상하거나 넘어서는 방식으로 피부를 가로지르며 생명을 곤경에 빠뜨린다. 그것이 신자유주의적인 자본 논리를 통해 작동하는 동안, 생명은 인구, 통계, 사상자, 2차적 피해, 데이터, 혹은 잉여로 변이한다.[23]

---

23 새로운 생명 정치와 포스트휴먼에 관한 좀 더 상세한 논의는 8장 참조.

11.3 생명 정치와 법

통치성에 대한 푸코의 각별한 관심을 이어받은 몇몇 계승자들은 푸코의 추론 방식을 법, 적법성, 국가, 그리고 통치의 영역에서 좀 더 긴밀하게 발전시켰다. 이 분야의 생명 정치적인 접근들은 아감벤의 호모 사케르 — '벌거벗은 생명'으로 분류된 자 — 같은 경우를 어떤 인권 체계하에서도 버림받도록 내버려두는 현대 자유주의 사회의 법적·정치적 구조에 주로 초점을 맞춘다. 사실, 이 분야의 많은 생명 정치 학자들에게 인권은 그 자체가 검토의 대상이다. 그들이 보기에 인권은 '면역' 정치에 기여하며, 어떤 생명에게는 다른 생명보다 더 많은 가치와 더 많은 생명 합법성을 부여한다.[24] 생명이 누군가를 살게 하거나 혹은 죽게 놔두는 데 있어 강력한 결정 요인이 되는 인종 차별적이며 폭력적인 방식은 관타나모(Guantánamo)만의 포로나 팔레스타인(Palestine)의 점령당한 사람들의 삶과 같은 최근 사건들과 그에 관한 '죽음 정치적' 분석에서 계속 다루어진다.[25] 예를 들어, 음벰베(Achille Mbembe)가 제기하는 핵심 주장은 주권 국가는 생명 권력을 확실히 손에 넣기 위해 '죽음 정치'(죽음 권력)를 가지고 무모한 도박을 하고, 그러한 죽음 권력을 관리하는 통치 기술을 동원한다는 것이다.[26] 아감벤과는 다르게 음벰베의 분석

---

24 R. Esposito, *Immunitas: The Protection and Negation of Life* (Cambridge: Polity, 2011); D. Fassin, "Another Politics of Life is Possible," *Theory, Culture & Society*, 26(5) (2009), pp. 44~60. 생명 정치 분야의 다른 학자들뿐 아니라 푸코와 아감벤은 생명과 인간이 생명 정치에 의해 어떻게 재구조화되는지에 대해 다양한 해석을 제공한다. 그들은 종종 동일한 용어를 사용하지만, 좀 더 깊이 들어가면 다른 것을 의미할 수도 있다.

25 A. Mbembe, "Necropolitics," *Public Culture*, 15(1) (2003), pp. 11~40. 또한 Foucault, *"Society Must Be Defended"*; G. Agamben, *State of Exception* (Chicago: University of Chicago Press, 2005); J. K. Puar, *The Right to Maim: Debility, Capacity, Disability* (Duke University Press, 2017) 참조.

26 Mbembe, 같은 논문, p. 40.

에서 생명의 죽음 정치적 조건을 생산하는 것은 수용소가 아니라 식민지이다. 문명화의 이름으로 식민 제국주의는 법에 의한 생명 보호의 중지를 통해 폭력이 배치될 수 있는 예외 상태를 만든다.[27] 최근에 알렉산더 G. 웨헬리예(Alexander G. Weheliye)는 인간의 범주를 구성하는 데 있어서 농장, 노예 제도, 그리고 인종의 중요성에 초점을 맞춤으로써 푸코와 아감벤의 생명 정치 논의에 대한 음벰베의 재해석을 보완한다.

정치의 다른 한편에서는 죽음 정치에서 벗어나, 정치적 행위자와 생명 정치를 긍정적인 방식으로 수용하고 (대개는 인간) 주체의 능력을 강조하는 관점들이 있다. 이러한 사고방식의 대표 주자인 하트(Micheal Hardt)와 네그리(Antonio Negri)는 주체들이 물질 노동과 비물질 노동, 생산과 재생산, 노동과 여가의 관습적인 구분 허물기로부터 행위성을 획득하는 사회를 그들의 '다중' 이론과 함께 제안한다.[28] 이들 외에도 생명 정치, 통치성, 그리고 정치적 주체에 관한 보다 사회학적이고 인류학적인 연구도 있다. 생명 시민성을 둘러싼 연구는 생물학과 생물학적 자아가 정치적 행위자의 모체로 제시되는 경험적이면서 민족지학적인 방식들을 자세하게 밝히면서, 환경 재난 또는 생물 의학 사태와 관련한 시민적 덕목의 발현을 촉구한다.[29] 그리고 생명법과 생명 적법성에 관한 연구는 법에서의 생명의 실체적 경계를 검토한다.[30]

---

27 Mbembe, 같은 논문, p. 24.

28 M. Hardt and A. Negri, *Multitude: War and Democracy in the Age of Empire* (New York: Penguin, 2004). 이외에 4장 참조.

29 N. Rose and C. Novas, "Biological Citizenship," in A. Ong and S. J. Collier(eds.), *Global Assemblages: Technology, Politics, and Ethics as Anthropological Problems* (Oxford: Blackwell, 2005), pp. 439~463; A. Petryna, *Life Exposed: Biological Citizens after Chernobyl* (Princeton: Princeton University Press, 2013); T. Heinemann and T. Lemke, "Biological Citizenship Reconsidered: The Use of DNA Analysis by Immigration Authorities in Germany," *Science, Technology & Human Values*, 39(4) (2014), pp. 488~510. 이외에 8장 참조.

초점을 한편으로는 법의학 또는 보존 사례에서의 생명 공학과 생명 정치의 역학에, 다른 한편으로는 재산과 인격의 법적·철학적 개념화를 둘러싼 지적 관행에 맞추고서, 이 분야의 연구는 법 역시 과학이나 시장과 마찬가지로 생명과 사회성을 구성한다는 주장을 계속해서 펼친다.[31]

요약하자면, 실체적인 프로젝트들이 다양한 국가적 상황과 초국가적 사법권에서의 생물학적 시민, 망명 신청자, 불법 이민자, 범죄자, 그리고 (인간 및 비인간) 법인과 관련한 통치성의 생명 정치적인 방식의 함의에 주로 관심을 두는 데 반해, 존재론적인 프로젝트들은 법 이론이나 정치 철학에서의 생명의 배치에 주로 초점을 맞춘다.[32] 반면 로베르토 에스포지토는 죽음 정치적 생명 정치와 긍정적 생명 정치의 사이를 가로지른다. 법과 통치성의 영역에서 활동하는 포스트휴머니즘 학자들에게 매우 영향력 있는 인물인 만큼 에스포지토에 대해서는 좀 더 자세히 살펴보도록 하겠다.

에스포지토가 포스트휴먼을 직접적으로 다루지는 않지만, 그의 연구는 관련 법학자들 사이에서 포스트휴먼 미래에 부합하는 법철학의 재구성을 위해 채택되고 있다. 해러웨이와 그녀의 사이보그 논문에 뒤이어서 에스포지토는 어떻게 인간 생명이 과학 기술과 항상 얽혀왔는지, 그리고 그 점에서 우리가 어떻게 항상 포스트휴먼이었는지 설명한다.[33] 사실 그의 면역 개

---

30 A. Pottage and B. Sherman, *Figures of Invention: A History of Modern Patent Law* (Oxford: Oxford University Press, 2010); B. van Beers, L. Corrias, and W. G. Werner, *Humanity Across International Law and Biolaw* (Cambridge: Cambridge University Press, 2014); I. Braverman(ed.), *Gene Editing, Law, and the Environment: Life Beyond the Human* (New York: Routledge, 2017); De Leeuw and Van Wichelen, *Biolegalities*.

31 곧 출간될 예정인 *Biolegalities*에서 드 리우와 필자는 재산, 인격, 친족, 그리고 공동체를 둘러싼 지식 실천에서의 이러한 변화들을 상세히 다룬다.

32 이러한 실체적·존재론적 프로젝트들의 조합을 담은 훌륭한 선집으로 P. T. Clough and C. Willse, *Beyond Biopolitics: Essays on the Governance of Life and Death* (Durham: Duke University Press, 2011) 참조.

넘은 "자연과 인공, 물질과 전자, 화학과 통신 등 모든 구성 요소에서 우리를 관통하는 세계"와 자아 사이의 관계를 강조한다.[34] 따라서 면역을 외부로부터의 방어, 보호, 혹은 격리를 필요로 하는 무언가로 바라보기보다는, 다른 자아들 및 세계와의 상호 작용 속에서 침투 가능하고, 끊임없이 진화하는 연결된 형태로 이해해야 한다.[35]

좀 더 복잡하지만, 법 영역 내에서의 포스트휴먼 이론과 관련이 있는 부분은 서구 근대법상의 개인과 사물의 기본적인 구분에 관한 그의 생각이다. 에스포지토는 법이 면역의 근본적인 토대를 제공하는 중요한 순간에 똬리를 틀고 앉아 있는 이 구분을 뒤집을 것을 제안한다. 그는 긍정의 생명 정치가 강조하는 것은 신체, 즉 개인적으로 또는 집단적으로 폐쇄와 동일시의 절대주의적 관념에 저항하는 신체들에 있다고 단언하면서 자신의 기본 주제를 발전시킨다.[36] 실제로, 긍정의 생명 정치의 실현을 위한 중요한 과제는 개인과 사물 사이의 구분을 깨고, "그들 각자의 비인격적인 차원에서 삶과 생명의 재통합을 항상 가로막는 금지들을 부수는" 것이다.[37] 패트릭 하나핀(Patrick Hanafin)의 설명처럼, 신체는 "개인의 **장치**(dispositif)와 법을 통한 생명의 생명 정치적인 통치성"에 대한 저항을 허용한다.[38] 법학과 사회 법학의 최근 연구에서는 개인과 사물에 대한 서구 근대법상의 구분을 해체할 수 있는 '삼인칭' 또는 '신체성(bodyhood)'의 가능성을 이론화하는 작업이 계속해

---

33 T. Campbell and F. Luisetti, "On Contemporary French and Italian Political Philosophy: An Interview with Roberto Esposito," *Minnesota Review*, 75(1) (2010), pp. 109~118 참조.

34 Esposito, *Immunitas*, p. 147.

35 N. Brown, *Immunitary Life: Biomedicine, Technology and the Body* (London: Palgrave Macmillan, 2019), p. 12.

36 Brown, 같은 책, p. 25.

37 Campbell and Luisetti, 같은 논문, p. 114.

38 P. Hanafin, "Resistant Lives: Law, Life, Singularity," *Soft Power*, 1(1) (2014), p. 98.

서 진행 중이다.[39]

11.4 생명 정치와 관계적 유물론

생명이 본래 기본적으로 비인간 및 무생물 세계와 함께 계속해서 진화한
다는 생각은 관계적 유물론자들의 출발점이기도 하다. 이 중에서도 도나 해
러웨이는 에스포지토의 생각에 영향을 준 주요 이론가이다. 법 혹은 통치성
에 관한 정치 철학적 논의와는 대조적으로, 관계적 유물론자들은 경험 연구
에 근거한(과학 기술, 생물학, 혹은 생명 공학에 주로 초점을 맞춘) 최근 생명 정치
의 유물론적 전제에 집중한다. 그리고 그들은 대개 과학과 기술 연구(STS)
분야에서 작업한다. 해러웨이와 (이블린 폭스 켈러(Evelyn Fox Keller), 세라 프랭
클린(Sarah Franklin), 브뤼노 라투르, 그리고 캐런 버라드 같은) 그녀의 동시대 연
구자들은 초기 저술에서 자신들을 관계적 유물론자로 반드시 명시하지는
않았다.[40] 하지만 그러한 분류는 지난 10년 동안 신유물론이 등장하면서 뒤
늦게나마 더욱 확고해졌다.[41]

관계적 유물론은 자연/생물학/과학 기술과 문화 혹은 사회의 상호 작용

---

39 A. Amendola, "The Law of the Living: Material for Hypothesizing the Biojuridical," *Law,*
Culture and the Humanities, 8(1) (2012), pp. 102~118; P. Hanafin, "Rights, Bioconstitu-
tionalism and the Politics of Reproductive Citizenship in Italy," *Citizenship Studies*, 17(8)
(2013), pp. 942~955; Hanafin, "Resistant Lives"; T. F. Tierney, "Toward an Affirmative
Biopolitics," *Sociological Theory*, 34(4) (2016), pp. 358~381; M. Vatter and M. de Leeuw,
"Human Rights, Legal Personhood and the Impersonality of Embodied Life," *Law, Culture*
and the Humanities (June 2019), online.

40 J. Law and A. Mol, "Notes on Materiality and Sociality," *The Sociological Review*, 43(2)
(1995), pp. 274~294.

41 신유물론과 포스트휴머니즘에 관한 좀 더 상세한 논의는 12장 참조.

을 그 특징으로 한다. 따라서 자연과 사회의 이분법을 강조하기보다는 그들 간의 왕래를 강조한다. 이러한 자세는 또한 생물, 문화, 사회 같은 학제 구분의 방치나 장벽 와해를 필연적으로 수반함으로써 인문학과 사회 과학 내의 새로운 발전을 촉진한다.[42] 이러한 관점이 담긴 초기 저술에서 해러웨이는 물질-기호학적(material-semiotic)이라는 용어를 고안하면서 행위자 연결망 이론(Actor-Network Theory, ANT)에 감사를 표시한 바 있다. 이어서, 존 로(John Law)는 ANT가 생명 정치를 역사적·물질적 산물로 제시한 푸코에 얼마나 빚지고 있는지 설명한다.[43] 담론을 실제뿐 아니라 말과 텍스트를 포함한 사회적인 것의 분석의 중심에 놓음으로써 푸코의 저작은 ANT가 물질 기호학으로 나아가는 데 깊은 영향을 미쳤다. 행위성에 대한 탐구와 설명에서 ANT는 인간에 특권을 부여하는 대신에 인간과 비인간 간의 조화를 강조한다. ANT와 STS 분야의 신생 연구들은 우리가 아는 사회적인 것들은 사회-물질적 배열과 주체와 객체 간의 기호학적 발화 행위에 의해 형성된다는 생각을 충실히 따른다. 이분법을 강조하는 (혹은 하나의 극을 다른 극보다 더 중시하는) 대신에, 이러한 유물론적 견해의 관계적이며 가끔은 수행적인 특성은 어떻게 "연결망의 교점들이 관계의 모둠"이 되고, 어떻게 "물질이 상호적으로 구성되는지"[44]를 강조한다. 객체와 주체 간의 왕래에 외부라든가, 그들의 상호작용으로부터 벗어난 외부적 실재는 존재하지 않는다.

최근에 신유물론이 생명 정치를 포기한 것에 대한 응답으로 생명 정치 학자들은 관계적 행위성을 다시 이론화해 신유물론적 접근의 약점이라고 생각되는 것을 논박한다.[45] 가령 "푸코 이후의 푸코"[46] 관점에서 연구하는 토머

---

42 S. Ahmed, "Open Forum Imaginary Prohibitions: Some Preliminary Remarks on the Founding Gestures of the 'New Materialism'," *European Journal of Women's Studies*, 15 (1) (2008), p. 35.

43 J. Law, *Organizing Modernity* (Oxford: Blackwell, 1994), pp. 100~104.

44 Law and Mol, "Notes on Materiality and Sociality," p. 277.

스 렘케는 푸코의 사물 통치를 제안하며 포스트휴머니즘 생명 정치를 옹호한다. 푸코적인 생명 정치에서의 장치 혹은 환경(milieu) 같은 강력한 분석 틀을 거론하면서 렘케는 푸코적인 틀에서의 포스트휴머니즘적인 분석은 가능할 뿐 아니라 오히려 더 바람직하며 필수적이라고 주장한다. 푸코의 인간 종 중심주의를 넘어설 목적으로, 렘케는 캐런 버라드, 제인 베넷, 그리고 그레이엄 하먼(Graham Harman) 같은 신유물론자들과 사변적 실재론자들이 제기하는 비판에 맞서 푸코를 다시 읽는다.[47]

푸코에 대한 포스트휴머니즘의 핵심 비판 중 하나는 생명 권력의 개념에 대한 것이다. 생명 권력은 개인으로서의 **인간**과 (종으로서의) 인구가 정치적 프로그램과 전략에 깊이 관여하는 역학을 드러내는 것이다.[48] 이에 대해 렘케는 콜레주 드 프랑스에서의 1978년 연속 강연의 핵심 주제인 푸코의 사물 정치를 확장해 명확하게 밝힘으로써 푸코가 정치적 행위성에 관한 포스트 휴머니즘적인 개념에 부응할 수 있고 또한 부응한다고 반박한다. 푸코에게 '사물'은 객체들에만 국한되는 것이 아니라, 인간과 사물이 서로를 공구성하는 관계성을 의미한다.[49] 개념적 도구로서의 푸코의 **장치**가 권력이 실현되

---

45 예를 들어, J. Bennett, *Vibrant Matter: A Political Ecology of Things* (Durham: Duke University Press, 2009); R. Braidotti, *The Posthuman* (London: Polity, 2013); S. E. Wilmer and A. Žukauskaitè(eds.), *Resisting Biopolitics: Philosophical, Political, and Performative Strategies* (New York: Routledge, 2015) 참조. 이외에 12장 참조.

46 B. Massumi, "National Enterprise Emergency: Steps toward an Ecology of Powers," *Theory, Culture & Society*, 26(6) (2009), p. 158.

47 페미니즘 이론에 영향을 많이 받은 캐런 버라드, 정치 이론가인 제인 베넷, 그리고 형이상학적 탐구에 있어 정치에 무관심한 그레이엄 하먼 사이에는 커다란 차이가 있다는 점에 유의해야 한다. 렘케의 논의에는 환경 인문학에 영향을 끼친 신유물론의 다른 두 대표적인 이론가 유진 새커와 티머시 모턴이 빠져 있다. 사변적 실재론과 포스트휴머니즘에 관한 좀 더 상세한 논의는 13장 참조.

48 Lemke, "New Materialisms," p. 16.

49 Lemke, 같은 논문, p. 9.

는 인간과 사물의 배열을 드러낸다면, 푸코의 환경 개념은 (인과성에 맞서는) 행위성의 순환을 강조하고, 행위자의 힘이 인간과 비인간의 상호 작용 속에서 발생한다는 것을 확실하게 주장한다.[50] 렘케가 보기에 푸코가 포스트휴머니즘에 여전히 중요한 이유가 이러한 사물 통치의 개념 때문이라면, 특히 환경 인문학에 속하는 다른 학자들은 푸코 대신에 생명 정치와 동물의 연구를 통해 비인간 주체성을 강조하는 『열려 있음』의 아감벤을 따른다. 이 학자들은 모두 우리 시대의 도전을 좀 더 수용하는 새로운 포스트휴먼의 방식으로 생명 정치를 이해하고 그것에 기여한다.

11.5 생명 정치와 환경 인문학

지난 몇십 년 동안 분명하게 도전의 목소리를 낸 분야 중의 하나는 환경 (혹은 생태) 인문학이다. 철학, 문학, 역사, 지리학, 그리고 인류학의 학제 전반에 걸쳐 있는 환경 인문학의 신조는 다른 무엇보다도 인류세의 물음에 응답해야 한다는 것이다.[51] 인간 생명이 기후와 환경을 형성하는 지질학적 힘으로 출현한 포스트 홀로세 시대를 의미하는 인류세는 비판의 대상이 생명 정치에서의 인간/비인간 이분법으로부터 생명/무생명 이분법으로 이동한다는 점에서 생명 정치를 더욱 문제시한다. 캐리 울프, 엘리자베스 포비넬리, 애나 칭, 스테판 헬름라이히, 줄리 거스먼, 이러스 브레버먼(Irus Braverman), 에번 커크시(Eben Kirksey), 헤더 팩슨(Heather Paxson), 제이미 로리머(Jamie Lorimer), 애스트리다 네이마니스, 그리고 톰 반 두렌(Thom Van Dooren) 같은 포스트휴머니즘 학자들은 그들이 지상의 물질 및 지질학적 현상과 얽혀 있

---

50 Lemke, "Rethinking Biopolitics," p. 67.
51 포스트휴머니즘과 인류세에 관한 좀 더 상세한 논의는 9장 참조.

음을 나타내기 위해 생명 정치의 통치성을 재구성한다. 예를 들어, 헬름라이히는 얽혀 있는 생명의 통치를 '공생 정치(symbiopolitics)'로 이해하는가 하면,[52] 팩슨은 인간과 미생물의 담론적이며 물질적인 얽힘을 '마이크로 생명 정치(microbiopolitical)'라고 부른다.[53] 그리고 스빙에도우브(E. Swyngedouw)와 에른스톤(H. Ernston)은 인류세 개념의 '면역-생명 정치(immuno-biopolitics)'를 강조하면서 에스포지토를 따라서 그것의 탈정치적 특성을 주장한다.[54]

비록 푸코적인 생명 정치의 틀을 직접적으로 다루지는 않지만, 뒤얽힌 생명과 야생 생태에 관한 애나 칭의 연구는 산업에 의한 파괴와 자본주의적 폐허의 생명 정치적인 맥락을 항상 기저에 깔고 있다. 그리고 그녀의 저작은 생명 정치 현상을 연구하는 포스트휴머니즘 학자들 사이에서도 영향력이 매우 크다.[55] 칭의 저작은 긍정의 정치학을 이론화화기는 하지만 구체적인 경험 연구는 거의 없는 캐리 울프의 저작 같은 형이상학적 접근과는 다른 포스트휴먼적인 생명 정치 분석의 대표 사례로서 꼽을 만하다.[56] 『세계 끝의 버섯(The Mushroom at the End of the World)』에서 칭은 북반구 전역의 숲에서 발견되고 일본에서는 수요가 많은 진미로 알려진 송이버섯의 생존을 추적한다. 또한 송이버섯은 나무에 영양분을 공급해서 숲의 성장에도 도

---

52 S. Helmreich, *Alien Ocean: Anthropological Voyages in Microbial Seas* (Berkeley: University of California Press, 2009).

53 H. Paxson, "Post-Pasteurian Cultures: The Microbiopolitics of Raw- Milk Cheese in the United States," *Cultural Anthropology*, 23(1) (2008), pp. 15~47.

54 E. Swyngedouw and H. Ernstson, "Interrupting the Anthropo-ObScene: Immuno-Biopolitics and Depoliticizing Ontologies in the Anthropocene," *Theory, Culture & Society*, 35(6) (2018), pp. 3~30.

55 A. L. Tsing, *The Mushroom at the End of the World: On the Possibility of Life in Capitalist Ruins* (Princeton: Princeton University Press, 2015); A. L. Tsing, "Getting by in Terrifying Times," *Dialogues in Human Geography*, 8(1) (2018), pp. 73~76.

56 Cary Wolfe, *What is Posthumanism?* (Minneapolis: University of Minnesota Press, 2010).

움을 준다. 칭은 훼손된 경관과 그 안에서 살아남은 송이버섯을 탐구하면서 균류 생태학과 산림 역사뿐 아니라 상품의 정치 경제를 파헤친다. 그리고 그러한 작업을 통해 뒤얽힌 생명에 관해 기술할 뿐 아니라, 함께 서식하는 미래의 수정 가능성에 대해서도 이야기한다. 그녀의 저작은 지구에서 생명을 이어가기 위한 전제 조건인, 자본주의에 의한 파괴와 다종적인 자연에서의 공동 생존의 관계를 긴급하게 검토한다.

환경 인문학을 대표하는 많은 이들이 인류학자와 지질학자인 것은 우연이 아니다.[57] 그렇게 된 중요한 이유는 방법론 때문이다. 민족지학적인 연구는 '뒤얽힌' 혹은 '다종적인' 생명을 추적하는 데 가장 적합한 것으로 정평이 나 있다. 거점이 다양한 민족지학은 연구자들이 인간, 비인간, 생명, 무생명의 경로와 얽힘을 개괄하고, 그것들을 떼었다 이었다 하는 데 도움을 준다. 또한 인류세에 대한 반응과 지구상에 나타나는 효과 들을 자세하게 설명할 수 있게 해준다. 즉, 자본과 인간 종에 의해 초래된 기후 변화와 지구 온난화가 어떻게 우리의 사회적·정치적 상상 속에 점점 더 스며드는지 이해할 수 있게 해준다. 하지만 그러한 반응들은 항상 육안으로 볼 수 있거나 다른 감각으로 지각되는 것은 아니다. 그래서 민족지학자들은 그러한 생명체들을 다루는 전문가들의 도움을 자주 필요로 한다. 칭은 송이버섯에 대해 기술하기 위해 [몽족의 정글 수렵인, 중국 이족(彝族)의 염소 치는 사람, 그리고 핀란드의 자연공원 가이드 같은] 버섯 채취자들의 도움으로 송이버섯의 감응과 반응

---

57 브뤼노 라투르가 2014년 12월에 AAA 학회의 석학 초청 강연에서 웅변적으로 말했듯이, 인류세는 인류학에는 '독이 든 선물'이다. D. Haraway, N. Ishikawa, S. F. Gilbert, K. Olwig, A. L. Tsing, and N. Bubandt, "Anthropologists Are Talking - about the Anthropocene," *Ethnos*, 81(3) (2016), pp. 535~564 참조. 인류세가 인류학(과 지질학)에 인간 그 이상의 생명에 대한 이해를 중요한 방식으로 넓힐 수 있는 '인류(anthropos)'의 재개념화라는 선물을 선사한다면, 그것은 또한 뒤얽힌 생명을 이전에 상상했던 것보다 더 파괴적인 방식으로 해칠 수 있는 인간에 대한 연민을 강화할 여지도 있다.

에 대해 배우고, 또한 생물학이나 농경 분야의 자연 과학자의 도움으로 자본주의로 인한 파괴의 폐허 속에서도 생명력 있게 반응할 수 있는 송이버섯의 생물학적 구성 요소를 익힌다. 칭의 책은 농장 문화를 다룬 그녀의 초기 논문을 기반으로 한다. 그 글에서 그녀는 어떻게 자연의 생명 정치적인 관리가 식민지와 인종화된 관계들에도 근거하고 있는지 설명한다.[58] 포스트휴먼 인류학자들이 추구하는 과학 연구는 '인류학자들에게는 쉬운'[59] 과학자들의 연구를 따르기보다는, 과학자들의 관측 및 이론화 작업과 밀접한 관계를 맺는다.[60] 그러한 노력들은 생명 과학 자체가 생물과 자연의 과정을 덜 결정론적으로 바라보는 환경에서는 보다 고무적이어서, 자연과 문화의 근대적 이분법을 흔드는 생명에 대한 보다 유연하면서 세밀한 이해를 지향한다.[61]

생물학적 지식이 우리의 정치적 상상력에 개입하는 방식은 민족지학적 재료와 생명 정치의 개념적 도구 들의 대화를 가능하게 한다. 칭이 『세계 끝의 버섯』에서 수행하는 것은 단지 뒤얽힌 생명을 과학자, 노동자, 그리고 소비자 들과의 **연결**을 통해 경험적으로 관측 가능한 것으로 기술하는 것만이 아니다. 그것 외에도 송이버섯이 주체와 장치의 상호 작용을 포함해 정책, 관료, 법, 욕망, 그리고 상상력과 맺는 관찰하기 어려운 **관계**에 대해서도 상세히 밝힌다.[62] 그렇다면 송이버섯은 단순히 심고 관리하기만 하면 되는

58 A. L. Tsing, "Unruly Edges: Mushrooms as Companion Species," *Environmental Humanities*, 1(2012), pp. 141~154. 닐 아후자 같은 학자들의 연구는 이러한 통찰력을 기반으로 한다. N. Ahuja, *Bioinsecurities: Disease Interventions, Empire, and the Government of Species* (Durham: Duke University Press, 2016) 참조.

59 Haraway, Ishikawa, Gilbert, Olwig, Tsing, and Bubandt, "Anthropologists are Talking," p. 550.

60 Haraway, Ishikawa, Gilbert, Olwig, Tsing, and Bubandt, 같은 논문.

61 M. Meloni, *Impressionable Biologies: From the Archaeology of Plasticity to the Sociology of Epigenetics* (New York: Routledge, 2019).

62 G. Feldman, "If Ethnography is More Than Participant-Observation, Then Relations Are

수동적인 사물이 아니라, 함께 협상해야 하는 사물이다. 과학 연구와의 연계와 (경험적 **연결** 이외의) 개념적 **관계**는 생명 정치적인 탐구의 도구를 필요로 한다. 이 점에 대해 거의 언급하지 않는 칭과 다르게 분명하게 밝히는 포스트휴머니즘 인류학자들과 지질학자들도 있다. 푸코의 생명 정치는 그러한 관계들을 문제의 장치를 가로지르며 이론화하는 데 여전히 적절할 뿐 아니라, 각기 다른 위치와 규모를 포괄하고 각기 다른 양식의 통치성을 제시한다. 새롭게 정의된 인류세의 전제들이 푸코에게는 알려지지 않았다 하더라도, 생명 정치는 생태학적·환경적·지질학적 힘들과 얽혀 있는 인구와 신체를 연구하는 데 앞으로도 유용할 것이다.

11.6 결론: 인간 그 이상의 생명 정치

어떻게 하면 생명 정치를 포스트휴머니즘의 관점에서 다시 생각할 수 있을까? 이 장은 오늘날 인문학과 사회 과학이 직면해 있는 포스트휴먼의 몇몇 문제 제기에 관한 생명 정치 연구의 최근 논쟁을 대략적으로 살펴보았다. 인간 그 이상의 생명 정치에 대한 서로 다른 접근들을 자본, 법, 관계적 유물론, 그리고 환경 인문학의 렌즈를 통해 보면서 경계 만들기를 즐기기보다는 그러한 접근들을 특징짓는 구체적인 문제와 긴장 들을 드러내 보이는 데 주력하고자 했다. 어떤 관심사들은 각각의 접근에서 서로 다르게 나타나기도 하지만, 관련 연구들을 주의 깊게 살펴보면 푸코의 생명 정치 도구들을 사용하는 데 공통점도 분명하게 보인다. 인간 종 중심주의적으로 의심되는 일부 전제들을 흔들고 비판하려는 많은 학자들이 푸코적인 생명 정치를

More Than Connections: The Case for Nonlocal Ethnography in a World of Apparatuses," *Anthropological Theory*, 11(4) (2011), p. 378.

시험대에 올려왔다면, 푸코의 (장치, 통치성, 환경 같은) 개념 도구들과 그가 '사물들'과 비선형적으로 뒤얽힌 것으로 특별히 자리매김해놓은 계보학 및 실제들은 오늘날 포스트휴머니즘 문제와 현상을 다루는 선도적인 연구자들 사이에서 여전히 핵심적인 역할을 하고 있다.

12
신유물론

스테이시 앨러이모

신유물론은 리처드 그루신이 '비인간으로의 전회(the nonhuman turn)'라고 부르는 이론의 목록에 등장하는 논쟁의 여지가 있는 용어이다. 신유물론 외에도 그 목록에는 행위자 연결망 이론, 정동 이론, 동물 연구, 배치 이론, 새로운 뇌 과학, 뉴 미디어 이론, 사변적 실재론, 그리고 체계 이론 등이 포함된다.[1] 목록에 있는 다른 이론들도 상황이 복잡해지기는 하지만 설명하기에 따라서는 방향성, 개념화, 또는 방법론에 있어 신유물론의 유형으로 간주될 수 있다. 이리스 반 데르 튀인(Iris Van der Tuin)은 신유물론을 "우리의 내부, 옆, 그리고 가운데에 있는 세계, 우리를 앞서고, 포함하고, 넘어서는 세계에 관한 비이원론적 연구를 위한 연구 방법론"으로 정의한다.[2] 이러한 시적인 정의의 너그러움에 감사하고 비이원론을 강조하는 것에도 동의하지만, 필자는 신유물론이 기본적으로 연구 방법론이라고 말하기를 꺼린다. 왜냐하면 많은 학자들은 인식론, 존재론, 윤리학, 그리고 정치학의 불가분성을 강조

---

1 Richard Grusin, "Introduction," in R. Grusin(ed.), *The Nonhuman Turn* (Minneapolis: University of Minnesota Press, 2015).

2 Iris Van der Tuin, "New/New Materialism," in Rosi Braidotti and Maria Hlavajova(eds.), *The Posthuman Glossary* (London: Bloomsbury, 2018), pp. 277~278.

하는 반직관적이고 학제 횡단적인 신유물론에 몰입하고 난 후에는 어떻게 나아가야 할지 진심으로 당황스러워하기 때문이다.

신유물론의 '신'은 그 의미가 까다롭다. 그것은 마르크스 유물론으로부터 벗어나기, 혹은 유물론적 페미니즘의 경우에는 비선형적 유사성, 배열, 중첩, 그리고 상응 같은 반복적인 의미보다는 페미니즘 유산과의 거리 두기를 나타낸다.[3] 따라서 다른 이론적 시도들과의 유사성에도 불구하고, '신유물론'으로 불리는 것의 특징을 살펴보는 편이 유익할 것이다. 필자가 보기에 이 이론적 시도의 눈에 띄는 특징 중 하나는 비판, 보완, 확장으로서든, 혹은 사회 구성주의, 포스트모던, 포스트구조주의 이론의 재구성으로서든, 모든 신유물론은 물질성의 중요성과 행위성, 그리고 서양 사상의 근본적인 이원론을 가로지르는 상호-(inter-) 또는 내부-(intra-) 작용을 강조한다는 것이다.[4] 예를 들어, 크리스토퍼 브루(Christopher Breu)는 『물질적인 것의 집요

---

3 세라 아메드는 뭔가를 새로 확립하는 듯한 '신'이라는 접두어의 제스처를 노골적으로 비판한다. Sara Ahmed, "Imaginary Prohibitions: Some Preliminary Remarks on the Founding Gestures of the 'New Materialism'," *European Journal of Women's Studies*, 15(1) (2008), pp. 23~39 참조. 좀 더 최근에, 킴 톨베어(Kim Tallbear) 역시 원주민의 관점에서 볼 때 "(신유물론의) 근본적인 시각이 모든 사람에게 새로운 것은 아니다"라고 주장한다. 그 이유는 "물질이 살아 있다"는 생각은 "원주민 형이상학"의 밑바탕에 확고하게 깔려 있기 때문이다. Kim Tallbear, "Beyond the Life/Not-Life Binary: A Feminist Indigenous Reading of Cryopreservation, Interspecies Thinking, and the New Materialisms," in *Cryopolitics: Frozen Life in a Melting World* (Cambridge: MIT, 2017), p. 199.

4 신유물론의 특징에 대한 일부 논의들이 그것을 포스트구조주의와 포스트모더니즘과의 근본적인 결별로 제시하기는 하지만, 들뢰즈, 푸코, 버틀러 같은 주요 이론가들은 모두 물질성에 관심이 많아서, 그렇게 구분하기에는 미묘하고 논쟁의 여지가 많으며, 오히려 비인간 행위자, 인간 그 이상의 배치, 물질적 포착의 방법과 관련이 있다. 이와 비슷한 맥락에서 신유물론을 언어적 전회의 거부로 인식해서는 안 된다. 그와 반대로, "언어적 전회에서 배운 교훈을 버리기보다는 그것을 토대로 삼을 필요가 있다". Stacy Alaimo and Susan Hekman, "Introduction: Emerging Models of Materiality in Feminist Theory," *Material Feminisms* (Bloomington: Indiana University Press, 2008), p. 14.

함: 생명 정치 시대의 문학(Insistence of the Material: Literature in the Age of Biopolitics)』을 "이 책은 물질성을 목적으로 한다. 그 과정에서 이 책은 그 목적에 못 미칠 수밖에 없다"라는 말로 시작한다.[5] 브루가 개념화하는 물질의 "집요함", "우리의 문화적·언어적·이론적 텍스트들에 대한 일상적인 순응의 거부"[6]는 신유물론의 분명한 특징이 오히려 그것을 다루기 힘들게 하는 바로 그 이유임을 암시한다. 본래의 인문학 범위 안에 있었던 적이 없고, 실제로 추방되었다고 할 수 있을 물질에 대한 이러한 강조는 인문학으로부터 초학제적 포스트휴머니티 연구로의 시급한 이동뿐 아니라, 또한 신유물론과 과학기술학 간의 활발한 교류를 요구한다.[7] 과학 기술학, 특히 페미니즘과 탈식민주의 과학 기술학은 자연과 문화가 분리될 수 없고, 물질과 의미가 얽혀 있고, 모든 종류의 실체와 개체 들이 예상치 못한 일들을 하며, 인식론, 윤리학, 정치, 그리고 되기가 항상 이미 서로 엮여 있는 지점들과 씨름한다.

신유물론은 다양한 방식으로 개괄할 수 있다. 예를 들어, 스피노자와 다윈 중에 누구를 선조로 삼느냐에 따라 다를 수 있다. 이 장에서는 신유물론의 근간이 되는 두 명의 과학 기술학 이론가인 도나 해러웨이와 캐런 버라드의 저작으로 시작해, (전자의 경우 그러한 분류를 받아들일지 어떨지 모르겠지만) 신유물론의 정수가 될 만한 그들의 중요 입장들을 소개하려고 한다. 해러웨이와 버라드의 저작에 관한 논의는 신유물론이 환경주의와 포스트휴머

---

5   Christopher Breu, *Insistence of the Material: Literature in the Age of Biopolitics* (Minneapolis: University of Minnesota Press, 2014), p. 1. 문화의 형식에서 벗어난 물질 행위성의 양식을 의미하는 브루의 '물질의 집요함'은 퀴어 이론과 장애학에 빗진 필자의 '일탈적 행위성' 개념과 비슷하다. Stacy Alaimo, *Bodily Natures: Science, Environment and the Material Self* (Bloomington: Indiana University Press, 2010) 참조.

6   Breu, 같은 책, p. ix.

7   Rosi Braidotti, "Posthuman Critical Theory," in Rosi Braidotti and Maria Hlavajova(eds.), *The Posthuman Glossary* (London: Bloomsbury, 2018), pp. 339~342.

니즘에 대해서 갖는 중요성에 관한 논의로 바로 이어진다. 이 글의 마지막 부분에서는 신유물론, 인종, 그리고 토착 원주민을 둘러싼 쟁점들을 소개한다. 횡단성, 일원론, 배치 이론, 과학 기술, 인류세, 성 대 젠더, 법 연구, 동물 연구, 생물 의학, 그리고 생명 정치 같은 다른 많은 주제들이 고려될 수도 있겠지만, 이 글은 한정된 지면으로 인해 이 책의 제목이 안내하는 대로 신유물론과 서구의 인간 범주의 관계를 살펴보려고 한다.[8]

12.1 도나 해러웨이와 캐런 버라드

'인간 이후'라는 제목은 통상적으로 말하는 인간을 재고하는 동시에 초점을 비인간 존재, 실체, 과정, 그리고 힘으로 옮기도록 유도한다. 도나 해러웨이의 저작은 비인간 영장류부터 사이보그, 동반종으로서의 개에 이르기까지 경계(boundary) 존재들의 형상화에 초점을 맞춤으로써 양쪽 모두를 동시에 수행한다. 『영장류의 시각: 현대 과학의 세계에서의 젠더, 인종 그리고 자연(*Primate Visions: Gender, Race and Nature in the World of Modern Science*)』에서 시작해 「사이보그 선언문」을 거쳐 『동반종 선언문(*Companion Species Manifesto*)』에 이르는 해러웨이의 저술은 '종들이 만나는' '물질-담론'의 지점에 초점을 맞추고서, 대문자 인간(Man)으로 더 잘 알려진, 백인의 남성 중심적이고 탈신체화되어 있으며 초분리된 개별 '인간'에 의문을 제기함으로써, 경계를 만드는 실제들이 시야에 들어오게 한다.[9] 해러웨이는 페미니즘 이

---

8   이 주제들과 포스트휴머니즘의 관계에 관한 좀 더 상세한 논의는 4, 7, 8, 9, 10, 11장 참조.

9   Donna J. Haraway, *Primate Visions: Gender, Race, and Nature in the World of Modern Science* (New York: Routledge, 1990); Donna J. Haraway, "A Cyborg Manifesto: Science, Technology, and Socialist-Feminism in the Late Twentieth Century," in *Simians, Cyborgs and Women: The Reinvention of Nature* (New York: Routledge, 1991); Donna J. Haraway,

론, 페미니즘 과학 기술학, 문화 연구, 그리고 나중에 동물 연구와 포스트휴
머니즘으로 발전한 연구들과 분리될 수 없는 새로운 유물론을 구축한다. 그
것은, 가령 기념비적인『영장류의 시각』에서 보듯이, 성차별적이고 인종 차
별적인 구조와 관점에 대한 날카로운 문화적·정치적 비판을 제기하고 그와
동시에 담론적인 비판에 갇히지 않는 과학적 지식과 비인간 존재 들에 접근
할 수 있는 방식들을 찾는다는 점에서 특히 그렇다. 해러웨이의 저술은 어
떻게 신유물론의 몇몇 방식들이 사회 구성주의 이론에 진지하게 맞서면서
발전하다가 물질의 행위성과 비인간 행위에 주의를 기울이고, 궁극적으로
는 '물질-담론'이 서로 뒤섞여 있다고 이해함으로써 그 이론을 확장, 보완하
게 되었는지 구체적으로 보여준다.

　물질 행위성의 재개념화를 위한 해러웨이의 장기 프로젝트는 인식론적이
면서 방법론적일 뿐 아니라 윤리적이면서 정치적이다. 예를 들어,『영장류
의 시각』의 멋진 서문에서 그녀는 어떻게 '백인 자본주의 가부장제'의 핵심
인 인식하는 자와 인식되는 것의 이원론적 대상화가 전유의 논리를 통해 작
동하는지 설명한다. 그녀에 따르면, "자연은 자본주의적 식민주의 논리 속
에서 전유되고, 보존되고, 노예화되고, 칭송되고, 만약 그렇지 않으면 유연
하게 폐기되는 문화의 원료에 불과하다".[10]「상황적 지식: 페미니즘에서의
과학 문제와 부분적 관점의 특권(Situated Knowledges: The Science Question in
Feminism and the Privilege of Partial Perspective)」에서 그녀는 "미국 남서부 원
주민 이야기 속에 형상화된" 코요테 혹은 트릭스터를 그만의 "독자적인 유
머 감각"을 지닌 "재치 있는 행위자로서 세상"을 바라보는 방법으로 제시한
다.[11] 또한 그녀는 동반종의 형상화를 통해 이론화 작업 자체에서 공통적으

　　The Companion Species Manifesto: Dogs, People, and Significant Otherness (Chicago:
　　Prickly Paradigm, 2003).

10　Haraway, *Primate Visions*, p. 13.

로 나타나는 전유뿐 아니라 비인간 세계의 대상화에 대해 문제를 제기한다. 『동반종 선언문』에서 그녀는 개는 "이론을 위한 대용물이 아니며, 단지 함께 생각하기 위해 여기에 있는 것도 아니다"라고 주장한다.[12] 어떻게 신유물론이 '인간 이후'의 세계를 숙고하는 데 필수적인지와 관련해서, 필자는 미래주의적인 사이보그보다는 개를 제안하고 싶다. 왜냐하면 개와 인간의 공진화는 인간은 결코 인간이었던 적이 없음을, 즉 서구의 백인, 남성주의적인 의미에서의 초개인화되고 탈신체화된 인식 주체(knower)를 뜻하는 인간이었던 적이 없음을 보여주기 때문이다. 오히려 인간이 처하게 된 상황은 부분적으로는 개-인간 상호 작용이 진화해 온 역사 속에서 개가 처하게 된 상황에 기인한다. 그리고 사이보그가 과학 기술적 초월에 대한 트랜스휴머니즘적인 환상에 의해 납치되었다면, 동반종은 다윈의 뒤엉킨 둑 안에 착종되어 있다. 동반종은 "관계 내의 타자성에 늘 깨어 있는 질긴 명주실로 짠", "종 내부나 종과 종 사이의 윤리적 관계 양식"뿐 아니라, 학제 횡단적인 추적을 필요로 하는 다종 관계의 연구에도 영감을 준다.[13]

생물학과 다종 관계가 해러웨이의 글에서 두드러지게 나타난다면, 캐런 버라드의 기념비적인 저작 『우주와 중간에서 만나기: 양자 물리학과 물질과 의미의 얽힘(Meeting the Universe Halfway: Quantum Physics and the Entanglement of Matter and Meaning)』에서는 물리학이 중심적인 역할을 한다.[14] 버라드의 행위적 실재론 이론은 모든 규모에서의 물질적 행위성과 내부-작용의

11 Donna J. Haraway, "Situated Knowledges: The Science Question in Feminism and the Privilege of Partial Perspective," in *Simians, Cyborgs, and Women: The Reinvention of Nature* (New York: Routledge, 1991), p. 199.

12 Haraway, *The Companion Species Manifesto*, p. 5.

13 Haraway, *The Companion Species Manifesto*, p. 50.

14 Karen Barad, *Meeting the Universe Halfway: Quantum Physics and the Entanglement of Matter and Meaning* (Durham: Duke University Press, 2007).

근본적인 의미를 제시한다는 점에서 신유물론의 가장 대표적인 방식이다. 닐 보어에 근거해 버라드는 내부-작용은 '관계항(relata)'이 "관계보다 전에 존재하지 않는다"는 것을 의미한다고 설명한다. 오히려 현상 내의 관계항들은 "구체적인 내부-작용을 통해 나타난다".[15] 실제로, '내부-작용'은 가장 전형적인 신유물론 개념일지 모른다. 그것은 분리된 인간 또는 존재나 개체로 시작하지 않는 틀에서 출발할 때 정치, 윤리, 또는 정체성이 무엇을 의미할 수 있을지에 대해 근본적으로 다시 상상하도록 요구한다. 또한 내부-작용은 언어와 의미에 관한 보다 철학적인 개념과 기존의 개념들을 뒤섞어놓는다. 브랜든 존스(Brandon Jones)의 설명처럼, "우리가 무엇이 문제이고 어떻게 그것이 문제인지에 대해 질문을 던질 때, 우리가 다루는 것은 언어에 의해 의미가 새겨진 미리 존재하는 신체들이 아니라, 행위적 절단이 개입해서 말과 사물의 경계를 명확하게 할 때까지 물질-담론의 중첩 속에 존재하는 행동, 행위, 그리고 되기의 관계들이다".[16]

　버라드의 신유물론 — 그리고 신유물론 일반 — 은 정치적으로 명료하거나 유용하지 않다는 비판을 받아왔다. 예를 들어, 크리스틴 엘리스(Cristin Ellis)는 『남북 전쟁 이전의 포스트휴먼: 19세기 중반의 인종과 물질성(*Antebellum Posthuman: Race and Materiality in the Mid-Nineteenth Century*)』에서 포스트휴먼 유물론을 "우리의 정치가 응시하고 있는 심연"이라고 칭하면서, "존재와 앎의 얽힘에 관한 이 강력하게 확장된 지도는 우리가 그 정보를 가지고 무엇을 해야 하는지에 대해서는 말해주지 않는다"고 주장한다.[17] 존스가 말하는 "행동, 행위, 그리고 되기의 관계들"이 다소 모호하게 들린다면, 그것이 지닌

15　Barad, 같은 책, p. 140.

16　Brandon Jones, "Mattering," in Rosi Braidotti and Maria Hlavajova(eds.), *The Posthuman Glossary* (London: Bloomsbury, 2018), p. 245.

17　Cristin Ellis, *Antebellum Posthuman: Race and Materiality in the Mid-Nineteenth Century* (New York: Fordham University Press, 2018), p. 169, p. 165.

포용력은 윤리적 또는 정치적인 것의 영역을 급격하게 확장시킨다. 그러한 확장은 페미니즘, 반인종주의, 퀴어, 그리고 장애 운동이 지금까지 간과되고, 이름이 주어지지 않고, 또는 거부되었던 무언가를 명시함으로써 오랫동안 정치에 참여해 온 방식과도 공명한다. 오드리 로드(Audre Lorde)가 '애처로운 양털 퍼프'를 착용하기 거부했던 것을 생각해보라. 그렇게 발현한 그 행위는 그녀의 흑인, 레즈비언, 페미니스트, 반자본주의, 그리고 생태 정치의 일부가 되었다(로드는 유방암 수술로 절단한 한 쪽 유방을 양털 퍼프가 달린 인공 유방으로 가리자는 제안을 거절했다. ─ 옮긴이).[18] 낸시 투아나(Nancy Tuana)는 「끈적거리는 다공성: 카트리나 목격기(Viscous Porosity: Witnessing Katrina)」에서 어떻게 신유물론이 정치적 분석과 행동에 유용할 수 있는지 설득력 있게 보여준다. 그녀에 따르면, 허리케인 카트리나의 여러 원인과 결과는 이원론의 렌즈로는 이해될 수 없다. "카트리나를 목격하면서 **사회적인 것을 재물질화하고 자연 세계의 행위성을 진지하게 받아들이는** 존재론의 수용이 시급해졌기 때문이다."[19]

그렇다고 하더라도, 급진적인 내부-작용, 물질의 행위성, 그리고 발현의 반직관적 의미가 물질성을 통해 (인간의) 정치 영역을 확장하는 데에 반드시 필요한 것은 아닐 수 있다. 예를 들어, 토비 뷰챔프(Toby Beauchamp)의 설명에 따르면, "트랜스젠더 정치에 관심 있는 페미니즘 학자들은 트랜스젠더들과 일반적으로 관련된 사물들이 생산되고, 유통되고, 소비되는 방식에 점점 더 초점을 맞춘다. 그들은 공통적으로 그러한 것들의 정치적·역사적 맥락을 규명함으로써, 어떻게 그 사물과 물체 들이 트랜스젠더 정치를 형성하는지 명확하게 밝히려고 한다".[20] 그러한 예들은 포스트휴머니즘과 신유물론에

---

18 Audre Lorde, *The Cancer Journals* (San Francisco: Aunt Lute Books, 1980), p. 61.

19 Nancy Tuana, "Viscous Porosity: Witnessing Katrina," in Stacy Alaimo and Susan Hekman (eds.), *Material Feminisms* (Indiana: Indiana University Press, 2008), p. 188. 강조는 원문.

속할 수도 있고 그렇지 않을 수도 있다. 하지만 객체, 물질, 그리고 사물에 관한 윤리와 정치를 추적하는 작업이 신유물론을 통해 이루어질 필요는 없다고 하더라도, 신유물론이 초정치적이라는 비판은 초창기에 해체주의, 포스트모더니즘, 그리고 포스트구조주의가 정치적 영향력에 필요한 기반을 확보하지 못했다고 해서 받은 비판을 연상시킨다. 이것이 아이러니한 이유는 어떤 해석들은 신유물론을 자크 데리다와 질 들뢰즈·펠릭스 가타리의 저술, 그리고 주디스 버틀러의 논문 「우연적 토대: 페미니즘과 포스트모더니즘이라는 문제(Contingent Foundations: Feminism and the Question of Postmodernism)」에 나타나는 해체주의와 포스트구조주의의 반토대적인 부단한 의미화 과정의 확장이 아니라, 포스트구조주의 및 언어적 전회와는 정반대되는 것으로 보기 때문이다.[21]

양자 물리학에 기초한 버라드의 이론이 (겉으로는 시간을 초월한 것 같은) 존재-인식론(onto-epistemology)적이더라도, 맥락은 여전히 중요하다. 행위적 실재론 내에서의 물질의 행위성과 내부-작용의 의미는 분별 있는 주체와 객체를 당연한 것으로 확고히 하는 자본주의적 개인주의와 소비주의의 지나친 분리에 대한 대응으로서 특히 요긴하다. 거대한 인간의 관행, 추출, 변환, 생산, 그리고 배출이 지금까지 생각할 수 없었던 내부-작용을 모든 단계에서 유발하고 있는 환경 위기의 시대에 불투과성과 도구성에 근거한 이원론

---

20 Toby Beauchamp, "Transgender Matters," in Stacy Alaimo(ed.), *Matter* (Farmington Hills: McMillan, 2017), p. 74.

21 Judith Butler, "Contingent Foundations: Feminism and the Question of 'Postmodernism'," in Judith Butler and Joan W. Scott(eds.), *Feminists Theorize the Political* (New York: Routledge, 1992), pp. 3~21. 이 논문에서 인용된 크리스틴 엘리스와 스테파니 클레어(Stephanie Clare)는 버틀러의 포스트모더니즘 비판과 공명한다. 버틀러는 그러한 비판들을 "정치는 토대"나 "견고한 주체 없이는 생각할 수 없다"고 주장하는 "절박한 허무주의에 대한 경고"라고 부른다(pp. 3~4). 포스트구조주의와 포스트모더니즘의 관계에 대한 좀 더 상세한 논의는 2장 참조.

적 존재론은 지구 행성의 생명을 위태롭게 한다.[22] 중요한 점은 윤리 지향적인 포스트휴머니즘 존재-인식론의 가장 철저한 표명이라고 할 버라드의 신유물론이 인류세, 기후 변화, 신식민주의적 대량 학살, 여섯 번째 대멸종, 그리고 탐욕스런 지구적 자본주의 시대에 고안되고(혹은 '재단되고') 수용되었다는 것이다.

12.2 신유물론과 환경주의

물질의 행위성을 강조하는 것은 자연을 인간이 사용하기 위한 수동적 자원으로 보는 통념에 맞선 환경 예술, 환경 운동, 그리고 사고에 있어 매우 중요하다. 예를 들어, 마카레나 고메스-배리스(Macarena Gómez-Barris)는 자신이 제안한 '추출 구역'이라는 용어는 생명을 체계로 축소하기 위해 우리의 학문적 시각을 훈련시키는 인식론적 폭력뿐 아니라, "자본주의가 생명을 축소하고, 강제하고, 상품으로 전환하기 위해 가하는 폭력을 명명하기" 위한 것이라고 설명한다.[23] 앞서 인용한 『영장류의 시각』에서 해러웨이는 자본주의의 식민주의 내에서 자연은 '문화의 원료'로서 쓰인다고 주장한다. 인류세의 과학적·철학적·대중적 개념이 영향력을 떨치면서, 환경주의자들은 인간이 지구를 대규모로 변화시켰다는 인식이 인간의 지배에 대한 비판으로 작용할 것으로 믿는다. 그것은 우리가 원료로 전락한 기계적 의미의 자연에서 벗어나는 물질의 행위성과 내부-작용을 계속 강조하는 순간에도 그렇다. 신유물론이 상호 작용뿐 아니라 '내부-작용'을 강조하는 것은 생태 과학, 환경

---

22 Alaimo, *Bodily Natures*, p. 21.

23 Macarena Gómez-Barris, *The Extractive Zone: Social Ecologies and Decolonial Perspectives* (Durham: Duke University Press, 2017), p. xix.

철학, 그리고 상호 연관성을 추적하는 사회 운동들과도 맥을 같이한다. 따라서 환경주의가 해러웨이, 버라드, 브뤼노 라투르, 그리고 로지 브라이도티와 같은 여러 신유물론 이론가들의 저작에서 그에 마땅한 위치를 차지하는 것은 놀라운 일이 아니다. 예를 들어, 제인 베넷은 "물질의 생기"를 주장하는 이유에 대해 설명하면서, "죽었거나 완전히 도구화된 물질의 이미지가 인간의 자만심과 지구를 파괴하는 정복과 소비에 대한 환상을 조장할 것 같은 예감이 든다"고 말한다.[24] 베넷이 '사물의 정치 생태'를 통해 객체와 배치에 주목한 것으로 유명하다면, 세레넬라 이오비노(Serenella Iovino)와 세르필 오페르만(Serpil Opperman)은 그들이 '물질 생태 비평(material ecocriticism)'이라고 부르는 텍스트 신유물론을 주장한다. 그것은 "텍스트 내의 물질과 텍스트로서의 물질 모두를 살핌으로써, 표상 내에서건 표상의 구체적인 물질성 내에서건 신체로서의 자연과 담론적인 힘들이 서로 간의 상호 작용을 나타내는 방식을 검토한다".[25]

필자가 발전시킨 '횡단 신체성(transcorporeality)'의 생태 유물론 이론은 신체와 환경을 통해 물질의 상호 작용과 내부-작용을 추적한다. 『몸으로서의 자연: 과학, 환경, 그리고 물질적 자아(*Bodily Natures: Science, Environment, and the Material Self*)』는 버라드의 이론에 기초해, 인간이 세계의 물질적 실체와 흐름의 일부분으로 존재하는 '횡단-신체성'의 개념을 제안한다. 횡단-신체성 개념은 버라드의 저작뿐 아니라 또한 (주로 인종과 계급에 중점을 둔) 환경 정의 운동, 상호 교차적 페미니즘, 그리고 장애 연구에서 비롯되었다. 이들은 모두 자본주의, 성차별주의, 그리고 인종 차별주의 같은 '사회적'이

---

24 Jane Bennett, *Vibrant Matter: A Political Ecology of Things* (Durham: Duke University Press, 2010), p. ix. 인류세, 반자본주의, 포스트휴먼에 관한 좀 더 상세한 논의는 9장 참조.

25 Serenella Iovino and Serpil Opperman, "Introduction: Stories Come to Matter," in S. Iovino and S. Opperman(eds.), *Material Ecocriticism* (Bloomington: University of Indiana Press, 2014), p. 2.

면서 경제적인 힘들이 물질적 과정과 흐름 속에 불균등하게 착종되고 노출된 인간의 신체에서 어떻게 구체적으로 드러나는지를 따진다. 횡단-신체성은 과학과 기술 연구에서의 매개와 포획의 방식에 대한 관심뿐 아니라 윤리와 정치의 재개념화를 요구한다. '물질적 상호 작용'은 과학적 매개 없이도 드러날 수 있고 그렇지 않을 수도 있는, 울리히 벡(Ulrich Beck)이 '위험 문화'라고 부르는 상태이기 때문이다.[26] 인간이 물질적 환경, 흐름, 그리고 체계 속에 착종되어 있다는 의미는 엄밀한 의미의 분리된 인간은 존재하지 않고, 환경은 단순히 배경이 아니며, 사회 정의는 예측할 수 있거나 예측할 수 없는 방식으로 환경 정의를 반드시 수반한다는 것을 뜻한다.

후성 유전학도 여러 세대에 거쳐 대물림되는 횡단-신체성으로 이해될 수 있다. 섀넌 설리번(Shannon Sullivan)은 『성차별 및 인종 차별적 억압의 생리학(The Physiology of Sexist and Racist Oppression)』의 '인종 차별의 세대 횡단적 효과에 관하여(On the Transgenerational Effects of Racism)'라는 장에서 후성 유전학이 "선천적인 것(생물학)과 후천적인 것(문화) 사이의 명확한 구분을 제거함으로써 … 유전적 특성의 생물학적 원인들 중에 외재적인 것과 내재적인 것의 경계"를 모호하게 만든다고 언급한다.[27] 리사 H. 위즐(Lisa H. Weasel)은 "상호 교차성에 관한 페미니즘적인 분석을 후성 유전학을 거쳐 물질적인 영역으로" 확장시키면 "이론의 기저가 되는 중요한 탐구 방식"을 얻을 수 있다고 주장한다.[28] 그녀는 사회적 구성과 물질의 행위성이 상호 작용하면서 세대를 횡단하는 페미니즘 신유물론의 틀 내에서 후성 유전학을 접근한다.

26 Ulrich Bech, *Risk Society: Toward a New Modernity* (New York: Routledge, 1992).

27 Shannon Sullivan, *The Physiology of Sexist and Racist Oppression* (Oxford: Oxford University Press, 2015), p. 120.

28 Lisa H. Weazel, "Embodying Intersectionality: The Promise (and Peril) of Epigenetics for Feminist Science Studies," in Victoria Pitts-Taylor(ed.), *Mattering: Feminism, Science, and Materialism* (New York: New York University Press, 2016), p. 116.

그녀의 설명에 따르면, "후성 유전학은, 버라드의 용어로 말하면, 체험된 상호 교차적 삶의 물질적 흔적인 공동의 사회 분자적 흔적을 서로 연결된 사회-물질적 차이들의 접점에 굴절하고 반응하는 메틸화 및 아세틸화 패턴의 형태로 드러낸다".[29] 설리번과 위즐 모두 후성 유전학과 인종의 복잡하면서 민감한 영역에 신중하게 접근한다. 하지만 설리번이 결론적으로 말하듯이, "성차별과 인종 차별로 인한 억압은 인체의 세포, 섬유질, 근육, 그리고 화학물질에 스며들 수 있는데", 이것은 "성차별과 인종 차별적 억압의 범위가 페미니스트와 비판적 인종 이론 학자들이 생각한 것보다 훨씬 더 넓다"는 것을 의미한다. 따라서 성차별주의와 인종 차별주의의 오랜 효과들과 맞서려면 '문화와 생물학'이 '완전히 분리된 영역'이 아니라는 점을 인식해야 한다.[30]

유물론적 페미니즘, 신유물론, 비판적 포스트휴머니즘, 그리고 동물 연구 사이의 잠재적인 상호 연관성과 제휴에 대해 모두가 공감하는 것은 아니다. 예를 들어, 스테파니 클레어(Stephanie Clare)는 "'페미니즘의 종말'로 묘사되는 신유물론"에 대해 언급하면서, 인식론으로부터 존재론으로의 이동이 지니는 정치적 의미에 대해 우려를 표명한다. 그녀의 결론에 따르면, "정치에 대한 신유물론적 이해가 매우 흥미롭기는 하지만, 인간 그 이상의 세계에 주목하는 페미니즘 연구는 인간들 사이의 권력관계에 대한 연구로 돌아가지 않을 수 없는데, 그 이유는 우리가 우리의 글에서 발신하는 대상이 인간이고, 주장하건대, 우리가 가장 신경을 쓰는 것도 인간 그 이상의 세계에 얽혀 있는 인간의 삶이기 때문이다".[31] 인간은 인간 그 이상의 세계에 얽혀 있다고 말하면서 "우리가 가장 신경을 쓰는 것"은 인간의 삶이라는 주장은 유

---

29 Weazel, 같은 논문, p. 117.

30 Sullivan, *The Physiology of Sexist and Racist Oppression*, p. 162.

31 Stephanie Clare, "On the Politics of 'New Feminist Materialisms'," in Victoria Pitts-Taylor (ed.), *Mattering: Feminism, Science, and Materialism* (New York: New York University Press, 2016), p. 58, p. 68.

물론적 페미니즘, 횡단-신체성, 그리고 포스트휴머니즘 이론에 의거하면서 동시에 그 이론들이 지지하는 윤리와 정치를 버리는 것처럼 보인다. 여기서, 비인간으로의 전회 이후의 인간은 결국 우리가 알고 있던 과거의 인간으로 귀결된다. 세릴 빈트는 인간/비인간 경계를 '배제의 종착지'로 바라볼 것을 촉구하면서, '세계와 물질적으로 연관된' 자아를 인정하는 '윤리적 포스트휴머니즘'을 발전시킨다.[32] 인간 자아가 다른 존재들을 비롯해 나머지 세계와 맺는 물질적 상호 연결이 포스트휴머니즘의 생태 지향적 존재론, 윤리, 그리고 정치로 흘러들면서, 인간 예외주의의 토대와 모든 다른 종들을 묵살하는 행위는 근본적인 내부-작용과 발현의 세계 속에서는 안전하게 뿌리내리지 못하게 된다.

12.3 인종, 탈식민주의, 그리고 원주민적 사고

앞에서 설명했듯이, 후성 유전학은 보다 넓은 의미에서의 환경 정의와 마찬가지로 이데올로기적·경제적 힘들과 억압의 체계들이 어떻게 신체 내에서 구체적으로 나타나는지 보여주는 신유물론적인 인종 연구를 통해 이해될 수 있다. 그 방식은 범주적으로 명백하거나 일치할 수도 있고 그렇지 않을 수도 있다. 그럼에도 불구하고, 신유물론과 비판적 인종 이론, 탈식민주의, 반식민주의, 그리고 원주민 이론 사이에는 긴장이 맴돈다. 예를 들어, 고메스-배리스의 주장에 따르면, "신유물론적인 분석의 확장된 어휘가 흥미를 돋우기는 하지만, 탈식민주의와 반식민주의 이론에서 시작해 원주민 비평, 아프리카에 기반을 둔 사상, 흑인 연구, 관점주의 및 관계적 모델 연구

---

32 Sherryl Vint, *Bodies of Tomorrow: Technology, Subjectivity, and Science Fiction* (Toronto: University of Toronto Press, 2007), p. 189.

에 이르기까지, 인종 및 인종주의에 관한 글로벌 남부의 인식론과 철학은 지구 행성적인 유산의 토대가 되는 지식과 인식을 다르게 상상하는 방법들을 아주 오래전부터 생각해왔다".[33] 신유물론은 워낙 광범위한 용어이기에, 얼마나 다양한 이론들이 인종과 식민주의를 다루는지, 만약 그러하다면 어떤 식으로 다루는지를 살펴보기에는 현재로서는 지면이 충분치 않다.[34] 하지만 페미니즘, 비판적 인종 이론, 탈식민주의, 그리고 장애 연구 내에서 인간 신체의 물질성과 씨름해온 오랜 전통들을 분명히 짚어볼 필요는 있다. 이 모든 분야들은 어떻게 대문자 '인간(the Human)'이 서구의 식민주의, 인종주의, 그리고 남성주의 담론에서 합리적이고, 겉으로는 탈신체화된(그리고 거기에다가 신체 능력까지 '완벽하게' 갖춘), 눈에 보이거나 보이지 않는 백인의 이상으로 구성되어 왔는지에 대해 오래전부터 비판해 왔다. 이처럼 연합과 제휴의 가능성은 여전히 존재한다.

가령, 『장애의 문제: 물질성, 생명 정치, 불구 정동(The Matter of Disability: Materiality, Biopolitics, Crip Affect)』의 편집자들은 장애 연구의 신유물론과 포스트휴머니즘적인 방식들을 세세하게 짚으면서, "장애를 원래의 위치로", 즉 "물질성의 역동적 상호 작용주의의 지속적인 역사적 과정 속으로" 되돌려놓는다.[35] 멜 Y. 첸은 장애 연구의 '야생적' 특질들을 옹호한 샤론 스나이더(Sharon Snyder)와 데이비드 미첼(David Mitchell)을 인용한 다음 그것을 퀴

---

33 Gómez-Barris, The Extractive Zone, p. 100.

34 예를 들어, 신유물론에 관한 두 권의 선집, Stacy Alaimo and Susan Hekman(ed.), Material Feminisms (Indiana: Indiana University Press, 2008); Victoria Pitts-Taylor(ed.), Mattering: Feminism, Science, and Materialism (New York: New York University Press, 2016)은 인종에 관한 많은 논의들을 담고 있지만, 다른 선집과 논문 들에서는 인종이 아예 빠져 있기 일쑤다.

35 David T. Mitchell, Susan Antebi, and Sharon L. Snyder, "Introduction," in D. Mitchell, S. Antebi, and S. L. Snyder(eds.), The Matter of Disability: Materiality, Biopolitics, Crip Affect (Ann Arbor: University of Michigan Press, 2019), p. 3.

어 비평가 시우비아누 산티아고(Silviano Santiago)의 '영리함'과 연관시킨다.[36] 행위성에 관한 다른 신유물론적인 개념들과 유사하게 첸의 '생명성(animacy)' 개념은 마치 상식처럼 범주화하고 나누는 "생명의 위계들", 즉 "인간은 동물이 아니고 동물은 사물이 아니다"는 주장을 문제시한다.[37] 첸이 의미하는 생명성은 또한 "환경주의자, 자폐증이 있는 사람, 사회 정의 운동가, 페미니스트, 자연의 섭리를 종교적으로 믿는 자, 그리고 반인종 차별주의자처럼 아주 다양한 집단들 사이의 상호 연합―관련성―을 찾기 위한, 엄격하게 정치적이거나 엄격하게 감정적인 것 외의 대안을 제시한다".[38] 이와 비슷하게 닐 아후자(Neel Ahuja)는 "상호 교차주의, 탈식민주의, 그리고 생태주의 페미니스트들과 페미니즘 과학 연구들" 간의 차이에도 불구하고, 그들은 모두 "물질에 대한 주제와 접근"을 통해 "식민주의가 젠더, 인종, 그리고 종을 구분하고 불평들의 체계를 자연적인 것으로 고착시키는 데 사용한 데카르트적인 세계관에 대해 중대한 도전을" 시도한다고 주장한다.[39] 그러므로 신유물론을 이러한 전통들과 다른 무언가로 규정지으면 우리가 신유물론이라고 부르는 무언가의 표면상의 중심을 표식이 필요 없는 것으로 간주하게 되고, 그럼으로써 서구 인간 중심주의의 배타적인 시도들을 반복하게 된다. 동일한 '타자들'을 전형적인 '것'에서 제외하는 대신에, 신유물론을 '이상적이고', '정상적이며', 혹은 어떤 표식도 없는 서구 인간의 배타적 범주로부터 쫓겨난 자들의 관점을 통해 접근하게 되면, 신유물론의 이론 자체와 좀 더 일치할 뿐 아니라, 신유물론의 때로는 과도하게 긍정적인 분위기를 균형 잡아주

---

36 Mel Y. Chen, *Animacies: Biopolitics, Racial Mattering, and Queer Affect* (Durham: Duke University Press, 2012), p. 19.

37 Chen, 같은 책, p. 236.

38 Chen, 같은 책, pp. 236~237.

39 Neel Ahuja, "Colonialism," in Stacy Alaimo(ed.), *Matter* (Farmington Hills: Mcmillan, 2017), p. 250.

는 중요한 역할을 한다. 독소, 방사성 폐기물, 그리고 심지어 유전자 돌연변이는 우리를 멈추게 할 수도 있다. 미첼, 앤테비(Susan Antebi), 그리고 스나이더가 임의적인 돌연변이는 "항상 이미 내재해 있다"는 R. L. 러츠키의 견해에 근거해 주장하듯이, 장애는 "운동 중인 물질"이면서 동시에 "물질성을 한정된 풍요의 안정적인 기준선으로 생각하게 만드는 거짓의 폭로"이다.[40]

마찬가지로, 비인간 생명과 세계의 지적인 생기를 받아들이는 신유물론은 구체적 표식이 없는 서구 인간을 실제로 발화의 현장으로 재설정하는 과정에서 인종의 형성을 무시할 수도 있다. 재키야 이만 잭슨은 '인간 너머'로의 이동의 요청은 "특히 역사적으로 계속 진행되고 있는 인종의 배치와 관련해, 그러한 이동이 원래 분쇄하고자 한 유럽 중심적 초월주의를 다시 불러들일" 수 있다고 주장한다.[41] 그녀의 주장에 따르면, 흑인성에 대한 고민과 비판적 흑인 연구에의 참여는 비인간으로의 전회에 관한 이론들에 필수적이다.

동물성, 객체성, 그리고 사물성에 관한 동일하고 대등하며 (심지어 공구성적인) 문제 제기들이 현대의 인종적 흑인성이 처한 실존적 곤경을 검토하는 과정 속에서 오랫동안 확립되어 왔음을 감안할 때, 포스트휴머니즘, 객체 지향, 그리고 신유물론 연구가 인종과 관련해 철저히 침묵하고 있다는 사실은 놀라우며, 심지어 반흑인성이 비인간으로 퍼져 나가는 데도 불구하고 침묵은 여전히 지속되고 있다. **흑인성이 그러한 연구들이 요청하는 바로 그 비인간으로의 전회를 통한 해체 그리고/혹은 변환을 좌우하는데도 말이다.**[42]

---

40 Mitchell, Antebi, and Snyder, "Introduction," p. 8.
41 Zakkiyah Iman Jackson, "Out Worlds: The Persistence of Race in Movement 'Beyond the Human'," in "Theorizing Queer Inhumanisms Dossier" *GLQ*, 21(2-3) (2015), p. 215.
42 Jackson, 같은 논문, p. 216.

잭슨의 설득력 있는 주장은 새로운 연구들이 그러한 문제 제기를 하도록 틀림없이 힘을 불어넣을 것이다.

이러한 광범위한 이론적 움직임들이 펼쳐지는 실제 사례들에 관한 질문을 차치하더라도, 신유물론의 특징이 — 생기적이고, 움직이며, 또는 행위성을 지닌 — 물질의 옹호에 있다면, 신유물론과 비판적 인종 연구 간의 마찰과 불편함은 인종 차별적인 과학과 의학, 악의적인 생물학적 환원주의, 그리고 집요한 인종적 본질주의의 길고 끔찍한 역사를 생각할 때 그렇게 놀랍지 않다. 노예제, 억압, 감금, 그리고 불평등을 지지한 과학적 인종주의의 오래된 그늘 아래에서 물질을 정당하게 대우하는 것은 특히 최근에 부활하고 있는 인종적 폭력을 고려할 때 결코 해방적으로 보이지 않을 수 있다. 반면에 경제, 이데올로기, 그리고 다른 사회 체계에 초점을 맞춘 마르크스주의 유물론, 사회 구성, 그리고 다른 비판적 인종 이론들이 반인종주의 정치와 이론을 위해 보다 생산적으로 보일지도 모른다. 하지만 마이클 헤이미스 가르시아(Michael Hames Garcia)가 주장하듯이, "인종적 의미와 현상의 형성에서 물질의 인과적 역할을 받아들이지 않으면, 우리의 사회 이론은 왜 사람들이 인종을 지금처럼 경험하는지 설명할 수 없을 것이다". 가르시아의 최종적인 결론에 따르면, 우리는 "인종에 맞서는 철학적 논의를 필요로 하는 것 이상으로 창의적인 인종 정체성의 기획을 필요로 한다".[43]

다이애나 렁(Diana Leong)은 일부 신유물론의 "물질에 관한 이론에서 인종적 흑인성의 (비어 있는) 자리"를 비판하면서 동시에 다른 가능성들을 상상한다. 그녀는 예측 불가능성과 불확정성을 주장하는 신유물론이 "지구적 반흑인성의 구조가 왜 지속되는지 명확하게 설명하기 위해 애를 쓴다"고 주장하면서, 호텐스 스필러스(Hortense Spillers)를 인용한다. "시간도 역사도, 역사

---

43 Michael Hames Garcia, "How Real is Race?" in Alaimo and Hekman(eds.), *Material Feminisms*, p. 331.

기술과 그 주제도, 인간 주체가 반복해서 '살해되는' 동안 미동도 하지 않는다."[44] 렁은 자신은 신유물론을 거부하는 것이 아니라고 밝히면서, "흑인성, 물질, 인간의 얽힘이 어떻게 특정 형태의 물질만을 이해하기 쉽고 바람직한 것으로 만드는지 설명하고", 또한 "인간 예외주의에 대한 도전은 인종에 대한 비판을 통해 진행되어야 한다"[45]는 제안으로 논의를 마친다. 이와 비슷하게, 앤절라 윌리(Angela Willey)는 신유물론이 탈식민주의 페미니즘 과학 연구를 간과하는 것을 비판한다. 그녀의 주장에 따르면, "신유물론적인 서사에서 우선시되고 물질과 자주 결합되는 과학은 … 페미니즘 과학 연구가 부적격하다고 비판"을 해온 '대문자 과학(Science)'이다.[46] 하지만 그렇다고 "신유물론 페미니즘과 탈식민주의 페미니즘 과학 연구가 반드시 상충하는 것은 아니다". 그녀의 이어지는 설명에 따르면, "그와 반대로, 신유물론처럼 과학의 규칙과 물질, 생명, '인간성(humanness)'의 경계 및 의미와 관련해서 창의적으로, 다원적으로, 그리고 불손하게 생각하는 것은 탈식민주의 페미니즘 과학 연구를 위해서도 중요한 기획이 될 수 있다".[47]

신유물론의 목표가 윌리의 주장처럼 탈식민주의 과학 연구와 제휴할 수 있는 데 반해, 신유물론과 원주민 연구의 관계는 어색할 만큼 관련성이 없거나 중복될 수 있다. 우선, 신유물론이 반박하는 핵심 문제, 즉 물질, 자연, 그리고 신체를 수동적이고, 비천하며, 생기 없는 것으로 간주하는 서구 이원론의 문제는 원주민의 우주론 내에서는 찾아볼 수 없다. 〔애서배스카(Athabasca)

---

44 Diana Leong, "The Mattering of Black Lives: Octavia Butler's Hyperempathy and the Promise of New Materialism," *Catalyst: Feminism, Theory, Technoscience*, 2(2) (2016), p. 6, p. 11.

44 Diana Leong, "The Mattering of Black Lives: Octavia Butler's Hyperempathy and the Promise of New Materialism," *Catalyst: Feminism, Theory, Technoscience*, 2(2) (2016), p. 6, p. 11.

45 Leong, 같은 논문, p. 24.

46 Angela Willey, "A World of Materialisms: Postcolonial Feminist Science Studies and the New Natural," *Science, Technology & Human Values*, 41(6) (2016), p. 994.

47 Willey, 같은 논문, p. 994.

부족 출신의) 디안 밀리언(Dian Million)은 원주민의 사고, 혹은 (버네사 와츠(Vanessa Watts)가 말한) '장소적 사고(place thought)'는 "성과 젠더에 대해서건, 혹은 무엇이 물질인지에 대해서건, 세계에 대한 서구의 사고와 거의 일치하지 않는 고대 지식으로부터 유래한다"고 설명한다. 게다가 "무엇이 '원주민의 사고'인지에 대한 하나의 총체적인 범주"도 존재하지 않는다.[48] 밀리언에 따르면, 그럼에도 불구하고 "원주민의 사고에서 물질, 물질성, 그리고 생태는 장소로부터 분리될 수 없으며", 그러한 범주들은 "별개의 '사물들'"이 아니라 "관계를 내포하는"[49] 것으로 널리 인식되고 있다. 이처럼 원주민 사고의 다양한 양식들은 이미('이미'라는 말은 선형적 시간성을 향해 나간다거나 단지 '전통적인' 것으로 간주될 필요는 없다) '신'유물론과 '포스트'휴머니즘의 주장들을 구체화하고, 실행하고, 선취했으며, 또한 넘어섰다.

신유물론의 기초가 되는 브뤼노 라투르의 책 제목『우리는 결코 근대인이었던 적이 없다(We Have Never Been Modern)』는 서구 근대의 형성에 대한 비판 및 학살과 생존의 식민지 역사의 양 측면에서 읽을 수 있다.[50] 다르게 말하면, 확실히 원주민 사고는 신유물론을 필요로 하지 않는다. 그럼에도 불구하고, 정착민 식민주의자들의 신유물론은 전유나 보존주의적인 대상화를 하는 대신에 원주민 사고와 원주민 부족들로부터 정중하게 배워야 한다.[51] 킴 톨베어(Kim Tallbear)는 (원주민 부족들의) 냉동 보존 비판에서 시작해 파이프 돌의 생기로 이어지는 글에서 이렇게 주장한다.

---

48 Dian Million, "Indigenous Matters," in Stacy Alaimo(ed.), *Matter* (Farmington Hills: Mcmillan, 2017), p. 96.

49 Million, 같은 논문, p. 97.

50 Bruno Latour, *We Have Never Been Modern*, trans. C. Porter (Cambridge: Harvard University Press, 1991).

51 인종, 원주민 문화, 포스트휴머니즘에 관한 좀 더 상세한 논의는 14장 참조.

우리는 신유물론 이론가들이, 그들 이전과 그들 주변의 수많은 서구 사상가들이 그랬던 것처럼, 보기를 거부하는 살아 있는 자들이다. 만약 이러한 이론적 전회가 세상의 가장 긴급한 문제들을 진지하게 살피기 위한 것이라면, 원주민들을 생기를 잃고 사라졌거나 혹은 진화가 덜 된 자들로서가 아니라, 생명력이 충만한 존재로서 바라보는 법을 배워야 한다. 우리를 삶이 충만한 존재로 보는 것은 황폐해진 대지, 바다, 그리고 이 대륙 위의 다른 비인간 공동체들의 살아 있음을 보기 위한 열쇠이다.[52]

글을 마무리하면서 잠시 언급하자면, 일부 독자들은 이 글의 다소 관습적이지 않은 경로에 반대할지 모른다. 물질의 행위성, 상관관계, 페미니즘 과학 연구, 정치, 환경주의, 후성 유전학, 인종, 그리고 원주민적 사고에 집중하다 보니 다른 중요한 신유물론 이론들을 논의에 포함시키지 못한 면이 있다. 이야기될 법한 다른 계보의 다른 이론들이 더 있을 터다. 그러나 이 글의 체계와 울림이 일관된 설명을 주기에 충분히 명확했기를 바란다. 반면에 인간 이후의 물질성에 관한 어렵고도 긴급한 물음들과 씨름하도록 독자들을 부추기고 요청하기에는 다소 거스르거나 불충분했을 수 있음을 밝힌다.

---

52 Tallbear, "Beyond the Life/Not-Life Binary," p. 198.

13
사변적 실재론
인간과 비인간의 구분

브라이언 윌렘스

사변적 실재론과 포스트휴머니즘은 두 가지의 중요한 방식으로 서로 연결된다. 첫째, 양쪽 모두 인간 경험의 바깥에 존재하는 세계에 관심이 있다. 둘째, 인간의 힘과 비인간의 힘이 서로 만나거나, 혹은 만나지 않는 방식들을 기술하려는 시도가 공통적으로 보인다. 하지만 사변적 실재론과 포스트휴머니즘은 모두 복수형일 때에 가장 잘 드러난다. 가끔은 모순되기도 하는 서로 다른 많은 접근법들이 각각의 용어에 포함되어 있기 때문이다. 그러나 두 개념을 하나로 묶어주는 것은 비인간 세계가 예상 밖이거나 알 수 없을 수는 있지만 그럼에도 불구하고 실재한다는 공통적인 믿음이다. 이러한 실재성과 마주하기 위한 전략들이 이번 장의 주요 골자이다. 그러한 전략들을 구체적으로 나타내기 위해 문학과 영화를 실례로 사용하지만, 그렇다고 작품의 저자들이 사변적 실재론이나 포스트휴머니즘에 의식적으로 참여하는 것은 아니다. 그들이 비인간 세계를 재현하기 위해 사용하는 문학적 전략들은 사변적 실재론자들의 사고의 흐름과 유사한 점이 많다. 이번 장의 목적은 사변적 실재론의 다양한 갈래들을 제시하되, 하나의 관점을 다른 관점보다 우선시하지 않는 데 있다. 결론에서 논의하겠지만, 인간 세계와 비인간 세계를 연결하기 위한 전략들에 초점을 맞추다 보면 그 자체로 문제가 될 수도 있다.

먼저, 인접 분야 간의 구분이 필요할 것 같다. 포스트휴머니즘과 사변적 실재론의 관계는 또한 사변적 실재론과 포스트모더니즘의 차이점이기도 하다. 한편으로, 사변적 실재론과 포스트모더니즘은 모두 **로고스 중심주의**(logo-centrism)를 적으로 대한다. 그러나 이 적을 다루는 방식은 기본적으로 다르다. 자크 데리다 같은 포스트모더니스트가 보기에, 로고스중심주의는 말(로고스), 그것의 근원, 그리고 말(speech)이 신체를 로고스와 연결하는 방식에 특권을 부여하고, 따라서 화자의 물리적 존재를 통해 의미를 보장한다.[1] 반면에 데리다는 말보다 **글(쓰기)**을 우선시해야 한다고 주장한다. 왜냐하면 "사물 자체는 사물들의 집합이거나 일련의 차이이기 때문이다".[2] 다르게 말하면, 의미는 기호들의 근저에 있는 어떤 실재보다는 기호들 간의 마찰에서 발견된다. 사변적 실재론자들을 하나로 묶는 것은 이러한 부류의 포스트모던적인 사고를 뒤집는다는 점이다.[3] 그들은 **실재론자들**이다. 즉, 그들은 모두 어떤 방식으로든 인간의 기호 근저에 있는 실재하는 세계에 관심을 가진다.

이러한 차이는 가즈오 이시구로(Kazuo Ishiguro)의 소설 『나를 보내지 마(*Never Let Me Go*)』(2005)를 중심으로 포스트휴먼 문제들을 논의한 필자의 책에서 확인할 수 있다. 이 책은 이시구로 소설에 나타난 복제 기술, 동물 연구, 그리고 다양한 갈래의 대륙 철학을 포함해, 타자성의 주제들을 다룬다. 명확하게 반인간 종 중심주의적 태도를 취하는 이 책의 주장은 동물의 세계 경험에 대한 마르틴 하이데거의 폄하가 실은 인간 경험의 정확한 묘사라는 것이다.[4] 그런데 중요한 무언가가 빠져 있었다. 정확하게는, 두 가지가 빠져

---

1 Jacques Derrida, *Of Grammatology*, trans. Gayatri Chakravorty Spivak(Baltimore: Johns Hopkins University Press, 2016), p. 85.

2 Derrida, 같은 책, p. 90.

3 Graham Harman, "The Well-Wrought Broken Hammer: Object-Oriented Literary Criticism," *New Literary History*, 43(2) (2012), pp. 196~197.

4 Brian Willems, *Facticity, Poverty and Clones: On Kazuo Ishiguro's Never Let Me Go*

있었다. 첫째, 인간 그 이상의 세계를 이해하려는 시도는 인간 경험을 통해 여과된다는 것이었다. 둘째, 그 세계를 경험하거나 그것을 알기 위한 전략들은 오직 문학적 성격의 것일 뿐, 영감을 얻기 위해 실재 세계로 손을 뻗지는 못했다는 것이다. 사변적 실재론이 중점적으로 다루는 것은 바로 그러한 간극들, 즉 인간 경험의 밖에 있는 것에 대한 앎의 문제와 어떻게 해야 그 밖에 닿을 것인가에 관한 생각들이다.

사변적 실재론은 런던의 골드스미스(Goldsmiths)에서 '사변적 실재론' 학술 대회가 열린 2007년 4월 27일의 특정 날짜에 시작되었다. 네 명의 전혀 다른 연사들, 레이 브래시어(Ray Brassier), 이아인 해밀턴 그랜트(Iain Hamilton Grant), 퀭탱 메이야수(Quentin Meillassoux), 그리고 그레이엄 하먼이 그곳에 한데 모였다.[5] 그들을 하나로 묶은 것은 '상관주의(correlationism)'에 반대하는 외침이었다. 세계가 오직 인간의 사고 혹은 경험을 통해서만 경험될 수 있다는 생각을 그들은 모두 거부했던 것이다. 중요한 점은 네 사람 모두 왜 상관주의가 잘못인지에 대해 매우 다른 견해를 갖고 있었다는 사실이다. 그들의 차이는 그 뒤에 더욱 분명해졌다.[6] 사실, 오직 한 명, 즉 그레이엄 하먼만이 자신을 '사변적 실재론자'로 여기고서, 스스로 객체 지향 철학(objective-oriented ontology, OOO)이라고 명명한 보다 구체적인 유형을 실행에 옮겼다. 제인 베넷, 티머시 모턴, 이언 보고스트(Ian Bogost), 유진 새커, 그리고 헬렌 헤스터(Helen Hester)를 포함한 많은 저자들이 사변적 실재론을 다양한 방식으로 다루기는 하지만, 이 글에서는 이 분야에서의 서로 다른 견해를 대표

(New York: Atropos Press, 2010).

5 당시 자료는 R. Brassier, I. Hamilton, G. Harman, and Q. Meillassoux, *Collapse*, 3(2007), pp. 307~449 참조.

6 스티븐 샤비로는 상관주의에 관한 다양한 비판들의 유사점과 차이점을 그가 쓴 책에서 명확하게 개관한다. Steven Shaviro, *The Universe of Things: On Speculative Realism* (Minneapolis: University of Minnesota Press, 2014), pp. 5~8 참조.

하는 네 명의 저자들에 초점을 맞추려고 한다. 스티븐 샤비로(Steven Shaviro)는 앨프리드 노스 화이트헤드를 사변적 실재론과 공통점이 꽤 많지만 정치적 기반이 다르다는 이유로 간과되어 온 대표 사상가로서 논의한다. 또한 사변적 실재론의 젠더 불균형을 바로잡기 위해 페미니즘적인 시각에서 접근하려고 노력한 두 권의 선집 『'사변적 전회' 이후: 실재론, 철학 그리고 페미니즘(After the "Speculative Turn": Realism, Philosophy and Feminism)』과 『객체 지향 페미니즘(Object-Oriented Feminism)』도 있다.[7]

이 글의 첫 번째 과제는 이 모든 사고들이 공공의 적으로 여기는 상관주의에 대한 이해이다. 어떻게 사변적 실재론자들이 그 개념을 이해하는지 보여주는 가장 대표적인 예는 메이야수의 『유한성 이후(After Finitude)』에서 찾을 수 있다.[8] 상관주의는 원래 칸트와 그의 초월적 주체 개념에서 시작되었다. 가장 기본적인 의미에서 칸트적인 혁명의 의미는 대상에 관한 진술들은 그것들이 그 대상 자체와 비교해 적절한지 여부에 따라 판단될 수 없다는 것이다.[9] 그 이유는 주관적 진술과 객관적 진술 모두 (과학의 용어를 사용하는 객관적 진술이 보다 '보편적'이라고 할지라도) 여전히 진술이기 때문이다. 그러므로 진술과 대상의 등가성보다는 집단이 의미에 대해 어떻게 합의하느냐에 주목해야 한다. 혹은 메이야수의 말처럼, **상호 주관성**(intersubjectivity), 즉 공동체의 합의가 개별 주체의 표상과 사물 자체 사이의 **적정성**(adequation) **여부**를 대신해 객관성, 좀 더 구체적으로는, 과학적 객관성의 참된 기

---

7   Katerina Kolozva and Eileen A. Joy(ed.), *After the "Speculative Turn": Realism, Philosophy and Feminism* (Brooklyn: Punctum Books, 2016); Katherine Behar(ed.), *Object-Oriented Feminism* (Minneapolis: University of Minnesota Press, 2016).

8   Quentin Meillassoux, *After Finitude: An Essay on the Necessity of Contingency*, trans. Ray Brassier (London: Continuum, 2008).

9   Immanuel Kant, *Critique of Pure Reason*, trans. Norman Kemp Smith (London: Macmillan, 1929), p. 259.

준이 된다".[10] 상호 주관성은 상관성의 다른 말이다.

두 가지 유형의 상관주의가 있다. 첫째는 세계는 인간의 사유 밖에 **존재한다**고 주장하는 '약한(weak)' 상관주의이다. 우리는 세계를 결코 알 수 없다. 상관관계는 "우리는 오직 사유와 존재의 상관관계에만 접근할 수 있을 뿐이며, 서로 떨어져 있는 둘 중 어느 것에도 접근할 수 없다는 생각"이다.[11] 사유와 존재 모두 존재하지만, 우리가 그것들을 알 수 있는 것은 오직 서로 간의 상관관계를 통해서뿐이다.[12] 메이야수가 골드스미스에서 열린 첫 번째 학술 대회에서 강연한 것처럼, "우리는 대상 그 자체의 실재가 무엇인지 알 수가 없는데 그 이유는 대상에 속한 것으로 여겨지는 특성과 대상에 접근하는 주체의 특성을 구분할 수 없기 때문이다".[13] '강한(strong)' 상관주의 모델은 우리 밖의 세계에 대해 아무것도 말로 표현되거나, 혹은 심지어 사유될 수 없다고 주장한다. "우리가 즉자적 사물을 알 수 있다고 주장하는 것 뿐 아니라, 그것을 적어도 **사유**할 수 있다고 주장하는 것 또한 정당하지 않다."[14] 약한 상관주의가 존재는 결코 사유에 의해 적절하게 기술될 수 없다고 주장한다면, 강한 상관주의는 사유의 바깥에 세계가 존재한다는 것에 대해 결코 확신할 수 없다고 주장한다. 사변적 실재론에 관한 최초의 학술 대회에 참석한 네 명의 연사들은 상관주의가 문제라는 것에 동의하지만, 오늘날 가장 우세한 것이 '약한' 상관주의인지, 아니면 '강한' 상관주의에 대해서는 서로 의견을 달리한다. 게다가, 그리고 보다 중요하게는, 그들은 상관주의에 맞서기 위한 전략에서도 서로 다르다. 이러한 차이들을 논의하기에 앞서 왜 상관주의가 심각한 문제인지부터 구체적인 문학 작품을 예로 들면서 살펴

---

10 Meillassoux, *After Finitude*, p. 4.

11 Meillassoux, 같은 책, p. 5.

12 지식 생산의 전통과 포스트휴머니즘의 관계에 관한 좀 더 상세한 논의는 2장 참조.

13 Brassier, Hamilton, Harman, and Meillassoux, *Collapse*, p. 409.

14 Meillassoux, 같은 책, p. 35.

보도록 하겠다.

솔마즈 샤리프(Solmaz Sharif)가 쓴 시집의 제목『룩(Look)』은 군사 사전『미합중국 국방부의 군사 및 관련 용어 사전(Dictionary of Military and Associated Terms)』(2007)에서 따온 것이다. 사전의 정의에 따르면, '룩'은 '지뢰 회로가 영향을 받는 기간'을 나타낸다.[15] '봄(the look)'이 전통적으로 인간 행위자와 관련이 있다면, 이 정의에서는 보는 것은 객체이다. 좀 더 구체적으로 말하면, 솔마즈는 폭파 장치가 작동하거나 폭파되는 동안 창(窓)에게 말을 한다. 시집의 포문을 여는 동명의 시는 폭파 준비가 완료된 수많은 '룩'들을 설명한다. 이 룩의 한가운데에 아랍 출신으로 보이는 한 여자가 누워 있다. 2004년 공화당 전당 대회장 밖에서 한 남자가 그녀는 자유의 대가로 고문을 받아 마땅하다고 주장한다. 네바다(Nevada)에 있는 드론 조종사는 그녀가 섹스를 하는 동안 그녀의 열 신호를 바라본다. 그녀의 남자친구의 이름을 어떻게 발음해야 할지 모르는 판사는 그를 적으로 여긴다.

이 모든 룩의 범위 내에서 그 여자는 칸트가 거부한 바로 그것, 즉 서술 대상에 대한 적절한 서술을 주장한다. 시의 첫 행은 이렇게 시작한다. "사물을 무엇이라고 부르느냐가 중요하다."[16] 이것이 바로 이 시가 주장하려는 것이다. 한 연(聯)에서 그것은 네바다에서 방아쇠를 당기는 행위와 미사일 발사 신호가 아프가니스탄에 있는 드론에 도달하기까지의 16초 동안 이렇게 표현된다.

라스베이거스에서 방아쇠를 당기고 헬파이어 미사일이 마자르-샤리프에 떨어지기까지 16초라는 긴 시간이 흘렀을 수 있다. 그리고 난 뒤에 그들은 물을 것이다.

---

15 S. Sharif, Look (Minneapolis: Greywolf Press, 2016). 이 정의는 샤리프가 인용한 것이다 (np).

16 Sharif, 같은 책, p. 3.

우리가 아이를 맞췄나? 아니. 개야. 이렇게 그들은 스스로 대답할 것이다.[17]

화자는 미사일을 발사하는 것에 대해 뭐라고 하지 않는다. 그보다는, 파괴당하기 전의 시간을 적절히 묘사해 달라고 요청한다. 시의 첫 행("사물을 무엇이라고 부르느냐가 중요하다")으로 돌아가서, 이것은 그녀의 연인이 그녀의 얼굴을 '**곱다**'[18]고 묘사하는 대목에서도 계속 이어진다. 여기서, 병사는 그녀를 개라고 부른다. 명명 행위는 정치적인 표현이다. 모든 명명을 행하는 것은 인간들이다. 사변적 실재론이 저항하는 것은 이름의 지배이다. 그것은 집단적인 의사 결정이라는 개념을 통해 문제시된다.

'강한' 상관주의는 세계가 인간의 사고나 경험의 바깥에 존재하는지 여부를 알 수 있는 방법은 전혀 없다고 주장한다. 적합성을 사용하는 대신에, 의미는 집단의 합의를 통해 주어진다. 위의 인용문에서 보자면, 방아쇠가 한 인간에 의해 당겨지더라도, **무엇을** 맞출지에 대한 결정은 집단적으로 이루어진다. "그들은 물을 것이다", "우리가 … 맞췄나?", "그들은 스스로 대답할 것이다". 이것은 서술 대상과는 아무 관련이 없는 의미의 합의에 관한 서술이다. 그것은 이 시의 적(敵)이다. 시의 마지막 행들은 무엇이 파괴되고 있는지 설명할 적절한 단어들을 충분한 시간을 들여서 찾으라는 항변으로 그러한 생각을 역설한다.

사물을 무엇이라고 부르느냐가 중요해야 해.

16초 동안만이라도 그것은 고운 얼굴이어야 해.

내가 너를 '보게' 해 줘.

---

17 Sharif, 같은 책, p. 3.
18 Sharif, 같은 책, p. 3.

여기까지 오는 데 몇 년이 걸리는 빛 속에서 내가 너를 '보게' 해 줘.[19]

상관주의의 공포는 이것이다. 의미는 전적으로 상대적이라는 것이다. 죽임당한 사람들은 개로 바뀐다. 언어는 포스트구조주의자들에게 그저 게임일 뿐이다. 사변적 실재론자들이 보기에는 그렇다. 그들은 이것을 정치의 실패로 간주한다.

이것이 사변적 실재론과 포스트모더니즘의 차이이다. 데리다에게 "사물 자체는 사물들의 집합이거나 차이의 연쇄이다".[20] 이 말은 언어는 그저 게임일 뿐이라는 것이다. 한편으로, 사변적 실재론자들은 종종 이 지점에서 데리다와 헤어진다. 하지만 보다 정확하게 말하면 데리다는 단지 칸트가 그어놓은 경계선의 한쪽 면에 위치할 뿐이다. 데리다는 세계관을 인간 담론 내에서의 서술로, 우리의 현상학적 경험으로 한정한다. (표상이 그에게 윤리적으로 중요한 이유도 그 때문이다). 다른 한편으로, 사변적 실재론자들은 인간 지각 너머의 존재론을 인정한다. 우리가 그러한 능력 있는 것들과 '우연히 마주쳐서' 영향을 주고 (받고), 그렇게 세계와 윤리적인 관계를 맺더라도, 우리는 그 세계를 어떤 완벽한 방식으로도 결코 알 수 없다. 이러한 차이점 때문에 사변적 실재론은 포스트모더니즘과 다르다고 말할 수 있다. 그 대신에 사변적 실재론은 외양 너머의 실재 세계에 관한 것들을 인간의 기호를 통해 실제로 알 수 있다고 주장한다. 이것은 첫 번째 비판(『순수 이성 비판』을 말한다. ─옮긴이)의 칸트가 틀리지 않았음을 의미한다. 그리고 이 대목에서 사변적 실재론과 이 책에 실린 일부 포스트휴머니즘 접근법들 사이에 중요한 차이가 존재한다. 사변적 실재론자들에게 인간 세계와 비인간 세계 사이에는 구분(divide)이 **있다**. 그러나 이 구분은 직접적으로든 간접적으로든 가로지

---

19 Sharif, 같은 책, pp. 4~5.
20 Derrida, *Of Grammatology*, p. 90.

를 수 있다. 최초의 사변적 실재론 학술 대회에 참석한 네 명의 사상가들은 그렇게 가로지르기 위한 다양한 전략들을 갖고 있다. 마지막 예에서 살펴보 겠지만, 심지어 그 구분의 경계를 가로지를 수 없다는 것이 다른 하나의 전 략으로 쓰일 수도 있다.

첫 번째 예는 레이 브래시어가 정치 예술 단체 아리카(Arika)가 개최한 축 제의 공연을 위해서 썼던 짧은 텍스트, 「자유롭지 않은 즉석 공연/강제적 자유(Unfree Improvisation/Compulsive Freedom)」이다.[21] 이 텍스트는 사변적 실재론과 포스트휴머니즘 사이의 마찰을 드러낸다. 예를 들어, 로지 브라이 도티는 자신이 생각하는 포스트휴먼의 초점을 "생명(Life)의 비인간적 생명 력"에 맞추면서도, 사변적 실재론은 이와 관련해 두 가지 이유 때문에 도움 이 되지 않는다고 본다. 첫째, 사변적 실재론의 어떤 점들은 세계를 "그 자 신의 성찰이나 다른 사람들의 견해로 인한 혼란 없이" 바라보기 위해 "칸트 적인 거울을 깨트릴" 것을 주장한다.[22] 둘째, 그녀는 "거울을 깨트리지 말고 방향을 바꾸는" 다른 전략을 써서 "주체들로부터 벗어나 세계를 향하도록 하자"고 주장한다.[23] 이와 관련한 브래시어의 관점이 중요하다. 그는 인간을 그 자체로부터 해체하려면 칸트적인 거울 너머에 있는 세계가 반드시 필요 하다고 주장한다. 이것은 그가 쓴 아리카 공연에 관한 글에서 분명하게 나 타난다.

브래시어의 전제는 단순하다. 그것은 '약한' 상관주의와 '강한' 상관주의

---

21 Ray Brassier, "Unfree Improvisation/Compulsive Freedom," in Mattin.org (2013), online 참조. 브래시어의 생각에 관한 보다 미묘한 설명은 그의 책 *Nihil Unbound: Enlightenment and Extinction* (London: Palgrave Macmillan, 2007)에서 찾아볼 수 있다.

22 Rosi Braidotti, *The Posthuman* (Cambridge: Polity, 2013), p. 60; Rosi Braidotti and T. Vermeulen, "Borrowed Energy," Frieze, online. 브라이도티와 베르묄렌은 사변적 실재론 자들이 거의 대부분 남성들이라는 사실을 나타내기 위해 '그'라는 단어를 사용한다.

23 Braidotti, 같은 책, p. 60.

의 주장들과 관련이 있다. 주체는 그 혹은 그녀의 사고와 경험에 갇혀 있다. 주체로부터 벗어날 방법을 생각할 방법이 없다('강한' 상관주의). 이 상황을 바꾸기 위한 어떤 **인간의**(human) 전략도 실패할 것이다. 그 이유는 그것들은 인간적이기 때문이다. 그래서 **비인간의**(inhuman) 전략이 필요하다. 인간 경험의 바깥에서 온 규칙, 메커니즘, 그리고 패턴 들이 그것이다. 주체가 그러한 규칙들을 억지로라도 따르면, 그 혹은 그녀는 그 혹은 그녀 자신의 자아와 주체성으로부터 자유로울 것이다. 브래시어의 글의 제목은 그런 뜻을 지닌다. 주체는 그녀 혹은 그가 인간 주체로서 행위를 한다는 점에서 자유롭지 않으며, 그러한 행위들이 그녀 혹은 그 자신의 주체성을 넘어서면 자유롭게 된다. 브래시어는 이렇게 말한다.

즉석 공연이 그 취지에 맞게 자유로우려면 그것은 스스로가 결정하는 행위이어야 한다. 하지만 그러기 위해서는 일련의 메커니즘들의 혼란이 요구된다. 이 혼란의 과정이 그 행위의 행위자이다. 그런데 그 행위자가 반드시 인간인 것은 아니다. 그것은 즉석 공연자의 자아와 혼동되어서는 안 된다. 오히려 그 자아는 행위가 출현하는 데 가장 커다란 방해물이다. 즉석 공연자는 비밀 요원처럼 행위를 한다는 의미에서 어떤 메커니즘들이든 가속 혹은 그 행위를 표출하는 데 필요한 대립을 실행할 수 있도록 행위자로서 행위를 할 준비가 되어 있어야 한다. 후자는 규칙과 패턴, 이유와 원인이 서로 뒤얽히는 지점에서 발생한다. 그것이 어떻게 객체성이 주체성을 생성하는가의 비밀을 푸는 열쇠이다. … 이런 점에서 자발적 활동의 자유롭지 않음을 인식하는 것이 강제적 자유로 가는 관문이다.

자발적 행위는 그것이 항상 인간의 행위일 것이기에 자유롭지 않다. 자유는 비인간에 있다. 인간 행위자는 비인간 메커니즘, 어딘가 다른 곳에서 생겨난 규칙, 패턴, 그리고 행동 양식을 위한 '비밀 요원'이다. 이러한 주장에는 큰 위험성이 따른다. 브래시어는 인간 행위자의 자유를 인간이 비인간 세계에 노출될 수 있는 능력과 결부시키기 때문이다.

시에서 비인간 규칙과 구조에의 의존을 이용한 가장 최근의 즉흥적인 작품으로 크리스천 북(Christian Bök)의 『지노텍스트(Xenotext)』가 있다.[24] 북은 「오르페우스(Orpheus)」라는 제목의 소네트 한 편을 쓰고 나서 그것을 뉴클레오티드(nucleotides)로 수집한 화학적 철자를 이용해 박테리아의 DNA에 인코딩한다. 그러면 그 미생물이 유전자 서열로부터 단백질을 만드는 데 필요한 규칙을 이용해 그 서열을 따라간다. 그렇게 해서 생긴 합성 단백질의 아미노산 서열은 새로운 소네트를 만들어낸다. 시인은 그것을 '에우리디케(Eurydice)'라고 부른다. 이러한 방식으로, "세포는 한 편의 시를 보존하기 위한 아카이브뿐 아니라 또한 시를 쓰는 기계가 된다".[25] 이 기계의 이름은 다량의 방사능과 극단적인 환경에서도 살 수 있는 디라디오두란($d.$ $radiodurans$) 박테리아이다. 따라서 박테리아가 쓴 시들은 비인간이 계속해서 써 나갈 것이기에 우리보다 더 오래 남을 것이다. 인간 종의 고유성에 대한 생각들은 이렇게 문제시된다. 그러나 북의 실제 작품에 실린 시들은 예상할 수 있는 것과는 다르다. 그것들이 규칙을 따르기는 하지만, 그것은 아미노산의 규칙이 아니다. 예를 들어, 「아데닌($C5H5N5$)〔Adenine($C5H5N5$)〕」라는 제목의 시는 각각의 뉴클레오티드의 이미지들을 제시하고, 각 행은 탄소, 질소, 산소, 혹은 수소의 첫 글자로 시작하는 아홉 글자로 된 한 개의 단어로 되어 있는데, 그것들은 모두 핵 염기 화학 공식에 의한 조직과 관련이 있다.[26] 이 시가 브래시어의 생각과 연결되는 점은 강제성이 글쓰기의 기계적 측면에 내재

---

24 Christian Bök, *The Xenotext: Book 1* (Toronto: Coach House Books, 2015).

25 Bök, 같은 책, p. 150.

26 Bök, 같은 책, p. 86; J. Schuster, "On Reading Christian Bök's *The Xenotext: Book 1* Ten Thousand Years Later," *Jacket*, 2(2016), online 참조.

해 있다는 것이다. '에우리디케'의 창작 규칙은 인간의 규칙이 아니라 아미노산 서열의 규칙이다. 이것은 중대한 제안이다. 인간들이 세계를 운영하는 방식은 대단히 파괴적이어서, 인종주의, 성차별, 계급 차별, 그리고 환경 파괴의 원인이 되어왔다. 새로운 사고방식들이 필요하다. 비인간 방식들 말이다. 그러나 이러한 새로운 사고는 무서울 수 있다. 우리가 알고 있는 인간성이 이 새로운 삶의 방식에 포함될 것은 아니기 때문이다. "그로부터 돌아오는 것이 불가능한 무언가가 일어날 수 있는" 가능성이 존재한다.[27] 이것은 프레드릭 제임슨이 밝힌 유토피아의 두려움, "우리가 현재의 열정, 습관, 관례, 그리고 가치 들 중 거의 어떤 것도 온전하게 남을 것이라고 상상조차 할 수 없는 너무나도 중대한 변화 속에서 모든 것을 잃게 될 때 느끼는 완벽한 불안"을 야기한다.[28] 이러한 두려움은 다음에 무엇이 올지에 대한 통제의 결여 때문에 생긴다. 하지만 이 통제의 결여는 자유이기도 하다. 북에게 자유는 생성된 텍스트 내에 존재한다. 그는 시의 형식을 통제하지 않는다. '에우리디케'는 그가 계획대로 할 수 없는 무언가다. 이와 같이, 자기도 모르게 하는 행위들이 자유로 이어질 수 있다.

브래시어는 이러한 개념을 이용해 비인간 세계의 경험을 위한 특별한 방식으로서 그만의 '과학적 실재론'을 주장한다. 그의 이론이 제시하는 '경험의 각인'은 인간 경험 내에서 이해 가능성의 문제를 직접적으로 다룬다는 점에서 다르다.[29] 이 지점에서 압축된 형태로 제시된 브래시어의 생각이 보다 큰 미학적 원리로 나타날 수도 있다. 강제적으로 비인간 패턴을 따름으로써, 인간은 그 혹은 그녀 자신으로부터 자유로울 수 있고, 의미는 그 혹은

27 GegenSichKollektiv, "CAUTION," *Collapse*, 8(2014), p. 905.
28 Fredric Jameson, *The Seeds of Time* (New York: Columbia University Press, 1996), p. 60.
29 Brassier, *Nihil Unbound*, pp. 62~63.

그녀 자신의 주체성으로부터 자유로울 수 있다. 좀 더 일반적인 의미에서, 우리는 (폭력, 수열, 자연의 패턴 같은) 비미학적 규칙을 '억지로' 따라야만 하는 (그림, 소설, 영화, 공연 같은) 미학적 산물에 대해 생각해볼 수 있다. 이 방식은 비미학적인 무언가를 포함시킴으로써 미학적 산물에 새로운 형식을 부여하는 데 자주 쓰일 수 있다. 이것을 보여주는 두 개의 예들이 있다. 첫째, 마리나 아브라모비치(Marina Abramović)의 행위 예술 〈리듬 0(Rhythm 0)〉(1974)에서 사용될 수 있는 물건 중에는 진짜 총도 포함된다. 공연 동안 그녀는 자신의 몸과 다양한 물건들을 청중에게 제공한다. 그러면 청중은 그 물건들을 이용해 무엇이든 하고 싶은 것을 해도 된다. 이와 유사하게, 브라이언 드 팔마(Brian De Palma) 감독의 영화 〈필사의 추적(Blow Out)〉(1981)에서는 호러 영화의 효과 음악을 녹음하는 과정에서 여배우의 비명이 실제 살해당하는 여성의 비명으로 대체되는 이야기가 나온다. 두 개의 예 모두 비미학적 폭력을 미적 작품 속으로 끌어들인다. 이것은 앞서 소개한 북이 그의 시에 비(非)시적인 규칙을 새겨 넣는 방식과 유사하다. 그 결과는 새롭고, 예측에서 벗어나며, 비인간적이다.

퀭탱 메이야수의 접근 방식도 브래시어와 비슷하지만, 메이야수는 불가능한 것을 소멸시키기보다는 그것을 가능한 것 **내에** 포함함으로써 약한 상관주의와 강한 상관주의 둘 다를 문제시한다. 메이야수의 책 『유한성 이후』의 부제목은 '우연성의 필연성에 관한 시론(An Essay on the Necessity of Contingency)'이다. 우연성의 계획은 가능하지만 확실치 않은 것에 대한 계획이다. 메이야수의 주요 관심은 인간의 경험을 벗어난 세계의 불확실한 특성을 우리가 어떻게 이해하느냐에 있다. 1997년의 박사 논문에서 메이야수는 '신성한 비실존'이라는 개념으로 이 점에 대해 설명한다. 그의 주장에 따르면, 지금까지 우리의 세계에는 세 번의 근본적인 위상 변화가 있었다. 그것은 ① 아무것이 없었을 때의 어떤 것의 출현, ② 아무 생명이 없었을 때의 생명의 출현, 그리고 ③ 인간 종 중심적인 예, 즉 동물 세계로부터의 인간 사고의 출현이다.[30] 이것들은 이전 단계에서는 그다음 단계의 상태가 나타날 기미가 전혀 없었으므로 우연성을 예증한다. 무에는 '유'의 기미가 없다. 또한 비생명에도 생명은 전혀 없다. 이어서 메이야수는 다른 하나의 위상 변화가 일어날 수 있다(혹은 없다)고 주장한다. 그런데 우리는 그 변화가 무엇일지 조금도 예측할 수가 없다. 무엇이든 될 수 있다(혹은 아무것도 아닐 수 있다). 있을 수 있는 하나는 신성한 존재의 창조이다. 다른 하나는 이제까지 살았던 모든 사람의 부활과 영생일 수 있다.[31] 그것은 녹색 스파게티 괴물의 출현일 수도 있다. 이것이 메이야수의 논증적인 저작이 의미하는 바이다. 그것으로부터 얻을 수 있는 것은 근본적 차이의 가능성을 상상하는 방식이다. 비록 그 차이가 우리 세계의 파괴보다는 팽창일지라도 말이다. 이것은 보수적인 과거 혹은 현재에 너무 자주 갇히기 쉬운 과학 소설 장르에 매우 중요할 수 있다.

메이야수가 의미하는 것을 더 잘 이해하려면, 그가 추구하는 종류의 우연성을 어떻게든 표현하지 **않으려고** 애쓰는 부정적인 사례를 먼저 살펴보는 게 도움이 될 것이다. 데니스 빌뇌브(Denis Villeneuve) 감독의 〈컨택트(Arrival)〉(2016)는 작품이 제기한 물음들에 대해 예상치 못한 미지 세계의 여지를 하나도 남기지 않고 대답한다는 점에서 보수적인 과학 소설 영화이다. 영화에서 외계인은 모든 인간의 언어와 다르게 작동하는 언어로 말을 한다. 그런데 이 언어는 인간들에 의해 연구되고, 이해되고, 소통을 위해 사용된다. 미지의 것에 대한 그러한 완전한 이해는 여기서 논의되고 있는 것과는 반대된다. 그것은 사변적 실재론이 본질적인 모순으로 간주하는 것, 즉 비인간 세

---

30 Quentin Meillassoux, "Excerpts from L'Inexistence divine," in G. Harman(ed.), *Quentin Meillassoux: Philosophy in the Making* (Edinburgh: University of Edinburgh Press, 2011), pp. 175~238.

31 Meillassoux, 같은 논문, p. 235.

계가 존재하지만 그 실재는 우리가 상상할 수 있는 어떤 것보다 더 낯설다는 점을 무시한다. 영화에서 외계인의 언어를 통해 시간의 비선형성이 드러난다는 사실도 그렇게 낯설지 않다. 왜냐하면, 그것 역시 1950년대에 전개된 언어학 개념인 사피어·워프(Whorf-Sapir)의 가설에 의해 설명될 수 있기 때문이다. 과학 소설은 그것보다 더 나아가야 한다.

〈컨택트〉는 미지의 것을 설명하는 데 여전히 매어 있다는 점에서 가장 진부한 과학 소설의 한 예이다. 이러한 부류의 과학 소설이 다코 수빈(Darko Suvin)이 말하는 과학 소설 장르의 핵심을 반영해, "경험적으로 알려지지 않은 곳들에 주의를 기울여 서사에서의 새로운 관계를 좇는다면", 우연성의 역할에 관한 메이야수의 주장은 그것과는 정반대이다.[32] 메이야수는 과학 소설이 경험적으로 알려져 있지 않지만 나중에 설명 가능한 무언가를 앞에 드러내는 대신에, 경험적으로 알 수 없는 것을 앞에 드러낼 수 있는 잠재력, 즉 인간 중심주의 역사에 의해 형성되지 않은 주체의 경험을 갖고 있다고 주장한다. 메이야수는 이러한 종류의 이야기를 가리켜서 **과학 밖 소설**(extro-science fiction)이라고 부른다.[33] 우연성, 또는 예견할 수 없는 것을 알려진 세계 내에 각인하는 일은 과학 소설이 인간에 의해 야기된 사람, 환경, 그리고 다른 생명체의 억압의 수렁에 빠져 있는 우리의 현재에 대해 진정한 대안을 상상할 수 있는 하나의 방법이다. 이러한 억압은 인간들에 의해 만들어졌으므로, 인간이 만든 어떠한 해결책도 도움이 되지 않을 것이다. 우연성만이 우리를 유일하게 구원할 수 있다. 과학 소설은 그러한 인식을 재현하기 위한 노력에서 독특한 위치를 차지하고 있다.

---

32 Darko Suvin, *Positions and Presuppositions in Science Fiction* (Kent: Kent State University Press, 1988), p. 34

33 Quentin Meillassoux, *Science Fiction and Extro-Science Fiction*, trans. Alyosha Edlebi (Minneapolis: Univocal, 2015), pp. 5~6.

다른 지면에서 필자는 그러한 알 수 없는 것의 순간들을 '주그 효과(the Zug Effect)'라는 말로 표현한 적이 있다. 이 말은 데몬 나이트(Damon Knight)의 1964년 소설 『장벽 너머(*Beyond the Barrier*)』에 나오는 외계 종족의 이름에서 따온 것이다.[34] 소설은 자신이 믿던 대로 1980년에서 온 것이 아니라 2만 년 뒤의 미래에서 왔다는 사실을 점차 깨달아 가는 고든 네이스미스(Gordon Naismith)에 관한 이야기를 다룬다. 그는 기억이 지워진 채 과거의 시간으로 다시 보내졌던 것이다. 이것은 그가 주그라고 불리는 무시무시한 괴물을 도망치게 놔둔 데 대한 형벌이었다. 결국에 네이스미스는 미래로 돌아가서 자신이 그가 찾고 있던 주그**임**을 알게 된다. '주그 효과'의 개념은 주그족들이 묘사되는 방식에서 착안을 한 것이다. 그들은 객체의 지각된 특성으로부터의 객체의 분리를 나타내는 형상들로서 객체를 예상치 못한 새로운 특질과 연관시킨다. 예를 들어, 네이스미스가 주그족과 처음 마주치는 순간은 현실이 아니라 꿈에서이다. 주그족이 "그를 조그만 빨간 눈으로 쳐다볼 때" 주그족은 "있을 수 없는 유연한 파충류 같은 동작"을 한다고 묘사된다.[35] 이 '있을 수 없음(impossibility)'은 주그족만의 동작이 지닌 기본 특성이다. 그것은 주그족을 묘사하면서 동시에 주그족에게 부여될 만한 그 어떤 알 수 있는 특질들로부터 주그족을 분리시킨다. 그러나 주그족은 분리뿐 아니라 연결의 형상이기도 하다. 사실, 주그족과 인간의 유사성이 주그족의 가장 놀라운 점이다. 주그족은 있을 수 없는 타자와 그 타자가 인간과 공유하는 것 둘 다를 나타내는 형상이다. 이와 같이 주그족은 사변적 실재론이 가능하게 만드는 새로운 철학과 환경 윤리의 공간을 동시에 열어젖힌다.

---

34 Brian Willems, *Speculative Realism and Science Fiction* (Edinburgh: Edinburgh University Press, 2017), pp. 27~30; Damon Knight, *Beyond the Barrier* (New York: Macfadden-Bartell, 1970) 참조.
35 Knight, 같은 책, p. 21.

이아인 해밀턴 그랜트는 다른 접근법을 취한다. 상관주의의 철학적 토대를 깎아내리기보다는 그것들을 뒤집는다. 앞서 논의한대로 상관주의는 칸트와 관련이 있다. 하지만 다른 철학적 사유의 전통에서 보면 상관주의는 독일 관념론과 관련이 있다. 왜냐하면 '관념(ideal)'은 사물 그 자체에 있기보다는 인간 경험의 세계에 존재하는 것으로 생각되기 때문이다. 그랜트는 셸링 철학의 적극적인 재해석을 통해, 관념이 추상적인 개념과 여과된 감각 속에 야생성을 가두는 자연에 대한 인간의 틀이 아니라 오히려 관념 자체가 **자연의 일부**인, '비제거적(non-eliminative) 관념론'의 입장을 발전시킨다.[36] 이러한 뒤집기는 자연에서의 인간의 역할에 관한 책임 있는 시각을 위해 필수적이지만, 그러한 입장은 윤리적으로나 정치적으로 브래시어의 견해와는 다르다. 브래시어에게 인간 세계는 비인간 패턴에 의해 침투 당하고 제어될 필요가 있다. 반면에 그랜트에게 인간 세계와 비인간 세계는 연속체상에 존재하며, 거기에서 물질은 수동적인 객체가 아니라 인간만큼 적극적인 주체이다.

「2001년 9·11 이후에 쓴 시(Poem Written after September 11, 2001)」에서 줄리애나 스파(Juliana Spahr)는 어떻게 인간이 자연 연속체상의 마디에 불과한지 보여준다.[37] 시는 "세포, 세포의 움직임과 세포의 분리"[38]라는 구절로 소소하게 시작한다. 그러면 모든 것이 이전의 연으로부터 반복되는 연들을 통해 점점 더 커져가는 나선형을 만들어내고, 마지막에 한 단계를 더 추가한다. 그래서 초반의 연이 "폐를 지닌 모든 이들이 손과 손 사이의 공간과 손 안팎의 공간을 숨 쉴 때"[39]라면, 그다음 연은 이렇게 이어진다. "폐를 지닌

---

36 Iain Hamilton Grant, *Philosophies of Nature after Schelling* (London: Continuum, 2006), p. 202.

37 Juliana Spahr, *This Connection of Everything with Lungs* (Berkeley: University of California Press, 2005).

38 Spahr, 같은 책, p. 3.

모든 이들이 손과 손 사이의 공간과 손 주위의 공간과 방 안팎의 공간을 숨 쉴 때".[40] 각각의 연에서 새로운 단계가 시작될 때마다, 건물, 이웃, 도시가 추가되고, 결국에는 점점 더 뻗어 나가 섬, 대양, 대류권, 성층권, 그리고 중간권을 망라한다.[41] 팽창하는 맥박 속에서 시는 그랜트가 그의 철학에서 하고 있는 것과 유사한 뒤집기를 수행한다. 자연이 인간 정신의 구성물이기보다는, 인간이 자연의 일부로서 인식된다. 물론 이 모든 것은 언어라고 하는 인간의 매개를 통해 제시된다. 그러나 스파의 시에서 반복은 단순한 읽기를 넘어선다. 독자는 시의 리듬과 함께 페이지로부터 벗어난다. 인간 경험의 바깥에 있는 타자를 결코 알 수 없다고 해서, 메울 수 없는 간극이 있는 것은 아니다. 예술은 인간과 인간 너머의 세계 사이의 긴장에 의해 창조되고, 그것을 창조한 자의 개념까지도 넘어서기 때문이다. 이러한 맥락에서 보자면, 9·11 이후의 뉴욕(New York)은 시에 의해 포착되거나 재생산되지 않는다. 오히려 시를 읽는 행위는 인간이 물질세계와 상호 작용할 수 있는 하나의 방법이다.

그레이엄 하먼도 인간 세계와 비인간 세계의 칸트적인 구분은 옳다고 주장한다. 하지만 그의 주장에 따르면, 그것은 인간뿐 아니라 모든 객체들에도 해당된다.[42] 인간과 객체 사이에는 분명히 구분이 있다. 하지만 똑같은 구분이 객체와 객체 사이에도 존재한다. 사과에 대한 나의 경험이 그 사과의 모든 가능성을 고갈시키지 않듯이(실제 객체는 내가 그것에 대해 알 수 있는 것을 항상 넘어선다), 나무, 벌레, 또는 빨간색에 대한 사과의 '경험'은 그들과의 상호 작용에 의해 소진되지 않는다. 이 소진되지 않고 남는 부분을 하먼

---

39 Spahr, 같은 책, p. 5.

40 Spahr, 같은 책, p. 8.

41 Spahr, 같은 책, p. 8.

42 Graham Harman, *Weird Realism: Lovecraft and Philosophy* (Ropley, Hants: Zero Books, 2012).

은 객체의 '물러나 있는(withdrawn)' 측면이라고 부른다. 이것은 매우 중요하다. 하먼은 객체들이 완전히 이해되지 못하게 물러나 있는 방식에 의해 상관주의가 도전받는다고 믿기 때문이다.[43] 이것은 석유 굴착기, 고릴라, 비누거품, 그리고 거짓말을 포함한 모든 객체들에도 해당된다. 이 점이 하먼의 철학이 설명적인 성격을 띠는 이유이다. 가장 중요한 것은 객체이지 관계가 아니다.[44]

이것이 사변적 실재론과 포스트휴머니즘의 관계를 브뤼노 라투르, 도나 해러웨이, 캐런 버라드, 혹은 질 들뢰즈 같은 관계 철학 전통과 구분 짓는 중요한 지점이다. 간단히 말해서, 관계 철학은 객체는 다른 객체들과의 관련하에서만 의미를 갖는다고 생각한다면(예를 들어, 바닷가는 수역과의 관계 속에서만 의미를 갖는다), 하먼에게 객체의 실재는 그것이 모든 객체들과의 모든 관계로부터 물러서는 방식에서 찾아진다. 이러한 주장은 H. P. 러브크래프트(H. P. Lovecraft)에 관한 하먼의 책『기이한 실재론(Weird Realism)』에 잘 나타나 있다. 이 책에서 하먼은 공포 소설가 러브크래프트의 작품에서 100개의 구절을 뽑아 '객체와 그것의 특질의 분리'를 재현하기 위한 작가의 서사 전략을 펼쳐 보인다. 그의 주장에 따르면, 객체와 그것의 특질의 분리는 아무리 상세하게 객체가 묘사되더라도, 그 묘사가 실제로 그 객체가 되는 것은 결코 아니라는 사실에서 분명하게 드러난다. 객체의 특질들을 모으는 것과 객체 자체 사이에는 항상 거리가 있다. 앞서 설명한 주그의 묘사에 나타난 거리가 그것이다. 주그족은 "있을 수 없(게) 유연하다". 즉, 그 유연함은 주그성(性)을 묘사하기 위해 사용된 특질이다. 그러나 동시에 이 특질은 그

---

43 Harman, *Weird Realism*, p. 51.
44 이것이 사변적 실재론에서의 객체와 물질에 대한 강조와 신유물론에서 물질이 이론화되는 방식 사이의 중요한 차이이다. 신유물론과 포스트휴머니즘에 관한 좀 더 상세한 논의는 12장 참조.

것이 묘사하는 (주그족이라는) 객체와 비교해 볼 때 부적합한 개념이다. 하먼은 이 부적합성의 경험이 인간의 지각 밖에 있는 객체들을 경험하는 **하나의 실제적인 방법**이라고 주장한다. 우리는 인간의 지각을 사용하지만 그것이 훌륭히 임무를 해내지 못한다는 것을 안다. 우리의 지각에서 '빠져 있는' 것이 실재이다. 다른 어떤 객체와도 접촉하지 않는 객체의 물러나 있는 측면이 빠져 있는 것이다. 이 물러나 있는 측면은 인간과 객체의 그 어떤 관계 그 이상의 다른 무언가다. 따라서 만약 우리가 단순히 포스트휴먼적인 주제를 연구 주제로서 다루는 데 그치지 않고 방법에서부터 진정으로 포스트휴머니즘적이기를 원한다면, 이 물러나 있음, 우리의 실재에 대한 경험에서 '빠져 있는' 이 부분에 집중해야 한다. '전체로서의' 객체는 결코 현전하지 않을 테지만, 우리의 객체에 대한 경험과 그 경험 너머의 실재 사이에 있는 간극은 우리의 연구에 부합하는 적절한 방법론을 제공할 수 있다. 이 방법론에 대한 한 가지 명칭이 시라면, 다른 하나는 과학 소설일 수 있다.

이 점을 염두에 두고 빌뇌브의 〈컨택트〉를 다시 살펴보면, 앞에서 내렸던 평가가 너무 가혹했을 수 있다. 하먼이 러브크래프트의 작품에서 찾은 모든 것을 포괄하는 방식과 완전히 같지는 않지만, 그래도 인식과 관련해 덜 설명적인 장면을 영화에서 찾을 수 있다. 가위 모양의 리프트가 그들을 입구로 들어 올리는 동안, 지구의 쾌적하고 관계적인 공간은 배의 어두운 내부로 대체된다. 어느새 과학자들은 터널에 도착해, 위에 있는 우주선 속으로 향하는 것처럼 보인다. 터널의 끝에 빛줄기가 있는데, 그것은 입구의 배 바깥에서 오는 빛이 반사된 것이다. 배 바깥의 세계는 이해할 수 있다. 터널 끝의 빛줄기는 이해할 수 있는 무언가가 거기에서도 일어날 것임을 암시한다(그곳에서 과학자들은 외계인들을 만나 그들의 언어를 배운다). 그러나 어두운 터널 자체는 비밀이 있다는 가능성, 계속해서 비밀로 남아 있을 가능성을 제시한다.

터널은 무언가가 설명되지 않은 채 남겨진 영화상의 공간을 제공한다. 인간의 감각과 가치와 객체의 부여된 감각적 특질보다는 객체들 자체의 물러나 있는 측면을 위해 공간을 할애한 것이다. 한 과학자가 길을 밝히기 위해 터널 안으로 형광봉을 비춘다. 그러자 형광봉 불빛이 터널 중간쯤에서 멈춘다. 이것은 예상 밖의 흔치 않은 일이다. 배 안에서는 중력이 바깥과 다르다는 것을 나타낸다. 중력은 질량에 의존한다. 그렇다면 배의 질량이 자체의 중력을 생성할 만큼 크지 않다는 것이다. 그러나 어느 장면에서도 배의 구체적인 중력은 전혀 언급되지 않는다. 단지 과학자들을 거꾸로 보여주는 가장 흔한 방식으로 그것을 제시할 뿐이다. 이것은 지구와 다른 공간을 나타내려고 할 때 과학 소설 영화에서 자주 쓰는 기법이다.[45]

〈컨택트〉에서 이 장면은 우연성과 그에 따라서 비인간이 존재할 수 있는 공간을 제시한다는 점에서 중요하다. 여기에는 하먼의 사고와 메이야수의 사고가 결합되어 있다. 한편으로, 무언가가 알려지지 않고, 설명되지 않은 채 남겨져 있다. 이것은 물러나 있는 객체의 속성을 재현하는 것과 들어맞는다. 다른 한편으로, 새롭고 예상하지 못한 무언가가 이로부터 생겨난다. 과학자들은 외계 생명체들을 경험하기 위해 이 통로를 거쳐 배 안으로 들어가야 한다. 이것은 우연성의 필연성에 대한 메이야수의 주장과 잘 들어맞는다. 이러한 식으로 〈컨택트〉는 두 가지 유형의 사변적 실재론을 재현한다. 과학 소설은 그러한 순간들을 주요하게 다룰 수 있다. 그런데 대개는 규칙적이기보다는 예외적이다. 그러한 순간들이 그 자체만으로 중요해질 때, 포스트휴먼적인 삶의 방식을 위한 전략들도 생겨날 수 있다.

---

45 Brian Willems, *Shooting the Moon* (Ropley, Hants: Zero Books, 2015), pp. 96~97 참조.

14
인종과 '인간'의 한계

마크 민치-드 레온

인디언들은 돌이 완벽한 존재라고 생각했다. 왜냐하면 돌은 스스로 사회적 관계를 해결하고 다른 모든 개체, 다른 모든 종이 어떻게 살아야 하는지에 대한 방대한 지식을 갖고 있는 독립된 개체였기 때문이다. 돌은 이동성이 있었지만 사용할 필요가 없었다. 다른 모든 존재는 이동성을 가지고 있으며, 어떤 특정한 방식으로든 그것을 관계 속에서 사용할 필요가 있었다.[1]

1986년 여름, 오세아니아, 하와이 대학 이스트-웨스트 센터(East-West Center, University of Hawaii). 카나카 마올리(Kanaka Maoli) 부족 출신의 한 예술가가 학술 대회에서 신의 형상들을 조각하기 위해 사용하는 포하쿠(pōhaku)라는 큰 바위들을 어떻게 발견했는지 설명한 것을 듣고 나서—"내가 그들을 찾은 게 아니에요. 그들이 나를 찾은 거예요"—오세이지(Osage) 부족 출신의 연구자 조지 팅커(George Tinker)는 주술사가 움막 짓는 데에 필요한 바위를 모으는 일을 도와주었던 이야기를 들려준다.

---

1   Vine Deloria Jr., "Relativity, Relatedness, and Reality," in Barbara Deloria et al. (eds.), *Spirit and Reason: The Vine Deloria, Jr. Reader* (Golden, Colorado: Fulcrum Publishing, 1999), p. 34.

우리가 픽업트럭에서 내려 계곡을 따라 올라가는 동안 … 아주 멋진 바위들이 바로 내 눈에 들어오기 시작했어요. 의식에서 정기적으로 쓰던 바위들 같았죠. 이것들을 가져가면 어때요? 내가 물었어요. 그러자 주술사가 고개를 가로저으며, "아니. 그것들은 안 돼"라고 말하고는 계속 걸었어요. 우리는 계곡을 따라 쉬지 않고 올라갔어요. 나는 누가 그 모든 바위들을 트럭으로 날라야 하는지 알고 있었습니다. 마침내, 트럭에서 4분의 1 마일 이상 떨어진 곳에서 주술사는 고개를 끄덕이며 우리가 지금까지 지나쳤던 수백 개의 바위들과 다를 게 없어 보이는 어떤 바위들을 가리켰어요. "우리와 함께 가겠다고 했어", 그가 말했어요. "기도드릴 때 우리를 도와줄 거야."[2]

호통치기 좋아하는 영국의 미국학 전공 교수가 질책하듯 말한다. "그게 당신네들의 문제야. 당신들은 너무 인간 종 중심적이라고. 세상의 모든 것이 당신들과 똑같이 움직인다고 생각해." 이에 대해 팅커는 웅변조로 대꾸한다. "W. 교수님, 미안하지만 방금 그 말씀은 그냥 넘길 수가 없겠는데요. 있잖아요. 실제로 인간 종 중심적인 건 바로 당신들이에요. 당신들은 세상의 모든 것이 당신들과 다르게 움직인다고 믿으니까요".[3]

****

1550~1551년, 식민지 시대 스페인, 바야돌리드(Valladolid)의 콜레히오 드 산 그레고리오(Collegio de San Gregorio). 도미니크회 수사이자 치아파스(Chiapas)의 주교인 바르톨로메 데 라스 카사스(Bartolomé de las Casas)와 인문주의 학

---

2   George Tinker, "The Stones Shall Cry Out: Consciousness, Rocks, and Indians," *Wicazo Sa Review*, 19(2) (Fall 2004), p. 107.

3   Tinker, 같은 논문, p. 107.

자 후안 히네스 데 세풀베다(Juan Ginés de Sepúlveda)는 (일군의 과학자와 신부들과 함께) 특히 원주민의 인간성에 초점을 맞춰 아메리카 대륙의 식민화가 지닌 도덕적·신학적 함의에 대해 논쟁을 벌인다. 토론의 결과를 판정하기 위해 조직된 이른바 바야돌리드 회의에서 식견을 갖춘 학자와 재판관 들로 이루어진 위원단은 다음과 같이 묻는다. 스페인 왕권이 신대륙의 원주민들을 스페인 치하에 두고 기독교 믿음을 가르치기 위해 그들과 전쟁을 벌이는 것이 법적으로 정당한가? 스페인 왕 카를 5세(Karl V)는 이 물음에 대한 판정이 진행되는 동안 아메리카 대륙에서의 모든 군사적 팽창을 중지시킨다. 이러한 중지 조처는 라스 카사스 신부의 노력과 교황 바오로 3세(Paolo III)가 1537년에 내린 교서 「신성한 신(Sublimis Deus)」에 따른 결과이다. 이 교서는 원주민의 능력을 다음과 같이 옹호한다. "인디언들은 진정한 인간이며 … 그들은 가톨릭교를 이해할 수 있을 뿐 아니라, 또한 … 그것을 몹시 받아들이고 싶어 한다."[4]

라스 카사스와 세풀베다 모두 인디언의 타고난 인간성에 근거해서 자신들의 주장을 펼치지만, 인간으로서의 원주민의 본성과 능력, 그리고 그것의 완성을 위한 방법에 있어서는 큰 차이를 보인다. 세풀베다는 아리스토텔레스의 자연 노예 이론을 이용해 인간의 범주를 이성에 기초한 것으로 확장한 뒤, 원주민을 열정에의 예속과 이성의 손상이라는 타고난 조건으로 인해 노예제라는 외적 조건이 반드시 필요한 인간으로 묘사한다.[5] 여기서 육체적 노예화는 내면화된 노예제로부터 해방시키고 본래 불평등하지만 통일된 인류라는 목표를 향해 합리성의 이름하에 나아가는 교육적 도구가 된다. 라스 카사스의 유명한 「인디언 옹호(En defense de los indios)」도 아리스토텔레스

---

4   María Josefina Saldaña-Portillo, *Indian Given: Racial Geographies across Mexico and the United States* (Durham: Duke University Press, 2016), E46.

5   Saldaña-Portillo, 같은 책, E52.

의 이론에 기초하지만, 유럽 국가들의 잔혹성을 그들의 이성이 열등한 증거
로서 포함시킨다. 그리고 원주민들의 사회성을 "신이 정한, 모든 인간의 변
하치 않는 한결같은 이성적인 본성"이 내재된 보편적 인간성의 증거로서 제
시한다.[6] 그의 주장에 따르면, 인디언들은 다른 모든 인간들처럼 자유 의지
를 갖고 있으므로, 노예화가 아닌 설득을 통해 그들 스스로 기독교에 다가
가도록 해야 한다. 어떤 결정이 내려졌는지는 기록되어 있지 않다.

****

시공간적으로 거리가 있는 이 두 사건은 앞으로 나아가지도 멈춰 서 있지
도 않은, 역사적이지도 초역사적이지도 않은, (둘 다를 내세우고 있지만) 지리
적으로 구체적이지도 보편적이지도 않은 인종화된 인간화(racialized human-
ization)의 위력과 그 궤적을 잘 보여준다. 1986년의 오세아니아는 원주민의
인간성에 대한 물음과 이른바 아메리카 신대륙 기획(정복/식민화)을 통해 16
세기 원주민의 대서양과 연결되어 있다. 이것은 조디 버드(Jodi Byrd)가 말하
는 제국의 이동(the transit of empire) — '인디언성(Indianness)'을 경계와 생성의 매
트릭스로서 반복적으로 형상화함으로써 제국의 관계와 권력 형태를 재생산하고 확산
시키는 행위 — 의 한 예이다. 이 두 사건을 연결하는 인간화의 과정은 원주민
의 인간성과 그 확산에 대한 일관성 없는 평가를 식민지 질서를 위한 토대
로 삼는다.[7] 이러한 평가의 척도는 인간의 능력, 즉 적응을 잘하고, 변화하
고, 심지어 인간이 아닌 다른 무언가가 될 수 있는 인간성의 능력과 (좀 더)
인간적이 될 수 있는 능력 둘 다이다. 이것은 완성 가능한 인간성의 범주 내

---

6   Saldaña-Portillo, 같은 책, E56.

7   Jodi Byrd, *The Transit of Empire: Indigenous Critiques of Colonialism* (Minneapolis:
    University of Minnesota Press, 2011).

에서 인종에 따른 차별화의 표식으로 쓰인다. 그 자체로 놀랍고도 진부한 이 두 사건은 인간에 대한 새로운 계산법이 작동된 순간들이었던 것이다.

인디언성이 인간화의 요소로서 겪어온 경로를 염두에 두고 두 사건을 돌아보면 포스트휴머니즘의 이론화에 대한 새로운 시각이 열린다. 수많은 학자들이 주장했듯이, '포스트'는 시간상의 **이후**(after)보다는 인간 중심주의의 생성 조건과 약속으로의 반성적이고 비판적인 **복귀**(return)를 가리킨다.[8] 캐리 울프의 주장처럼, 그것은 인간 중심주의의 보다 폭력적인 측면을 나타내는 인간 종 중심주의와 서구 중심주의의 부정적 제약이 없는 계몽이다. 그러나 그러한 제약 없는 합리성의 결과가 무엇인지에 대한 물음을 피할 수가 없다. 보다 폭넓은 논의를 위해 울프의 정의를 계속 이어가자면, 신체화, 물질성, 분산된 인지, 환경의 상호 작용, 그리고 흔적의 오염 논리를 통해 구조적으로 열려 있는 사이버네틱 피드백 고리 같은 모델에 의한 이성의 급진적 확장은 지식 생산의 정치에 대해 의문을 제기한다. 이것은 특히 비평의 입장과 관련이 있다.

나중에 살펴보겠지만, 인간에 관한 서구의 자유주의적 개념은 규범적인 백인 주체성의 사회적 구성으로 인해 비판을 받아왔다.[9] 만약 인간이 역사적으로나 인식론적으로 백인으로 구성되었던 것이 사실이라면, 그러한 구성을 극복하거나 중단시키기 위한 시도들은 반인종주의와 반식민주의의 토대로부터 나와야 한다. 이것은 포스트휴머니즘, 혹은 그러한 기획에 깊이 연루된 이론적 입장을 지닌 다양한 담론들이 인간이라는 것의 백인성에 대

---

8 Cary Wolfe, *What is Posthumanism?* (Minneapolis: University of Minnesota Press, 2010); N. Katherine Hayles, *How We Became Posthuman: Virtual Bodies in Cybernetics, Literature, and Informatics* (Chicago: University of Chicago Press, 1999); Bruno Latour, *We Have Never Been Modern*, trans. C. Porter (Harvard: Harvard University Press, 1993).

9 Lisa Lowe, *The Intimacies of Four Continents* (Durham: Duke University Press, 2015).

해 어떤 태도를 취했는지에 의문을 제기한다. 그들은 백인 우월주의의 인종 차별적 통치에 맞서 싸웠는가, 아니면 그것에 기여했는가? 이 물음은 인간 이라는 명목이 수많은 억압당한 사람들의 삶 속에서 회복 및 포용의 기획들과 자주 맞물리는 규제적인 이상이자, 인종 차별적 질서 바깥에서의 자기 긍정의 가능성을 여는 살아 있는 임계점으로서 계속해서 결정적인 역할을 한다는 사실로 인해 더욱 복잡해진다. 대개의 경우, 인간(그리고 그 명목으로 수행되는 정치적 기획들은) 계속 선망의 대상이 된다.

접두사에 내포된 비판적 포스트휴머니즘의 방식은 대개는 인간이라는 것의 역사적 구성이 결코 당연한 것이 아님을 드러내는 식이었다. 그러나 서구의 인식론과 성향에서 역사가 기본 구성 요소임을 감안할 때, 역사성을 해결책으로 삼는 것은 중대한 문제를 야기한다. 역사는 특히 서구 백인의 (특별한 표식이 없는) 주체와 역사의 바깥에 위치한 인종 및 문화에 따라 표식이 붙는 타자들의 시간적 구분에 이용되어 왔다. 따라서 그러한 세계의 차등적 배치의 결과를 일소하고 나아가 그러한 배치로부터 이제까지 배제된 자들을 포함시키기 위해 역사에 의존하는 것은 마크 니캐니언(Marc Nichanian) 이 데이비드 커잔지언(David Kazanjian)과의 대화에서 말했던 것처럼 사형 집행인의 논리에 의존하는 것과 흡사하다.[10] 미완의 자기 교정 프로젝트를 체제 내부로부터 나온 인간화된 인종 체제와의 싸움에 사용할 수 있는 유일한 도구 또는 최상의 도구로서 삼는 것은 비판적 인종 이론가들이 말하는 서구(혹은 서구 백인 주체)의 자기 반영성의 반복이다. 그렇게 위치를 설정함으로써 서구는 계속해서 스스로를 정의하고 무엇을 말할 수 있는지를 제한하는 것이다.[11]

---

10 Marc Nichanian and David Kazanjian, "Between Genocide and Catastrophe," in David Eng and David Kazanjian(eds.), *Loss: The Politics of Mourning* (Berkeley: University of California Press, 2003), p. 127.

그렇다면 포스트휴머니즘의 '포스트'는 원주민성을 역사적으로 늘 곤경에 빠트렸던 기획, 즉 예외적인 존재로 상정된(그리고 백인과 유럽인으로 보편화된) 인간의 해체를 통해 계몽의 성취를 추구하는 성찰적 비평 방식의 장려와 티파니 레사보 킹(Tiffany Lethabo King)이 외적 압력이라고 부르는 것 사이의 딜레마를 나타내는 것처럼 보인다. 킹은 외적 압력에 대해 " '포스트휴머니즘적인' 시도들을 노골적으로 거부하거나 '의심의 해석학'으로 바라보는 저항의 형식인 '비식민지적 거부'와 '폐지론적 회의주의'[에서 분명히 나타나는] 종류의 압력"이라고 구체적으로 설명한다. 이러한 압력은 "대륙의 이론에서 반복되는 인간에 대한 폭력의 문제에 진정으로 맞서기 위해" 필요하다.[12] 이러한 관점에서 볼 때, 포스트휴머니즘이 백인성에 깊이 천착해 있는 것에 대한 진지한 검토가 필요하다. 그 이유는 포스트휴머니즘 기획의 가능성을 판단하기 위해서가 아니라, 급진적인 비식민적·폐지론적 가능성을 지니고 있지만, 현질서하에서 인간에 대한 원주민, 반인종주의, 그리고 반식민주의적인 구상들이 너무 쉽게 차용되고, 교화되고, 순화된 채 축소되거나 암암리에 이용되는 것을 문제시하기 위해서이다. 이것은 그러한 구상들을 비판적 사고의 기획을 진전시키기 위한 관점으로 포함시키기 위해서가 아니라, 버드의 말대로, 어떻게 그것들이 "의미화의 세계를 멈추고 대량 학살에 의한 박탈을 통해 얻어진 자유, 평등, 그리고 환희의 현장에서 주체를 생산하

---

11 Denise Ferreira da Silva, *Toward a Global Idea of Race* (Minneapolis: University of Minnesota Press, 2007); Andrea Smith, "Native Studies at the Horizon of Death: Theorizing Ethnographic Entrapment and Settler Self-Reflexivity," in Audra Simpson and Andrea Smith(eds.), *Theorizing Native Studies* (Durham: Duke University Press, 2014); David Lloyd, *Under Representation: The Racial Regime of Aesthetics* (New York: Fordham University Press, 2019); Lowe, *The Intimacies of Four Continents* 참조.
12 Tiffany Lethabo King, "Humans Involved: Lurking in the Lines of Posthumanist Flight," *Critical Ethnic Studies*, 3(1) (Spring 2017), pp. 164~165.

는 계몽의 체계에 내부로부터 끊임없이 저항할 수 있는지" 보여주기 위해서이다.[13]

앞에서 소개한 두 사건을 다시 다루려는 것은 단지 백인성의 폭력적인 생산과 전파에 대한 서구의 자유주의적 인간 중심주의의 과오의 역사에서 그 사건들이 지니는 중요성(혹은 중요하지 않음)을 이해하기 위해서만은 아니다. 각각의 사건이 마주한 중지(suspension)의 순간들, 즉 원주민의 인간성 앞에서의 식민지 기획의 중지와 '인간 종 중심주의'라는 용어의 역전을 통한 의미의 중지 속에 머물기 위해서이기도 하다. 그럼으로써 '포스트' 속에서 시간적인 이후의 추구나 이전으로의 반성적 복귀가 아니라, 인간화라는 서구 식민지 기획을 멈추는 중지의 정치학을 발견하고자 한다.

14.1 인종화로서의 인간화

바야돌리드 논쟁이 진행되는 동안 중지되었던 것은 전쟁의 식민지 메커니즘뿐 아니라 또한 인간에 관한 특정 개념이었다. 스페인인들이 그들의 기독교 중심적인 상식으로부터 너무나 동떨어진 하나의 세계와 맞닥뜨리게 된 것은 그때가 처음이었다. 그 충격은 그들의 신학 세계와 자연 세계로부터 인간을 뿌리째 흔들어놓을 만큼 컸다. 원주민들이 복음을 전혀 들어본 적이 없다는 바로 그 사실은 그들이 무슬림이나 유대인 들과 달리 교회의 적으로 간주될 수 없음을 의미했다. 원주민들은 "오랫동안 인간을 규정하고 구분 지었던 믿음의 역사 바깥의 독특한 범주로 존재했다 ··· 만약 인간의

---

13 Jodi Byrd, "Still Waiting for the 'Post' to Arrive: Elizabeth Cook-Lynn and the Imponderables of American Indian Postcoloniality," *Wicazo Sa Review*, 31(1), Special Issue: Essentializing (Spring 2016), p. 78.

단합이 반드시 그리스도를 통해 확립되는 것이라면, 그리스도를 전혀 모르는 인간들의 지위는 무엇일까?"[14] 실비아 윈터는 이러한 불확실성의 순간으로부터 인간의 세속화와 인종화된 근대 국가의 탄생을 위한 조건들이 생겨났다고 주장한다. 이러한 '탈-신화(de-godding)'는 원주민과 다른 존재들과의 상관관계, 나아가 그들의 사회 정치적 조직 및 권력과의 관계의 비합법화를 통해 제국주의 국가를 세속적 인간의 자연스러운 확장으로 확립시켰다. 이러한 의미에서 국가의 정치적 형성은 집단 학살 그 이상의 어떤 것일 수 없었다. 이것은 '인디언을 죽이고, 인간을 구하라' 같은 나중에 등장한 정착민 식민지의 후렴구에서도 그대로 반복된다.

이와 동시에 원주민의 사회성은 보편적 인간 이성의 능력과 그 가능성을 나타낸다. "원주민과의 이러한 법적인 만남은 모든 인류를 해석하는 데 필요한 새로운 용어들을 엄청나게 만들어냈다. 그것들을 비평적 시선으로 살펴봄으로써 우리는 인간의 한가운데에 있는 인디언의 부재/존재를 하나씩 알아간다."[15] 마리아 조세피나 살다나 포틸로(María Josefina Saldaña-Portillo)는 원주민과의 만남으로 인한 이러한 유럽적 인간 개념의 와해가 어떻게 타자들의 인간성에 관한 바야돌리드 회의 같은 자기 반성적 논쟁을 통해 유럽적 주체의 재인간화로 발전했는지 잘 보여준다. 합리성에 기초한 고전적인 인간 개념과 보편적 신의 은총에 관한 중세적 개념이 결합된 바야돌리드 논쟁은 결과적으로 유럽적 이성을 세속적 인간의 관리를 위한 능력의 잣대로 선언하고, 동시에 그 능력을 인간 형상을 중심으로 조직된 중앙 집권적 권력 형태에 종속시키는 계기가 되었다. 성품이 온화하고 유순하며, 기독교를 받아들일 준비가 되어 있고, 사회성에 의해 입증된 원주민의 인간성은 인간적인 식민지화의 윤리를 옹호하는 데 사용되고, 이 과정에서 교회의 목표와

---

14 Saldaña-Portillo, *Indian Given*, E51, E54.
15 Saldaña-Portillo, 같은 책, E45.

제국주의 국가의 목표가 결합된다.

이러한 결합의 이면은 국가 폭력과 기독교의 양립이 가능하게 되었다는 점이다. 인간을 윤리적이며 법적인 기획으로 형상화한 결과 이성은 복음 전도와 제국주의를 짝지어주는 기반이 되고, 담론을 통해 형성된다. 소위 단단하고 부드러운 여러 다양한 형태의 지식 생산과 '논쟁'이 식민지화에 대한 온정적이고 이성적인 접근을 돕는 수단이 되었던 것이다. 그리고 그것을 통해 국가는 인간 이성의 명목으로 폭력을 독점했다. 다시 말해서, 원주민의 노예화를 옹호하건, 기독교 전도를 통한 원주민의 관리를 옹호하건, 그 결과는 같았다. 그것은 그들을 구원 또는 처분 대상으로 만들었던 인간화의 과정을 통한 종속과 박탈이었다. 구원이냐 처분이냐의 여부는 식민지적 박탈에 그들이 어떻게 응하는지에 달렸다.

윈터에 따르면, 이로써 합리적 완전성의 정도에 따라 인간을 나누는 인종체제가 도입되었다.[16] 삶과 죽음의 상징적 질서는 선과 악의 신학적 질서로 바뀌고, 이성과 관능, 합리성과 비합리성을 나누는 근거가 되었다. 이들은 존재론의 경쟁에 기초한 인간에 관한 서로 다른 설명적 진술들이다. 그런데도 그리스도의 양들을 결합하기 위한 '구원의 계획'은 새로운 '진실 적응(truth-for adaptive)' 진술을 통해 정치적 용어들로 번역되고, 인종적 차이를 윤리적 차이와 상징적으로 관련지으며, 궁극적으로는, 생명의 가치를 구분 짓는 합리성의 차이를 중심으로 '국가의 목표'가 체계화된다.[17] 이것은 과다표상, 즉 대문자 '인간(Man)'을 보편적 인간으로 상정하는 기독교-유럽의 세속적 개념화로 발전한다. 이제는 그것이 새로운 상식이 된다. 그로부터 시작된 담론-

---

16 Sylvia Wynter, "Unsettling the Coloniality of Being/Power/Truth/Freedom: Towards the Human, After Man, Its Overrepresentation - An Argument," *The New Centennial Review*, 3(3) (2003), pp. 257~337.

17 Wynter, 같은 논문, p. 288.

물질적 기획은 "식민지 문제, 비백인/토착민 문제, 니그로 문제"로 이루어진 인종 담론의 토대가 된다.[18]

인간화가 인종 차별적 기획으로서 행사하는 폭력에 대한 보다 설득력 있는 설명 중 하나는 사고의 한계를 특징짓는 아포리아로서의 '노예의 인간성'에 관한 재키야 이만 잭슨의 분석이다. 토니 모리슨(Toni Morrison)의 『빌러비드(Beloved)』에 관한 글에서 잭슨은 인간의 노예화를 정당화하고 해방된 흑인의 여생에까지 계속 이어지는 인간-동물 관계에 주목한다.[19] 잭슨의 글이 강조하는 점은 노예화된 흑인의 신체가 비인간화되기보다는 특정한 방식으로 인간화된다는 것이다. 즉, 이러한 생명 정치적이면서 존재론적인 재배치/교란에서 흑인의 신체와 정신은 물론 가축들과의 관계도 변화한다. "노예화의 과정은 노예의 인간성을 부정하기보다는 비천한 것으로 취급하고 범죄화한다."[20] 잭슨의 주장에 따르면, 형태와 인격 모두에서의 인간의 한계에 대한 이러한 실험적이고 잔인한 계산법은 인간 중심주의의 제국주의적·식민주의적·인종주의적 기획에 의한 인간의 가소화(可塑化)를 가리킨다. 그리고 일반적으로 비인간화(dehumanizing)를 작동시키는 힘으로 인식되어 온 장부 시스템과 비교 해부학 분야와 같은 테크놀로지들은 인종화와 동물화를 흑인성을 통해 한계를 확장하고 변형시키는 인간화의 두 상호 보완적인 과정으로 결합하는 데 기여한다.

이러한 한계의 확장은 모리슨의 소설에 등장하는 폴 D(Paul D)의 입에 물린 재갈을 통해 효과적이면서 노골적으로 제시된다. 폴 D의 설정은 인간-동물 관계를 인종화·동물화·성적 대상화, 그리고 그 때문에 인간화된 용어

---

18 Wynter, 같은 논문, p. 288.

19 Zakiyyah Iman Jackson, "Losing Manhood: Animality and Plasticity in the (Neo)Slave Narrative," *qui parle*, 25(1-2) (Fall/Winter 2016), pp. 95~136.

20 Jackson, 같은 논문, p. 96.

로 흐트러뜨린다. 입에 물린 재갈이 지속적으로 불러일으키는 '야생성'은 마치 비천함의 증인처럼 폴 D의 남성성을 계속 따라다니는 수탉 미스터의 멸시하는 듯한 인간화된 시선에서 그대로 드러난다. 이러한 인간화되고 동물화된 시선의 불안정한 대조를 통해 잭슨은 어떻게 노예제가 인간의 한계를 폭력적으로 시험하는 실질적인 실험이었는지를 보여준다. 그녀는 이렇게 설명한다.

> 노예화된 자들은 그들의 인간성과 관련해 인간 그 이하이면서 동시에 인간을 초월하는, 무한히 가변적인 어휘이자 생물학적인 물질처럼 기능했다. 교대로 또는 연쇄적으로 나타나는 (오)인식의 별개 양식처럼 보이는 것들은 — 하위(sub) 인간화/초(super)인간화, 동물화/인간화, 결핍/과다 — 사실 노예는 동시에 모든 차원이어야 한다는, 즉 겉으로는 불연속적이고 양립 불가능해 보이는 것들의 동시적 실현이어야 한다는, 인종 차별적 요구의 다양한 양상들이다.[21]

이에 대한 잭슨의 대응은 동물성과의 가소적인 관계로서 제시된 '노예의 인간성'의 아포리아에 초점을 맞춰, 동시에 모든 것이어야 한다는 인간화의 요구를 중지시키는 것이다.

비인간화 비판을 통해 인간과 동물의 구분을 오히려 강화하는 대신, 잭슨은 인간과 동물 모두에게 가해지는 제국주의와 노예제의 폭력을 재고하고, 이를 위해 그들이 서로를 배척하고, 그 결과 서로 비천하게 관계 맺도록 만드는 존재론적 조건에 주목할 것을 요청한다. 이것은 인종화된 언어와 관련해서 멜 Y. 첸이 펼치는 주장이기도 하다. 가장 덜 자유로운 존재부터 가장 자유로운 존재에 이르기까지, 서구의 자유 이론에서 공식화된 '존재의 대사

---

21 Jackson, 같은 논문, p. 98.

슬'을 따라 조직된 언어적 생명성의 범주로부터 비인간화라는 모순적인 현상이 출현한다.[22] 첸에 따르면, 상대를 대상화하고 동물화하는 인종적·젠더적·성적 비방은 인간성을 먼저 확정하고 난 뒤에 덜 자유롭다고 여겨지는 다른 것들과 범주를 합친다. 존재들을 이동성, 감각 능력, 생기, 그리고 자율성과 같은 특정 규범에 따라 체계화하고 평가하는 서구의 생명 논리에 유의하지 않고서 대상화하고 비인간화하는 언어를 비판하면 결국에는 그러한 논리를 강화시키게 된다. 이러한 의미에서 인간화와 노예 인간성의 아포리아적 특성에 관한 잭슨의 분석은 그러한 비판적 충동을 늦추고, 노예제가 신체의 인종화된 가소화를 통해 종 횡단적인 식민지적 상관관계에 끼친 결과를 도출하는 효과가 있다. 그리고 또한 존재론적 관계를 흑인 인류의 관점에서 재구상하는 것이 가능해진다.

알렉산더 웨헬리예 역시 흑인 및 다른 비서구 인류에 입각해서 존재론적 관계를 재구상할 것을 주장한다. 인종 차별적 집합의 산물이라고 할 수 있는 생명 정치에 대한 비판 — 식민주의적인 인종화된 인간 배치를 논의에 포함시키지 않은 데 대한 비판 — 과 흑인 연구 내 인간에 대한 집중적 분석에서 웨헬리예는 포로수용소와 강제 수용소, 식민지 전초 기지, 그리고 대농장 같은 극단적인 조건하에서 생성되는 기호-물질적 관계의 재평가를 요청한다.[23] 이러한 상황에서 인종에 따른 위계화를 통해 야기되는 인간의 굴절에 관한 원터의 도식〔인간(human), 완전히-인간은-아닌(not-quite-human), 비인간(nonhuman)〕에 초점을 맞추고서, 그는 인간의 한계에서의/로서의 다양한 형태의 인종화된 벌거벗은 생명의 차별적이며 관계적인 생산을 강조한다. 즉, 인간성의

---

22 Mel Y. Chen, *Animacies: Biopolitics, Racial Mattering, and Queer Affect* (Durham: Duke University Press, 2012), pp. 37~38.

23 Alexander G. Weheliye, *Habeas Viscus: Racializing Assemblages, Biopolitics, and Black Feminist Theories of the Human* (Durham: Duke University Press, 2014), p. 37.

인종화와 그것의 다양한 초기 관점들을 근대 정치와 사상의 '악마적인 토대'라고 역설한다. 또한 프란츠 파농(Frantz Fanon)에 관한 윈터의 해석을 근거로, 사회적 요인에 의해 발생하는 인간의 조건들, 즉 "담론, 언어, 문화 등으로 이루어진 상징계"가 순전히 생물학적 이유 때문에 생략된 것을 바로잡고자 한다.[24] 웨헬리예에 따르면, 논의의 초점은 폭력의 물질적 역사와 그 폭력이 가해지는 신체들에 맞춰 의미와 담론을 재설정하는 데에 두어야 한다. 그러한 물질적 역사가 근대 질서를 계속 좌우하다시피 해서, 인간의 인종화를 중심으로 지식 생산의 정치를 재구성할 필요가 있다. 서구의 자유주의 휴머니즘이 배치의 인종화를 조장하는 동시에 그것을 이용해 통제하는 점을 강조하면서, 웨헬리예는 인종을 한 가지 유형의 인간, 즉 해체되고 폐지될 필요가 있는 대문자 인간(Man)을 보편하기 위한 마스터 코드로 규정한다.

웨헬리예에 따르면, 인종화로서의 인간화는 육체의 형태로의 사회 정치적 문법-물질의 생산을 통해 작동한다. 그리고 육체는 이러한 재구성의 지점, 재료, 그리고 산물로서 역할을 한다. 호텐스 스필러스가 제시한 (법적 인격의 소유로서의) 신체(body)와 〔사회성은 영(零)인데 "쇠, 채찍, 사슬, 칼, 순찰견, 총알의 계산된 작업"에 의한 산출은 과다인〕 육체(flesh)의 구분에 근거해, 웨헬리예는 자기 소유적인 신체가 만들어지는 그러한 육체적·관계적 물질의 복잡한 생산과 영향력을 설명한다.[25] 이에 따르면, 폭력은 "육체라고 하는 상형 문자"의 형태로 계속해서 살아남는다.[26] 어떤 의미에서는 말 그대로 찢어진 상처가, 다른 어떤 의미에서는 물질화된 의미가, '해방되어' 노예제의 여생 동안 그 폭력적 조건들을 잊고, 숨기고, 혹은 표현하고 싶어 하는 기호-물질의 신체를 부여받은 후세의 흑인 주체들에게 전해진다. 육체는 폭력을 유연하

---

24 Weheliye, 같은 책, p. 25.
25 Weheliye, 같은 책, p. 39에서 재인용.
26 Weheliye, 같은 책, p. 40.

고 변하기 쉬운 재료로 나타내는 특정한 모양, 이미지, 또는 형태를 통해 작용한다는 점에서 기호적이다. 그 재료는 구별의 시각-생물학적 공간에 기초한 진리 담론으로 전이되고 — 폭력의 상처를 전달함으로써 — 일종의 문화적 물질을 생산한다. 인종의 시각적 분석은 육체의 상형 문자에 의해 보강되어 신체로 통합된다. 그것은 차등 생리학에 관한 사회적 다원주의 주장들의 표면적 표현이자 시각적 은폐의 역할을 한다. 그러한 시각-담론적 매듭은 사회적 요인에 의해 발생한 것들이 당연한 것처럼 인식되는 생리학 안으로 눈에 보이지 않게 고착화되는 (그리고 사라져버리는) 지점을 나타낸다. 그리고 그 결과 인종적으로 굴절된 인간성에 관한 단일한 설명이 만들어진다.

웨헬리예에 따르면, 이 매듭을 풀기 위해서는 인간의 범주로 포함시키거나 인간 중심주의를 폐지하는 것으로는 안 된다. 그보다는 인간 중심주의의 악마적 근거인 인간의 말살된 유형들의 베일을 벗기고, 또한 감추어진 기호-물질의 표현 및 "생물학과 문화 피드백 루프의 교차점에서 새로운 지식의 대상을 구성하고 인간의 재창조에 착수할, 대문자 인간의 세계 안팎에 숨겨진 경계(liminal) 공간"[27]을 만드는 과정 둘 다에 주의를 기울여야 한다. 자기 생성의 한 형태인 이 과정은 육체를 동원해서 대문자 인간을 손상시킨다. 그렇다면 육체는 인종화된 폭력을 통해 생산되는 과잉일 뿐 아니라 또한 "인간성의 또 다른 실체화"[28]이기도 하다. 하지만 웨헬리예가 제시하는 육체 개념의 상태와 위상은 여러 가지 의문을 낳는다.

그의 가시성 정치에서 문제가 되는 것은 담론과 이론의 두 단계에서 탈자연화(denaturalization)가 지니는 비판 이론으로서의 위상이다. 웨헬리예에 따르면, 인종은 그것이 사회적 구성물이라는 점에 대한 고려 없이 생명 정치의 사실상의 역사적 기원으로 당연시될 뿐 아니라, 또한 담론의 자연화이

---

27 Weheliye, 같은 책, p. 25.
28 Weheliye, 같은 책, p. 43.

자, 그것을 통해 순수 생리학으로 오인되는 인식되지 않은 이데올로기적 장치의 자연화를 나타내기도 한다.[29] 그렇다면 눈에 보이지 않고 단단히 고정된 인종 구성의 베일을 벗기고 그것을 탈자연화하는 것이야말로 중요한 과제일 테다. 하지만 그는 곧바로 자신의 분석은 "인종의 범주화를 단순한 이데올로기적 강요로서 간주하는 것"보다는, "신체, 힘, 속도, 강도, 제도, 이익, 이데올로기, 그리고 욕망"[30]의 연결망에 관심이 있다고 강조한다. 이것은 그가 "살아 있고, 말하고, 생각하고, 느끼고, 그리고 상상하는 육체를 대문자 인간의 세계를 유지시키는 에테르이면서 동시에 이 세계의 종언을 위한 가능성의 조건을 형성하는 것"[31]으로 범주화할 때 가장 분명하게 드러난다. 이 내재적인 생명력은 인간 행위성의 산물이면서 동시에 겉으로는 비인간적이고(inhuman) (심지어 파괴적인) 그만의 행위성을 띤다. 웨헬리예는 이러한 두 가지 모순된 입장을 요구하는 것처럼 보인다.

한편으로 웨헬리예는 보편화된 지방, 즉 폐쇄적이고 자기 반영적인 서구의 비판적 사고의 중지를 요청한다. 아킬레 음벰베에 이어, 그는 '파리주의(Parisianism)'에서 벗어날 것을 촉구한다. "아마도 푸코의 해외 본국 영토에 작별을 고할 때가 된 것 같다."[32] 다른 한편으로, 그는 "인간 과학을 개조"해 "인간에 대한 근대적 주문(呪文)의 식민지 및 인종주의 역사의 **통합**(incorporation)을 통해 대문자 인간을 변형시키고", 그에 따라 "인간을 연구 대상의 중심에 놓고서 모든 굴절된 형태의 자연화와 맞서 싸울 것"을 분명하게 요구한다.[33] 인간의 다양한 형상에 대한 사회 과학 담론의 확장과 확산을 통해 인정받지 못한 생명 정치의 역사들을 제도적으로 연구할 것을 요청하는 것

---

29 Weheliye, 같은 책, p. 57.
30 Weheliye, 같은 책, p. 12.
31 Weheliye, 같은 책, p. 40.
32 Weheliye, 같은 책, p. 63.
33 Weheliye, 같은 책, p. 19, p. 21. 강조는 인용자.

이다. 이것은 대문자 인간 만들기의 감추어진 폭력적 조건들을 드러내어 그 대문자 인간을 분쇄하고, 그럼으로써 인간을 다르게 상상하기 위함이다.

웨헬리예는 자연화된 형식들의 지속적인 탈소외(disalienation)를 통해 해방을 추구하는 변증법적 입장을 표방한다. 그러나 조디 버드, 데이비드 로이드(David Lloyd), 그리고 크리스토퍼 브레이큰(Christopher Bracken) 같은 학자들이 보여주듯이, 그러한 탈소외 개념은 인간의 사회적 기원에 관한 비판적 서사에서 출발해 (자연을 외계적인 힘으로 간주하는) 원시주의의 형상들을 상정하는데 그것은 명백하게 잘못되었다(어떤 원주민의 인식론에도 자연의 개념은 포함되어 있지 않다 — 그것은 전적으로 서구가 만든 허구이다).[34] 그렇다면, 그것은 비판에 어떤 의미가 있는가? 생명력과 담론을 드러내고 확산해 자연화와 싸우는 데 몰두하는 비판의 방식에 의존하다 보면 다른 식으로 생명 정치의 덫에 빠지고, 너무 쉽게 흡수될 수 있는 새로운 형태의 가치를 생산할 위험이 있는 것은 아닌가? 즉, 웨헬리예가 제안하는 거부의 요청이 권리를 박탈당한 사람들에 관한 더 많은 지식을 생산하기 위한 방법론적 권고로서 자연과 사회/문화, 죽음과 삶을 계속해서 대립시키는 비판 이론의 방식을 취하고 있다면, 심지어 그러한 구분을 피하자고 하면서 계속 취하고 있다면, 그의 요청을 어떻게 읽어야 하는가? 변증법적인 기호-물질의 움직임을 비판적인 작업으로서 추구하기보다는, 만약 웨헬리예가 육체의 개념화를 이용해 분석한 인간의 비인간적(inhuman) 조건, 인간화 과정의 과잉과 그것의 하부 구조, 그리고 인간화 기획과 지식 생산의 담론적 요구의 모순이 중지되는 지점에 좀 더 중점을 두면 어떨까? 잭슨의 설명처럼, 모든 차원에 있기 위해 그러한 요구를 중단하면 어떨까? 이렇게 하면 탈생기주의(a-vitalism)의 한 방식, 심지어는 방법론적이고 공식화된 거부로서의 반비판(anti-critique)에

---

34 Byrd, *Transit*; Lloyd, *Under Representation*; Christopher Bracken, *Magical Criticism: The Recourse of Savage Philosophy* (Chicago: University of Chicago Press, 2007).

입각한 원주민 비인간성(inhumanity)과의 대화가 열릴 수도 있다.

14.2 원주민 비인간성을 향해: 열린 결론을 위한 단상

팅커가 바위 고르기에 관한 이야기를 회상하면서 썼던 재치 있는 표현으로 돌아가보면, 그것은 담론의 반생산으로 읽힐 수 있다. 그러나 그렇게 읽으려면 해결을 향한 합리적 논쟁의 순간으로 그 사건을 분석하지 않는 것이 필요하다. '인간 종 중심주의'의 역전된 의미에 따른 대조적인 이야기 구조 속에서 초기 식민지 담론에 의해 기호화되었던 과거의 고귀한/난폭한 야만인 이분법의 동요가 한편으로는 미국학 연구자의 진술을 통해 다시 고개를 쳐드는 게 보인다. 그것은 또한 팅커의 반박 속에서 명백하게 드러나고 그것에 의해 순간적으로 멈춰진다. 더 많은 지식을 제공하는 적극적인 진술이기보다는, 중지를 귀담아들을 줄 아는 사람에게 팅커의 역전(逆轉)은 대화를 방해하는 행위로 들릴 수 있다. 수사학적 구성이 역전, 통약 불가능성, 그리고 거부의 전략에 합류한 결과이다. 그것은 인간과 다른 존재들 사이에서의 원주민적인 상호 관계성의 증거이자, 인종화된 식민 체제의 인간화 기획이 그러한 관계들을 엉망으로 만든 데 대한 방증이다. 그것은 또한 구제해야 할 병리적 대상으로 간주되어 인간으로부터 분리된, 이동하는 인디언성(性)이 형상화하는 식민주의적 과잉으로서의 원주민성을 향한 다면적 욕망의 표시이기도 하다.

인간 종 중심주의의 양면성을 통합하거나 분리하지 않고 놓아두면 팅커의 이야기는 존재론이나 인식론적으로 바뀌지 않고 ─ 이 장의 제사(題辭)에서 델로리아(Vine Deloria Jr.)가 설명한 스스로 사회적 관계를 해결하는 돌들처럼 ─ 반사회적인 것이 된다. 팅커는 그의 글의 후반부에서 바위를 생명과 감각이 없는 지질학적 물질로 맨 밑바닥에 두는 서구의 신학적·세속적 인간 중심주의의 '존재의 대사슬'을 뒤집는다. 그 대신 그는 바위를 인간들이 열망해야 하는 존재들 중에 가장 지혜롭고 가장 오래된 것으로서 맨 꼭대기에 둔다. 바위는 움직이지 않기를 택하며 누구와 소통할지 그만의 방식으로 결정한다. 그리고 모든 바위들이 살아 있는 것은 아니다. 이러한 생각들은 식민지 전략으로서 원주민의 사회성을 강조하고, 생명력을 탈자연화부터 다양한 신유물론에 이르기까지 비평 방식들을 관통하는 요소로 앞세우는 것에 이의를 제기한다.

지면 제약 때문에, 팅커의 이야기로부터 나온 원주민 비인간성의 주요 특성과 개념 들을 대략적으로 설명하고, 그것에 기여한 주요 학자들 중 일부만을 소개해 보겠다. 앞서 언급했듯이, 조디 버드는 인디언성을 식민지적/제국주의적 매트릭스로서, 그리고 동시에 자기 반영성을 가능케 하는 '주름(crease)' 또는 경계로 작용하는 비평적 움직임으로서 형상화하는 지적·물질적 생산을 추적한다. [35] 이러한 형상화를 가능하게 하는 것은 킴 톨베어와 마리솔 데 라 카데나(Marisol de la Cadena)가 설명하듯이, 원주민의 사회 정치적 상호 관계들을 터무니없거나 혹은 기껏해야 믿음의 문제로 간주하는 인종화된 인간화이다. [36] 이러한 상호 관계들은 변화하고 있는 인디언성의 문제를 낳는다. 또한 디언 밀리언(Dian Million)의 설명처럼 원주민의 사회성을 병리적이면서 구제적인 것으로 만들기도 한다. 생명 사회성(biosociality)에 관

---

35 위에 인용된 크리스토퍼 브레이큰, 데니스 페레이라 다 실바(Denise Ferreira da Silva), 데이비드 로이드와 세베린 파울(Severin Fowles) 같은 학자들이 이 입장을 지지한다. Severin Fowles, "The Perfect Subject (Postcolonial Object Studies)," *Journal of Material Culture*, 21(2016), pp. 9~27.

36 Kim Tallbear, "Beyond the Life/Not-Life Binary: A Feminist-Indigenous Reading of Cryopreservation, Interspecies Thinking, and the New Materialisms," in Joanna Radin and Emma Kowal(eds.), *Cryopolitics: Frozen Life in a Melting World* (Cambridge: MIT Press, 2017), pp. 179~202; Marisol de la Cadena, "Indigenous Cosmopolitics in the Andes: Conceptual Reflections beyond 'Politics'," *Cultural Anthropology*, 25(2) (2010), pp. 334~370.

한 논의에서 밀리언은 어떻게 원주민의 사회성이 트라우마와 치료 담론을 통해 여과되는지, 그리고 어떻게 생명 정치가 토착민의 영적·사회적 삶의 통치를 통해 영적 영역으로 확장되고 치유를 통한 인간 중심주의 국가와의 화해로 나아가는지 보여준다.[37] 그리고 끝으로, 엘리자베스 포비넬리는 서구의 인식론적·비평적 기획의 기저에는 단지 삶과 죽음의 관계뿐 아니라 생명(Life)과 비생명(Nonlife)의 관계, 즉 존재의 형태에 따라 생명(비오스와 조에) 여부를 판정하는 "생명존재론적 공유지(biontological enclosure)"의 통치에 혈안이 된 권력의 형태가 있음을 명확하게 밝힌다.[38]

이러한 연구들은 원주민의 비인간성으로부터 출발해 생기론적 지식 생산과 비평을 거부하는 하나의 방법론을 예고한다. 킴 톨베어가 설명하듯이, 삶과 죽음의 구분을 넘어서면 비서구의 입장과 존재 방식을 중심에 놓고 포스트휴머니즘 담론들과 새롭게 대화를 나눌 수 있는 가능성이 열린다. 그리고 또한 인종의 개념을 인간 속성을 넘어, 인간화를 통해 만들어지고 집행된 서구의 신학적·세속적 생기론 바깥의 세계들의 중지와 파괴로까지 확대할 수 있다. 그렇게 되면 이러한 질문이 가능해진다. 비생기론적이며 반식민주의적인 시도는 인간화 과정의 바깥 그리고 그 과정의 반대편에서 과연 어떤 모습을 띠게 될까?

---

37 Dian Million, *Therapeutic Nations: Healing in an Age of Indigenous Human Rights* (Tucson: University of Arizona Press, 2014).

38 Elizabeth A. Povinelli, *Geontologies: A Requiem to Late Liberalism* (Durham: Duke University Press, 2016), p. 5.

15
사변 소설

셰릴 빈트

주류 문화에서 포스트휴먼이라는 용어는 대개 사변 소설(speculative fiction,
sf(저자는 사변 소설을 과학 소설의 동의어나 대체어로 사용한다. 본문에 약어 sf로 표
기된 것은 모두 사변 소설로 통일한다.— 옮긴이)) 속의 어떤 이미지를 떠올리게
한다. 그것은 인간들에게 새로운 형태와 능력을 부여하는 유전자 변형을 통
해 신체화가 완벽하게 실현되는 미래라든가, 혹은 우리가 신체 상태에서 완
전히 벗어나 정신이 네트워크에 업로드되는 데이터의 속도로 살고, 우리의
환경을 마음대로 구성하게 되는 미래들이다.[1] 반면에 제일 먼저 머리에 떠
오르는 것이 이 책에서 논의된 생각들과 맥을 같이하는 포스트휴먼의 이미
지들일 가능성은 적다. 그러한 생각들을 꼽자면, 스테이시 앨러이모가 이론
화한 횡단-신체성에 따라 환경과 끊임없이 상호 교환하는 개인들,[2] 혹은 '생
명 그 자체'에 관한 과학적 이론화가 보여주듯이, 인간의 신체가 비인간 미
생물로 대부분 구성되어 있다고 보는 시각,[3] 혹은 N. 캐서린 헤일스가 주장

---

1   이러한 관점의 포스트휴먼에 관한 좀 더 상세한 논의는 6장 참조.
2   Stacy Alaimo, *Bodily Natures: Science, Environment, and the Material Self* (Blooming-
    ton: Indiana University Press, 2010). 또한 12장 참조.
3   좀 더 상세한 논의는 8장 참조.

하듯이, 인간의 인지는 대부분 비의식적이며 기계적인 자동화와 다르기보다는 더 비슷하다는 의외의 사실 등이다.[4] 베로니카 홀린저가 포스트휴머니즘 사상의 출현에 관한 역사적 개관에서 주장하는 것처럼, 사변 소설은 앨러이모, 로지 브라이도티, 도나 해러웨이, 헤일스, 콜린 밀번, 이사벨 스탕제(Isabelle Stengers), 그리고 스티븐 샤비로와 같은 포스트휴머니즘 및 관련 분야의 많은 탁월한 이론가들이 적극적으로 활용했던 중요한 아카이브이다.[5]

그러나 사변 소설은 단지 포스트휴머니즘 사상의 자원일 뿐 아니라, 토머스 포스터가 『사이버 민중의 영혼(The Souls of Cyberfolk)』에서 주장하듯이 그 자체가 대중적 이론화의 공간이기도 하다.[6] 포스터는 인간과 기계의 융합으로 인한 신체 변형의 사이버펑크적 이미지들에 한정해서 이러한 주장을 펼친다. 그러나 그의 설명은 사변 소설이 여러 갈래의 포스트휴머니즘적인 생각의 중심이 되는 지적 물음들을 오랫동안 탐구해 온 보다 다양한 방식의 특징들을 살피는 데 유용하다. 사변 소설이라는 장르는 다른 방식으로 만들어진 세계에 대한 구체적인 상상과 미묘한 시각 들, 인간 중심주의적 사고방식의 기본 전제들을 수정하고 다시 쓸 수 있는 사회를 그려낸다. 즉, 포스트휴머니즘이 이론화한 새로운 종류의 주체와 윤리에 관한 구체적인 예시를 서사적 허구를 통해 제공한다. 사변 소설의 배경이 되는 창조된 세계는 포스트휴머니즘적인 생각의 제안들을 통해 사고하고 그것들을 복합적으로 제시한다. 그리고 규범적인 젠더 개념들, 무엇이 주체성과 행위성을 구성하는가에 대한 관념들, 공동체와 가족이 조직되는 방식에서의 한 가지 변화가 사회 전체로 퍼져 나가는 확실한 사례들을 제시한다. 가령, 젠더가

---

4   N. Katherine Hayles, *Unthought: The Power of Cognitive Nonconscious* (Chicago: The University of Chicago Press, 2017).

5   1장 참조.

6   Thomas Foster, *The Souls of Cyberfolk: Posthumanism as Vernacular Theory* (Minneapolis: University of Minnesota Press, 2005).

오직 짝짓기 시즌에만 인간 속성으로 작용하는 어슐러 K. 르 귄(Ursula K. Le Guin)의 『어둠의 왼손(*The Left Hand of Darkness*)』(1969) 같은 사고 실험들은 특정한 이데올로기와 그 토대 위에 세워진 제도들이 어떻게 우리의 지적·사회적 세계를 생각하는 것 이상으로 더 많이 형성하는지 시각적으로 보여주는 강력한 도구이다.[7]

사변 소설에 나타나는 포스트휴먼적인 등장인물과 상황은 무궁무진해서 그것들을 모두 분류하는 것은 불가능에 가깝다. 따라서 이 장의 목적은 사변 소설의 가장 영향력 있는 작품들에 관한 개관이나 포스트휴먼 사변 소설의 전체 목록을 제공하는 데 있지 않다. 그보다는 인간 중심주의의 기본 요소인 '인간(man)'의 해체와 인간 예외주의의 관습에 의한 역사적 피해의 회복을 시도하는 비판적 포스트휴머니즘의 윤리적 기획을 위해 사변 소설 기법이 얼마나 중요한지 살펴보고자 한다.[8] 따라서 이 글은 사변 소설이 포스트휴먼 비평의 기획에 기여해 온 다양한 방식들을 비롯해 사변 소설의 방법론과 포스트휴머니즘적인 시각의 유사성에 좀 더 역점을 둘 것이다.[9] 이 중에 중요한 것은 사변 소설 작가들과 포스트휴머니즘 학자들이 모두 공통적

---

7 Ursula K. Le Guin, *The Left Hand of Darkness* (New York, NY: Ace Books, 2019).

8 이렇게 성별에 따른 언어를 쓴 것은, 실비아 윈터가 강하게 주장하듯이, '인간'은 본질적으로 남성이면서 백인이기 때문이다. Sylvia Wynter, "Unsettling the Coloniality of Being/Power/Truth/Freedom: Towards the Human, After Man, Its Overrepresentation — An Argument," *CR: The New Centennial Review*, 3(3) (2003), pp. 257~337 참조.

9 사변 소설에 관한 이러한 정의와 사고는 칼 프리드먼(Carl Freedman)과 이스트반 치체리-로나이(Istvan Csicsery-Ronay)의 연구로부터 영향을 받았다. 프리드먼은 사변 소설을 일종의 비판 이론으로 이해할 것을 제안한다. 치체리 로나이는 사변 소설은 장르라기보다는 주어진 세계를 지각하고 그에 대해 물음을 던지는 방식이라고 주장한다. Carl Freedman, *Critical Theory and Science Fiction* (Middletown: Wesleyan University Press, 2000); Istvan Csicsery-Ronay, Jr., *The Seven Beauties of Science Fiction* (Middletown: Wesleyan University Press, 2011) 참조.

으로 취하는 전략, 즉 은유의 문자화와 낯설게 하기의 전략이다. 브라이도 티는 『포스트휴먼』에서 낯설게 하기를 포스트휴머니즘적인 사고의 핵심으로까지 논의한다. 또한 '인지적 낯설게 하기'는 어떤 작품을 사변 소설 전통의 일부로서 규정하는 가장 영향력 있는 정의이다.[10]

가장 영향력이 큰 프레드릭 제임슨과 톰 모일런(Tom Moylan)을 비롯해 여러 학자들이 주장하는 것처럼, 사변 소설은 유토피아적 사고방식, 즉 기존 구조들은 우연적이며 언제든 바뀔 수 있다는 세계관의 산물이다.[11] 유토피아 연구에서 그러한 생각들은 대부분 이 분야의 기본 텍스트인 에른스트 블로흐(Ernst Bloch)의 『희망의 원리(The Principle of Hope)』와 연관이 있다. 이 책에서 블로흐는 백일몽, 대중 서사, 다른 세계의 가능성을 미리 감지하는 선행적 의식의 순간 같은 것의 중요성을 역설한다.[12] 그의 저작은 이러한 정서들을 물질세계에서의 구체적 가능성과 연결하고, 욕망에서 실천으로 옮겨 가는 것의 중요성을 명확하게 설명한다. 블로흐의 저작과 잠재성에 관한 질 들뢰즈의 철학적 이론화 사이에는 강한 유사성이 있다. 이것은 브라이도 티가 발전시킨 긍정의 포스트휴머니즘 전통의 핵심이다. 포스트휴머니즘과 사변 소설은 모두 실재하지만 아직 실현되지 않은 것들에 관심이 많으며, 자아와 세계에 대한 서로 다른 이해를 포용할 수 있는 변화의 힘을 내재하고 있다.

---

10 Rosi Braidotti, *The Posthuman* (Cambridge: Polity Press, 2013). 다코 수빈의 연구에 기초한 과학 소설에 관한 정의를 비롯해, 그에 대한 도전과 과학 소설의 확립에 기여한 유산에 관해서는 Mark Bould and China Miéville(eds.), *Red Planets: Marxism and Science Fiction* (Middletown: Wesleyan University Press, 2009) 참조.

11 Tom Moylan, *Demand the Impossible: Science Fiction and the Utopian Imagination* (New York: Methuen, 1986); Fredric Jameson, *Archaeologies of the Future: The Desire Called Utopia and Other Science Fictions* (New York: Verso, 2005).

12 Ernest Bloch, *The Principle of Hope*, trans. Neville Plaice, Stephen Plaice, and Paul Knight, 3 vols (Cambridge: MIT Press, 1986).

이러한 관점에서 볼 때, 사변 소설과 이 책에 실린 대부분의 새로운 분석 대상 및 새로운 연구 방법 들 사이에는 연관성이 많다. "사유는 신체 없이도 지속될 수 있는가?"라는 장 프랑수아 리오타르의 질문을 촉발한 포스트모더니즘적인 파편화된 주체는 조지프 매켈로이(Joseph McElroy)의 『플러스(*Plus*)』 (1976)에서 캡슐로 지구 궤도를 돌며 탈신체화된 지각을 이해하려고 애쓰는 뇌의 서사를 통해 목소리를 얻는다.[13] 과학 기술학 학자인 브뤼노 라투르는 자신이 직접 『아라미스(*Aramis*)』(1996)라는 과학 소설을 썼다. 이 작품은 공학 프로젝트에 관한 일지이자 연구 과정을 소설화한 것으로, 일부는 프로젝트로 제안된 환승 열차의 시각에서 서술된다. 인간과 비인간 행위자 모두 사회 기술(sociotechical) 세계를 공동으로 구성한다는 라투르의 생각이 이 책에서 잘 드러난다.[14] 윌리엄 깁슨의 영향력 있는 『뉴로맨서』(1984)로부터 시작된 대중 서사의 하위 장르인 사이버펑크 소설은 컴퓨터 해커들이 물리적으로 기계와 결합되어 사이버 스페이스 세계에서 모험을 좇는 이미지를 제공했고, 그것은 곧 인공 지능(AI)과 가상 현실(VR)을 상상하는 방식의 본보기가 되었다.[15] 신유물론이나 사변적 실재론과 같은 관점들이 우리에게 새

---

13 Joseph McElroy, *Plus* (New York: Knopf, 1976); Jean-François Lyotard, "Can Thought Go On Without a Body?" in *The Inhuman: Reflections on Time*, trans. Geoffrey Bennington and Rachel Bowlby (Stanford: Stanford University Press, 1988).

14 Bruno Latour, *Aramis or the Love of Technology*, trans. Catherine Porter (Cambridge: Harvard University Press, 1996). 라투르는 인간 종 중심주의적인 전제를 피하기 위해 'actor' 대신에 'actant'라는 용어를 제안한다.

15 William Gibson, *Neuromancer* (New York: Ace Books, 1984). 이 작품은 온라인 문화에 관한 개념의 발전에 특히 중요한 역할을 한 과학 소설의 계보 중에서도 첫 번째 작품이다. 그 뒤를 잇는 작품 중에 커다란 영향을 끼친 대표적인 예로는 닐 스티븐슨(Neal Stephenson)의 『스노 크래시(*Snow Crash*)』(New York: Bantam, 1992)와 좀 더 최근에 나온 어니스트 클라인(Ernest Cline)의 『레디 플레이어 원(*Ready Player One*)』(New York: Penguin, 2011)이 있다.

롭게 제시하는 개념들은 사변 소설 작품들에서 구체적인 형태로 나타난다. 예를 들어, 세계의 다른 존재로의 생물학적 변환을 그리고 있는 제프 밴더미어(Jeff VanderMeer)의 유명한 『서던 리치(*Southern Reach*)』 3부작(2014)은 티머시 모턴 같은 철학자들의 저작에서도 비슷하게 제기되었던 서구 지식을 떠받치는 전제들의 재검토를 요구한다.[16] 게리 캐너밴(Gerry Canavan)과 앤드루 헤이그먼(Andrew Hageman)이 주장하듯이, 밴더미어의 3부작 같은 '위어드 픽션(weird fiction)'은 더 이상 낯설게 하기를 필요로 하지 않는다. 그 대신에 기후 변화와 극단적인 날씨가 거대하면서도 불균등하게 경험되는 '지구적 기이함(global weirding)'의 일상적인 현실을 능숙하게 포착해 낸다.[17]

실제로 과학 소설의 한결같은 중심 질문은 인간이라는 것은 무엇을 의미하나였다. 우주의 다른 존재들 사이에서의 인간의 위치에 대한 고찰은 과학 소설의 기원부터 널리 퍼진 주제였다. 이 중에 유명한 예로는 메리 셸리(Mary Shelley)의 『프랑켄슈타인(*Frankenstein*)』(1818)에 등장하는 괴물과 H. G. 웰스(H. G. Wells)의 『우주 전쟁(*The War of the Worlds*)』(1898)에 나오는 외계 생명체가 있다. 웰스의 외계 생명체는 과학 기술에 의해서가 아니라 인간이 오랫동안 면역력을 키워온 미생물에 의해 퇴치된다.[18] 장르 소설과 연관된 핵심 아이콘들은 — 외계 생명체, 로봇, AI, 클론, 유전자 이식 생명체, 증강된 사이보그 신체, 그리고 대량 제작된 존재 — 모두 '인간'에 대한 상징적 타자로

---

16 Jeff VanderMeer, *Area X: The Southern Reach Trilogy* (New York, NY: Farrar, Straus and Giroux, 2014); Timothy Morton, *Humankind: Solidarity with Nonhuman People* (New York: Verso, 2017). 신유물론과 포스트휴머니즘에 관한 좀 더 상세한 논의는 12장 참조. 사변적 실재론과 포스트휴머니즘에 관한 좀 더 상세한 논의는 13장 참조.

17 Gerry Canavan and Andrew Hageman, "Introduction: 'Global Weirding,'" *Paradoxa*, 28 (2016), 7.

18 Mary Shelley, *Frankenstein: The 1818 Text* (New York: Penguin Books, 2018); H. G. Wells, *The War of the Worlds* (New York: Penguin Books, 2005).

서 역할을 한다. 그러면서 인간 중심주의 담론의 배타성, 혹은 로지 브라이도티가 말하는 '실종된 사람들(missing people)'을 주제화하는 데 자주 사용된다. 그들은 인종, 젠더, 성적 지향, 식민지주의, 노동, 또는 그들을 서구 사상의 추상적이고, 보편적이며, '중립적인' **인간**(man) 이하의 존재로 범주화하는 다른 방식에 의해 낙인이 붙은 자들이다.[19] 조애나 러스(Joanna Russ)의 역작 『여성 남자(The Female Man)』(1975)는 사변 소설의 낯설게 하기를 이용해 네 개의 서로 다른 평행 세계에서 자신이 겪었을 법한 동일한 여성의 삶을 그린다. 이 네 개의 세계는 모든 남성이 전염병으로 죽자 여성의 자아가 남성과의 차이에 더 이상 의존하지 않는 세계를 비롯해 각기 다른 젠더 이데올로기를 따른다.[20] 제목이 암시하듯이, 러스의 주장은 가부장제하에서 여성은 오직 자신들의 젠더를 거부하고, 여성 남자가 됨으로써만 온전히 인간일 수 있다는 것이다. 『아이, 로봇(I, Robot)』(1950)에 수록된 아이작 아시모프(Isaac Asimov)의 로봇 이야기들은 인간의 생명을 언제나 우위에 두어야 하는 로봇의 윤리 강령이 담긴 '로봇 공학 3원칙'의 원전 때문에 지금도 널리 인용되고 있다. 이러한 이야기에서 아시모프는 미국에서의 노동의 조건을 형성하는 인종화된 비인간화를 알기 쉽게 우화화한다. 하지만 러스와 달리, 아시모프는 그러한 사회적 관계를 비판하기 위해 자신의 소설을 명시적으로 사용하지는 않는다.[21]

아시모프의 예는 사변 소설과 포스트휴머니즘적인 사고의 관계에 대해 생각할 때 유념해야 할 두 가지 중요한 원칙들을 보여준다. 첫째, 비록 많은 뛰어난 사변 소설 작품들이 비판적 포스트휴머니즘에 부합하는 사회 정의

---

19 Rosi Braidotti, *Posthuman Knowledge* (Cambridge: Polity Press, 2019), p. 165.

20 Joanna Russ, *The Female Man* (Boston: Beacon Press, 2000).

21 Isaac Asimov, *I, Robot* (New York: Signet Books, 1956). 이 작품에 실린 단편들은 열등한 사회적 지위에 대한 로봇의 불만을 분명하게 보여준다. 반면에 인간 주인에 대한 아시모프의 지지는 여전히 굳건하다.

프로젝트를 추진하는 데 공공연하게 이용되기는 하지만, 사변 소설과 인간 예외주의의 해체 사이에는 필연적인 연관성이 없다. 실제로 가장 인기 있는 작품들 중 상당수는 그 반대에 해당한다. 예를 들어, 사변 소설에 널리 퍼져 있는 사이보그 중에 가장 대표적인 것은 〈터미네이터〉[제임스 캐머런(James Cameron) 감독, 1984년] 연작에 나오는 아널드 슈워제네거(Arnold Schwarzenegger) 의 학살용 터미네이터와 파울 페르후번(Paul Verhoeven) 감독의 동명 영화 (1987)에서 주인공으로 등장하는 로보캅이다. 로보캅은 임무 중 사망한 경찰 관의 유해로 움직이는 단속용 로봇이다. 이 중에 어떤 것도 도나 해러웨이 가 「사이보그 선언문」(1985)에서 이론화한 사이보그를 상징하지 않는다. 해 러웨이의 글은 지금도 여전히 널리 인용되고 있는 가장 탁월하고 중요한 포 스트휴머니즘의 이론적 작업 중 하나이다. 해러웨이는 조애나 러스와 새뮤 얼 R. 딜레이니(Samuel R. Delany) 같은 작가들의 진보적 사변 소설에 대해 언급한다.[22] 해러웨이의 사이보그는 그녀가 이론화하는 물질적·지적 문화에 서의 동시대 변화들을 구체적으로 나타낸다. 즉, 인간/동물, 유기체/무기체, 그리고 물질/가상 사이의 개념적 경계를 모두 무너트림으로써, 우리로 하여 금 ① 젠더 너머의 세계, ② 자연문화의 얽힘, 그리고 ③ 이러한 새로운 세계 에서의 행위성과 정치적 연대의 가능성에 대해 새로운 방식으로 생각하게 만든다. 해러웨이에게 사이보그는 이원론으로부터 자유로운 존재, 즉 항상 그리고 동시에 인간이면서 기계이고, 자연이면서 문화 **둘 다**(both/and)인 존 재이다. 사이보그를 그토록 강력한 이미지, 즉 해러웨이가 말하는 "허구의 산물이면서 사회적 현실의 산물"[23]로 만든 것은 바로 본질주의를 넘어서 사

---

22 Donna J. Haraway, "A Cyborg Manifesto: Science, Technology, and Socialist-Feminism in the Late Twentieth Century," *Simians, Cyborgs and Women: The Reinvention of Nature* (New York: Routledge, 1991), pp. 149~181.

23 Haraway, 같은 논문, p. 149.

고할 수 있는 사이보그에 체화된 능력이다.

해러웨이가 그녀의 최근 저술에서 포스트휴머니즘이라는 말과 거리를 둔 것은 사이보그의 대중적인 모습이 남성적인 신체 증강과 군사력 같은 매우 다른 가치들을 상징하기 때문인 것 같다. 하지만 그녀는 인간 그 이상의 세계와 우리의 연관성에 관한 물음들을 계속 탐구하면서 이분법적 사고의 한계를 분명하게 밝힌다. 포스트휴머니즘의 형상화로서의 사이보그와 새로운 사회 기술적 현실로서의 사이보그 사이의 이러한 간극은 아시모프의 원칙이 사변 소설을 포스트휴머니즘 담론으로 생각하는 데 중요한 예시가 되는 두 번째 이유이다. 즉, 아시모프의 원칙은 사변 소설이 과학 연구와 그에 따른 기술의 고안에 영향을 주는 방식을 대변한다. 쉴라 재서노프(Sheila Jasanoff)는 그러한 문화적 영향을 '사회 기술적 상상계'라고 부른다. 그녀에 따르면, 그것은 "공동의 자산으로, 제도적으로 안정되어 있고 공적으로 수행되는 바람직한 미래의 비전으로서, 과학과 기술의 진보를 통해 도달 가능하며, 그것을 지지하는 사회적 삶과 사회 질서의 형태에 대한 공동의 이해에 의해 가동된다".[24] 예를 들어, 우리는 그러한 예를 아시모프의 로봇 공학 원칙이 자동화, 윤리, 그리고 책임에 관한 사고의 요약본, 즉 자율 주행 자동차, 반(半)자동 드론, 그리고 스마트 홈 같은 주제들에 관한 과학 저널리즘의 기본 참조점이 되고 있는 것에서 알 수 있다. 명확히 말하면, 필자의 주장은 사변 소설이 어떤 특정한 과학 기술의 직접적인 근거가 된다거나, 혹은 우리가 지능 체계들과 관계할 때 인간에게 제기되는 질문들에 대한 답을 사변 소설이 이미 찾았다는 것이 아니다. 그보다 중요한 점은 허구와 실재 사이의 지

---

24 Sheila Jasanoff, "Future Imperfect: Science, Technology, and the Imaginations of Modernity," in S. Jasanoff and S. H. Kim(eds.), *Dreamscapes of Modernity: Socio-technical Imaginaries and the Fabrication of Power* (Chicago: University of Chicago Press, 2015), p. 4.

속적인 교환, 사변 소설이 우리의 기대와 믿음에 (때로는 유용하고, 때로는 유해한) 영향을 미치는 방식, 그리고 우리가 끊임없는 사회 기술의 변화에 대응할 때 앞으로 펼쳐질 구체적인 경로들을 지지하거나 혹은 비판하는 데 사변 소설이 어떻게 동원되느냐이다.

재서노프와는 반대로, 필자가 주장하려는 것은 사변 소설이 사회 기술적 상상계로서 지닌 힘이 그러한 변화를 반드시 '지지'하는 것은 아니며, 또한 '바람직한' 미래의 비전을 반드시 제시하는 것도 아니라는 점이다. 대부분의 디스토피아적 서사는 중요한 지적 작업을 통해 변화의 보다 폭넓은 사회적 함의들을 이해하고 그것에 대응하도록 돕고, 비판적 포스트휴머니즘에서도 탐구하는 (그리고 긍정적인 혁신으로만 이해되는 사회 기술적 변화에서는 거부되는) 종류의 질문들을 제기한다.[25] 지각 능력이 있는 로봇을 계속해서 살펴보자면, 아시모프를 좇으면서도 그러한 존재들을 박탈된 계급으로 상상해 우리의 공감을 흔드는 수많은 예들이 있다. 이 작품들은 인간 종 중심주의적 편견을 문제시하고 주체성과 인격에 관한 새로운 사고방식을 요구한다. 가령, HBO의 인기 시리즈 〈웨스트월드(Westworld)〉(2016~2022)는 1973년에 나온 동명 영화를 각색해 어떻게 인간/비인간 이분법이 식민지 권력의 핵심 도구였는지를 중점적으로 보여준다.[26]

영화와 시리즈물 모두 소비자들이 각각의 세팅과 관련된 유형별 시나리오 — 로마 세계, 중세 세계, 쇼군 세계, 그리고 당연히 서부 세계 — 에 맞게 연기하는 로봇들과 상호 작용하면서 3D로 판타지를 체험하도록 설계된 체험형 테마파크를 통해 미래를 가공한다. 원작 영화는 로봇의 오작동으로 인간에게

25 창작의 실제와 산업계의 전유 사이의 타협에 관한 좀 더 상세한 논의는 16장 참조.

26 이 시리즈를 이러한 관점에서 상세하게 분석한 논의는 Sherryl Vint, "Long Live the New Flesh: Race and the Posthuman in *Westworld*," in A. Goody and A. Mackay(eds.), *Reading Westworld* (London: Palgrave Macmillan, 2019), pp. 141~160 참조. 인종주의 및 식민주의 기획으로서의 인간화에 대한 심층적인 비평은 14장 참조.

해를 주는 것을 금지하는 아시모프적인 원칙이 파괴되는 이야기를 다룬다. 영화는 당시에 등장한 제조업에서 자동화를 보조하는 인간 노동자들이 겪는 위험에 관해 다루면서, 취약한 인간이 비인격적인 로봇 세계에서 어떻게 살아남을 수 있는지 묻는다. 반면에 그것을 각색한 시리즈물에서는 우리의 관심을 완전히 로봇들로 옮겨, 그들이 일회용 물건처럼 간주되는 여러 수모 중에서도 폭력과 성적 학대에 반복해서 놓임으로써 겪게 되는 트라우마를 다룬다. 상징적으로, 그들은 이러한 '세계들'의 원주민들이지만, 공원 방문객들에게 어떻게 서비스를 제공하느냐에 따라서만 가치가 주어지는 인간 그 이하의 존재로 여겨진다. 그렇다면 주제적으로 이 시리즈물은 비인간 존재들의 인격이 가능한지 여부보다는 충분히 포용적인 범주가 되지 못한 '인간'이라는 것의 역사적 실패에 입각해서 인간 중심주의를 넘어 사고하도록 요청한다고 할 수 있다.

아마도 사변 소설과 사회 기술적 상상계가 서로 겹치는 가장 중요한 지점은 인간 신체 증강의 판타지일 것이다. 그것은 인간의 신경 체계와 과학 기술의 직접적인 통합으로 그려지기도 하고, 또는 신체성에서 완전히 벗어나 가상 세계 속에 존재하는 불멸의 디지털 자아로서 그려지기도 한다. 1990년대에는 그렇게 상상된 미래들이 포스트휴머니즘, 즉 (인간을 기본으로 하는) 신체성 이후의 인류에 관한 예로서 자주 통용되었다. N. 캐서린 헤일스가 그 분야의 초석이 되는 텍스트이자 사변 소설의 사례에 폭넓게 의존하고 있는 『우리는 어떻게 포스트휴먼이 되었는가』(1999)에서 비판하는 것은 바로 그런 상상이다.[27] 최근의 분류법에서는 그러한 상상을 죽을 수밖에 없는 취

---

27 N. Katherine Hayles, *How We Became Posthuman: Virtual Bodies in Cybernetics, Literature, and Infomatics* (Chicago: University of Chicago Press, 1999). 트랜스휴머니즘과 포스트휴머니즘의 차이에 관한 좀 더 상세한 논의와 인간-기계 혼종의 포스트휴머니즘적인 가능성에 대한 다른 해석에 관해서는 6장 참조.

약한 인간의 조건을 초월하려는 관심을 반영해 트랜스휴머니즘이라고 부른다. 이데올로기적으로 대부분의 트랜스휴머니즘은 용어상의 혼란에도 불구하고 포스트휴머니즘적인 사고와는 정반대된다. 비판적 포스트휴머니즘과 긍정의 포스트휴머니즘 전통은 정서보다 합리성을, 신체보다 정신을, 유색인보다 백인을 우월하게 여기는 이분법적 사고의 유산에 기인한 물질적 세계와 그 밖의 무시되어 온 것들로부터의 인간의 분리를 되돌리려고 노력한다. 이와는 대조적으로 트랜스휴머니즘은 그러한 이분법을 강화하는 경향이 있다. 그 결과 과학 기술을 통한 불멸의 상상에 투자하고, 가상 신체나 화성으로의 이주를 통해 죽어가는 지구로부터의 탈출을 꿈꾸는 특권 엘리트의 21세기 환상을 계속해서 부추기며, 때로는 그것이 외계 행성에서의 삶에 필요한 인간 신체의 최적화를 통해 실현 가능한 것처럼 상상되기도 한다.

이러한 트랜스휴머니즘적인 견해에서 현실적으로 가장 우려되는 것은 그것이 특정 종류의 사변 소설과 깊이 연관되어 있으며, 그러한 담론이 점점 더 주류가 되어가면서 그와 관련한 많은 생각들의 근원이 실제로 모호해지고 있다는 점이다. 사변 소설과 대중 과학 양쪽에서 과학 기술에 의한 신체 변형의 재현들은 인간 자신에 의해 주도된 인간 진화의 다음 단계에 관한 서사처럼 제시되고 있다. 1990년대 동안 이러한 사례를 전도하는 자들은 자신들을 엑스트로피언(Extropians)으로 칭하면서, 엑스트로피주의를 그 어원이자 엔트로피의 반대말인 '엑스트로피(extropy)'에 근거해 "어떤 체계의 지능, 정보, 질서, 생기, 그리고 개선 능력의 정도"로 정의했다.[28] 그들의 주장에 따르면, 현 인류는 "지능의 진화적 발전 과정의 과도기"에 있으며, 정신

---

28 Max More, *The Extropian Principles Version 3.0: A Transhumanist Declaration* (1998). 이 자료는 2000년 이전의 엑스트로피 웹사이트에 게시된 핵심 문서로 웨이백 머신(Wayback Machine) 인터넷 사이트를 통해 아직도 접속이 가능하다. http://web.archive.org/web/19990203001302/www.extropy.org/extprn3.htm 참조. 엑스트로피에 관한 앞으로의 모든 인용은 이 사이트에 근거한다.

업로드, 나노 과학 기술, 신경 과학, 로봇 공학, 스마트 의약, 인지 과학, 그리고 유전학에 의한 정신과 신체의 변형을 통해 엑스트로피를 최대화하려고 노력한다.[29] 그들의 선언은 지속적 진보에의 헌신, 자기 변형, 실용적 낙관주의, 지능형 과학 기술, 열린사회, 자기 주도, 그리고 합리적 사고를 압축적으로 제시한다. 엑스트로피주의는 보다 나은 미래에의 헌신을 지지한다. 하지만 그러한 목록이 보여주듯이, 그것은 개인주의와 자유 지상주의에 집요하게 헌신하는 미래이다.

『엑스트로피 원칙(*The Extropian Principles*)』은 철학서, 대중 과학서, 자기 개발 입문서, 그리고 그레그 이건(Greg Egan), 로버트 하인라인(Robert Heinlein), 제리 포넬(Jerry Pournelle), 닐 스티븐슨(Neal Stephenson), 브루스 스털링, 베너 빈지(Vernor Vinge) 등과 같은 수많은 유명 작가들의 사변 소설이 포함된 독서 목록으로 끝맺는다. 과학 저널리즘과 더불어 소설 작품들이 포함되었다는 것은 과학 기술 프로젝트와 사변 소설의 경계가 공공의 상상력에서 서로 간에 얼마나 침투 가능한지 보여준다. 그리고 추천된 비문학 서적들 중에 몇몇은 과학 기술에 의한 변화가 가져다줄 미래의 허구적 시나리오들에 심하게 의존하고 있다. 그중에 대표적인 것들로는 로봇 공학에 관한 한스 모라벡(Hans Moravec)의 『마음의 아이들(*Mind Children*)』(1988)과 나노 과학 기술에 관한 K. 에릭 드렉슬러(K. Eric Drexler)의 『창조의 엔진(*Engines of Creation*)』(1986)이 있다.[30] 현재 엑스트로피 연구소는 충분한 자금 지원을 받은

---

29 이 중에 한 가지 예를 살펴보려면, Steve Fuller, *Humanity 2.0: What It Means to be Human, Past, Present and Future* (New York: Palgrave Macmillan, 2011) 참조.

30 Hans Moravec, *Mind Children: The Future of Robot and Human Intelligence* (Cambridge: Harvard University Press, 1988); Eric K. Dexler, *Engines of Creation: The Coming Era of Nanotechnology* (Garden City, NY: Anchor Press/Doubleday, 1990). 헤일스가 『우리는 어떻게 포스트휴먼이 되었는가』에서 강하게 비판하는 것은 모라벡이다. 이와 유사하게 콜린 밀번 역시 과학 연구와 사변 소설 연구의 관점에서 드렉슬러의 논의를 탁월하

주류 연구 기관으로서, 과학 소설에 대한 어떤 언급도 배제하고 그 대신 수많은 과학 기술 기업들의 링크를 제공하고 있다. 그러한 기업들에는 알코어 생명 연장(Alcor Life Extension) 재단의 인체 냉동 보존 서비스, 생명 공학 비영리 연구 조직 베터휴먼즈(BetterHumans), 나노 과학 기술과 AI에 의한 세계의 변화를 전파하는 포사이트 연구소(Foresight Institute), 그리고 이전까지는 기계 지능의 기하급수적 증가를 외삽적으로 전망한 논문을 좇아서 특이점 연구소로 불렸다가 명칭이 바뀐 기계 지능 연구소(Machine Intelligence Research Institute) 등이 있다. 컴퓨터 과학자이자 사변 소설 작가인 베너 빈지의 논문 「과학 기술 특이점의 도래: 포스트-휴먼 시대에 살아남기(The Coming Technological Singularity: How to Survive in the Post-Human Era)」(1993)에서 저자는 특이점이 오면 현재 존재하는 인간들은 그러한 변형 이후에 세상이 어떻게 될지 상상조차 못하는 중대한 변화의 순간을 겪게 된다고 주장한 바 있다.[31] 그러한 담론은 요즘에도 레이 커즈와일의 대중 서적들과 많은 사변 소설, 영화, 텔레비전 시리즈, 그리고 비디오 게임에 계속해서 등장한다. 각각의 매체로부터 하나씩만 예를 들자면, 찰스 스트로스(Charles Stross)의 소설 『점점 빠르게(Accelerand)』(2005), 월리 피스터(Wally Pfister)의 영화 〈트렌센던스(Transcendence)〉(2014), 넷플릭스의 TV 시리즈 〈얼터드 카본(Altered Carbon)〉(2018~), 그리고 비디오 게임 〈바이오쇼크(BioShock)〉(2007)가 있다.[32]

이러한 트랜스휴머니즘 담론의 예들이 보여주듯이, 사변 소설에서 자라난 대안적 상상은 중대한 물리적 영향을 끼칠 수 있다. 그것은 감흥을 불러

게 분석한다. Colin Milburn, *Nanovision: Engineering the Future* (Durham: Duke University Press, 2008) 참조.

31 Vernor Vinge, "The Coming Technological Singularity: How to Survive in a Post-Human Era," NASA Vision-21 Symposium, online.

32 Ray Kurzweil, *The Singularity is Near: When Humans Transcend Biology* (New York: Penguin, 2006); Charles Stross, *Accelerando* (London: Penguin, 2005).

15 사변 소설 **331**

일으키도록 유도한다. 그러고는 기존 제도와 연구 프로그램 들에서, 그리고 벤처 자본과 주류 유명 인사로 인해 그러한 대안적 상상들이 실제 사변 소설과는 거의 관련이 없어 보이는 센터들에서 모습을 드러낸다. 하지만 그것들의 기원이 사변 소설 장르인 것은 의심의 여지가 없다. 이처럼 수사학적 전략이자, 세계에 대해 사유하고 부족한 현재에 대안을 제시하는 방식으로서의 사변 소설의 힘과 같은 것이 그것들을 통해 나타난다. 이 책에 실린 다양한 포스트휴머니즘 전통들은 수많은 문제를 다룬다. 예를 들면, 살아 있는 물질을 변형할 수 있는 유전자 지도 제작과 합성 생물학의 생명 공학 혁명, 미생물 개체에 관한 담론과 플라스틱이 우리의 먹이 사슬과 신체에 들어올 수 있다는 플라스틱에 관한 발견을 포함해, 인간의 자율성 개념들을 폐기하도록 요구하는 다른 종과 사물 들에 관한 새로운 연구, 인간에 의한 기후 변화와 대멸종, 사물 인터넷, 디지털 시스템, 그리고 공적 공간에 대한 접근, 프라이버시, 그리고 고용 가능성 등을 크게 변화시키는 감시 기술 등을 다룬다. 이 장의 나머지 부분에서는 그러한 21세기 삶의 여러 측면을 구획하고 그것에 대응하는 포스트휴머니즘적인 방식을 제시하는 대표적인 작품들을 살펴보도록 하겠다. 트랜스휴머니즘의 강화된 인간이 사변 소설로부터 실제 사례로 옮겨올 수 있다면, 역사적으로 제한된 인간의 범주에 대한 보다 근본적인 포스트휴머니즘적인 거부 역시 유사한 영향을 미칠 수 있기를 기대해 본다.

　포스트휴머니즘적인 주제들에 대한 초기 사변 소설의 관심은 신체 변형에 관한 질문들에 거의 대부분 맞춰져 있다. 최근에도 포스트휴머니즘적인 관심사와 사변 소설의 가장 분명한 연결 고리는 생명 공학이다. 하지만 인간 신체의 변형은 인간 게놈 지도가 제작되기 훨씬 전부터 사변 소설의 중요 주제였다. 트랜스휴머니즘은 그것의 일부로서, 진화론이 서구 지식 체계에 끼친 영향을 다룬 사변 소설의 오랜 전통으로부터 출현했다. 진화론의 영향은 완성된 진화와 **퇴화**(devolution)의 두 미래에 관한 외삽을 통해 제시된다. 그중에 후자에 속하는 가장 유명한 예는 H. G. 웰스의 『타임머신(*The Time Machine*)』(1896)이다. 이 작품에서 웰스의 시간 여행자는 계급 차이로 인해 인류가 극도로 분열된 결과 미래에는 허약한 엘로이(Eloi)족과 지하의 몰록(Morlock)으로 나뉘는 것을 보게 된다. 그런 다음 먼 미래에서는 인간이 통제할 틈도 없이 진화한 지구에서 더 이상 살 곳이 없게 된 인류를 발견한다.[33] 진화에 의한 변화를 겪는 또 다른 종으로 인류를 바라본다는 점에서 웰스는 비판적 포스트휴머니즘 전통에서 중요한 아이디어를 앞지른다. 20세기 중반의 많은 사변 소설은 인간이 초능력(psionic) 같은 새로운 능력을 갖게 되는 미래나 혹은 당시의 핵전쟁 같은 불가항력적인 힘에 의해 심각하게 변하게 되는 미래를 상상한다.

신체 변형과 진화론적 변화라는 문제를 다루는 포스트휴머니즘 사변 소설은 사회 권력과 차별의 주제들을 중심으로 비규범적 관점에서 '인간'에 대한 편협하고 단일한 정의에 문제를 제기한다. 그녀의 세대에서 가장 중요한 작가 중 하나인 옥타비아 버틀러는 관습적 진리에 저항하기 위해 사변 소설의 공통적인 주제들에 대해 다시 쓰는 이 방면의 대표적인 본보기이다. 예를 들어, 『제노제네시스』 3부작(1987~1989)에서 버틀러는 유전 공학을 우리의 종을 완성하기 위한 기회로 생각하는 담론들을 다룬다.[34] 버틀러는 그러한 미래를 선택에 의한 향상으로서 서술하기보다는, 핵전쟁 이후에 살아남은 인류를 멸종에서 구해 준 외계종이 인류에게 유전자 변화를 강제하는 것으로 제시한다. 이 외계종들은 인류는 차이를 두려워하고 인종을 비롯해 다른 위계들을 만드는 본질적 결함이 있다고 강조하면서, 유일하게 생존 가능한 인간은 변형된 인간이라고 주장한다. 단순한 대답을 주는 대신에, 버틀

---

33 H. G. Wells, *The Time Machine* (New York: Signet Classics, 2014).

34 3부작의 각 권은 *Dawn* (New York: Warner Aspect, 1987), *Adulthood Rites* (New York: Warner Aspect, 1988), *Imago* (New York: Warner Aspect, 1989)이다.

러는 인류가 어떤 존재였는지에 대한 외계종들의 판단이 정확할지는 몰라도, 과거가 미래의 가능성을 결정하지는 않는다는 것을 독자들이 깨닫도록 한다. 또한 출산 선택권을 둘러싼 윤리적 물음은 유전 공학을 사회의 권력 관계를 바꾸는 유일한 방법으로 여기는 근시안적 해결책보다 중요하게 다루어진다.

인간 그 이상의 세계는 사변 소설의 중심에 위치할 때가 많다. 이것은 사변 소설이 지능과 행위성을 갖춘 캐릭터들을 창조해 내는 능력에서 기인한다. 이 캐릭터들은 외계종이거나 대량으로 제조되었거나, 혹은 심지어 목소리와 시점을 갖고 있다. 그러한 소설들은 다른 종들의 행위성을 실현 가능한 미래에 대한 대화의 일부로서 상상할 때 포스트휴머니즘적인 작품이 된다. 다른 지면에서 필자는 동물의 행위성과 의식을 인정하도록 유도하는 작품들에 대해 논의하면서, 사변 소설과 동물 연구는 비인간 종의 삶에 대해서뿐 아니라 우리가 또한 그들과 소통하고, 상호 작용하고, 세계를 함께 만들어가는 다양한 방식들에 대해서도 관심을 공유한다고 주장한 적이 있다.[35] 신체 변형에 관한 상상처럼, 사변 소설에서 펼쳐지는 상상들은 그러한 질문들에 관한 최근의 비평적 관심보다 훨씬 앞선다. 하지만 그와 동시에 좀 더 최근에 나온 소설들은 과학과 포스트휴머니즘 연구 양쪽에서 생산되고 있는 새로운 지식을 반영해 어떻게 우리가 비인간 종들의 능력을 이해하는지 재구성한다. 예를 들어, 데이비드 브린(David Brin)의 『업리프트(Uplift)』(1980~1998) 연작은 영장류 동물과 돌고래가 인간과 같은 지각력을 갖도록 고안하는 미래를 상상하면서, 인간-영장류-돌고래의 집단 문명이 겪는 경험을 이야기한다. 그러나 이 작품은 영장류와 돌고래를 본질적으로 인간과 비슷한 존재로 상상한다. 즉, 그들의 서로 다른 형태가 고려되기는 하지만,

---

35 Sherryl Vint, *Animal Alterity: Science Fiction and the Question of the Animal* (Liverpool: Liverpool University Press, 2010).

캐릭터로서는 대부분 인간처럼 사고하고 행동한다.[36] 이처럼 이러한 소설들은 다종 공동체의 비전을 제시하지만, 포스트휴머니즘적인 관점에서 접근할 때 요구되는 문화의 기본적인 방향 전환을 중요하게 다루지는 않는다.

이와 대조적으로 에이드리언 차이콥스키(Adrian Tchaikovsky)의 『시간의 아이들(Children of Time)』(2015)은 '지능'을 설계하도록 고안된 나노 바이러스가 원래 의도했던 원숭이가 아니라 거미 종을 감염시키는 미래를 상상한다.[37] 소설은 복잡한 물질 및 과학 기술 문화가 거미들 사이에서 수백 세대에 걸쳐 서서히 출현하는 과정을 서술하는 장과 종말 전쟁에 의해 멸망한 지구에서 살아남은 인간들 사이에서 과학 기술이 사라져가는 과정을 서술하는 장을 번갈아가며 전개된다. 차이콥스키는 신체 능력, 의사소통 방법, 사회 구조 같은 거미의 특이성들에 상당한 관심을 두고서, 인류의 발전 과정을 단순히 모방하는 데 그치지 않는 지적이고 과학적인 문화에 대해 상상한다. 이것이 진정한 포스트휴머니즘적인 상상이다. 거미는 인간 종 중심주의적 지식 체계와 사회 질서 속에 통합되지 않는다. 게다가, 나노 바이러스가 거미들에게 차이를 가로지르는 강한 공감 능력을 준 결과, 그 특징으로 인해 종과 종의 조우는 지구를 파괴했던 폭력의 또 다른 반복이 아니라 새로운 상리 공생으로 끝을 맺는다. 차이콥스키는 애나 칭이 그녀의 생태 이론에서 이론화한 '협력적 생존'을 위한 전략 같은 것을 상상하는 것이다.[38]

좀 더 최근에 나온 소설들도 미생물과 식물의 삶에 대해 포스트휴먼적인

---

36 이 연작의 각 권은 *Sundiver* (New York: Spectra, 1980), *Startide Rising* (New York: Spectra, 1983), *The Uplift War* (New York: Spectra, 1987), *Brightness Reef* (New York: Spectra, 1995), *Infinity's Shore* (New York: Spectra, 1996), *Heaven's Reach* (New York: Spectra, 1998)이다.

37 Adrian Tchaikovsky, *Children of Time* (New York: TOR, 2015).

38 Anna L. Tsing, *The Mushroom at the End of the World: On the Possibility of Life in Capitalist Ruins* (Princeton: Princeton University Press, 2015), p. 2.

방식으로 사고한다.[39] 스테파니 피셸(Stefanie Fishel)의『미생물 국가(Microbial State)』같은 이론적 연구와 헤더 팩슨의 미생물 정치에 관한 생각은 미생물 배양균에 의존하는 인간 신체의 연구를 토대로 한다.[40] 우리의 몸과 피부에 사는 미생물 배양균은 인체가 건강하게 기능하는 데 필수적이다. 그러한 연구들은 인간을 단일하고 자율적인 유기체가 아닌 미생물계, 인간 유기체와 미생물 집합으로 이루어진 군집, 그리고 추상적인 보편적 인간의 자유주의적 주체의 개념에 고착되어 있는 개인주의와 자율성을 부인하는 통찰로서 다시 개념화한다. 피셸과 팩슨이 정치, 행위성, 그리고 환경에 대해 어떻게 재고할 수 있을지 탐구한다면, 그와 비슷한 생각을 조앤 슬론체프스키(Joan Slonczewski)의 소설에서도 확인할 수 있다.

현재 미생물학자로도 활동하고 있는 슬론체프스키는 자신의 연구를 토대로『엘리시움(Elysium)』(1986~2000) 연작 같은 작품에서 미생물 수준의 지각 능력을 갖춘 외계종과의 첫 접촉에 관한 이야기를 재창조한다.[41] 슬론체프스키의 미생물은 인간 숙주들과 함께 집단으로 인격을 공유하고, 행위에 관한 선택을 협상하며, 인간과 미생물 사이의 상호 존중의 문화를 통해 신체를 공유한다. 상호 존중의 이질적인 공동체를 구축하는 것이 얼마나 어려운지 버틀러가 묘사한 것처럼, 슬론체프스키도 인간이 내부의 미생물 공동체와 함께 행위하고 그것을 통해 새로운 종류의 포스트휴먼 주체가 되는 데

---

39 인간과 미생물의 관계에 관한 좀 더 상세한 논의는 8장과 16장 참조.

40 Heather Paxson, "Post-Pasteurian Cultures: The Microbiopolitics of Raw-Milk Cheese in the United States," *Cultural Anthropology*, 23(1) (2008), pp. 15~47; Stefanie R. Fishel, *The Microbial State: Global Thriving and the Body Politic* (Minneapolis: University of Minnesota Press, 2017).

41 Joan Slonczewski, *A Door into Ocean* (New York, NY: Avon Books, 1986); Joan Slonczewski, *Daughters of Elysium* (New York: William Morrow, 1993); Joan Slonczewski, *The Children Star* (New York: TOR, 1998); Joan Slonczewski, *Brain Plague* (New York: TOR, 2000).

필요한 개념의 재구축에 도전한다. 그녀의 가장 유명한 작품『바다로 통하는 문(*A Door into Ocean*)』(1986)에서 슬론체프스키는 셰어러들(Sharers)의 에코 페미니즘적인 과학 문화를 창조한다. 셰어러들의 과학 기술은 전적으로 생물학적이며 그들에 의해 생명 작용이 형성되는 종과 그들 간의 상호성의 윤리를 통해 구성된다. 셰어러들의 과학 기술은 그들이 식물과 동물에 따라 행동하는 것처럼, 다른 종들도 그들에 따라 행동할 것이라는 인식을 전제로 한다. 이처럼 셰어러들의 윤리는 인간 예외주의 같은 개념을 전혀 갖고 있지 않다. 상리 공생과 다종 간 협력에 관한 이러한 생각들은 — 식물의 지각, 인지, 그리고 선택에 관한 연구와 함께 — 수 버크(Sue Burke)의『세미오시스(*Semiosis*)』(2018)와『간섭(*Interferemce*)』(2019)에서도 강하게 나타난다. 이 연작에서 생태 문제에 헌신적인 일군의 식민지 주민들은 그들이 이주한 행성에 사는 식물들이 지능을 갖추고 있다는 사실을 발견한다. 이러한 (포스트) 인간들은 최상위 식물 종들과의 협력을 통해 위계 구조를 도입하지 않고도 차이를 인정할 수 있는 종간 상호주의에 근거한 새로운 공동체를 구축한다.

생태 사변 소설의 오랜 전통 위에서 기후 변화를 주제로 하는 소설들이 최근에 다양하게 나오고 있다. 기후 변화는 인간으로 인한 원인들에 주목하고 인간과 다른 종들이 취약성을 서로 공유한다는 사실을 깨닫게 한다는 점에서 포스트휴먼적인 주제라고 할 수 있다. 이러한 작품들이 강조하는 것은 상리 공생의 전략만이 우리의 생존을 가능하게 할 것이라는 점이다. 많은 사변 소설들이 이야기의 배경을 종종 수백 년 혹은 수천 년 후의 먼 미래로 설정한다면, 기후 변화를 주제로 하는 사변 소설은 기후 변화의 복잡한 요인과 규모를 포착하는 데 필요한 관점을 능수능란하게 취한다. 그래서 때로는 다른 종들이나 심지어 행성계의 관점에서 이야기가 전개되기도 한다. 이러한 성격에 부합하는 최근의 가장 중요한 사변 소설 중에서 두 개만 들자면, 킴 스탠리 로빈슨의 근미래 소설『뉴욕 2140(*New York 2140*)』(2017)과 N. K. 제미신(N. K. Jemisin)의『무너진 지구(*The Broken Earth*)』3부작(2015~

2017)이 있다.[42] 두 작품 모두 인간들이 서구의 축적적인 생활 방식을 근본적으로 거부해야만 살아남을 수 있는 미래를 탐구한다. 로빈슨의 소설은 반이 물에 잠긴 미래의 뉴욕을 배경으로 그러한 위기를 야기한 자본의 역할을 비판한다. 제미신의 3부작은 지리 자체가 일종의 행위성을 나타내는 상상의 세계를 배경으로, 환경 정의와 지속 가능성은 반인종주의 및 비식민화와 서로 뗄 수 없는 관계에 있음을 깨달아야 한다고 주장한다.[43]

파올로 바치갈루피(Paolo Bacigalupi)의 단편 소설 「모래와 광재(鑛滓)의 사람들(The People of Sand and Slag)」(2004)은 신체 증강의 환상을 기후 변화 주제와 기발한 방식으로 연관시킴으로써 비판적 포스트휴머니즘과 거리가 먼 트랜스휴머니즘을 비판한다.[44] 그의 증강된 포스트휴먼들은 미래의 몬태나(Montana)에서 채굴 작업을 순찰하며 환경 운동가들의 침입을 분쇄하기 위해 군사 기술을 사용한다. 손쉽게 상처에서 낫고 손상된 신체 부위를 대체할 수 있게 된 이 미래의 사람들은 자신들의 신체와 심지어 생명으로부터도 소외된다. 그들은 사방에 깔린 철조망과 독성 화학 물질 웅덩이들을 개의치 않고 원유가 뒤섞인 바다에서 서핑을 한다. 그러다 길 잃은 개를 느닷없이 발견하고는 애완용 동물로 잠시 데리고 있게 된다. 개를 처음 붙잡았을 때 우연히 상처를 입지만, 부러진 뼈가 바로 낫지 않을 것이라는 사실을 알지 못한다. 개의 생물학적 취약성은 동반자 관계와 상호 보살핌의 가치를 전혀 이해하지 못하는 사람들에게는 결국 너무 귀찮은 짐이 되고 말뿐이어

---

42 Kim Stanley Robinson, *New York 2140* (New York: Orbit, 2017); N. K. Jemisin, *The Fifth Season* (New York: Orbit, 2016); N. K. Jemisin, *The Obelisk Gate* (New York: Orbit, 2016); N. K. Jemisin, *The Stone Sky* (New York: Orbit, 2017).

43 기후 변화, 자본주의, 그리고 식민주의와 포스트휴머니즘의 관계에 관한 좀 더 상세한 논의는 9장 참조.

44 Paolo Bacigalupi, "The People of Sand and Slag," *Fantasy & Science Fiction*, 106(2) (2004), pp. 6~29.

서, 그들은 개를 잡아먹기로 결정한다. 그들에게 개가 지닌 음식으로서의 새로운 풍미는 소통할 수 있는 독립적인 개체로서의 개의 존재만큼이나 의미 있게 여겨진다. 그러나 그들은 무언가를 놓쳤다는 느낌, 취약성의 초월을 통해 자신들이 비인간적이 되었다는 느낌에서 완전히 벗어나지는 못한다.

살아 있는 존재들을 알고리즘 통치에 의해 데이터 스트림으로 축소하는 감시 자본주의에 대한 비판은 포스트휴머니즘의 또 다른 중요 주제이다.[45] 광범위한 상품화의 자본주의 세계를 생태적 의식을 갖춘 포스트휴머니즘적인 집합의 세계로 대체하기 위해 분산형 IT 기술의 역량을 포스트휴머니즘적으로 가장 철저하게 다시 상상한 소설은 아마도 칼 슈레더(Karl Schroeder)의 『세계 훔치기(Stealing Worlds)』(2019)일 것이다. 소설은 그러한 과학 기술들이 인간 그 이상의 세계를 대변하는 집합적 통치 구조를 만드는 데 어떻게 사용될 수 있는지 살핀다.[46] 슈레더는 이웃과 생태계의 파괴, 환경 오염, 인간에 의한 기후 변화, 지속 가능성을 넘어선 자원의 고갈 같은 경제 활동 결과들을 '외적 효과들'로 간주하는 경제학의 정설을 비판한다. 그 논리하에서는 그러한 피해들은 기업 생존 가능성의 편익 분석의 요인으로 포함되지 않는다. 인간의 행동주의는 그러한 요소들을 눈에 보이게 할 수 있을지 모른다. 그러나 동물, 산림, 강과 같은 것들은 언어에 근거한 숙의 과정에 참여할 수가 없다. 사변과 물질성의 균형을 잘 맞춰, 그리고 인격을 인간만의 능력으로 보지 않는 원주민 전통에 의거해, 슈레더는 현재 인간 활동을 모니터하기 위해 사용되는 수천 개의 감시 장치들이 환경 실태에 관한 실시간 데이

---

45 이 방면의 가장 중요한 작가들은 코리 닥터로(Cory Doctorow), 로런 베케스(Lauren Beukes), 그리고 칼 슈레더이다. 닥터로는 사변 소설 작가이자, 크리에이티브 커먼즈를 위한 저작권법과 탈희소성 경제 전략을 위해 힘쓰는 과학 기술 운동가이다. 베케스는 남아프리카 공화국 출신의 작가로서 지구화로 인한 결과들을 주로 다룬다. 대표작으로 Lauren Beukes, *Moxyland* (Johannesburg: Jacana Media, 2008)가 있다.

46 Karl Schroeder, *Stealing Worlds* (New York: Tor, 2019).

터를 수집하도록 전환된 시스템을 상상한다. 이러한 데이터를 통합하는 강력한 인공 지능들은 그러한 개체들의 집합적인 필요와 욕망을 대변하는 행위자로서 작용하도록 프로그래밍이 된다. 즉, 인공 지능이 스스로를 대체 인간으로 생각하도록 프로그래밍하는 대신에 슈레더는 비인간 개체들의 행위성을 구체적으로 표현하고 그들을 대변할 수 있는 인공 지능을, 인간이 타자를 대변하는 인간 종 중심주의적 환상으로서가 아니라, 경험적 데이터의 구체적 물질성에 기반을 둔 것으로 상상한다.

이러한 몇몇 예들은 사변 소설이 포스트휴머니즘의 실제일 수 있는 다양한 방식을 증명해 보인다. 사변 소설이 처음부터 더 큰 사회적 정의의 포스트휴먼적인 틀을 지향한 것은 아니지만, 사변 소설은 포스트휴머니즘 기획에 적합한 일련의 도구를 제공하고, 또한 상상력을 통해 인간과 세계를 새롭게 고안할 수 있게 해준다. 사변 소설 장르는 기존과 다른 신체화, 비인간 행위성, 그리고 다양한 미래에 관한 사고방식들의 심층적인 아카이브를 제공한다. 그것은 때로는 인간의 수명을 훨씬 넘어서거나, 때로는 인간 종 전체의 수명을 넘어선다. 지금까지 살펴보았듯이 사변 소설은 보다 살기 좋은 세계를 만들기 위해 인간 종을 재고하는 데에 더 없이 유용한 방법론이다.

16
생명의 미적 조작

이오나트 주르, 오론 카츠

모든 생명에서 의미는 반드시 기능과 결부되어 있다. 의미는 무언가를 해낸다는 것이고, 우리는 그것을 필요로 한다. 무언가 할 수 있는 일을 의미하려면 의미가 필요하다. 기능도 좋지만, 만약 의미가 전적으로 기능적이기만 하다면, 그것은 매우 지루한 기계에 불과할 것이다. 그것은 생명 활동이 아니다![1]

인간은 참으로 복잡하고 모순된 종이다. 최근에 우리는 사람이 만든 건조하고 딱딱한 전기, 기계, 디지털, 그리고 알고리즘 기술을 점점 더 살아 있는 것처럼 만들고 있다(이러한 예들은 경제, 무인 자동차, 인공 지능 시스템에서 쉽게 찾아볼 수 있다). 반면 그와 동시에 우리는 생물학적이고, 촉촉하고, 정돈되지 않은 생명을 점점 더 통제 가능한 기술처럼 다루고 있다. 인간으로 하여금 우리와는 별개로 존재하는 (혹은 우리이기도 한!) 생명 시스템은 통제하도록 하면서, 동시에 비생명 과학 기술, 컴퓨터에 의해 생성된 알고리즘, 및 기타 인간이 만든 시스템에 대해서는 통제권을 포기하는 이유는 무엇인가?

---

1 Haraway in conversation with Drew Endy in Donna J. Haraway and Drew Endy, "Tools for Multispecies Futures," *The Journal of Design and Science* (October 3, 2019), online.

이러한 질문은 환경 비상사태와 '인간 중심주의' 이념의 붕괴에 직면해 있는 시대에 특히 '생명 유지와 직결될 만큼' 중요하다.

계몽화된 인간 이념이 위기에 처해 있는 동시에 소위 말하는 생물학적 시대와 얽혀 있다는 것은 결코 우연이 아니다.[2] 인간은 자신의 자아/신체와 그것들이 세계에서 차지하는 위치를 기계론적 시각부터 디지털 코드에 이르기까지 주로 진화하는 기술에 관한 은유들을 통해 이해하려고 노력해 왔다. 생물학적 신체 자체가 기술이 된 오늘날에는 어떤 종류의 은유를 사용해야 우리 자신과 지구에서의 우리의 위치를 설명할 수 있을까? 예술은 적어도 우리가 직면해야 할 문제와 질문을 파악하는 데 도움이 될 수 있다. 합성 생물학과 재생 의학부터 신경 공학과 소프트 로봇 공학을 거쳐 유전자 공학에 이르기까지, 생명은 기술, 즉 공학적 접근을 기다리는 원료가 되고 있으며, 더 나아가 생명이 대상이자 주제가 되는 새로운 예술적 표현의 팔레트를 제공한다.

사실과 허구를 구분하기가 점점 더 어려워지는 기술 가속화와 생태적 위기 확산의 시대에 살면서, 우리는 이용할 수 있는 은유의 빈곤과, 보다 중요하게는, **생명**(Life)과 관련된 언어의 빈곤에 직면해 있다.[3] 이러한 결핍은 예술가들이 생물학적 신체의 물질성을 활용해 새로운 의미와 시학을 표현하는 예술의 **감각적인** 언어로 채워지는 중이다. 과학자/과학 기술자 들이 도구적 목적을 위해 실험실에서 생명에 대한 급진적인 행위를 실행하는 동안, 인문학자들은 여전히 인간(Human) 개념의 붕괴를 다루고 있다. 인간 그 이상의 감각에 대한 이해력에 숙달되어 있는 예술가들은 새로운 '언어'의 창조

---

2 Nikolas Rose, "The Human Sciences in a Biological Age," *Theory Culture & Society*, 30 (1) (2013), pp. 3~34.

3 살아 있는 존재들과는 다르며, 종종 대문자 'Life'로 표기되는 생명의 개념에 대한 좀 더 상세한 논의는 8장 참조.

자로 활동하면서, 생명 개념의 새로운 의미를 개발하고, 의도하지 않은 존재론적 위반을 드러내고, 인식론적 지식의 규율을 포기하고, 또한 생명 개념에 대한 면밀한 문화적·예술적 검토가 시급히 필요하다고 촉구한다. 이러한 검토는 직접적이며 경험적인 참여를 통해, 인간을 넘어 비인간 및 인간 그 이상의 행위자들을 참여시킨다.[4]

이 장에서는 (생물학적 예술(Biological Art)이라고도 하는) 바이오아트(BioArt)를 통해 이러한 현상들을 살펴볼 것이다. 19세기 중반부터 번성하기 시작한 바이오아트는 예술계를 넘어 산업계와 대중의 상상력에까지 영향을 끼치고 있다. 특히, 이 장에서는 몇몇 예술가/예술품 들을 중심으로 그들이 인간 그 이상의 세계 또는 다종(多種)과의 얽힘이라는 개념과 어떠한 관련이 있는지 살펴볼 것이다. 소위 바이오아트가 무엇인지 명확하게 설명한 뒤에, 바이오아트와 지식 체계, 정치, 윤리, 그리고 존재론의 관계를 검토함으로써 우리가 알고 있는 인간의 종말은 무엇인지 밝혀보려고 한다.

16.1 바이오아트

바이오아트는 살아 있는 생명 시스템을 사용하는 예술이다. 바이오아트가 어스 아트(earth art), 라이브 아트(live art) 등과 같은 기존 장르들과 다른

---

4 Jens Hauser, "Genes, Geneies, Genes," in L'Art Biotech Catalogue, trans. Jens Hauser (Trézélan, France: Filigranes Editions, 2003), p. 9; Deborah Dixon and Elizabeth Straughan, "Geographies of Touch/Touched by Geography," *Geography Compass*, 4(5) (2010), pp. 449~459; Oron Catts and Ionat Zurr, "Countering the Engineering Mindset - The Conflict of Art and Synthetic Biology," in J. Calvert and D. Ginsberg(eds.), *Synthetic Aesthetics: Investigating Synthetic Biology's Designs on Nature* (Cambridge: MIT Press, 2014), pp. 27~38.

점은 대부분의 경우 생명 시스템이 전통적인 생물학적 개입 방식과는 반대로 현대 기술 및 공학 생물학을 사용하는 예술가에 의해 조작되고(혹은 조작되거나) 제어된다는 것이다. 바이오아트는 사변적인 것에서 실제적인 것, 성공작에서 실패작, 기술 유토피아적인 것에서 논쟁적인 것에 이르기까지 여러 목소리를 가진 다양한 분야이지만, 살아 있는 생명 시스템을 예술 창작 과정의 일부로서 사용한다는 점에서는 모두 같다.[5]

바이오아트는 생명 과학의 이론, 실제, 미학, 응용, 그리고 시사점 들을 다룬다. 지식이 적용되고 기술이 활용될 수 있는 각기 다른 방향들을 제안함으로써 인식 제고에 적극적으로 참여하는 플랫폼을 만든다. 이것은 끊임없이 변화하는 생명과의 관계를 표현하고 전복하는 세밀한 문화적 조사의 행위이다. 생명 조작의 작업을 수행하는 일부 예술가들은 생명이 형식, 관점, 색채, 구성 등과 관련된 미적 표현들의 원료가 되는 보다 전통적이고 형식주의적인 접근법을 채택한다. 예술적 원료로서의 생명에는 사회 정치적 맥락이 전혀 없다고 자처하는 이러한 접근법은 특히 생명이 조작의 매개일 때에는 그것만으로도 논쟁의 여지가 있다. 바이오아트 예술가들의 작품 대부분은 겉보기에는 관습적인 경계를 넘어서, '예술이 가서는 안 되는' 영역 속으로 침투한다. 하지만 과학 실험실에서 흔히 보는 생명 조작에 문화적으로 의미를 부여하는 수준에서 거의 벗어나지 않는 경우가 많다.[6] 바이오아

5   Jens Hauser "Biotechnology as Mediality: Strategies of Organic Media Art," *Performance Research*, 11(4) (2006), pp. 129~136; Hauser, "Genes, Geneies, Genes"; Eduardo Kac, *Signs of Life: Bio Art and Beyond* (Cambridge: MIT Press, 2006); Monika Bakke, "Desires: Wet Media Art and Beyond," *Parallax*, 14(3) (2008), pp. 21~34; George Gessert, *Green Light: Toward an Art of Evolution* (Cambridge: MIT Press 2010); Oron Catts and Ionat Zurr, "Artists Working with Life (Sciences) in Contestable Settings," *YISR: Interdisciplinary Science Reviews*, 43(2018), pp. 40~53.

6   Gessert, *Green Light*; Ionat Zurr and Oron Catts, "The Unnatural Relations between Artistic Research and Ethics Committees: An Artist's Perspective," in Paul Macneill(ed.),

트는 일관된 선언문에 입각한 운동이 아니다. 그것은 생명 시스템을 주제이 자 대상으로 다루는 예술을 가리키는 포괄적인 용어로서, 물질 행위자들과 의 실질적인 관계를 강조한다.

이 장에서는 이성에 근거한 인간 중심주의의 뼈대를 이루는 일관된 계몽 주의의 해체와 복잡하게 관련되어 있는 예술 작품들을 논의하려고 한다. 바 이오아트는 크게 세 가지 관점, 즉 세속적 생기론, 포스트-휴머니즘, 그리고 포스트-인간 종 중심주의적인 관점을 제시한다. 이에 따라 ① 지식 체계, ② 정치 경제 체계, ③ 생물학적 신체의 파편화, 그리고 ④ 인간 그 이상을 위한 예술을 다루는 바이오아트에 대해 살펴보도록 하겠다.

16.2 지식 체계(DNA 맹목주의)

바이오아트는 동시대 과학 지식, 특히 계몽주의 시대의 과학의 뿌리와 합 리적이며 객관적인 과학자를 절대시하는 계몽주의 전통과 복잡한 관계에 있다.[7] 그것은 과학적으로 규정된 환원주의와 인간 종 중심주의의 편견들을 추적한다.[8] 최근의 '포스트휴먼' 과도기에 일어난 주요 변화 중의 하나는 분 자 생물학의 중심 원리에 대한 문제 제기이다.[9] 그 결과 생명을 (유전자) 코

Ethics and the Arts (New York: Springer, 2014), pp. 201~211; Joanna Zylinska, Bioethics in the Age of New Media (Cambridge: MIT Press, 2009); Frances Stracey, "Bio-Art: The Ethics Behind the Aesthetics," Nature Reviews: Molecular Cell Biology, 10(2009), pp. 496~ 500; Adele Senior, "Relics of Bioart: Ethics and Messianic Aesthetics in Performance Docu- mentation," Theatre Journal, 66(2) (2014), pp. 183~205; Nora S. Vaage, "What Ethics for Bioart?" NanoEthics, 10(1) (2016), pp. 87~104; Catts and Zurr, "Artists Working with Life (Sciences) in Contestable Settings."

7 Lorraine Daston and Peter Galison, Objectivity (Brooklyn, NY: Zone Books, 2007).

8 Catts and Zurr, "Artists Working with Life (Sciences) in Contestable Settings."

드로 바라보는 환원주의적 접근은 후성 유전학 분야에서 나타난 생명에 대한 보다 복잡하고 상황 의존적인 이해로 바뀌고 있다.[10] 이렇게 생물학을 상황적 지식으로 이해하는 새로운 시각은 물질의 응답 가능성에 주목하는 에코 페미니즘과 생태 유물론적 사고의 문화 전통에서도 매우 중요하다.[11]

2013년 인간 게놈 프로젝트의 뒤에 나온 지나친 과장과 약속, 그리고 최근의 합성 생물학 분야의 등장을 지켜보면서, 우리는 생명에 대한 이해에서 DNA와 유전자가 차지하는 역할과 중요성을 둘러싼 과학 공동체 내부의 긴장이 반복되고 있는 것을 목격한다. 몇몇 학자들은 그것에 대해 논평하면서 발생 생물학과 후성 유전학 같은 분야들을 지목하는가 하면, 몇몇 예술가들은 그러한 어휘를 사용해 생명을 DNA 중심의 코드 프로그램으로 개념화하는 행위의 인간적 한계와 자만을 폭로한다.[12]

---

9 분자 생물학의 중심 원리는 두 단계의 과정, 유전 정보의 방향이 DNA에서 RNA로, RNA에서 단백질로 진행되는 전사(transcription)와 번역(translation)의 과정으로 이루어진다. 포스트휴머니즘의 기본 사상에 관해서는, N. Katherine Hayles, *How We Became Posthuman: Virtual Bodies in Cybernetics, Literature and Informatics* (Chicago: University of Chicago Press 1999); Cary Wolfe, *What is Posthumanism?* (Minneapolis: University of Minnesota Press, 2009); Rosi Braidotti and Maria Hlavajova, *Posthuman Glossary* (London: Bloomsbury Academic, 2018) 참조.

10 후성 유전학은 DNA 염기 서열의 변화를 수반하지 않는 유전적 표현형 변화를 연구하는 학문이다. 후성 유전의 메커니즘은 세포핵에서 유전자가 묶이는 방식을 바꾸고 DNA에 나타날 수 있는 화학 물질의 변화 또는 RNA 분자가 DNA와 상호 작용하는 방식의 변화를 포함한다. 식습관 및 기타 외부 환경의 영향은 후성 유전학적 과정을 조절하는 데 잠재적인 역할을 할 수 있다. 후성 유전학은 건강 및 행동 특성의 표현형에 영향을 미칠 수 있다. 좀 더 상세한 설명은 8장 참조.

11 Donna J. Haraway, "Situated Knowledges: The Science Question in Feminism and the Privilege of Partial Perspective," in *Simians, Cyborgs, and Women: The Reinvention of Nature* (New York: Routledge, 1991), pp. 183~202; María Mies and Vandana Shiva, *Eco-feminism* (Halifax, Nova Scotia: Fernwood Publications, 1993).

12 이 분야에서 연구하는 학자들은 다음과 같다. Lilly E. Kay, *Who Wrote the Book of Life?*

폴 바누스(Paul Vanouse)와 헤더 듀이-해그보그(Heather Dewey-Hagborg)는 인간을 중심으로 DNA 데이터 수집 및 그에 관한 인간 중심적 해석의 문제와 그 이면에 숨어 있는 이데올로기를 살펴봄으로써 '게노하이프(Genohype)'를 파헤치려고 시도한다.[13] 바누스의 『잠재 형상 프로토콜(*Latent Figure Protocol*)』(2007)은 흔히 DNA 지문 감정(fingerprinting)이라고 알려진 과학 기술을 이용해 미술관에서 바이오 이미지들을 구성해 보인다. DNA 지문 감정과 연관된 추상적인 이미지들은 '진리'의 기표처럼 간주되어 미술관 공간 속에서 이진법 부호, 해골과 엇갈린 뼈, 또는 저작권 기호처럼 사회적으로 구성된 친숙한 이미지들로 서서히 변화한다. 바누스의 작품은 과학이 당대의 지배적인 문화적 가치 체계에 얼마나 깊숙이 자리 잡고 있는지 설명하기 위해, 고의적으로 부정확하게 명명된 DNA 지문 감정 기술이라는 것이 어떻게 DNA 조각들의 길이를 상황에 따라 다르게 잘못 해석할 수 있는지 폭로한다. 이렇게 함으로써 "당신의 DNA가 바로 당신이다(you are your DNA)"라는 속설에 이의를 제기한다.

듀이-해그보그는 아이러니하게도 그녀가 조롱하는 것, 즉 유전자 감시의 위력을 많은 비평가와 관람객 들이 문자 그대로 해석하는 방식을 따른다. 『낯선 시각(*Stranger Visions*)』(2012)에서 버려진 머리카락, 씹다 버린 껌, 그리고 담배꽁초에서 추출된 DNA는 컴퓨터 분석을 거쳐 해당되는 사람들의 얼굴이

A History of the Genetic Code (Stanford, Stanford University Press, 2000); Evelyn Fox Keller, *Making Sense of Life Explaining Biological Development with Models, Metaphors, and Machines* (Harvard: Harvard University Press, 2002); Oron Catts and Ionat Zurr, "Big Pigs, Small Wings: On Genohype and Artistic Autonomy," in *Culture Machine*, 7 Special Issue on Biopolitics(2005), online; Hannah Landecker, "Sociology in an Age of Genomic Instability: Copy Number Variation, Somatic Mosaicism, and the Fallen Genome," *Advances in Medical Sociology*, 16(2015), pp. 157~186.
13 이것은 닐 홀츠먼(Neil Holtzman)이 만든 용어이다. Neil Holtzman, "Are Genetic Tests Adequately Regulated?" *Science*, 286(5439) (1999), p. 409 참조.

어떻게 생겼을지 나타내는 3D 프린트 초상화를 만들어낸다. 이 프로젝트는 유전자 결정론에 맞서려는 의도에서 출발했지만, 인간이 생명을 이해하고 자 할 때 유혹당하기 쉬운 환원주의적 방식의 수단이 되고 만다.

예술적 표현을 위해 유전자 기술을 사용하는 모든 예술가들이 전통적인 예술 또는 과학의 지식 체계가 무엇인지에 대해 의문을 제기하는 것은 아니다. 에두아르도 칵(Eduardo Kac)은 유전 공학 기술이 동원된 『창세기(*Genesis*)』(2000) 와 『여덟 번째 날(*The Eighth Day*)』(2001) 같은 작품에서 유대·기독교의 종교 적 주제들을 다루는데, 그 기술은 비판적 포스트휴머니즘 시각과는 상충되 는 것처럼 보인다. 관객에게는 전시실이나 인터넷으로 연결된 공간에서 자 외선램프를 이용해 박테리아 DNA를 변이시킬 수 있는 권한(혹은 지배력?)이 주어진다.

우리는 유전자 코드를 통해 생명에 대한 이해를 폭넓게 비판하는 작품들을 만들어왔다. 더 나아가, 우리의 작업은 그러한 시각이 가부장적인 인간 종 중 심주의의 연장임을, 다르게 말하면, 그것은 'DNA 맹목주의(DNA Chauvinism)' 에 지나지 않음을 암묵적으로 나타낸다.[14] 인간이 생명 시스템을 설계하게 되면서, 생명체는 분리되어 구성 요소로 축소되고, 상황보다는 정보로서의 DNA를 기본적으로 우선시한다. 더 나아가, DNA 패킷을 '생명 그 자체'로 강조하는 것은 정자를 통해 오직 DNA만을 전달하는 남성의 번식에 대한 불안감을 반영한다. 이에 반해 여성은 (DNA를 통한 기여 외에도) 세포(즉, 난세 포)에 태아와 배아가 성장할 수 있는 환경뿐 아니라 그것의 모든 '장치들'을 제공한다.

---

14 Oron Catts and Ionat Zurr, "Vessels of Care and Control-The Citizens of Incubators," in Kelly E. Happe, Jenell Johnson, and Marina Levina(eds.), *Biocitizenship: On Bodies, Belonging, and the Politics of Life* (New York: New York University Press, 2018), p. 269; 또한 Oron Catts and Ionat Zurr, "Biomass," *Nature: Cooper Hewitt Design Triennial Exhibition* (2019), online 참조.

'돼지 날개 프로젝트(Pig Wings Project)'(2000~2001)는 인간 게놈 초안의 완성을 기념할 목적으로 웰컴 트러스트(Wellcome Trust)의 의뢰하에 진행되었다(하지만 얼마 후 중단되었다). 프로젝트의 취지는 DNA와 인간 게놈 제작 프로젝트에 대해 과장과 과대평가를 일삼는 게노하이프를 비판하는 것이었다. 게노하이프라는 말은 유전자 연구 내부의 과장법과 긍정적이든 부정적이든 그것을 적용한 결과와 관련해 사용되었다. 게노하이프로 인한 영향 중 하나는 유전자가 모든 생명 과학의 동의어가 되었다는 사실이다. 우리는 '돼지 날개 프로젝트'에서 돼지의 중간엽 세포—골수 줄기세포—로 세 쌍의 날개를 만들어서 생분해성(biodegradable) 고분자에 키웠다. 이 세포들을 유전 공학적으로 조작하기보다는, 각각의 세포 조직이 '배양된' 상황, 즉 그것이 자라난 기반, 가용한 영양소, 세포 조직이 자라는 미세 중력 환경 등에 따라 서로 달라지도록 놔두었다. 프로젝트는 "돼지가 날 수 있다면(If Pigs Could Fly)"이라는 속담을 우회적으로 언급한 것이었다. 약 9개월 동안 자란 각 날개는 크기가 4cm×2cm×0.5cm가 되었다. 아주 작고 별로 화려하지도 않은 이 대상들은 테크노 사이언스의 경이로움과 우월함의 찬미를 기대한 관중에게 그 모습을 드러냈다. 〈돼지 날개〉 프로젝트는 공학 생물학이 약속하는 인간에 의한 통제와 지배에 맞서는 저항적 행위로서 실망의 미학을 의도적으로 사용했다.

  바이오아트 분야에서 활동하는 많은 예술가들은 관람객에게 살아 있는 예술품과 협력하거나 또는 상호 작용하도록 요구함으로써, 우리 주위의 살아 있는 세계와의 복잡하면서 때로는 위선적인 관계들을 다소 원색적인 방식으로 폭로한다. 그러한 예들 가운데 가장 악명 높은 작품의 하나는 『알바(Alba)』(2000)이다. 이 작품에서 작가 에두아르도 칵은 유전자 조작 토끼를 프랑스에 위치한 실험실로부터 풀어주기 위한 캠페인에 대중을 끌어들였다. 토끼를 비롯해 (물고기, 식물, 쥐, 원숭이 같은) 다른 많은 생명체들이 에퀴리아 빅토리아 해파리에서 추출한 녹색 형광 단백질(Green Fluorescent Protein,

GFP) 유전자를 게놈에 이식하는 유전자 설계를 받았다. 이렇게 처리된 생명체는 자외선 범위 내의 푸른빛에 노출되면 (세포와 장기의 일부 또는 전체에서) 녹색 형광 빛을 발한다. 칵은 캠페인에 참여한 관중에게 많은 질문을 던진다. 그것은 '새로운' 타자, 이 경우에는 개별적인 유전자 조작 (반려) 동물과의 관계, 유전자가 조작된 생명체들을 환경으로 내보내는 문제, 생명 공학을 생명 의학의 목적으로 이용하는 것과 예술의 목적으로 이용하는 것의 대립, 그리고 프랑스에서 설계된 토끼를 미국 예술가가 직접 놓아주게 해달라는 요구에 수반되는 국가주의 정서의 문제 등에 대한 것이었다.

웨스턴오스트레일리아 대학(University of Western Australia)의 심바이오틱A 실험실(SymbioticA Laboratory)에서 만든 또 다른 세포 미술품에서 화가 가이 벤-아리(Guy Ben-Ary)는 뉴런으로 설계된 자신의 피부 조직과 유도 만능 줄기세포(Induced Pluripotent Stem, iPS)로 불리는 기술을 활용한다. 이 세포들은 다중 전극 어레이 위의 페트리 접시에서 배양되고 음악인들과 합동 공연하는 모듈형 신시사이저 같은 다양한 아날로그에 연결되어 있다. 대표적으로 〈세포F(CellF)〉(2015)라는 제목의 작품은 행위성을 지닌 체외의 '반(¥)생명체(semi-living)'와 함께 '음악'을 연주하는 능력을 인간에게 제공한다.[15]

우리가 공동으로 작업한 초기 작품들은 먹이를 주고 죽게 하는 행위에 관객을 초대함으로써 생명과 함께 하는 실습에 참여시킨다. 배양된 예술적 조직물 〈반(¥)생명(The Semi Living)〉은 살아 있는 상태로 전시되며 보살핌을 필요로 한다. 실제로 관객 앞에서 배양액을 받아먹다가, 전시가 끝날 무렵에는 관객의 참여로 죽게도 된다. 그렇게 죽는 과정은 미묘하다. 세포로 된 작품을 보호용 무균 용기에서 꺼내 외부 환경에 노출시킨 뒤, 박테리아와 균 같은 다른 생명체들로 채우면 죽음으로 이어진다. 게다가, 관객은 조직

---

15 반(¥)생명의 개념에 관한 좀 더 상세한 논의는 Oron Catts and Ionat Zurr, "Growing Semi-Living Sculptures," *Leonardo Magazine*, 35(4) (August 2002), pp. 365~370 참조.

의 조각을 직접 만져보며 임종을 앞당길 수 있다.

16.3 정치 경제 시스템(가제트 만들기)

예술가들은 자의든 타의든 생명 과학과 생명 공학에 대한 대중의 참여에 중추적인 역할을 한다. 예술가들은 테크노 사이언스의 발전에 대한 의식을 고취시키거나, 그러한 발전을 관리 또는 장려하거나, 혹은 미래의 시나리오를 제안한다. 합성 생물학 초창기나 혹은 최근 유럽 연합의 스타츠(Science, Technology, and the Arts, S+T+Arts) 시상식에서 보듯이, 일부 프로그램들은 예술가들을 모집해 아직 실현되지 않은 과학 기술에 대한 대중의 인식을 창출하는 데 적극 나서고 있다.[16]

그 결과 몇몇 바이오아티스트들은 예술가들이 생명 공학의 발전이 이루어지는 사회·경제적 맥락뿐 아니라 그것을 적극적으로 비평하고, 의심하고, 문제시하는 비판적/전술적 미디어아트의 장르를 계속해서 이어간다.[17] 1987년에 결성된 비판적 예술 앙상블(Critical Art Ensemble, CAE)은 예술, 비판 이론, 과학 기술, 그리고 정치적 행동주의의 상호 교차를 탐구하는 모임이다. 1990년대 말에 그들은 생명 공학으로 관심을 돌려 생명 공학에 나타나는 자본주의 의제를 비판하는 일련의 작품들을 선보였다. 예를 들어, 〈뉴 이브 컬트(Cult of the New Eve)』〉(2000)에서 CAE/바누스/와일딩(CAE/Vanouse/Wilding)은 '권위적인' 과학 및 생명 공학 제도에 의해 동원되는 '기독교적 약속의 수

---

16 그들의 웹사이트에 제시된 바에 따르면, "그들은 예리한 관찰자들이 보기에 혁신의 잠재력이 매우 높은 연결점을 찾아낸다. 가까운 미래에 유럽이 직면하게 될 사회적·생태적·경제적 과제를 극복하기 위해서는 혁신이 필요하다."

17 Beatriz da Costa and Kavita Philip(eds.), *Tactical Biopolitics: Art, Activism, and Techno-science* (Cambridge: MIT Press, 2008).

사'에 맞서기 위해 그것을 '가장 덜 합법적인' 사회 체계, 즉 컬트로 가공한다. 그들의 작품 자체는 '생명 공학 지도자들'의 말씀과 홍보용 책 들이 경전으로 사용되고, 과학적 기술들이 참여자들을 위해 컬트적인 방식으로 포장되는 수행과 참여의 설치 예술이다.

〈오픈 소스 에스트로겐(Open Source Oestrogen)〉(2015)에서 메리 매직(Mary Maggic)과 그녀의 공동 제작자들은 쉽게 접근할 수 있는 재료와 대상들을 사용해 '부엌에서' DIY 기술로 에스트로겐을 합성한다. 이 프로젝트는 일련의 재치 있고 개념적인 교육용 비디오와 싸구려 미학을 고의로 풍기는 그래픽 외에도, 실무 전문 지식과 정보를 워크숍과 결합한다. 그럼으로써 (여성과 퀴어 같은) 주변화된 신체들, 가부장적 패권과 그 신체들의 생명 정치적인 관계, 그리고 제약 회사가 통제하는 생명 공학 제품에 대한 접근성을 살펴본다. 매직의 말에 따르면, "그것은 생명 공학적인 시민 불복종의 한 형태로서, 호르몬 관리, 지식 생산, 그리고 인공적인 독성의 지배적인 생명 정치 행위자들을 전복하려고 시도한다".[18]

보스턴(Boston)에 위치한 MIT의 미디어랩에서 나온 매직의 프로젝트는 예술가가 대상/창작물을 만든다기보다는 수행적이고 개입주의적인 예술 장르의 기술에 맞춘다는 점에서 일종의 변칙으로 보일 수 있다. (가령, 심바이오틱A와는 반대로) MIT의 미디어랩에서 나온 대부분의 예술품/디자인 작품들은 그 분야에서 일어나는 변화, 즉 비판적 예술에서 '혁신'에 기여하는 예술로의 변화를 반영한다. 그러한 많은 프로젝트들은 가볍고, 시적이며, 반영적인 예술 개념을 따르기보다는 실용 및 응용 예술을 전달하는 사변적인 응용 예술품들을 주로 내놓는다. 그러한 혁신 미학을 표현하는 예들은 빛을 발하도록 유전자가 변형된 박테리아나 조류를 이용한 램프, 여성의 질(膣)

---

18 Mary Tsang, *Open Source Estrogen: From Biomolecules to Biopolitics … Hormones with Institutional Biopower!* 미발표 학위 논문(Cambridge: MIT, 2017), online.

위생을 위한 박테리아 패드 〈퓨처 플로라(Future Flora)〉(2019)부터 미술가 네리 옥스먼(Neri Oxman)의 영양소를 흡수하고 노폐물을 배출하는 바이오매스(biomass) 웨어러블 〈머슈타리(Mushtari)〉에 이르기까지 매우 다양하다. 우리가 '가제트 예술(Gadgeteering Art)'이라고 부르는 그러한 사변적인 작품들은 새롭고 혁신적인 키트/가제트/제품 들이 보다 나은 세계를 위한 해결책을 제공하고, 더 많은 소비에 의해 그것이 달성될 수 있다는 생각을 따르는 경향이 있다. 더 나아가, 그러한 작품들 중 몇몇은 생물학적으로 불가능한 것들을 향후의 개선 사항처럼 제시한다.

바이오아트에서 독특하고 중요한 점은 생물학적 물질 및 그 행위자 들과의 관계를 긴밀하게 만들어간다는 것이다. 살아 있는 물질을 가지고 작업하는 예술가들은 그 과정을 제어하는 데 있어 인간 능력의 한계를 깨닫는다. 그리고 그것을 통해 생명의 세계를 인간의 소비, 필요, 그리고 욕망을 위해 쉽게 설계하고 지배할 수 있는 물질로 바라보는 생각에 문제를 제기하는 보다 미묘하고 겸허하며 포스트휴먼적인 접근에 이르게 된다. 과학자건 예술가건 실험실에서 작업하는 모든 사람은 생명을 정확하게 설계하는 일이 설사 그것이 가능하다고 하더라도 극도로 어렵다는 것을 아주 잘 알고 있다.

16.4 인간의 신체와 지각(생태로서의 신체)

일부 예술가들은 **인간**에 대한 기본 개념에 의문을 제기하고 인간 종을 개체가 아닌 생태로 간주한다. 또한 인간은 인간 종 중심적이지 않은 다양성과 위계로 이루어진 더 큰 생태계의 일부이다. 『인간과 균의 뒤얽힘(Human-Thrush Entanglements)』(2015)에서 타시 베이츠(Tarsh Bates)는 인간과 칸디다 알비칸스(Candida albicans, 즉, 균) 사이의 다양한 만남을 만들어낸다. 관객은 칸디다의 성장과 분화를 보여주는 비디오 영상에 참여하도록 초대되어, 서로 다른 '섹슈얼리티'의 칸디다와 카드놀이를 하거나, 혹은 칸디다(효모)로 발효된 빵을 먹으면서 칸디다와 말 그대로 가까워진다. 이러한 과정을 통해 우리의 일부분인 생물체들에 대한 쾌락과 혐오 같은 인간 종 중심적인 반응을 가지고 놀도록 유도된다. "칸디다가 인간 신체와 만나는 동안 인간 그 이상의 육체성이 칸디다에 대한 미적 체험의 이해를 통해 활성화되고 … 인간과 칸디다는 젠더적이고 성적이며 가끔은 무자비한 생명 정치적인 얽힘 속에서 공진화하는 동반종으로서 관계를 맺는다."[19]

적어도 50%가 (과학에서는 미생물 군집으로 불리는) 비인간 세포들로 이루어진 생태계로서의 인간은 자기 면역 질환 치료에서의 분변 이식의 전망과 위험을 조사하는 캐시 하이(Kathy High)의 탐구 주제이기도 하다.[20] 그녀의 〈거트 러브(Gut Love)〉(2017)는 "종간 사랑, 면역학, 그리고 박테리아의 은유를 활용해 분변 미생물 이식과 장내 미생물 군집 연구를 살펴봄으로써 인체 내에서의 박테리아의 기능의 중요성을 이해할 수 있게 한다".[21] 이러한 예술가들은 인간을 계몽된 이성적 개인으로서 보는 것이 아니라, 인간에 대한 다른 관점을 제시한다. 그것은 인간의 장내 미생물 군집이 각각의 '인간'을 건강, 감정 상태, 인지 상태 등등에 따라서 정의하는 데 중요한 역할을 한다는 것이다. 그렇다면 우리는 미생물 군집을 위한 용기(容器)인가? 만약 사랑하거나 존경하는 사람으로부터 분변 이식을 받는다면 ─ 캐시 하이는 데이비드 보위(David Bowie)에게 기증을 요청했다! ─ 우리는 더 가까워지는 것인가?

안나 뒤미트리우(Anna Dumitriu)의 작품은 서로 다른 종류의 박테리아를

---

19 Tarsh Bates, "HumanThrush Entanglements: Homo sapiens as a Multi-Species Ecology," *Philosophy, Activism, Nature*, 10(2013), p. 36.

20 미생물 군집은 미생물 군(즉, 인간의 내장과 같은 특정 틈새에 존재하는 전체 미생물 집합)의 모든 유전 물질로 구성된다. 이것은 미생물 군집의 메타 게놈이라고도 할 수 있다.

21 Kathy High, "Gut Love Bacteria, Love and Immunology Intersect at Esther Klein Gallery Exhibit," *Science Center. Org* (October 5, 2017), online.

소재와 물질성으로 사용한다. 과학적 의사소통에 기여하는 예술가를 자처하는 그녀의 예술은 다양한 박테리아들의 특징과 그들이 역사를 통해 인간과 맺는 관계를 구체적으로 다룬다. 예를 들어, 〈전염병 드레스(Plague Dress)〉(2018)에서의 전염병에 관한 이야기나 〈슈퍼버그(Superbugs)〉(2017)에서의 최근의 항생제 내성 문제 등이 그것을 잘 보여준다. 그녀의 작품은 인간 중심적 서사를 통해 우리의 비인간 박테리아 동반종들을 엿볼 수 있게 해준다.

16.5 인간 그 이상을 위한 예술(인간 이후)

합성 생물학은 생물학에 공학의 원칙과 사고방식을 적용하는 데 관심이 많은 새로운 학제 간 분야이다. 아이러니한 점은 공학 분야의 원칙과 은유가 생명과 생명체에 관한 물리적·개념적·윤리적 복잡성에 적용될 때 DNA 맹목주의가 생물학 분야에 유입된 공학적 사고방식을 거쳐 다시 등장한다는 것이다. 이러한 접근 방식은 인류가 여섯 번째 대멸종의 단계에 접어들면서 일어나고 있다.

많은 바이오아티스트들은 현재의 기후 비상사태와 비인간 종의 멸종을 사운드스케이프, 냄새, 그리고 그러한 비극적 손실과 함께 사라질 다른 감각 정보들을 통해 살펴본다. 그러한 예술가들 중 일부는 합성 생물학을 대응 수단으로 사용한다. 합성 생물학의 약속 중 하나는 멸종 방지(de-extinction)를 위한 요구 혹은 남은 DNA 조각을 이용해 멸종 위기에서 종을 되살리는 복원 생물학(Resurrection Biology)이다.[22] 이러한 논의들은 가부장적이고 환

---

22 복원 생물학 또는 종 복원주의(species revivalism)라고도 알려진 멸종 방지는 멸종된 종에서 유기체를 생성하는 과정이다. 이에 관한 좀 더 상세한 정보는 Ben Jacob Novak, "De-Extinction," *Genes*, 9(11) (2018), online 참조.

원주의적인 과학적 교리를 따르느라, 전체 종은 말할 것도 없고 동물 발달의 필수 부분인 난자, 자궁, 미생물 군집, 환경 요인, 그리고 사회화의 중요성에 관한 논의는 삼간다.

예술가들은 의도적으로 이 분야를 파고들어 논쟁의 여지가 있는 작품들을 만들어낸다. 예를 들어, 데이지 긴스버그(Daisy Ginsberg)의 〈대체물(Substitute)〉(2018)은 우리가 살아 있는 동물처럼 소리 내고, 쳐다보고, '거의 비슷하게 행동'하는 멸종 동물의 무생물 대체물을 만들 수 있는지의 문제를 다룬다. 현재 멸종 상태인 마지막 남은 북방 흰코뿔소(*Ceratotherium simum cottoni*)가 남긴 소리를 들은 뒤에 긴스버그는 이렇게 묻는다.

우리는 생명력 강화에 좋다는 뿔의 성분에 대한 욕망 때문에 사라진 아종(亞種)을 잠시 애도한다. 그런 다음에는 생명 공학을 이용하면 다른 아종에서 자랐더라도 되살릴 수 있다는 것에 위로를 받는다. 하지만 종 전체를 죽인 인간들이 복원된 코뿔소를 보호할 수 있을까? 그리고 이 새로운 코뿔소는 진짜일까?[23]

대신에 긴스버그는 얄궂은 대체물을 제시한다. 그것은 폭이 5m인 실물 크기의 투사체로서, 가상 세계에서 돌아다니는 인공 코뿔소가 인공 지능을 통해 점점 더 '진짜'가 되는 모습을 보여준다. 인공 코뿔소가 자신의 공간에 익숙해지자, 형태는 픽셀에서 실물에 가까운 모습으로 바뀌고, 이 살아 숨 쉬는 코뿔소는 자연환경이 아니더라도 살아 움직이는 완전한 인공물임을 관람객에게 상기시킨다. 코뿔소의 행동과 소리는 작가가 접한 마지막 코뿔소 무리에 관한 몇 안 되는 연구 영상을 편집한 것이었다.

이처럼 환경에서 분리된 비생물 대체물이 앞으로 잘 작동할까? '인간 이

---

23 데이지 긴스버그의 웹사이트 참조.

후'의 인간 종에 대해서도 그와 비슷하게 생각할 수 있을까? 대체물 대신에 긴스버그는 크리에이티브 디렉터 크리스티나 어가파키스(Christina Agapakis)가 이끄는 생명 공학 회사 깅코 바이오웍스(Ginkgo Bioworks)의 연구원과 공학자들로 구성된 학제 간 팀과 후각 연구자이자 예술가인 시셀 톨라스(Sissel Tolaas)와 함께 하버드 대학의 허바리아(Herbaria) 식물 박물관에 보존된 세 가지 표본의 꽃에서 추출한 작은 DNA 파편들을 이용해 멸종된 꽃의 향을 복원하는 예술 프로젝트를 제안한다. 합성 생물학의 기술을 이용해 그들은 향기 생성 효소의 부호화에 필요한 유전자 서열을 예측하고 재합성한다. 이렇게 설치된 작품은 향기가 퍼지고 섞이는 열린 환경을 제공해 우연성을 끌어들인다. 정확한 향기란 존재하지 않는다. 인간 청중의 향기도 그렇게 해서 섞인 향기의 일부이다.

16.6 생명이란 무엇인가?

바이오아트는 생명 조작과 제조의 영역을 생물학 실험실에서 미술관으로 옮겨 왔다. 그 결과 생명체들과 그것들을 만들고 변형하는 비결이 생의학 영역에서 벗어나 훨씬 더 광범위한 문화적 맥락 속으로 확산되고, 생명 조작을 위한 또 다른 공간들이 열렸다. 오늘날 신자유주의적 혁신의 패러다임 속에서 생명 조작이 거대한 이용 자원처럼 간주되고 소비자 제품 영역의 일부가 되고 있다는 것은 놀랄 일이 아니다. 이러한 현상은 예술가들의 의도와 항상 일치하는 것은 아니며, 때로는 상반되기도 한다.

몇몇 작품들은 자본주의적인 테크노 사이언스 기획에 필요한 영감 또는 입증된 개념이 되었다. 예를 들어, 〔1980년대 중반에 제작되어 2000년에 아르스 일렉트로니카(Ars Electronica) 축제에 처음 전시된〕 조 데이비스(Joe Davis)의 작품 〈마이크로비너스(Microvenus)〉는 미래 세대 또는 우주 외계인을 위한 문화적 메시지와 이미지의 심층 암호화의 초기 시도들이다. 과학자이자 기업가인 크레이그 벤터(Craig Venter)는 2010년에 유사한 기술을 이용해 신시아(Synthia)라는 이름의 인조 박테리아 게놈 미코플라즈마 라보라토리엄(*Mycoplasma laboratorium*)에 '투명 무늬(watermark)'를 새겨 넣었다. 데이비스의 표현이 시적이라면, 벤터의 표현은 산문적이다. 그것은 지식 재산권의 목적으로 생물학 제품들에 '투명 무늬를 새겨 넣는' 미래의 모습을 반영한다.

어떤 예술가들의 시도는 ─ 그것이 아무리 비판적이고, 반어법과 전복으로 충만하더라도 ─ 과학과 산업계에 의해 채택되기도 한다. 아마도 가장 좋은 예는 계속 성장 중인 세포 농업 분야에서 찾을 수 있을 것이다.[24] 가령, 동물을 사용하지 않고 동물 고기를 생산하기 위해 조직 공학(Tissue Engineering, TE) 기술로 동물 고기를 제조하는 배양육의 사례는 과학 소설의 영역에서 유래해 신흥 산업으로 발전하고 있다. 2019년 현재 세 나라가 배양육 연구에 매우 적극적이다. 대표적인 회사들로는 캘리포니아(California)를 중심으로 한 미합중국의 멤피스 미트(Memphis Meats), 햄프턴 크릭/저스트(Hampton Creek/Just), 핀리스 푸드(Finless Foods), 네덜란드의 모사미트(MosaMeat), 그리고 이스라엘의 슈퍼미트와 키친 푸드테크 허브(Supermeat and The Kitchen Foodtech Hub) 등이 있다. 일본도 오픈 소스 쇼진미트 프로젝트(Shojinmeat Project)를 통해 미래의 핫스폿으로 성장할 태세를 갖추고 있으며, 그 밖에 싱가포르는 최근에 과학기술처를 중심으로 지역의 스타트업 회사들을 지원하고 있다.

MGH 하버드 의대의 조직 공학 및 장기 제작 실험실(Tissue Engineering and Organ Fabrication Laboratory)에서 연구원으로 있던 약 20년 전인 2000년에, 우리는 자궁 내 조직 공학 실험으로 양의 태아에서 추출한 세포를 가지고 첫 번째 배양 '스테이크'를 키웠다. 우리가 배양 '스테이크'를 키우게 된 동기

---

24 세포 농업은 동물이 아닌 세포 배양에서 동물성 제품을 생산하는 새로운 분야이다. 이 분야는 생명 공학의 발전을 기반으로 한다.

는 혁신, 상업화, 또는 대안 육류 생산이 아니었다. 그보다는 새로운 지식과 과학 기술을 문화적으로 표출하고 '무(無)신체(no body)'(즉, 동물의 몸에서 나오지 않은 — 옮긴이) 고기, 이 경우 아직 태어나지 않은 신체의 고기를 먹을 가능성에 대해 존재론적으로 숙고하기 위한 것이었다. 2003년에 우리의 실험실에서 자란 배양육은 프랑스에서 열린 〈탈신체화 요리(Disembodied Cuisine)〉라는 제목의 예술 공연에서 처음으로 대중에 의해 소비되었다. 그리고 10년 뒤에 이와 유사한 공연이 개최되었다. 구글(Google)의 공동 창업자인 세르게이 브린(Sergey Brin)의 재정 지원을 받는 과학자 마크 포스트(Mark Post)가 실시간으로 진행된 요리와 소비의 퍼포먼스에서 최초의 실험실 배양 소고기 햄버거를 세상에 '공개'한 것이다.

이것은 과학이 예술을 모방한 사례이다.

우리가 〈피해자 없는 스테이크(Victimless Steak)〉(그리고 2004년의 〈피해자 없는 가죽(Victimless Leather)』)에서 시도한 아이러니와 비판은 혁신의 내러티브에 완전히 흡수되어 버렸다. 테크노 사이언스 프로젝트의 한 표현으로서 시도된 피해자 없는 고기의 작품화에서 발생한 한 가지 문제는 그것이 피해자 없는 존재물의 환상을 만들어낼 수도 있다는 것이다. 첫째, 배양육을 키우기 위해서는 동물 혈장을 이용해 만든 혈청이 여전히 필요하다. 이 성분에 대한 대안을 찾기 위한 연구가 있다고 하더라도, 지금까지 공식적으로 발표된 효과적인 해결책은 없으며, 아직도 (송아지 또는 소 태아 같은) 동물들이 그 성분을 위해 희생되고 있다. 둘째, 실험실에서의 육류 배양은 동물의 모든 신체적 기능을 과학 기술에 '위탁'하고 있으며, 실험실 운영과 관련된 모든 '비용', 즉 불태운 화석 연료, 배출된 온실가스, 소비된 물과 목재, 출장 거리, 그리고 배출된 쓰레기 등은 자주 간과되고 있다. 셋째, '인정사정 봐주지 않는' 자연의 개념이 매개로서의 자연으로 바뀌고 있다. 그 과정에서 동물 피해자들은 더 멀리 밀려나고 있다. 그들은 여전히 존재하지만 갈수록 더 드러나지 않는다. 그 결과 동물은 파편으로 추출되고 기술적 장치를 통해 매개된다.

육류 산업과 관련된 환경과 윤리의 문제에 대한 단순한 해결책은 고기를 **덜** 소비하는 것이다. 그러나 이것은 성장 중심의 자본주의 내에서는 선택 사항이 아니다.[25] 2018년에 우리는 생명이 갈수록 상품으로 인식되는 추이에 자극받아 〈바이오메스(Biomess)〉(생물 자원을 뜻하는 바이오매스를 비꼰 단어—옮긴이) 전시를 기획하게 되었다. 〈바이오메스〉에서 우리는 고급 소매점의 미학을 이용해 (변형되었거나 자연에서 발견된) 카리스마가 없는 퀴어한 생명체들을 욕망의 대상으로 만듦으로써 생명의 낯섦을 기념하고 그것에 도전했다. 그리고 서로 다른 문화적 환경과 관련 가치 들의 '괴물 같은' 혼성 속에서 비판적이고 성찰적인 바이오아트를 제시하는 것의 태도, 함의, 절차적 측면을 따져보았다.

웨스턴오스트레일리아 미술관에서 처음 전시된 〈바이오메스〉는 웨스턴오스트레일리아 박물관 및 웨스턴오스트레일리아 미술관과의 협업으로 성사되었다. 전시회에는 고급 소매상점들과 거래하는 디자인 제조업체의 기증품이 포함되었다. 전시회의 의도는 미학적으로, 개념적으로, 그리고 실제적으로 미술관, 자연사 박물관, 그리고 최고급 소매 상가 같은 서로 다른 기관과 큐레이터의 관례를 횡단하고, 혼합하고, 대비시키는 데 있었다. 전시는 생물체, 자연사 표본, 그리고 실험실에서 자란 생명('반(半)생명')을 결합해 '바이오-구찌' 스타일의 환경 내에 배열했다. 그 결과 〈바이오메스〉 설치 미술은 생물체(와 생명 일반)를 바라보는 인간 종 중심주의적 관점에서 벗어난 서사이자 그에 대한 비판으로 작용했다.

설치된 전시 내에서 두 개의 방이 서로를 비추고 있다. 하나의 방은 목적과 의도 없이 진화하고 공통된 환경에 적응하는 생물체들을 보여준다.[26] 다

---

25 포스트휴머니즘과 관련된 생명의 상업화에 관한 좀 더 상세한 논의는 8장, 11장 참조.

26 Stephen J. Gould, *The Panda's Thumb: More Reflections in Natural History* (New York:

른 하나의 방은 인간에 의해 고안된 생물체들, 의도적으로 조작해서 만든 하이브리도마(Hybridomas)를 전시 중이다. 그것들은 생존을 위해 인간의 과학 기술에 의존해야 한다.[27] 하이브리도마는 해체 및 폐기된 실험실 인큐베이터 내의 맞춤 설계된 생물 반응기 속에 있다. 내면의 불안정하고 무질서한 '인식적인 것'을 드러내려고 '기술적 대상'을 해체한 것이다. 우리의 작품은 살아 있는 생명체와 '반생명체' 모두 신비스러우며 인간에 의해 완벽하게 통제되고 이해될 수 없다는 확신을 반영한다. 하지만 다른 한편으로 이 설치물의 디자인은 충족되지 않은 욕망을 채우기 위해 생물학적 생명을 새로운 상품으로 탐험하고 착취하는 새로운 시대로의 진출에 문제를 제기한다.

점점 더 생명은 인간 욕망의 원료가 되고 있다. 20세기 초에 생물학을 공학 연구에 편입시킬 것을 촉구한 자크 로엡(Jacques Loeb)부터 최근의 합성 생물학과 생명 가공 기술에 이르기까지, 구성되고 조작된 생명체들은 과학 실험실을 끊임없이 벗어나 예술적 표현을 위한 매개와 소비자 제품으로 변하고 있다. 이러한 새로운 생명체들이 분류를 거부하면서 빠르게 출현하는 데 반해서 우리는 현존하는 수많은 생명체들을 아직도 파악하지 못하고 있다. 생명체와 반생명체 예술 작품들은 인간 종 중심주의적 전제들에 의문을 던지고 그것들을 문제화한다. 우리의 현 시대는 인간의 생명을 포함해 생명과 그 환경을 조작하고 상품화하려는 지구적 차원의 시도를 특징으로 한다. 〈바이오메스〉는 생명의 무질서, 전복, 그리고 규칙을 거스르는 본질을 강조한다. 그것은 인간이라는 동물이 생명 시스템이라는 놀라운 괴물의 통합된 일부임을 상기시킨다. 이러한 예술 작품은 우리와 같은 예술가들에게 전시 중인 생물체들에 대한 충분한 책임과 돌봄의 의무를 강하게 요구한다. 또한

Norton, 1980) 참조.

27 하이브리도마는 주로 연구 및 치료 목적의 항체 생산을 위해 서로 다른 생물체에서 채취한 두 개 이상의 세포를 융합해 만든 혼종 세포이다.

인간의 예술 활동에 생명을 사용함으로써 제기되는 문제에 대해서도 직접적으로 다룰 것을 요구한다.

모든 바이오아트 작품은 불평등한 협업과 통제력 상실의 증거이다.

바이오아트 작품들은 수명이 짧고, 일시적이어서, 전시 공연이 끝나고 나면 기억의 유물로 남는다. 그러나 만약 기억할 인간이 없다면, '인간 이후'에는 무엇이 기억될까? 예술가들은 비인간 세계를 위해 의미 있는 예술을 만들 수 있을까?

이처럼 예술가들이 미학적으로 생명을 직접 다루는 행위는 생명 시스템에 가해지는 조작의 단계들에 대해 불편한 감정을 일으킬 수 있다. 이러한 불편함은 최근의 문화적 가치와 신념 체계가 생명 과학 분야에서 나온 응용 지식의 결과를 다룰 준비가 아직 되어 있지 않다는 사실에서 비롯된 것으로 보인다. 생명은 커다란 변화를 겪고 있다. 비록 그 변화가 아직까지는 실제보다 지각 수준에 더 가까울지라도 말이다. 생명 과학 실험실에서의 엄격하고, 비판적이며, 그야말로 놀라운 탐구를 통해 바이오아트는 생명 그 자체에 대한 새로운 접근들의 엄청난 잠재력과 함정에 관한 대화를 요청한다.

생명을 대상으로 하는 예술가로서 우리는 진화의 시간 척도가 인간이 이해하는 것보다 훨씬 더 길다는 것을 아주 잘 알고 있다. 인간은 이 시간 척도에서 아주 잠시 동안만 존재할 뿐이다. 우리는 인간으로서 우리의 실존을 이해하고 그로부터 의미를 만들려고 노력하지 않을 수 없다. 반면에 살아 있다는 행위는 우리의 환경, 우리 자신, 그리고 그 사이의 모든 것을 조작하는 방향으로 확장되고 있다. 그러는 동안 우리는 이 복잡한 세계를 누릴 수 있는 제한된 감각 능력을 통해서만 우리가 아는 모든 것을 알 뿐임을 겸허하게 배우고 또 배운다.

우리가 신체를 과학 기술로서 취급하기에 우리 자신을 이해할 수 있는 은유가 부족하다는 이 글 첫 부분의 전제로 돌아가면, 소위 바이오아트 분야는 우리가 필요로 하는 어휘를 일부라도 제공할 수 있을까? 새로운 언어를 개념화하는 데 있어 예술가의 역할은 새로운 대안적 의미를 만듦으로써 이 상황을 깨닫고 그에 대응하도록 돕는 것인가? 통제와 표준화의 공학적 어휘를 사용하는 대신에, 예술의 언어가 있다면 그것은 무엇인가? 무엇이 예술의 언어인가? 모든 통제를 철회하고 우리는 단지 이 지구 행성의 방대한 역사, 현재, 그리고 미래의 작은 파편에 불과함을 깨닫기에 앞서, 사실에 근거한 언어, 생명에는 우리의 이해를 넘어서는 무언가 **특별한** 것이 있음을(우리도 생명이기 때문이다!) 겸허히 받아들이는 탐구적이면서도 엄격한 지식을 존중하는 언어를 개발하는 것이 의미 있을 것이다. 그것은 (탄소를 멀리하고), 세속적 생기론을 따르며, 나아가 분자에서 우주에 이르는 모든 생명체와 감응하는 언어이다.

어쩌면 우리에게 남은 것은 생명은 생분해성 예술이라는 생각뿐일지도 모른다!

참고문헌

Adey, P. 2010. *Aerial Life: Spaces, Mobilities, Affects.* Malden, MA: Wiley-Blackwell.

Agamben, G. 2007. *The Coming Community.* trans. Michael Hardt. Minneapolis, MN: University of Minnesota Press.

Ahmed, S. 2004. *The Cultural Politics of Emotion.* New York, NY: Routledge.

_____. 2008. "Imaginary Prohibitions: Some Preliminary Remarks on the Founding Gestures of the "New Materialism"." *European Journal of Women's Studies,* 15(1), pp. 23~39.

Ahuja, N. 2017. "Colonialism." In Stacy Alaimo(ed.). *Gender: Matter.* Farmington Hills, MI: Macmillan, pp. 237~252.

Alaimo, S. 2010. *Bodily Natures: Science, Environment, and the Material Self.* Bloomington, IN: Indiana University Press.

_____. 2017. "Your Shell on Acid: Material Immersion, Anthropocene Dissolves." In Richard Grusin(ed.). *Anthropocene Feminism.* Minneapolis, MN: University of Minnesota Press, pp. 89~120.

Alaimo, S. and S. Hekman. 2008. "Introduction: Emerging Models of Materiality in Feminist Theory." In S. Alaimo and S. Hekman(eds.). *Material Feminisms.* Bloomington, IN: Indiana University Press, pp. 1~22.

Allington, D., S. Brouillette, and D. Golumbia. 2016. "Neoliberal Tools (and Archives): A Political History of the Digital Humanities." In *Los Angeles Review of Books* (1 May). Online. https://lareviewofbooks.org/article/neoliberal-tools-archives-political-history-digital-humanities/.

Aloi, G. and S. McHugh (Forthcoming). "Introduction: Art and the Ontological Turn." In G. Aloi and S. McHugh(eds.). *Posthumanism in Art and Science: A Reader.*

New York, NY: Columbia University Press.

Althusser, L. 1971. "Ideology and Ideological State Apparatuses (Notes towards an Investigation)." trans. Ben Brewster. In *Lenin and Philosophy and Other Essays*. London, UK: New Left Books, pp. 121~173.

Angerer, M-L. 2017. *Ecology of Affect: Intensive Milieus and Contingent Encounters*. trans. Gerrit Jackson. Lüneburg, Germany: Meson Press.

Arendt, H. 1998. *The Human Condition*, 2nd ed. Chicago, IL: University of Chicago Press.

Asimov, I. 1956. *I, Robot*. New York, NY: Signet Books.

Atanasoski, N. and V. Kalindi. 2019. *Surrogate Humanity: Race, Robots, and the Politics of Technological Futures*. Durham, NC: Duke University Press.

Atkinson, M. 2017. *The Poetics of Transgenerational Trauma*. New York, NY: Bloomsbury Academic.

Atzmon, L. and P. Boradkar(eds.). 2017. *Encountering Things: Design and Theories of Things*. New York, NY: Bloomsbury.

Bacigalupi, P. 2004. "The People of Sand and Slag." *The Magazine of Fantasy and Science Fiction*, 106(2), pp. 6~29.

_____. 2010. *Ship Breaker*. New York, NY: Little, Brown and Company.

_____. 2012. *The Drowned Cities*. New York, NY: Little, Brown and Company.

_____. 2017. *Tool of War*. New York, NY: Little, Brown and Company.

Badmington, N. 2000. "Introduction: Approaching Posthumanism." In N. Badmington (ed.). *Posthumanism*. New York, NY: Palgrave, pp. 1~10.

_____. 2006. "Posthumanism." In Simon Malpas and Paul Wake(eds.). *The Routledge Companion to Critical Theory*. London, UK: Routledge, pp. 240~241.

Bakke, B. 2008. "Desires: Wet Media Art and Beyond." *Parallax*, 14(3), pp. 21~34.

Barad, K. 2003. "Posthuman Performativity: Toward an Understanding of How Matter Comes to Matter." *Signs: Journal of Women in Culture and Society*, 28(3), pp. 801~831.

_____. 2007. *Meeting the Universe Halfway: Quantum Physics and the Entanglement of Matter and Meaning*. Durham, NC: Duke University Press.

Barnett, F. 2014. "The Brave Side of the Digital Humanities." *Differences*, 25(1), pp. 64~78.

Bates, T. 2013. "HumanThrush Entanglements: Homo Sapiens as a Multi-species Ecology." *Philosophy, Activism, Nature*, 10, pp. 36~45.

Baudrillard, J. 1983. *Simulations*. trans. P. Foss, P. Patton, and P. Beitchman. New York, NY: Semiotext[e].

_____. 1993. *The Transparency of Evil: Essays on Extreme Phenomena*. trans. J. Benedict. London, UK: Verso Books.

Beauchamp, T. 2017. "Transgender Matters." In Stacy Alaimo(ed.). *Gender: Matter*. Farmington Hills, MI: Macmillan, pp. 65~77.

Beck, U. 1992. *Risk Society: Toward a New Modernity*. New York, NY: Routledge.

Behar, K. (ed.). 2016. *Object-Oriented Feminism*. Minneapolis, MN: University of Minnesota Press.

Belsey, C. 1980. *Critical Practice*. London, UK: Methuen.

_____. 2002. *Poststructuralism: A Very Short Introduction*. Oxford, UK: Oxford University Press.

Benjamin, R. 2019. *Race after Technology: Abolitionist Tools for the New Jim Code*. Cambridge, UK: Polity Press.

Bennett, J. 2010. *Vibrant Matter: A Political Ecology of Things*. Durham, NC: Duke University Press.

Bennett, T. 2015. "Cultural Studies and the Culture Concept." *Cultural Studies*, 29(4), pp. 546~568.

Bergson, H. 1911. *Creative Evolution*. trans. Arthur Mitchell. New York: Henry Holt.

Berlant, L. 2008. *The Female Complaint: The Unfinished Business of Sentimentality in American Culture*. Durham, NC: Duke University Press.

_____. 2011. *Cruel Optimism*. Durham, NC: Duke University Press.

Best, S. 2009. "The Rise of Critical Animal Studies: Putting Theory into Action and Animal Liberation into Higher Education." *Journal of Critical Animal Studies*, 7(1), pp. 9~52.

Beukes, L. 2008. *Moxyland*. Johannesburg: Jacana Media.

Blackman, L. 2012. *Immaterial Bodies: Affect, Embodiment, Mediation.* London, UK: SAGE Publications.

Bloch, E. 1986. *The Principle of Hope.* trans. N. Plaice, S. Plaice, and P. Knight. 3 vols. Cambridge, MA: The MIT Press.

Bök, C. 2015. *The Xenotext: Book 1.* Toronto, ON: Coach House Books.

Bostrom, N. 2005. "Transhumanist Values." In F. Adams(ed.). *Ethical Issues for the 21st Century.* Charlottesville, VA: Philosophy Documentation Center, pp. 3~14.

_____. 2014. *Superintelligence: Paths, Dangers, Strategies.* Oxford, UK: Oxford University Press.

Bould, M. and C. Miéville(eds.). 2009. *Red Planets: Marxism and Science Fiction.* Middleton, CT: Wesleyan University Press.

Braidotti, R. 2011. *Nomadic Subjects: Embodiment and Sexual Difference in Contemporary Feminist Theory,* 2nd ed. New York, NY: Columbia University Press.

_____. 2013. *The Posthuman.* Malden, MA: Polity Press.

_____. 2018. "Posthuman Critical Theory." In R. Braidotti and M. Hlavajova(eds.). *The Posthuman Glossary.* Bloomsbury Academic, 339-42.

_____. 2019. *Posthuman Knowledge.* Medford, MA: Polity Press.

Braidotti, R. and M. Hlavajova(eds.). 2018. *The Posthuman Glossary.* New York, NY: Bloomsbury Academic.

Braidotti, R. and T. Vermeulen. 2014. "Borrowed Energy." *Frieze.* Online. https://frieze.com/article/borrowed-energy

Brassier, R. 2007. *Nihil Unbound: Enlightenment and Extinction.* London, UK: Palgrave Macmillan.

_____. 2013. "Unfree Improvisation/Compulsive Freedom." Mattin.org. Online. www.mattin.org/essays/unfree_improvisation-compulsive_freedom.html

Brassier, R. et al. 2007. "Speculative Realism." *Collapse,* 3, pp. 307~449.

Braun, B. 2007. "Biopolitics and the Molecularization of Life." *Cultural Geographies,* 14(1), pp. 6~28.

Brennan, T. 2004. *The Transmission of Affect.* Ithaca, NY: Cornell University Press.

Brin, D. 1980. *Sundiver.* New York, NY: Spectra.

_____. 1983. *Startide Rising.* New York, NY: Spectra.

_____. 1987. *The Uplift War.* New York, NY: Spectra.

_____. 1995. *Brightness Reef.* New York, NY: Spectra.

_____. 1996. *Infinity's Shore.* New York, NY: Spectra.

_____. 1998. *Heaven's Reach.* New York, NY: Spectra.

Brooke, J. H. 1971. "Organic Synthesis and the Unification of Chemistry - A Reappraisal." *The British Journal for the History of Science*, 5(4), pp. 363~392.

Brown, B. 2001. "Thing Theory." *Critical Inquiry*, 28(1), pp. 1~22.

_____. 2016. *Other Things.* Chicago, IL: The University of Chicago Press.

Brown, D. L. 2018. "Can the "Immortal Cells" of Henrietta Lacks Sue for Their Own Rights?" *Washington Post*, 25 Jun., Online. www.washingtonpost.com/news/retropolis/wp/2018/06/25/can-the-immortal-cells-of-henrietta-lacks-sue-for-their-own-rights/.

Bryant, L. R. 2011. "The Ontic Principle: Outline of an Object-Oriented Ontology." In L. R. Bryant, N. Srnicek, and G. Harman(eds.). *The Speculative Turn: Continental Materialism and Realism.* Victoria, AU: re-press, pp. 261~78.

Burke, S. 2018. *Semiosis.* New York, NY: Tor.

_____. 2019. *Interference.* New York, NY: Tor.

Butler, J. 1990. *Gender Trouble: Feminism and the Subversion of Identity.* London, UK: Routledge.

_____. 1992. "Contingent Foundations: Feminism and the Question of Postmodernism." In J. Butler and J. W. Scott(eds.). *Feminists Theorize the Political.* New York, NY: Routledge, pp. 3~21.

_____. 1993. *Bodies That Matter: On the Discursive Limits of "Sex".* New York, NY: Routledge.

_____. 2004. *Precarious Life: The Powers of Mourning and Violence.* London, UK: Verso Books.

_____. 2009. *Frames of War: When Is Life Grievable?* London, UK: Verso Books.

Butler, O. E. 1996. *Clay's Ark.* New York, NY: Warner Books.

_____. 2000a. *Lilith's Brood.* New York, NY: Aspect/Warner Books.

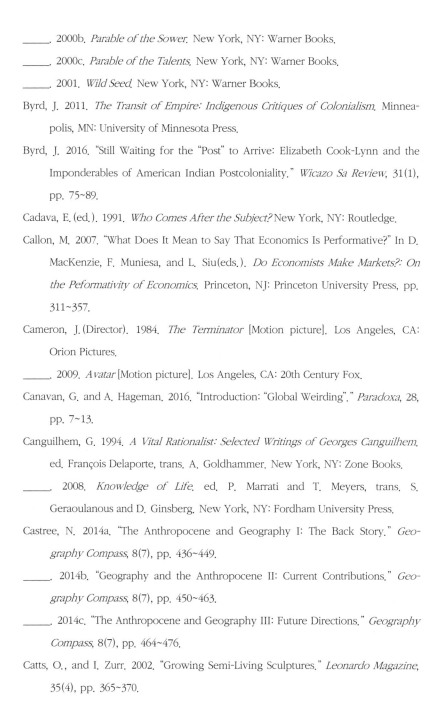

_____. 2000b. *Parable of the Sower.* New York, NY: Warner Books.

_____. 2000c. *Parable of the Talents.* New York, NY: Warner Books.

_____. 2001. *Wild Seed.* New York, NY: Warner Books.

Byrd, J. 2011. *The Transit of Empire: Indigenous Critiques of Colonialism.* Minneapolis, MN: University of Minnesota Press.

Byrd, J. 2016. "Still Waiting for the "Post" to Arrive: Elizabeth Cook-Lynn and the Imponderables of American Indian Postcoloniality." *Wicazo Sa Review,* 31(1), pp. 75~89.

Cadava, E. (ed.). 1991. *Who Comes After the Subject?* New York, NY: Routledge.

Callon, M. 2007. "What Does It Mean to Say That Economics Is Performative?" In D. MacKenzie, F. Muniesa, and L. Siu(eds.). *Do Economists Make Markets?: On the Peformativity of Economics.* Princeton, NJ: Princeton University Press, pp. 311~357.

Cameron, J. (Director). 1984. *The Terminator* [Motion picture]. Los Angeles, CA: Orion Pictures.

_____. 2009. *Avatar* [Motion picture]. Los Angeles, CA: 20th Century Fox.

Canavan, G. and A. Hageman. 2016. "Introduction: "Global Weirding"." *Paradoxa,* 28, pp. 7~13.

Canguilhem, G. 1994. *A Vital Rationalist: Selected Writings of Georges Canguilhem.* ed. François Delaporte, trans. A. Goldhammer. New York, NY: Zone Books.

_____. 2008. *Knowledge of Life.* ed. P. Marrati and T. Meyers, trans. S. Geraoulanous and D. Ginsberg. New York, NY: Fordham University Press.

Castree, N. 2014a. "The Anthropocene and Geography I: The Back Story." *Geography Compass,* 8(7), pp. 436~449.

_____. 2014b. "Geography and the Anthropocene II: Current Contributions." *Geography Compass,* 8(7), pp. 450~463.

_____. 2014c. "The Anthropocene and Geography III: Future Directions." *Geography Compass,* 8(7), pp. 464~476.

Catts, O., and I. Zurr. 2002. "Growing Semi-Living Sculptures." *Leonardo Magazine,* 35(4), pp. 365~370.

_____. 2005. "Big Pigs, Small Wings: On Genohype and Artistic Autonomy." *Culture Machine*, 7. Online. https://culturemachine.net/biopolitics/big-pigs-smallwings/.

_____. 2014. "Countering the Engineering Mindset - The Conflict of Art and Synthetic Biology." In J. Calvert and D. Ginsberg(eds.). *Synthetic Aesthetics.* Cambridge, MA: The MIT Press,

_____. 2018a. "Artists Working with Life (Sciences) in Contestable Settings." *YISR: Interdisciplinary Science Reviews,* 43(1), pp. 40~53, Online.

_____. 2018b. "Vessels of Care and Control - The Citizens of Incubators." In K.E. Happe, J. Johnson, and M. Levina(eds.). *Biocitizenship: On Bodies, Belonging, and the Politics of Life.* New York, YI: New York University Press, pp. 255~273.

_____. 2019. "Biomass." In *Nature: Cooper Hewitt Design Triennial Exhibition* (2019). Online.

Cavarero, A. 2016. *Inclinations: A Critique of Rectitude.* Trans. Adam Sitze and Amanda Minervini. Stanford, CA: Stanford University Press.

Chachra, D. 2015. "Why I Am Not a Maker." *The Atlantic,* 23 Jan. Online. www.theatlantic.com/technology/archive/2015/01/why-i-am-not-a-maker/384767/

Chakrabarty, D. 2009. "The Climate of History: Four Theses." *Critical Inquiry,* 35(2), pp. 197~222.

Chen, M. Y. 2012. *Animacies: Biopolitics, Racial Mattering and Queer Affect.* Durham, NC: Duke University Press.

Ćirković, M. M. 2018. *The Great Silence: Science and Philosophy of Fermi's Paradox.* Oxford, UK: Oxford University Press.

Claire, S. 2016. "On the Politics of "New Feminist Materialisms"." In V. Pitts-Taylor (ed.). *Mattering: Feminism, Science, and Materialism.* New York, NY: New York University Press, pp. 58~72.

Clarke, A. E., L. Mamo, J. F. Fosket, J. R. Fishman, and J. K. Shim(eds.). 2010. *Biomedicalization: Technoscience, Health, and Illness in the U.S.* Durham, NC: Duke University Press.

Clarke, B. 2002. "Mediating The Fly: Posthuman Metamorphosis in the 1950s." *Con-*

figurations, 10(1), pp. 169~191.

_____. 2008. *Posthuman Metamorphosis: Narrative and Systems*. New York, NY: Fordham University Press.

_____. 2014. *Neocybernetics and Narrative*. Minneapolis, MN: University of Minnesota Press.

_____. 2017. "Preface: Literature, Posthumanism, and the Posthuman." In B. Clarke and M. Rossini(eds.). *The Cambridge Companion to Literature and the Posthuman*. Cambridge, UK: Cambridge University Press, pp. xi~xxii.

_____. 2020. *Gaian Systems: Lynn Margulis, Neocybernetics, and the End of the Anthropocene*. Minneapolis, MN: University of Minnesota Press.

Clarke, B. and M. Rossini(eds.). 2017. *The Cambridge Companion to Literature and the Posthuman*. Cambridge, UK: Cambridge University Press.

Clifford, J. and G. E. Marcus. 1986. *Writing Culture: The Poetics and Politics of Ethnography*. Berkeley, CA: University of California Press.

Cline, E. 2011. *Ready Player One*. New York, NY: Penguin Books.

Clough, P. T. 2007. *The Affective Turn: Theorizing the Social*. Durham, NC: Duke University Press.

Clute, J. 2015. "21st Century Science Fiction." David G. Hartwell and Patrick Nielsen Hayden(eds.). *The New York Review of Science Fiction*, 328(1), pp. 4~6.

Clynes, M. and N. Kline. 1960. "Cyborgs and Space." *Astronautics* (September), pp. 26~27, pp. 74~76.

Cohen, J. J.(ed.). 1996. *Monster Theory: Reading Culture*. Minneapolis, MN: University of Minnesota Press.

Colebrook, C. 2001. *Gilles Deleuze*. London, UK: Routledge.

_____. 2010. "The Linguistic Turn in Continental Philosophy." In A. D. Schrift(ed.). *Poststructuralism and Critical Theory's Second Generation*. Durham, NC: Acumen, pp. 279~309.

_____. 2014. *Death of the Posthuman: Essays on Extinction*, Vol. 1. Ann Arbor, MI: Open Humanities Press.

_____. 2016. "What is the Anthro-Political?" In T. Cohen, C. Colebrook, and J. Hillis

Miller. *Twilight of the Anthropocene Idols*. London, UK: Open Humanities Press, pp. 81~125.

_____. 2017a. "Futures." In B. Clarke and M. Rossini(eds.). *The Cambridge Companion to Literature and the Posthuman*. Cambridge, UK: Cambridge University Press, pp. 196~208.

_____. 2017b. "We Have Always Been Post-Anthropocene: The Anthropocene Counterfactual." In R. Grusin(ed.). *Anthropocene Feminism*. Minneapolis, MN: University of Minnesota Press, pp. 1~20.

Connor, S. 1989. *Postmodernist Culture: An Introduction to Theories of the Contemporary*, 2nd. ed. Oxford, UK: Blackwell.

Cooper, M. 2008. *Life as Surplus: Biotechnology and Capitalism in the Neoliberal Era*. Seattle, WA: University of Washington Press.

Cooper, M. and C. Waldby. 2014. *Clinical Labor: Tissue Donors and Research Subjects in the Global Bioeconomy*. Durham, NC: Duke University Press.

Craps, S. 2017. "Climate Change and the Art of Anticipatory Memory." *Parallax*, 23(4), pp. 479~492.

Craps, S., R. Crownshaw, R. Kennedy, V. Nardizzi, and J. Wenzel. 2018. "Memory Studies and the Anthropocene: A Roundtable." *Memory Studies*, 11(4), pp. 498~515.

Crichton, M.(Director). 1973. *Westworld* [Motion picture]. Beverly Hills, CA: Metro Goldwyn Mayer (MGM).

Crow, J. M. 2018. "Life 2.0: Inside the Synthetic Biology Revolution." *Cosmos* (17 April). Online. https://cosmosmagazine.com/biology/life-2-0-inside-thesynthetic-biology-revolution/

Crutzen, P. and E. Stoermer. 2000. "The Anthropocene." *Global Change Newsletter*, 41, pp. 17~18.

Csicsery-Ronay, I. Jr. 2011. *The Seven Beauties of Science Fiction*. Middletown, CT: Wesleyan University Press.

da Costa, B. K. and Philip(eds.). 2008. *Tactical Biopolitics: Art, Activism, and Technoscience*. Cambridge, MA: The MIT Press.

Darwin, C. 2008. "On the Origin of Species." In J. Secord(ed.). *Evolutionary Writings.* Oxford, UK: Oxford University Press, pp. 105~211.

da Silva, D. F. 2007. *Toward a Global Idea of Race.* Minneapolis, MN: University of Minnesota Press.

Daston, L. and P. Galison. 2007. *Objectivity.* Cambridge, MA: The MIT Press.

Davis, M. 1998. *Ecology of Fear: Los Angeles and the Imagination of Disaster.* New York, NY: Henry Holt & Company.

de Castro, E. V. 2014. *Cannibal Metaphysics: For a Post-Structural Anthropology.* trans. P. Skafish. Minneapolis, MN: Univocal Publishing.

de la Cadena, M. 2010. "Indigenous Cosmopolitics in the Andes: Conceptual Reflections beyond "Politics"." *Cultural Anthropology,* 25(2), pp. 334~370.

Deleuze, G. 1988. *Bergsonism.* trans. H. Tomlinson and B. Habberjam. New York, NY: Zone Books.

_____. 1992. "Ethology: Spinoza and Us." In J. Crary and S. Kwinter(eds.). *Incorporations.* trans. Robert Hurley. New York, NY: Zone Books, pp. 625~633.

_____. 1994. *What Is Philosophy?* trans. H. Tomlinson and G. Burchell. New York, NY: Columbia University Press.

_____. 2001. *Pure Immanence: Essays on a Life.* trans. A. Boyman. Cambridge, MA: Zone Books.

Deleuze, G. and F. Guattari. 1987. *A Thousand Plateaus: Capitalism and Schizophrenia.* trans. B. Massumi. Minneapolis, MN: University of Minnesota Press.

Deloria, V. Jr. 1999. "Relativity, Relatedness, and Reality." In Deloria B. et al.(eds.). *Spirit and Reason: The Vine Deloria, Jr. Reader.* Golden, CO: Fulcrum Publishing, pp. 32~39.

Deplazes-Zemp, A. 2012. "The Conception of Life in Synthetic Biology." *Science and Engineering Ethics,* 18(4), pp. 757~774.

Derrida, J. 1970. "Structure, Sign, and Play in the Discourse of the Human Sciences." In R. Macksey and E. Donato(eds.). *The Languages of Criticism and The Sciences of Man: The Structuralist Controversy.* Baltimore, MD: The Johns Hopkins University Press, pp. 247~272.

_____. 1973. "Differance." In *Speech and Phenomena And Other Essays on Husserl's Theory of Signs*, trans. D. B. Allison. Evanston, IL: Northwestern University Press, pp. 129~160.

_____. 1982a. "The Ends of Man." In A. Bass(ed.). *Margins of Philosophy*. Chicago, IL: University of Chicago Press.

_____. 1982b. *Margins of Philosophy*. trans. A. Bass. Chicago, IL: University of Chicago Press.

_____. 1990. "Some Statements and Truisms about Neo-Logisms, Newisms, Postisms, Parasitisms, and Other Small Seisms." trans. Anne Tomiche. In D. Carroll(ed.). *The States of "Theory": History, Art, and Critical Discourse*. Stanford, CA: Stanford University Press, pp. 63~94.

_____. 1991. ""Eating Well," or the Calculation of the Subject: An Interview with Jacques Derrida." In E. Cadava(ed.). *Who Comes After the Subject?* New York, NY: Routledge, pp. 96~119.

_____. 1994. *Specters of Marx: The State of Debt, the Work of Mourning, and the New International*, trans. P. Kamuf. London, UK: Routledge.

_____. 1996. *Archive Fever: A Freudian Impression*. trans. E. Prenowitz. Chicago, IL: Chicago University Press.

_____. 2005. *Sovereignties in Question: The Poetics of Paul Celan*. ed. T. Dutoit and O. Pasanen. New York, NY: Fordham University Press.

_____. 2016. *Of Grammatology*. trans. G. Chakravorty Spivak. Baltimore, MD: The Johns Hopkins University Press.

Despret, V. 2004. "The Body We Care For: Figures of Anthropo-zoo-genesis." *Body and Society*, 10(2-3), pp. 111~134.

Didi-Huberman, G. 2011. *Écorces*. Paris: Les Éditions de Minuit.

_____. 2017. *Bark*. trans. S. E. Martin. Cambridge, MA: The MIT Press.

Dixon, D. and E. Straughan. 2010. "Geographies of Touch/Touched by Geography." *Geography Compass*, 4(5), pp. 449~459.

Drexler, K. E. 1990. *Engines of Creation: The Coming Era of Nanotechnology*. Garden City, NY: Anchor Press/Doubleday.

Dumit, J. 2012. *Drugs for Life: How Pharmaceutical Companies Define Our Health.* Durham, NC: Duke University Press.

Duster, T. 2003. *Backdoor to Eugenics.* New York: Routledge.

Eden, A. H., J. H. Moor, J. H. Søraker, and E. Steinhart(eds.). 2012. *Singularity Hypotheses: A Scientific and Philosophical Assessment.* New York: Springer.

Ehlers, N. and S. Krupar. 2014. Hope Logics: Biomedicine, Affective Conventions of Cancer, and the Governing of Biocitizenry. *Configurations: A Journal of Literature, Science, and Technology,* 22(3), 385-413.

_____. 2019. *Deadly Biocultures: The Ethics of Life-making.* Minneapolis, MN: University of Minnesota Press.

Elliott, J. and Attridge, D.(eds.). 2011. *Theory After "Theory."* London, UK: Routledge.

Ellis, C. 2018. *Antebellum Posthuman: Race and Materiality in the Mid-Nineteenth Century.* New York, NY: Fordham University Press.

Esposito, E. 2017. "Artificial Communication? The Production of Contingency by Algorithms." *Zeitschrift für Soziologie,* 46(4), pp. 249~265.

Ferrini, C. 2010. "From Geological to Animal Nature in Hegel's Idea of Life." *Hegel-Studien,* (44), pp. 1~77.

Fishel, S. R. 2017. *The Microbial State: Global Thriving and the Body Politic.* Minneapolis, MN: University of Minnesota Press.

Foster, T. 2005. *The Souls of Cyberfolk: Posthumanism as Vernacular Theory.* Minneapolis, MN: University of Minnesota Press.

Foucault, M. 1970. *The Order of Things: An Archaeology of the Human Sciences.* New York: Vintage Books.

_____. 1980. *Power/Knowledge: Selected Interviews and Other Writings, 1972-1977.* ed. Colin Gordon. New York: Pantheon Books.

_____. 2003. *Society Must Be Defended: Lectures at the Collège de France, 1975-1976.* trans. David Macey. New York, NY: Picador.

Fowles, S. 2016. "The Perfect Subject (Postcolonial Object Studies)." *Journal of Material Culture,* 21(1), pp. 9~27.

Frabetti, F. 2012. "Have the Humanities Always Been Digital? For an Understanding of the "Digital Humanities" in the Context of Originary Technicitys." In D. Berry(ed.). *Understanding Digital Humanities*. London: Palgrave Macmillan. pp. 161~171.

Fraiman, S. 2012. "Pussy Panic versus Liking Animals: Tracking Gender in Animal Studies." *Critical Inquiry*, 39(1), pp. 89~115.

Franklin, S. 2000. "Life Itself: Global Nature and the Genetic Imaginary." In S. Franklin, C. Lury, and J. Stacey(eds.). *Global Nature, Global Culture*. London, UK: SAGE, pp. 188~226.

_____. 2007. *Dolly Mixtures: The Remaking of Genealogy*. Durham, NC: Duke University Press.

Franklin, S. and M. Lock. 2001. "Animation and Cessation." In S. Franklin and M. Lock(eds.). *Remaking Life and Death: Toward an Anthropology of the Biosciences*. Santa Fe, NM: School of American Research Press, pp. 3~22.

Freedman, C. 2000. *Critical Theory and Science Fiction*. Middletown, CT: Wesleyan University Press.

Fukuyama, F. 1992. *The End of History and the Last Man*. New York, NY: Free Press.

_____. 2002. *Our Posthuman Future: Consequences of the Biotechnology Revolution*. London, UK: Profile Books.

Fuller, S. 2011. *Humanity 2.0: What is Means to be Human, Past, Present and Future*. New York, NY: Palgrave Macmillan.

GegenSichKollektiv. 2014. "CAUTION." *Collapse*, 8, pp. 878~905.

Gessert, G. 2010. *Green Light: Toward an Art of Evolution*. Cambridge, MA: The MIT Press.

Gibbs, A. 2001. "Contagious Feelings: Pauline Hanson and the Epidemiology of Affect." *Australian Humanities Review*, 24. Online. http://australianhumanities review.org/2001/12/01/contagious-feelings-pauline-hanson-and-the-epidemiolo gyof-affect/.

Gibson, W. 1984. *Neuromancer*. New York, NY: Ace books.

Gibson-Graham, J. K. 1996. *The End of Capitalism (As We Knew It): A Feminist*

Critique of Political Economy. Minneapolis, MN: University of Minnesota Press.

_____. 2006. *A Postcapitalist Politics*. Minneapolis, MN: University of Minnesota Press.

Gibson-Graham, J. K. and S. Healy. 2013. *Take Back the Economy: An Ethical Guide for Transforming Our Communities*. Minneapolis, MN: University of Minnesota Press.

Gibson-Graham, J. K. and E. Miller. 2015. "Economy as Ecological Livelihood." In K. Gibson, D. Rose, and R. Fincher(eds.). *Manifesto for Living in the Anthropocene*. New York: Punctum Books, pp. 7~17.

Glanville, R. .2007. "Try Again. Fail Again. Fail Better: The Cybernetics in Design and the Design in Cybernetics." *Kybernetes*, 36(9/10), pp. 1173~1206.

Glick, M. H. 2018. *Infrahumanisms: Science, Culture, and the Making of Modern Non/Personhood*. Durham, NC: Duke University Press.

Gómez-Barris, M. 2017. *The Extractive Zone: Social Ecologies and Decolonial Perspectives*. Durham, NC: Duke University Press.

Gould, S. J. 1980. *The Panda's Thumb: More Reflections in Natural History*. New York, NY: W. W. Norton and Company.

Graham, E. 2002. *Representations of the Post/Human: Monsters, Aliens and Others in Popular Culture*. Manchester: UK Manchester University Press.

Grant, I. H. 2006. *Philosophies of Nature after Schelling*. London, UK: Continuum.

Gregg, M. and G. J. Seigworth. 2010. "An Inventory of Shimmers." In M. Gregg and G. J. Seigworth(eds.). *The Affect Theory Reader*. Durham, NC: Duke University Press, pp. 1~25.

Grinspoon, D. 2016. *Earth in Human Hands: Shaping Our Planet's Future*. New York, NY: Grand Central Publishing.

Groys, B.(ed.). 2018. *Russian Cosmism*. Cambridge, MA: Eflux/The MIT Press.

Grusin, R. 2010. *Premediation: Affect and Mediality after 9/11*. New York, NY: Palgrave Macmillan.

_____. 2015. "Introduction." In R. Grusin(ed.). *The Nonhuman Turn*. Minneapolis, MN: University of Minnesota Press, pp. vii~xxix.

Grusin, R. (ed.). 2015. *The Nonhuman Turn*. Minneapolis, MN: University of Minnesota Press.

Guthman, J. 2012. "Opening Up the Black Box of the Body in Geographical Obesity Research: Toward a Critical Political Ecology of Fat." *Annals of the Association of American Geographers*, 102, pp. 951~957.

_____. 2014. "Doing Justice to Bodies? Reflections on Food Justice, Race, and Biology." *Antipode*, 46, pp. 1153~1171.

Halberstam, J. 2011. *The Queer Art of Failure*. Durham, NC: Duke University Press.

Halberstam, J. and I. Livingston. 1995. "Introduction: Posthuman Bodies." In J. Halberstam and I. Livingston(eds.). *Posthuman Bodies*. Bloomington, IN: Indiana University Press, pp. 1~19.

Halberstam, J. and I. Livingston(eds.). 1995. *Posthuman Bodies*. Bloomington, IN: Indiana University Press.

Hall, G. 2012. "There Are No Digital Humanities," In Matthew K. Gold and Lauren F. Klein(eds.). *Debates in the Digital Humanities*. Minneapolis: University of Minnesota Press, pp. 133~138.

Hall, S. 2001. "Cultural Studies and Its Theoretical Legacies." In V. B. Leitch et al. (eds). *The Norton Anthology of Theory and Criticism*. New York, NY: W. W. Norton and Company, pp. 1898~1910.

Hall, S. and S. Nixon(eds). 2013. *Representation*, 2nd ed. London, UK: SAGE.

Hames Garcia, M. 2008. "How Real is Race?" In S. Alaimo and S. J. Hekman(eds.). *Material Feminisms*. Bloomington: Indiana University Press, pp. 308~339.

Haraway, D. J. 1990. *Primate Visions: Gender, Race, and Nature in the World of Modern Science*. New York, NY: Routledge.

_____. 1991a. "A Cyborg Manifesto: Science, Technology, and Socialist-Feminism in the Late Twentieth Century." In *Simians, Cyborgs and Women: The Reinvention of Nature*. New York: NY: Routledge, pp. 149~181.

_____. 1991b. "Situated Knowledges: The Science Question in Feminism and the Privilege of Partial Perspective." In *Simians, Cyborgs, and Women: The Reinvention of Nature*. New York, NY: Routledge, pp. 183~202.

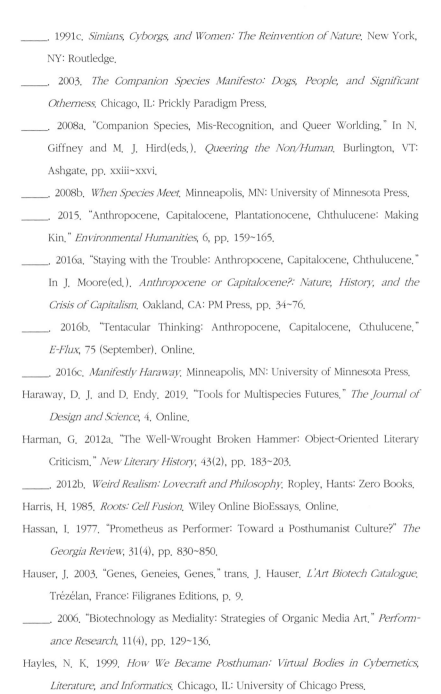

_____. 1991c. *Simians, Cyborgs, and Women: The Reinvention of Nature*. New York, NY: Routledge.

_____. 2003. *The Companion Species Manifesto: Dogs, People, and Significant Otherness*. Chicago, IL: Prickly Paradigm Press.

_____. 2008a. "Companion Species, Mis-Recognition, and Queer Worlding." In N. Giffney and M. J. Hird(eds.). *Queering the Non/Human*. Burlington, VT: Ashgate, pp. xxiii~xxvi.

_____. 2008b. *When Species Meet*. Minneapolis, MN: University of Minnesota Press.

_____. 2015. "Anthropocene, Capitalocene, Plantationocene, Chthulucene: Making Kin." *Environmental Humanities*, 6, pp. 159~165.

_____. 2016a. "Staying with the Trouble: Anthropocene, Capitalocene, Chthulucene." In J. Moore(ed.). *Anthropocene or Capitalocene?: Nature, History, and the Crisis of Capitalism*. Oakland, CA: PM Press, pp. 34~76.

_____. 2016b. "Tentacular Thinking: Anthropocene, Capitalocene, Cthulucene." *E-Flux*, 75 (September). Online.

_____. 2016c. *Manifestly Haraway*. Minneapolis, MN: University of Minnesota Press.

Haraway, D. J. and D. Endy. 2019. "Tools for Multispecies Futures." *The Journal of Design and Science*, 4. Online.

Harman, G. 2012a. "The Well-Wrought Broken Hammer: Object-Oriented Literary Criticism." *New Literary History*, 43(2), pp. 183~203.

_____. 2012b. *Weird Realism: Lovecraft and Philosophy*. Ropley, Hants: Zero Books.

Harris, H. 1985. *Roots: Cell Fusion*. Wiley Online BioEssays. Online.

Hassan, I. 1977. "Prometheus as Performer: Toward a Posthumanist Culture?" *The Georgia Review*, 31(4), pp. 830~850.

Hauser, J. 2003. "Genes, Geneies, Genes." trans. J. Hauser. *L'Art Biotech Catalogue*. Trézélan, France: Filigranes Editions, p. 9.

_____. 2006. "Biotechnology as Mediality: Strategies of Organic Media Art." *Performance Research*, 11(4), pp. 129~136.

Hayles, N. K. 1999. *How We Became Posthuman: Virtual Bodies in Cybernetics, Literature, and Informatics*. Chicago, IL: University of Chicago Press.

_____. 2005. *My Mother Was a Computer: Digital Subjects and Literary Texts*. Chicago, IL: University of Chicago Press.

_____. 2006. "Unfinished Work: From Cyborg to Cognisphere." *Theory, Culture, and Society*, 23(7-8), pp. 159~166.

_____. 2017. *Unthought: The Power of the Cognitive Unconscious*. Chicago, IL: University of Chicago Press.

Hegel, G. W. F. 2004. *Hegel's Philosophy of Nature: Encyclopaedia of the Philosophical Sciences*, Part II, trans. A. V. Miller. Oxford, UK: Oxford University Press.

Heidegger, M. 1977a. "Letter on Humanism." In D. Farrell Krell(ed.). *Basic Writings*. New York, NY: Harper & Row, pp. 189~242.

_____. 1977b. "The Question Concerning Technology." In *The Question Concerning Technology and Other Essays*. trans. W. Lovitt. New York, NY: Harper & Row, pp. 3~35.

Helmreich, S. 2014. "Homo Microbis: The Human Microbiome, Figural, Literal, Political." *Thresholds*, 42, pp. 52~59.

Herbrechter, S. 2013. *Posthumanism: A Critical Analysis*. London, UK: Bloomsbury Academic.

Herbrechter, S. and I. Callus. 2003. "What's Wrong with Posthumanism?" *Rhizomes*, 7 (Fall). Online.

Herman, D. 2014. "Narratology Beyond the Human." *Diegesis*, 3(2), pp. 131~143.

_____. 2018. *Narratology Beyond the Human: Storytelling and Animal Life*. New York, NY: Oxford University Press.

High, K. 2017. Press Release: Gut Love: Bacteria, Love and Immunology Intersect at Esther Klein Gallery Exhibit. Online.

Hinterberger, A. 2016. "Regulating Estrangement: Human-animal Chimeras in Postgenomic Biology." *Science, Technology, & Human Values*, pp. 1~22.

Hirch, M. and L. Spitzer. 2006. "Testimonial Objects: Memory, Gender, and Transmission." *Poetics Today*, 27, pp. 353~383.

Hoffman, E. 2018. "Queering the Interspecies Encounter: Yoko Tawada's Memoirs of a Polar Bear." In K. Driscoll and E. Hoffman(eds.). *What Is Zoopoetics? Texts, Bodies, Entanglement.* Hoffmann. New York: Palgrave, pp. 149~165.

Holtzman, N. 1999. "Are Genetic Tests Adequately Regulated?" *Science*, 286(5439), pp. 409~410.

Hustak, C. and N. Myers. 2012. "Involutionary Momentum: Affective Ecologies and the Sciences of Plant/Insect Encounters." *Differences*, 23(2), pp. 74~118.

Hutcheon, L. 2002. *The Politics of Postmodernism*, 2nd ed. London, UK: Routledge.

Idema, T. 2019. *Stages of Transmutation: Science Fiction, Biology, and Environmental Posthumanism.* New York, NY: Routledge, ebook.

Inda, J. X. 2014. *Racial Prescriptions: Pharmaceuticals, Difference, and the Politics of Life.* Surrey, UK: Ashgate.

Iovino, S. and S. Opperman. 2014. "Introduction: Stories Come to Matter." In S. Iovino and S. Opperman(eds.). *Material Ecocriticism.* Bloomington, IN: University of Indiana Press.

Jackson, Z. I. 2015a. "Outer Worlds: The Persistence of Race in Movement "Beyond the Human"." *GLQ: A Journal of Lesbian and Gay Studies*, 21(2), pp. 215~218.

_____. 2015b. "Out Worlds: The Persistence of Race in Movement "Beyond the Human." In the "Theorizing Queer Inhumanisms" Dossier." *GLQ*, 21(2-3), pp. 209~248.

_____. 2016. "Losing Manhood: Animality and Plasticity in the (Neo)Slave Narrative." *Qui Parle: Critical Humanities and Social Sciences*, 25(1-2) (Fall/Winter 2016), pp. 95~136.

_____. 2020. *Becoming Human: Matter and Meaning in an Antiblack World.* New York, NY: New York University Press.

Jameson, F. 1981. *The Political Unconscious: Narrative as a Socially Symbolic Act.* Ithaca, NY: Cornell University Press.

_____. 1984. "Postmodernism, or, the Cultural Logic of Late Capitalism." *New Left Review*, 146, pp. 53~94.

_____. 1991. *Postmodernism, or, The Cultural Logic of Late Capitalism.* Durham, NC: Duke University Press.

_____. 1996. *The Seeds of Time*. New York, NY: Columbia University Press.

_____. 2005. *Archaeologies of the Future: The Desire Called Utopia and Other Science Fictions*. New York, NY: Verso Books.

Jasanoff, S. 2011. "Introduction: Rewriting Life, Reframing Rights." In S. Jasanoff (ed.). *Reframing Rights: Bioconstitutionalism in the Genetic Age*. Cambridge, MA: The MIT Press, pp. 1~28.

_____. 2015. "Future Imperfect: Science, Technology, and the Imaginations of Modernity." In S. Jasanoff and S. H. Kim(eds.). *Dreamscapes of Modernity: Sociotechnical Imaginaries and the Fabrication of Power*. Chicago, IL: The University of Chicago Press, pp. 1~33.

Jemisin, N. K. 2016. *The Fifth Season*. New York, NY: Orbit Books.

_____. 2016. *The Obelisk Gate*. New York, NY: Orbit Books.

_____. 2017. *The Stone Sky*. New York, NY: Orbit Books.

Jones, Brandon. 2018. "Mattering." In R. Braidotti and M. Hlavajova(eds.). *The Posthuman Glossary*. New York: Bloomsbury Academic, 244-45.

Jonze, S.(Director). 2013. *Her* [Motion picture]. Los Angeles, CA: Annapurna Pictures.

Joy, B. 2000. "Why the Future Doesn't Need Us." *Wired*, 8(4), pp. 238~263. Online.

Kac, E.(ed.). 2006. *Signs of Life: Bio Art and Beyond*. Cambridge, MA: The MIT Press.

Kahn, J. 2012. *Race in a Bottle: The Story of BiDil and Racialized Medicine in a Post-genomic Age*. New York, NY: Columbia University Press.

Kalogridis, L.(Creator). 2018~ . *Altered Carbon* [Web television series]. Los Gatos, CA: Netflix Inc.

Kant, I. 1929. *Critique of Pure Reason*. trans. N. K. Smith. London, UK: Macmillan and Company.

Kaplan, C. 2018. *Aerial Aftermaths: Wartime from Above*. Durham, NC: Duke University Press.

Keller, E. F. 2002. *Making Sense of Life: Explaining Biological Development with Models, Metaphors, and Machines*. Cambridge, MA: Harvard University Press.

Kember, S. and J. Zylinska. 2012. *Life after New Media: Mediation as a Vital Process*. Cambridge, MA: The MIT Press.

King, T. L. 2017. "Humans Involved: Lurking in the Lines of Posthumanist Flight." *Critical Ethnic Studies*, 3(1), pp. 162~185.

Klein, N. 2014. *This Changes Everything: Capitalism vs the Climate*. New York, NY: Simon and Schuster.

Knight, D. 1970. *Beyond the Barrier*. New York, NY: Macfadden-Bartell.

Kolozova, K. and E. A. Joy. 2016. *After the "Speculative Turn": Realism, Philosophy, and Feminism*. New York, NY: Punctum Books.

Kordela, A. K. 2016. "Monsters of Biopower: Terror(ism) and Horror in the Era of Affect." *Philosophy Today*, 60(1), pp. 193~205.

Kroker, A. 2012. *Body Drift: Butler, Hayles, Haraway*. Minneapolis, MN: University of Minnesota Press.

Krupar, S. R. 2018. "Green Death: Sustainability and the Administration of the Dead." *Cultural Geographies*, 25(2), pp. 267~284.

Krupar, S. R. and N. Ehlers. 2015. "Target: Biomedicine and Racialized Geo-body-politics." *Occasion*, 8, pp. 1~25.

_____. 2017. "Biofutures: Race and the Governance of Health." *Environment and Planning D: Society and Space*, 35(2), pp. 222~240.

Kurzweil, R. 1999. *The Age of Spiritual Machines: When Computers Exceed Human Intelligence*. New York, NY: Viking.

_____. 2006. *The Singularity is Near: When Humans Transcend Biology*. New York, NY: Penguin Books.

Kuzniar, A. 2006. *Melancholia's Dog: Reflections on Our Animal Kinship*. Chicago, IL: University of Chicago Press.

Lacan, J. 1998. *The Four Fundamental Concepts of Psychoanalysis: The Seminar of Jacques Lacan*, Book XI. trans. A. Sheridan. New York, NY: W. W. Norton& Company.

_____. 2002. "The Mirror Stage as Formative of the I Function as Revealed in Psychoanalytic Experience." In *Écrits*. trans. B. Fink. New York, NY: W. W.

Norton & Company, pp. 75~81.

Landecker, H. 2007. *Culturing Life: How Cells Became Technologies*. Cambridge, MA: Harvard University Press.

_____. 2015. "Sociology in an Age of Genomic Instability: Copy Number Variation, Somatic Mosaicism, and the Fallen Genome." *Advances in Medical Sociology*, 16, pp. 157~186.

Latour, B. 1993. *We Have Never Been Modern*. trans. C. Porter. Cambridge, MA: Harvard University Press.

_____. 1996. *Aramis or the Love of Technology*. trans. C. Porter. Cambridge, MA: Harvard University Press.

Le Guin, U. K. 2019. *The Left Hand of Darkness*. New York, NY: Ace Books.

Leicester, H. M. 1971. *The Historical Background of Chemistry*. New York, NY: Dover Publications.

Leong, D. 2016. "The Mattering of Black Lives: Octavia Butler's Hyperempathy and the Promise of New Materialism." *Catalyst: Feminism, Theory, Technoscience*, 2(2), pp. 1~35.

Lerner, B. H. 2003. *The Breast Cancer Wars: Hope, Fear, and the Pursuit of a Cure in Twentieth-Century America*. New York, NY: Oxford University Press.

Leroi-Gourhan, A. 1993. *Gesture and Speech*. Trans. A. Bostock Berger. Cambridge, MA: MIT Press.

Levine, K. (Director). 2007. *BioShock* [Video game]. Westwood, MA, and Canberra, AU: 2 K Boston and 2 K Australia.

Li, Y. 2018. "These CRISPR-modified Crops Don't Count as GMOs." *The Conversation*, 22 May. Online. https://theconversation.com/these-crisprmodified-crops-dont-count-as-gmos-96002.

Lilly, K. 2000. *Who Wrote the Book of Life?: A History of the Genetic Code*. Stanford, CA: Stanford University Press.

Lippit, A. M. 2017. "Therefore, the Animal that Saw Derrida." In J. Weinstein and C. Colebrook(eds.). *Posthumous Life: Theorizing Beyond the Posthuman*. New York, NY: Columbia University Press, pp. 87~104.

Lloyd, D. 2019. *Under Representation: The Racial Regime of Aesthetics.* Fordham University Press.

Lock, M. 2001. "The Alienation of Body Tissue and the Biopolitics of Immortalized Cell Lines." *Body and Society,* 7(2-3), pp. 63~91.

_____. 2013. "The Epigenome and Nature/Nurture Reunification: A Challenge for Anthropology." *Medical Anthropology,* 32(4), pp. 291~308.

Lorde, A. 1980. *The Cancer Journals.* San Francisco: Aunt Lute Books.

Losh, E. and J. Wernimont. 2018. "Introduction." *Bodies of Information: Intersectional Feminism and the Digital Humanities.* Minneapolis, MN: University of Minnesota Press, pp. ix~xxv.

Lovelock, J., with B. Appleyard. 2019. *Novacene: The Coming Age of Hyperintelligence.* Cambridge, MA: The MIT Press.

Lowe, L. 2015. *The Intimacies of Four Continents.* Durham, NC: Duke University Press.

Lowenstein, A. 2015. "Buñuel's Bull Meets YouTube's Lion: Surrealist and Digital Posthumanisms." In M. Lawrence and L. McMahon(eds.). *Animal Life and the Moving Image.* London, UK: British Film Institute, pp. 58~71.

Luciano, D. and M. Y. Chen. 2015. "Has the Queer Ever Been Human?" *GLQ: A Journal of Lesbian and Gay Studies,* 21(2-3), pp. 183~207.

Luhmann, N. 1995. *Social Systems.* trans. J. Bednarz, Jr., with D. Baecker. Stanford, CA: Stanford University Press.

Lundblad, M. 2017. "Introduction: The End of the Animal-Literary and Cultural Animalities." In M. Lundblad(ed.). *Animalities: Literary and Cultural Studies Beyond the Human.* Edinburgh, UK: Edinburgh University Press, pp. 1~21.

Lyotard, J. F. 1984. *The Postmodern Condition: A Report on Knowledge.* trans. G. Bennington and B. Massumi. Minneapolis, MN: University of Minnesota Press.

_____. 1988~1989. "Can Thought Go On Without a Body?" trans. B. Boone and L. Hildreth. *Discourse,* 11(1), pp. 74~87.

_____. 1991. *The Inhuman: Reflections of Time.* trans. G. Bennington and R. Bowlby. Cambridge, UK: Polity Press.

_____. 1992. *The Postmodern Explained: Correspondence 1982-1985*, ed. J. Pefanis and M. Thomas. Minneapolis, MN: Minnesota University Press.

_____. 2001. "Postmodern Fable." trans. Georges Van Den Abeele. In S. Malpass (ed.). *Postmodern Debates*. Houndmills, UK: Palgrave, pp. 12~21.

Mahon, P. 2017. *Posthumanism: A Guide for the Perplexed*. London, UK: Bloomsbury Academic.

Malabou, C. 2005. *The Future of Hegel: Plasticity, Temporality, and Dialectic*. London, UK: Routledge.

Manning, E. 2013. *Always More than One: Individuation's Dance*. Durham, NC: Duke University Press.

_____. 2016. *The Minor Gesture*. Durham, NC: Duke University Press.

Manning, E. and B. Massumi. 2014. *Thought in the Act: Passages in the Ecology of Experience*. Minneapolis, MN: University of Minnesota Press.

Mansfield, B. 2017. "Folded Futurity: Epigenetic Plasticity, Temporality, and New Figures of Fetal Life." *Science as Culture*, 26(3), pp. 355~379.

Mansfield, B. and J. Gutman. 2015. "Epigenetic Life: Biological Plasticity, Abnormality, and New Configurations of Race and Reproduction." *Cultural Geographies*, 22(1), pp. 3~20.

Marks, L. U. 2002. *Touch: Sensuous Theory and Multisensory Media*. Minneapolis, MN: University of Minnesota Press.

Martinon, J.-P. 2007. *On Futurity: Malabou, Derrida and Nancy*. London, UK: Palgrave Macmillan.

Massumi, B. 1995. "The Autonomy of Affect." *Cultural Critique*, 31, pp. 83~109.

_____. 2002. *Parables for the Virtual: Movement, Affect, Sensation*. Durham, NC: Duke University Press.

_____. 2011. *Semblance and Event: Activist Philosophy and the Occurrent Arts*. Cambridge, MA: The MIT Press.

Mathews, F. 2015. "Moral Ambiguities in the Politics of Climate Change." In V. Nanda(ed.). *Climate Change and Environmental Ethics*. New Brunswick, NJ: Transactions Publishers, pp. 43~64.

Matthews, B. 2011. *Schelling's Organic Form of Philosophy: Life as the Schema of Freedom*. New York, NY: SUNY Press.

Maturana, H. M. and F. J. Varela. 1980. *Autopoiesis and Cognition: The Realization of the Living*. Dordrecht, Netherlands: D. Reidel.

Mbembe, A. 2003. "Necropolitics." *Public Culture*, 15(1), pp. 11~40.

McCaffrey, A. 1970. *The Ship Who Sang*. New York, NY: Ballantine Books.

McCorduck, P. 2004. *Machines Who Think: A Personal Inquiry Into the History and Prospects of Artificial Intelligence*, 2nd ed. Natick, MA: A. K. Peters/CRC Press.

McCormack, D. 2018. *Atmospheric Things: On the Allure of Elemental Envelopment*. Durham, NC: Duke University Press. Online.

McElroy, J. 1976. *Plus*. New York, NY: Knopf.

McHale, B. 1987. *Postmodernist Fiction*. New York: Methuen.

McHugh, S. and G. Marvin. 2018. "Human-Animal Studies: Global Perspectives." In S. McHugh and G. Marvin(eds.). *Human-Animal Studies*, Vol. 1. New York, NY: Routledge, pp. 1~16.

Meillassoux, Q. 2008. *After Finitude: An Essay on the Necessity of Contingency*. trans. R. Brassier. London, UK: Continuum.

_____. 2011. "Excerpts from L'Inexistence divine." In G. Harman. *Quentin Meillassoux: Philosophy in the Making*. Edinburgh, UK: University of Edinburgh Press, pp. 175~238.

_____. 2015. *Science Fiction and Extro-Science Fiction*. trans. Alyosha Edlebi. Minneapolis, MN: Univocal Publishing.

Meloni, M. 2015. "Epigenetics for the Social Sciences: Justice, Embodiment, and Inheritance in the Postgenomic Age." *New Genetics and Society*, 34(2), pp. 125~151.

_____. 2019. *Impressionable Biologies: From the Archaeology of Plasticity to the Sociology of Epigenetics*. New York, NY: Routledge.

Mies, M. and V. Shiva. 1993. *Ecofeminism*. Black Point, Nova Scotia: Fernwood Press.

Milburn, C. 2008. *Nanovision: Engineering the Future*. Durham, NC: Duke University Press.

_____. 2015. *Mondo Nano: Fun and Games in the World of Digital Matter.* Durham, NC: Duke University Press.

Miller, E. and J. K. Gibson-Graham. 2019. "Thinking with Interdependence: From Economy/Environment to Ecological Livelihoods." In J. Bennett and M. Zournazi(eds.). *Thinking in the World: A Reader.* New York, NY: Bloomsbury, pp. 314~340.

Million, D. 2017. "Indigenous Matters." In S. Alaimo(ed.). *Gender: Matter.* Farmington Hills, MI: Macmillan, pp. 95~110.

Mitchell, D. T., S. Antebi, and S. L. Snyder. 2019. "Introduction." In D. Mitchell, S. Antebi, and S. L. Snyder(eds.). *The Matter of Disability: Materiality, Biopolitics, Crip Affect.* Ann Arbor, MI: University of Michigan Press, pp. 1~37.

Mitchell, T. 1998. "Fixing the Economy." *Cultural Studies,* 12(1), pp. 82~101.

Moore, J. 2016. "Introduction: Anthropocene or Capitalocene?" In J. Moore(ed.). *Anthropocene or Capitalocene?: Nature, History, and the Crisis of Capitalism.* Oakland, CA: PM Press.

Moravec, H. 1988. *Mind Children: The Future of Robot and Human Intelligence.* Cambridge, MA: Harvard University Press.

More, M. 1998. *The Extropian Principles Version 3.0: A Transhumanist Declaration.* Extropy Institute. Online.

Morton, T. 2013. *Hyperobjects: Philosophy and Ecology after the End of the World.* Minneapolis, MN: University of Minnesota Press.

_____. 2017. *Humankind: Solidarity with Nonhuman People.* New York, NY: Verso Books.

Moylan, T. 1986. *Demand the Impossible: Science Fiction and the Utopian Imagination.* New York, NY: Methuen.

Müller, A. and K. H. Müller(eds.). 2007. *An Unfinished Revolution? Heinz von Foerster and the Biological Computer Laboratory/BCL 1958-1976.* Vienna, AT: Echoraum.

Murphie, A. 2018. "On Being Affected: Feeling in the Folding of Multiple Catastrophes." *Cultural Studies,* 32(1), pp. 18~42.

Murphy, M. 2017. *The Economization of Life*. Durham, NC: Duke University Press.

Narkunas, J. P. 2018. *Reified Life: Speculative Capital and the Ahuman Condition*. New York, NY: Fordham University Press.

Neimanis, A. 2017. *Bodies of Water: Posthuman Feminist Phenomenology*. London, UK: Bloomsbury Academic.

Nichanian, M. and D. Kazanjian. 2003. "Between Genocide and Catastrophe." In D. Eng and D. Kazanjian(eds.). *Loss: The Politics of Mourning*. Berkeley, CA: University of California Press, pp. 125~147.

Nietzsche, F. 1968. *The Will to Power*. trans. W. Kaufmann. New York, NY: Vintage Books.

_____. 1979. "On Truth and Lies in a Nonmoral Sense." In Daniel Breazeale (ed.). *Philosophy and Truth: Selections from Nietzsche's Notebooks of the Early 1870s*. New York, NY: Humanity Books, pp. 79~97.

_____. 2006. *Thus Spoke Zarathustra*. ed. R. Pippin. trans. A. D. Caro. Oxford, UK: Oxford University Press.

_____. 2009. *Nietzsche on Science Fiction*. The Adam Roberts Project. Online.

Nolan, J. and L. Joy.(Creators). 2016~2022. *Westworld* [Television series]. New York, NY: Home Box Office (HBO) Inc.

Novak, B. J. 2018. "De-Extinction." *Genes*, 9(11).Online.

Nowviskie, B. 2016. "On the Origin of "Hack" and "Yack"." In M.K. Gold and L. F. Klein(eds.). *Debates in the Digital Humanities*. Minneapolis, MN: University of Minnesota Press. Online.

O'Gorman, M. 2006. *E-Crit: Digital Media, Critical Theory, and the Humanities*. Toronto, ON: University of Toronto Press.

_____. 2015. "Taking Care of Digital Dementia." *CTheory* (18 Feb). Online.

_____. 2016. *Necromedia*. Minneapolis, MN: University of Minnesota Press.

Ohrem, D. 2017. "An Address from Elsewhere: Vulnerability, Relationality, and Conceptions of Creaturely Embodiment." In D. Ohrem and R. Bartosch(eds.). *Beyond the Human-Animal Divide: Creaturely Lives in Literature and Culture*. New York, NY: Palgrave, pp. 43~75.

Pálsson, G. 2009. "Biosocial Relations of Production." *Comparative Studies in Society and History*, 51(2), pp. 288~313.

Parikka, Jussi. 2015. *The Anthrobscene*. Minneapolis, MN: Minnesota University Press, ebook.

Parikka, J. and G. Hertz. 2015. "Zombie Media: Circuit Bending Media Archaeology into an Art Method"." In *A Geology of Media*. Minneapolis, MN: University of Minnesota Press, pp. 141~153.

Paxson, H. "Post-Pasteurian Cultures: The Microbiopolitics of Raw-Milk Cheese in the United States." *Cultural Anthropology*, 23(1), pp. 15~47.

Peña, F. 2016. "Interview with Catherine Malabou." *Figure/Ground* (12 May). Online.

Peters, J. D. 2015. *The Marvelous Clouds*. Chicago, IL: University of Chicago Press.

Pfeifer, R. and J. Bongard. 2007. *How the Body Shapes the Way We Think: A New View of Intelligence*. Cambridge, MA: The MIT Press.

Pfister, W. (Director). 2014. *Transcendence* [Motion picture]. Los Angeles, CA: Alcon Entertainment.

Pias, C. (ed.). 2016. *The Macy Conferences 1946-53: The Complete Transactions*. Chicago, IL: University of Chicago Press.

Pick, A. 2011. *Creaturely Poetics: Animality and Vulnerability in Literature and Film*. New York, NY: Columbia University Press.

Pickering, A. 2011. *The Cybernetic Brain: Sketches of Another Future*. Chicago, IL: University of Chicago Press.

Pilsch, A. 2017. *Transhumanism: Evolutionary Futurism and the Human Technologies of Utopia*. Minneapolis, MN: Minnesota University Press.

Planck, M. 1970. "The Unity of the Physical World-Picture." In S. Toulmin(ed.). *Physical Reality: Philosophical Essays on 20th Century Physics*. New York, NY: Harper & Row, pp. 1~27.

Pollock, A. 2012. *Medicating Race: Heart Disease and Durable Preoccupations with Difference*. Durham, NC: Duke University Press.

Povinelli, E. A. 2016. *Geontologies: A Requiem to Late Liberalism*. Durham, NC: Duke University Press.

Powers, Richard. 2018. *The Overstory*. New York, NY: W. W. Norton & Company.

Prainsack, B. and A. Buyx. 2017. *Solidarity in Biomedicine and Beyond*. Cambridge, UK: Cambridge University Press.

Puar, J. K. 2007. *Terrorist Assemblages: Homonationalism in Queer Times*. Durham, NC: Duke University Press.

_____. 2017. *Right to Maim: Debility, Capacity, Disability*. Durham, NC: Duke University Press.

Puig de la Bellacasa, M. 2017. *Matters of Care: Speculative Ethics in More Than Human Worlds*. Minneapolis, MN: University of Minnesota Press.

Rabinow, P. (ed). 1984. *The Foucault Reader*. New York, NY: Pantheon.

Raley, R. 2014. "Digital Humanities for the Next Five Minutes." *differences*, 25(1), pp. 26~45.

Ramsay, S. and G. Rockwell. 2012. "Developing Things: Notes toward an Epistemology of Building in the Digital Humanities." In M. K. Gold(ed.). *Debates in the Digital Humanities*. Minneapolis, MN: University of Minnesota Press, pp. 75~84.

Rattansi, P. and A. Clericuzio. 2013. *Alchemy and Chemistry in the 16th and 17th Centuries*. Dordrecht, Netherlands: Kluwer Academic Publishers.

Raulerson, J. 2013. *Singularities: Technoculture, Transhumanism, and Science Fiction in the Twenty-first Century*. Liverpool, UK: Liverpool University Press.

Resch, G., D. Southwick, I. Record, and M. Ratto. 2018. "Thinking as Handwork: Critical Making with Humanistic Concerns." In J. Sayers(ed.). *Making Things and Drawing Boundaries*. Minneapolis, MN: University of Minnesota Press, pp. 140~149.

Rhee, J. 2018. *The Robot Imaginary: The Human and the Price of Dehumanized Labor*. Minneapolis, MN: University of Minnesota Press.

Richardson, M. 2016. *Gestures of Testimony: Torture, Trauma, and Affect in Literature*. New York, NY: Bloomsbury Academic.

_____. 2018. "Climate Trauma, or the Affects of the Catastrophe to Come." *Environmental Humanities*, 10(1), pp. 1~19.

Rigney, A. and A. Erll(eds.). 2009. *Mediation, Remediation, and the Dynamics of Cultural Memory.* Berlin: de Gruyter.

Ripple, W. J. et al. 2014. "Status and Ecological Effects of the World's Largest Carnivores." *Science,* 343(6167). Online.

Risam, R. 2018. "What Passes for Human?" In E. Losh and J. Wernimont(eds.), *Bodies of Information: Intersectional Feminism and the Digital Humanities.* Minneapolis, MN: University of Minnesota Press, pp. 39~56.

Robinson, K. S. 2015a. "Our Generation Ships Will Sink." *Boing Boing* (November 16). Online.

_____. 2015b. *Aurora.* New York, NY: Orbit.

_____. 2018. *New York 2140.* New York, NY: Orbit.

Rockwell, G. 1999. *In Humanities Computing an Academic Discipline?* Institute for Advanced Technology in the Humanities. Online

Roelvink, G. 2015. "Performing Posthumanist Economies in the Anthropocene." In G. Roelvink, K. St. Martin, and J. K. Gibson-Graham(eds.). *Making Other Worlds Possible: Performing Diverse Economies.* Minneapolis, MN: University of Minnesota Press, pp. 225~243.

_____. 2016. *Building Dignified Worlds: Geographies of Collective Action.* Minneapolis, MN: University of Minnesota Press.

_____. 2018. "Community Economies and Climate Justice." In S. Jacobson(ed.). *Climate Justice and the Economy: Social Mobilization, Knowledge and the Political.* New York, NY: Routledge, pp. 129~147.

Roelvink, G. and J. K. Gibson-Graham. 2009. "A Postcapitalist Politics of Dwelling." *Australian Humanities Review,* 46, pp. 145~158.

Roelvink, G. and M. Zolkos. 2011. "Climate Change as Experience of Affect." *Angelaki,* 16(4), pp. 43~57.

_____. 2015. "Posthumanist Perspectives on Affect." *Angelaki,* 20(3), pp. 1~20.

Rose, N. 2007. *The Politics of Life Itself: Biomedicine, Power, and Subjectivity in the Twenty-first Century.* Princeton, NJ: Princeton University Press.

_____. 2013. "The Human Sciences in a Biological Age." *Theory, Culture, and*

Society, 30(1), pp. 3~34.

Ross, A. 1991. *Strange Weather: Culture, Science and Technology in the Age of Limits.* New York, NY: Verso.

Ruccio, D. 2017. "Capitalocene." *Occasional Links & Commentary on Economics, Culture and Society.* Online.

Russ, J. 2000. *The Female Man.* Boston, MA: Beacon Press.

Rutsky, R. L. 2017. "Technologies." In B. Clarke and M. Rossini(eds.). *The Cambridge Companion to Literature and the Posthuman.* Cambridge, UK: Cambridge University Press, pp. 182~195.

Ryan, D. 2015. *Animal Theory: A Critical Introduction.* Edinburgh, UK: Edinburgh University Press.

Saldaña-Portillo, M. J. 2016. *Indian Given: Racial Geographies across Mexico and the United States.* Durham, NC: Duke University Press.

Sayers, J. 2017. *Making Things and Drawing Boundaries.* Minneapolis, MN: University of Minnesota Press.

Schneiderman, J. S. 2017. "The Anthropocene Controversy." In R. Grusin(ed.). *Anthropocene Feminism.* Minneapolis, MN: University of Minnesota Press, pp. 169~195.

Schroeder, K. 2019. *Stealing Worlds.* New York, NY: Tor.

Schuster, J. 2016. "On Reading Christian Bök's The Xenotext: Book 1 Ten Thousand Years Later." *Jacket,* 2. Online.

Scott, R. (Director). 1982. *Blade Runner* [Motion picture]. Burbank, CA: Warner Brothers.

Sedgwick, E. K. 2003a. "Paranoid Reading and Reparative Reading, or, You're So Paranoid, You Probably Think This Essay is About You." In *Touching Feeling: Affect, Pedagogy, Performativity.* Durham, NC: Duke University Press, pp. 123~151.

_____. 2003b. *Touching Feeling: Affect, Pedagogy, Performativity.* Durham, NC: Duke University Press.

Senior, A. 2014. "Relics of Bioart: Ethics and Messianic Aesthetics in Performance

Documentation." *Theatre Journal*, 66(2), pp. 183~205.

Sennett, R. 2009. *The Craftsman*. New Haven, CT: Yale University Press.

Sharif, S. 2016. *Look*. Minneapolis, MN: Greywolf Press.

Shaviro, S. 2014. *The Universe of Things: On Speculative Realism*. Minneapolis, MN: University of Minnesota Press.

Shelley, M. 2018. *Frankenstein: The 1818 Text*. New York, NY: Penguin Books.

Shevlin, H., K. Vold, M. Crosby, and M. Halina. 2019. "The Limits of Machine Intelligence." *EMBO reports*, 20(10), e49177.

Shklovskii, I. S. and C. Sagan. 1966. *Intelligent Life in the Universe*. San Francisco, CA: Holden-Day.

Slonczewski, J. 1987. *A Door into Ocean*. New York, NY: Avon Books.

_____. 1993. *Daughters of Elysium*. New York, NY: William Morrow.

_____. 1998. *The Children Star*. New York, NY: Tor Books.

_____. 2000. *Brain Plague*. New York, NY: Tor Books.

Smith, A. 2014. "Native Studies at the Horizon of Death: Theorizing Ethnographic Entrapment and Settler Self-Reflexivity." In A. Simpson and A. Smith(eds.). *Theorizing Native Studies*. Durham, NC: Duke University Press.

Snelders, H. A. M. 1970. "Romanticism and Naturphilosophie and the Inorganic Natural Sciences, 1797-1840: An Introductory Survey." *Studies in Romanticism*, 9(3), pp. 193~215.

Sorenson, J. (2014). "Introduction: Thinking the Unthinkable." In J. Sorenson(ed.). *Critical Animal Studies: Thinking the Unthinkable*. Toronto, ON: Canada Scholars' Press, pp. xi~xxxiv.

Spahr, J. 2005. *This Connection of Everything with Lungs*. Berkeley, CA: University of California Press.

Springgay, S. and S. E. Truman. 2018. *Walking Methodologies in a More-than-Human World: WalkingLab*. London, UK: Routledge.

Squier, S. M. 2004. *Liminal Lives: Imagining the Human at the Frontiers of Biomedicine*. Durham, NC: Duke University Press.

Stallwood, K. 2014. "Animal Rights: Moral Crusade or Social Movement?" In J.

Sorenson. *Critical Animal Studies: Thinking the Unthinkable*. Toronto, ON: Canada Scholars' Press, pp. 298~317.

Steffen, W., J. Rockström, K. Richardson et al. 2018. "Perspective: Trajectories of the Earth System in the Anthropocene." *PNAS Proceeding of the National Academy of Sciences of the United States of America*, 115(33), pp. 8252~8259.

Steinbock, E. 2019. *Shimmering Images: Trans Cinema, Embodiment, and the Aesthetics of Change*. Durham, NC: Duke University Press.

Stephenson, N. 1992. *Snow Crash*. New York, NY: Bantam, 1992.

Sterling, B. 1988. "Preface." In Bruce Sterling(ed.), *Mirrorshades: The Cyberpunk Anthology*. New York, NY: Ace Books, ix-xvi.

Stewart, K. 2011. "Atmospheric Attunements." *Environment and Planning D: Society and Space*, 29(3), pp. 445~453.

Stiegler, B. 1998. *Technics and Time I: The Fault of Epimetheus*. trans. R. Beardsworth and G. Collins. Stanford, CA: Stanford University Press.

Stracey, F. 1985. "Bio-Art: The Ethics Behind the Aesthetics." *Nature Reviews Molecular Cell Biology*, 10, pp. 496~500.

Stross, C. 2005. *Accelerando*. London: Penguin Books.

Sturrock, J. ed. 1979. *Structuralism and Since: From Lévi-Strauss to Derrida*. Oxford, UK: Oxford University Press.

Sullivan, S. 2015. *The Physiology of Sexist and Racist Oppression*. Oxford, UK: Oxford University Press.

Sunder Rajan, K. 2017. *Pharmocracy: Value, Politics, and Knowledge in Global Biomedicine*. Durham, NC: Duke University Press.

Suvin, D. 1988. *Positions and Presuppositions in Science Fiction*. Kent, OH: Kent State University Press.

Tallbear, K. 2013. Native American DNA: Tribal Belonging and the False Promise of Genetic Science. Minneapolis, MN: University of Minnesota Press.

_____. 2017. "Beyond the Life/Not-Life Binary: A Feminist Indigenous Reading of Cryopreservation, Interspecies Thinking, and the New Materialisms." In J. Radin and E. Kowal(eds.). *Cryopolitics: Frozen Life in a Melting World*,

Cambridge, MA: The MIT Press, pp. 179~201.

Tamminen, S. and N. Vermeulen. 2019. "Bio-objects: New Conjugations of the Living." *Sociologias, Porto Alegre*, 21(50), pp. 156~179.

Tchaikovsky, A. 2015. *Children of Time*. New York, NY: Tor Books.

Thacker, E. 2006. *The Global Genome: Biotechnology, Politics and Culture*. Cambridge, MA: MIT Press.

_____. 2010. *After Life*. Chicago, IL: University of Chicago Press.

Thrift, N. 2008. *Non-Representational Theory: Space, Politics, Affect*. New York, NY: Routledge.

Tinker, G. 2004. "The Stones Shall Cry Out: Consciousness, Rocks, and Indians." *Wicazo Sa Review*, 19(2), pp. 105~125.

Tiptree, J., Jr. 2004. "The Girl Who Was Plugged In." In J. Smith(ed.). *Her Smoke Rose Up Forever*. San Francisco, CA: Tachyon Publications, pp. 43~78.

Todd, Z. 2014. *An Indigenous Feminist's Take On the Ontological Turn: "Ontology" Is Just Another Word for Colonialism*. Urbane Adventurer: Amiskwacî. Online.

Trop, G. 2018. "The Indifference of the Inorganic." In E. Landgraf, G. Trop and L. Weatherby(eds.). *Posthumanism in the Age of Humanism: Mind, Matter, and the Life Sciences after Kant*. New York, NY: Bloomsbury.

Tsang, M. 2017. *Open Source Estrogen: From Biomolecules to Biopolitics ⋯ Hormones with Institutional Biopower!* Unpublished MSc Dissertation. Cambridge, MA: Massachusetts Institute of Technology. Online.

Tsing, A., J. Swanson, E. Gan, and N. Bubandt. 2017. *Arts of Living on a Damaged Planet: Ghosts and Monsters of the Anthropocene*. Minneapolis, MN: University of Minnesota Press.

Tuana, N. 2008. "Viscous Porosity: Witnessing Katrina." In S. Alaimo and S. Hekman, *Material Feminisms*. Bloomington, IN: Indiana University Press, pp. 188~213.

Vaage S. N. 2016. "What Ethics for Bioart?" *NanoEthics*, 10(1), pp. 87~104.

VanderMeer, J. 2014. *Area X: The Southern Reach Trilogy*. New York, NY: Farrar, Straus and Giroux.

Van der Tuin, I. 2018. "New/New Materialism." In R. Braidotti and M. Hlavajova (eds.). *The Posthuman Glossary*. New York, NY: Bloomsbury Academic, pp. 277~278.

Verhoeven, P. (Director). 1987. *RoboCop* [Motion picture]. Los Angeles, CA: Orion Pictures.

Vermulen, P. and V. Richter. 2015. "Introduction: Creaturely Constellations." *European Journal of English Studies*, 19(9), pp. 1~9.

Vinge, V. 1993. "The Coming Technological Singularity: How to Survive in a Post-Human Era." Presented at NASA Vision-21 Symposium. Online.

Vint, S. 2007. *Bodies of Tomorrow: Technology, Subjectivity, and Science Fiction*. Toronto, ON: University of Toronto Press.

_____. 2010. *Animal Alterity: Science Fiction and the Question of the Animal*. Liverpool, UK: Liverpool University Press.

_____. 2019. "Long Live the New Flesh: Race and the Posthuman in Westworld." In A. Goody and A. Mackay(eds.). *Reading Westworld*. Cham, Switzerland: Palgrave Macmillan, pp. 141~160.

von Foerster, H. 1990. "Cybernetics." In S. C. Shapiro(ed.). *Encyclopedia of Artificial Intelligence*, Vol. 1. New York, NY: John Wiley & Sons, pp. 225~226.

Vora, K. and N. Atanasoski. 2019. *Surrogate Humanity: Race, Robots, and the Politics of Technological Futurity*. Durham, NC: Duke University Press.

Wainwrigth, J. and G. Mann. 2018. *Climate Leviathan: A Political Theory of Our Planetary Future*. London, UK: Verso Books.

Waldby, C. 2002. "Stem Cells, Tissue Cultures and the Production of Biovalue." *Health*, 6(3), pp. 305~323.

Waldby, C. and R. Mitchell. 2006. *Tissue Economies: Blood, Organs, and Cell Lines in Late Capitalism*. Durham, NC: Duke University Press.

Warwick, C. 2016. "Building Theories or Theories of Building? A Tension at the Heart of Digital Humanities." In S. Schreibman, R. Siemens, and J. Unsworth (eds.). *A New Companion to Digital Humanities*. West Sussex, UK: Wiley, pp. 538~552.

Weasel, L. H. 2016. "Embodying Intersectionality: The Promise and (and Peril) of

Epigenetics for Feminist Science Studies." In V. Pitts-Taylor(ed.). *Mattering: Feminism, Science, and Materialism.* New York, NY: New York University Press.

Weir, J. 2009. *Murray River Country: An Ecological Dialogue with Traditional Owners.* Canberra, ACT: Aboriginal Studies Press.

Weisberg, Z. 2014. "The Trouble with Posthumanism: Bacteria are People Too." In J. Sorenson(ed.). *Critical Animal Studies: Thinking the Unthinkable.* Toronto, ON: Canada Scholars' Press, pp. 93~116.

Wells, H. G. 2005. *The War of the Worlds.* New York, NY: Penguin Books.

_____. 2014. *The Time Machine.* New York, NY: Signet Classics.

Wiener, N. 1961. *Cybernetics or Control and Communication in the Animal and the Machine*, 2nd rev. ed. Cambridge, MA: The MIT Press.

_____. 1988. *The Human Use of Human Beings: Cybernetics and Society.* Cambridge, MA: Da Capo Press.

Wilbert, C. 2006. "What Is Doing the Killing? Animal Attacks, Man-Eaters, and Shifting Boundaries and Flows of Human-Animal Relations." In The Animal Studies Group(ed.). *Killing Animals.* Champaign, IL: University of Illinois Press, pp. 30~49.

Willems, B. 2010. *Facticity, Poverty and Clones: On Kazuo Ishiguro's Never Let Me Go.* New York, NY: Atropos Press.

_____. 2015. *Shooting the Moon.* Ropley, Hants: Zero Books.

_____. 2017. *Speculative Realism and Science Fiction.* Edinburgh, UK: Edinburgh University Press.

Willey, A. 2016. "A World of Materialisms: Postcolonial Feminist Science Studies and the New Natural." *Science, Technology & Human Values*, 41(6), pp. 991~1014.

Williams, J. 1999. "The New Belletrism." *Style*, 33(3), pp. 414~442.

Williams, J. J. 2009. *Donna Haraway's Critters. Chronicle of Higher Education* (18 October). Online.

_____. 2009~2010. "Science Stories: An Interview with Donna J. Haraway." *The Minnesota Review*, 73-74, pp. 133~163.

Wills, David. 2008. *Dorsality: Thinking Back Through Technology and Politics*. Minneapolis, MN: University of Minnesota Press.

Wöhler, F. 1828. "Ueber künstliche Bildung des Harnstoffs." *Annalen der Physik und Chemie*, 88(2), pp. 253~256.

Wolfe, C. 2003. *Animal Rites: American Culture, the Discourse of Species, and Posthumanist Theory*. Chicago, IL: Chicago University Press.

_____. 2006. "Thinking Other-Wise: Cognitive Science, Deconstruction, and the (Non)Speaking (Non)Human Animal Subject." In J. Castricano(ed.). *Animal Subjects: An Ethical Reader in a Posthuman World*. Waterloo, ON: Wilfred Laurier University Press, 125-43.

_____. 2008. "Exposures." In Stanley Cavell et al. (eds.). *Philosophy and Animal Life*. New York, NY: Columbia University Press, pp. 1~41.

_____. 2009. "Human, All Too Human: "Animal Studies" and the Humanities." *PMLA*, 124(2), pp. 564~575.

_____. 2010a. "Introduction." In *What Is Posthumanism?* Minneapolis, MN: Minnesota University Press, pp. xi~xxxiv.

_____. 2010b. *What Is Posthumanism?* Minneapolis, MN: University of Minnesota Press.

_____. 2013. *Before the Law: Humans and Other Animals in a Biopolitical Frame*. Chicago, IL: University of Chicago Press.

Wright, L. 2015. *The Vegan Studies Project: Food, Animals, and Gender in the Age of Terror*. Athens, GA: University of Georgia Press.

Wynter, S. "Unsettling the Coloniality of Being/Power/Truth/Freedom: Towards the Human, After Man, Its Overrepresentation-An Argument." *CR: The New Centennial Review*, 3(3), pp. 257~337.

Young, R.(ed.). 1981. *Untying the Text: A Post-Structuralist Reader*. London, UK: Routledge & Kegan Paul.

Zimmerman, M. E. 2009. "Religious Motifs in Technological Posthumanism." *Western Humanities Review*, 63(3), pp. 67~83.

Zirra, M. 2017. "Shelf Lives: Nonhuman Agency and Seamus Heaney's Vibrant

Memory Objects." *Parallax*, 23(4), pp. 458~473.

Zurr, I. and O. Catts. 2014. "The Unnatural Relations between Artistic Research and Ethics Committees: An Artist's Perspective." In P. U. Macneill(ed.). *The Arts and Ethic, Library of Ethics and Applied Philosophy*. New York, NY: Springer.

Zylinska, J. 2009. *Bioethics in the Age of New Media*. Cambridge, MA: The MIT Press.

_____. 2010. "Playing God, Playing Adam: The Politics and Ethics of Enhancement." Journal of Bioethical Inquiry, 7(2), pp. 149~161.

찾아보기

[주제어]

가속주의 37

경제학 339

　생명 가치 190~193, 195, 240, 242

　생명 자본 237, 240

　신자유주의 37, 101, 104, 188~189,
　226, 240~242, 357

과학 기술학 13, 247, 258, 260, 267, 322

　생물 의학 180, 189, 191, 240, 244, 259

권리 26~27, 99, 171, 174, 314

기술 12~14, 19, 20, 22, 27~28, 31, 33~37,
　41~43, 63, 80, 85, 92~93, 115, 117~121,
　125~126, 128, 136~139, 141, 144~145,
　147~149, 151, 153, 154~155, 164~166,
　168, 175, 178, 182~184, 185, 189~191,
　194~195, 206, 208, 236, 240~241, 243,
　245, 247, 259, 261, 278, 322~323, 326~
　328, 329~332, 335, 337~339, 341~342,
　344, 347~348, 350~352, 358~359, 361~
　362

　나노 공학 330~331

　생명 공학 27, 178, 180, 190, 193, 196,
　242, 245, 247, 331~332, 350~352, 356~
　357

　합성 생물학 12, 183, 332, 342, 346,

351, 355, 357, 361

기후 변화 10, 32, 44, 55, 63, 197, 198,
　200, 202~203, 206, 209, 215, 227, 252,
　265, 323, 332, 337~339

능력 12, 18, 20, 56, 59, 61, 85, 88~89, 91,
　105, 111, 119, 138, 144, 146~147, 151,
　168, 176, 183, 188~190, 192, 194, 196,
　203~204, 207, 219~222, 224~226, 244,
　270, 287, 300~301, 306, 310, 318, 326~
　327, 329, 334~336, 339, 350, 353, 362

　능력주의 19, 131, 167, 174

　장애 17, 99, 102, 104, 175, 186, 263,
　266, 270, 272

동물 13, 16~17, 21, 26~27, 30, 35, 41, 45,
　56, 63, 77, 87, 114~115, 119, 128, 137,
　147, 156~163, 165~174, 176, 179, 182,
　187, 212, 217~219, 222~227, 238, 250,
　271~272, 278, 289, 308~310, 325, 334,
　337~339, 350, 356, 358~359, 361

　동물 연구 27, 157~159, 163, 165~175,
　256, 259~260, 268, 278, 334

　동반종 163, 176, 259~261, 354~355

멸종 10, 18, 22, 43, 175, 227, 265, 332~
333, 355~357

미생물 16, 148, 171, 187, 195, 239, 242,
251, 287, 318, 323, 332, 335~336, 354,
356

미학 33, 95, 170, 204, 288~289, 344, 349,
352, 360, 362

　상상계 103, 137~139, 146~147, 150,
326~328

　서사 19~20, 38, 59, 67, 79, 104, 149,
150~152, 176, 232, 274, 291, 295, 314,
319, 321~322, 327, 329, 355, 360

　우화 19, 63, 66, 82, 324

사변 소설 19, 21, 318~334, 337, 340

사이버네틱스 136~137, 140~142,
145~146, 152~154

사이보그 31, 35, 57, 63, 66, 74, 78~80,
135~137, 147~148, 152~154, 158~159,
161, 245, 259, 261, 323, 325~326

사이보그 선언문(해러웨이) 13, 31~32, 38,
259, 325

생명 정치 14, 21, 63, 104, 171, 235~251,
253~254, 259, 308, 310, 312~314, 317,
352, 354

　마이크로 생명 정치 251

　죽음 정치 104, 237, 243~245

식물 16, 87, 171, 176, 179, 183, 212, 218~
219, 222~228, 239, 335, 337, 349

식민주의 10, 12~13, 18, 27, 29, 66, 83, 97,
157, 167, 174, 195, 236, 258, 260, 265,
269~271, 274~275, 302, 304, 308, 310,

315, 317

　비식민화 304, 338

　인종화 17~18, 97, 186, 253, 301, 305~
306, 308~309, 310~312, 315~316, 324

　제국 103, 201, 205, 244, 301

신체화 12, 17, 21, 36, 38, 40, 73, 85~86,
90~93, 95~96, 98~101, 104~105, 138,
146, 149, 159~161, 165, 168~169, 176,
187, 302, 318, 340

　육체 35, 121, 138, 161, 311~314

원주민성 304, 315

유물론 29, 42, 87, 239, 247~248, 257, 260,
262, 266, 273, 346

　생기적 유물론 40, 89, 220, 224

　신유물론 16, 21, 37, 40, 247~249, 256~
266, 268~276, 316, 322

유전학 27, 185, 240, 330

　바이오아트 19, 21, 343~345, 349, 353,
357, 360, 362

　후성 유전학 185~187, 195, 267~269,
276, 346

유토피아 35, 37, 66, 74, 79, 83, 103, 130,
288, 321, 344

의사소통 101, 108, 136, 137, 141, 143,
335

　인공 143

인간 중심주의 13, 16~20, 26, 29~30, 32,
36, 38~39, 43, 46, 48, 52~56, 59~61, 72~
73, 86, 89, 92, 95, 99, 102, 135,
138~139, 157~159, 161, 165, 174~175,
224, 232, 291, 302, 308, 312, 317,

319~320, 324, 328, 342, 345

서구   10, 46, 60, 271, 305, 315, 406, 408

인간 예외주의   16, 21, 29, 43, 269, 274, 320, 325, 337

인공 지능   12, 21, 35, 135, 139~152, 154, 322~323, 331, 340~341, 356

인류세   10, 13, 43~45, 63, 94, 197~210, 214~216, 227, 239, 250~252, 254, 259, 265

인종   17, 27, 66, 83, 99, 102, 135, 137, 143, 157, 167, 186, 191~192, 195, 235, 241, 243~244, 259~260, 262, 266~274, 276, 298, 302~303, 307, 308~313, 317, 324, 333

인종화   17~18, 97, 186, 253, 301, 305~306, 308~310, 312, 315~316, 324

인지   14, 42~43, 78, 105, 141, 146, 153, 204, 330, 337, 354

분산된   66, 74, 78, 80~82, 302

비의식   42, 143, 319

자본   44, 194, 200, 206, 237, 239, 240~242, 252, 254, 332, 338

포스트자본주의   97, 263

정동   17, 21, 85~86, 88~91, 93~102, 104, 105, 128, 162, 220, 256

정동적 전회   85~86, 88

젠더   27, 39, 97, 102~103, 135, 137, 167, 259, 271, 275, 280, 310, 319, 324~325, 354

수행성   39, 42, 100

이원론   137

진화   27, 29, 36, 118~119, 128, 136, 138, 144, 157, 164, 182, 208, 246~247, 261, 276, 329, 332~333, 342, 360, 362

공진화   14, 28, 139, 159, 261, 354

퀴어 이론   12, 42, 99~103, 105, 236

통치성   240~241, 243~247, 251, 254~255

트랜스   95

트랜스휴먼   16, 34~37, 60, 120, 135, 138~ 139, 144, 147, 152~153, 161, 261, 329, 331~332, 338

페미니즘   13, 31, 35, 39, 42, 54, 66, 83, 92~93, 97, 105, 137, 158, 162, 167, 174, 215, 257~259, 263, 266~268, 270, 280

에코 페미니즘   167, 337, 346

유물론   39~40, 42, 118, 257, 267~268, 274

제노페미니즘   37

포스트휴먼   10~11, 13, 15~16, 20, 22, 27, 29, 31~33, 36, 39~40, 42~43, 46, 51, 53, 58, 63~64, 72~74, 77~84, 86, 90, 93, 99~ 100, 102, 105, 113, 115~116, 120, 135, 137~139, 153, 158, 160~161, 171, 174~ 176, 220, 238~239, 241, 245~246, 250~ 251, 253~254, 262, 278, 285, 296~297, 318, 320, 335~338, 340, 345, 353

반인간 중심주의   48, 52

비인간   12, 18~19, 21, 25~28, 40, 42, 45, 56~58, 61, 63~64, 77, 83, 90, 92, 94,

98, 128, 135, 143, 158~159, 161, 164~
165, 170, 172, 178, 180, 182, 184, 195~
196, 207, 212~213, 220~222, 225, 227,
231, 238~239, 245, 247~248, 250, 252,
256, 259~261, 269, 272, 276~277, 284~
290, 293~294, 297, 308~310, 318, 322,
324, 327~328, 334, 339~340, 343, 354~
355, 362
    비인간(inhuman) 30, 56, 121, 286,
313~315
    비판적 포스트휴머니즘 73

행위성 14, 18, 26, 28, 30, 36, 42~43, 140,
    168~169, 244, 248~250, 257, 260~261,
    263~265, 267, 271, 273, 276, 313, 319,
    325, 334, 336, 338, 340, 350
행위적 실재론(버라드) 42, 261, 264
환경주의 258, 265~266, 271, 276
    가이아 155, 207
횡단 신체성(앨러이모) 266

〔인명〕
니체, 프리드리히(Friedrich Nietzsche) 29,
    37, 50~51, 61, 77, 82~83, 135~136

다윈, 찰스(Charles Darwin) 27, 29, 136,
    157, 258, 261, 312
데리다, 자크(Jacques Derrida) 12, 27, 30,
    33, 36~37, 46, 50~52, 58, 61, 63, 65~66,
    68, 72, 74~79, 81~84, 100, 165~167,
    172~173, 220, 264, 278, 284

들뢰즈, 질(Gilles Deleuze) 12, 15, 20, 38,
    66, 72, 77, 86~89, 91, 97, 105, 264, 295,
    321
    가타리, 펠릭스(Felix Guattari) 66, 72,
    77, 86, 89, 264

라캉, 자크(Jacques Lacan) 30, 48, 51, 66,
    71~73, 77, 81, 100
라투르, 브뤼노(Bruno Latour) 129, 247,
    266, 275, 295, 322

모턴, 티머시(Timothy Morton) 16, 41, 43,
    219, 279, 323

버라드, 캐런(Karen Barad) 13, 40, 42~43,
    64, 116, 126, 127, 247, 249, 258~259,
    261~262, 264~266, 268, 295
버틀러, 주디스(Judith Butler) 39, 42, 64,
    98~100, 105, 160, 167, 264
베넷, 제인(Jane Bennett) 224, 249, 266,
    279
브라이도티, 로시(Rosi Braidotti) 12, 15,
    17, 20, 22, 30, 36, 38, 41, 64, 66, 72~74,
    78, 83~84, 87, 175, 266, 285, 319, 321,
    324
빈트, 셰릴(Sherryl Vint) 30, 160, 175~
    176, 269

세즈윅, 이브 코솝스키(Eve Kosofky
    Sedgwick) 30, 100, 101
스티글레르, 베르나르(Bernard Stiegler)
    34, 64, 117, 119

아감벤, 조르주(Giorgio Agamben) 30, 64, 128~129, 237~238, 243~244, 250

아메드, 세라(Sara Ahmed) 96~98, 105

앨러이모, 스테이시(Stacy Alaimo) 16, 29, 31, 40, 45, 318~319

에스포지토, 로베르토(Roberto Esposito) 64, 237~239, 245~247, 251

울프, 캐리(Cary Wolfe) 16, 27, 31, 64, 72, 120, 157, 161, 164~169, 250~251, 302

웨헬리예, 알렉산더(Alexander G. Weheliye) 244, 310~314

윈터, 실비아(Sylvia Winter) 10, 157, 306~307, 310~311

음벰베, 아킬레(Achille Mbembe) 243~244, 313

잭슨, 재키야 이만(Zakiyyah Iman Jackson) 99, 272~273, 308~310, 314

질린스카, 조애너(Joanna Zylinska) 93, 182

차크라바르티, 디페시(Dipesh Chakrabarty) 44~45, 199, 200

첸, 멜 Y.(Mel Y. Chen) 101~103, 270~271, 309~310

칸트, 이마누엘(Immauel Kant) 50, 54, 61~62, 72, 81, 83, 280, 282, 284~285, 293, 294

콜브룩, 클레어(Claire Colebrook) 16, 44, 64

쿠퍼, 멀린다(Melinda Cooper) 239, 241~242

포비넬리, 엘리자베스(Elizabeth A. Povinelli) 226, 250, 317

푸아르, 자스비르(Jasbir Puar) 103~105

푸코, 미셸(Michel Foucault) 12, 32~33, 48, 51~52, 61~62, 66~67, 72, 77, 100, 135, 179~180, 194, 236~244, 248~251, 254~255, 313

하이데거, 마르틴(Martin Heidegger) 34, 51, 278

해러웨이, 도나(Donna Haraway) 13~15, 31~33, 35, 38, 40, 64, 66, 71, 74, 77~80, 82~84, 129~130, 137, 153, 158~164, 167, 171~173, 176, 206~208, 210, 216, 245, 247~248, 258~261, 265~266, 295, 319, 325~326

핼버스탬, 잭 (주디스)(Jack 〔Judith〕 Halberstam) 39, 102, 126

헤르브레히터, 스테판(Stefan Herbrechter) 11, 33, 36, 72, 138

헤일스, N. 캐서린(N. Katherine Hayles) 14~15, 26, 30, 36, 42~43, 64, 66, 71, 74, 77~84, 116, 120, 138~139, 143, 159~161, 318~319, 328

인간 이후에 오는 것

언제부터인가 인간 이후에 대해 말하는 것이 낯설지 않은 시대가 되었다. 인간을 혐오하는 염세주의라면 동서양을 막론하고 오래전부터 있어왔고, 세기말이 되면 이런저런 종말론들이 사람들의 마음을 어지럽혔다. 20세기 전반기의 양차 세계대전과 그 뒤로도 끊이지 않고 일어나는 전쟁, 학살, 폭력에 인간에 대한 환멸은 더욱 커져갔다. 하지만 그러한 불신은 인간 이후를 본격적으로 거론하는 단계로까지는 가지 않았다. 적어도 인간이라는 틀 내에서 서로를 책망하고 분노를 쏟다가도 인간의 이름으로 다시 결의를 다졌다.

그러다 20세기 말에 포스트휴먼이라는 용어가 통용되면서 기존과 다른 인간에 대한 논의가 심심치 않게 이루어졌고, 이제는 인간 이후를 서슴없이 거론하는 때가 되었다. 아직은 때 이른 질문이겠지만, 나중에 누군가가 21세기는 이전과 어떻게 다르냐고 묻는다면, 인간 이후를 생각하는 것이 거의 일상이 된 세기였다고 답하게 될지도 모른다.

『인간 이후: 21세기의 문화, 이론, 그리고 비평』은 제목 그대로 인간 이후에 관한 다양한 시각을 제공하기 위해 마련된 책이다. 편저자인 셰릴 빈트는 현재 활약 중인 서구 SF 연구자들 중에서 가장 저명한 학자의 한 명으로, SF 비평서 『미래의 몸』, 『21세기 사변 소설에 나타난 생명 정치의 미래』 외에 우리나라에서도 번역된 『SF 연대기』, 『에스에프, 에스프리』 같은 대중서의 저자이다. 빈트는 총 열여섯 명의 필자들이 쓴 서로 다른 글들을 백과사전처럼 싣기보다는 인간 중심주의 이후의 이론 및 사상사, 새로운 연구 대상, 그리고 주목할 만한 연구 주제에 따라 총 3부로 나누어 제시한다.

'이후(after)'를 표방하는 책답게 — 그렇다고 '포스트(post-)'의 중의성이 완전히 배제되는 것은 아니다 — 빈트를 비롯해 『인간 이후』 저자들의 논지는 단호하다. 그것은 인간에 관한 기존의 이해와 신념으로는 더 이상 충분하지 않을 뿐더러 유효하지 않다는 것이다. 이때 인간은 크게 두 가지 범주를 토대로 한다.

첫째는 흔히 인간 중심주의, 혹은 인간 우월주의라고 할 때의 서구 휴머니즘의 휴먼, 즉 인간을 말한다. 우리가 보편타당한 것으로 여기기 쉬운 인간에 관한 개념은 자연 발생적인 것이 아니라 백인 남성에 기초한 서구 근대의 발명품이다. 이 책에서 자주 인용되는 실비아 윈터의 주장처럼 기독교, 계몽사상, 제국주의의 합작으로 탄생한 '과다 표상된' 대문자 인간(Man)에서 비롯된 이념인 것이다.

둘째는 생물학적 종으로서의 인간, 즉 인류를 말한다. 동물이나 식물 같은 비인간 생명을 열등하게 대하는 종 차별주의는 인간 종을 최우선시하는 인간 종 중심주의의 산물이다. 인간 종 중심주의는 비인간 생명체만을 차별하는 것이 아니다. 인간 사회에서의 인종주의는 종내(種內, intra-species) 차별, 즉 생명 종간(種間, inter-species)의 차별을 인종에 그대로 적용한 결과이다. 그리고 최근에 기후 위기 시대의 공식어가 되다시피 한 인류세라는 말도 개념적으로는 모든 인간을 하나의 추상적 전체로 본다는 점에서 사고의 방식이 비슷하다고 할 수 있다.

인간과 인류 중에 어디에 더 방점을 두는지는 필자에 따라서 조금씩 다르다. 하지만 그러한 차이에도 불구하고 여러 저자들이 공통적으로 주장하는 점 중의 하나는 소위 트랜스휴머니즘은 보편주의와 인간 중심주의의 강화

이지 그 반대는 아니라는 것이다. 기후 위기에 대해서도 인류세적 보편주의
는 그것이 간과하기 쉬운 불평등과 차이의 지점에 주목하는 시각들과 대비
된다.

이러한 균형 잡힌 시각은 이 책을 관통하는 키워드이자 인간 이후의 문제
를 활발하게 다루어온 포스트휴머니즘에 대한 설명에서도 주요하게 드러난
다. 그동안 서구 중심의 역사에서 인간으로서 온전히 인정받은 적 없는 사
람들에게 포스트휴머니즘은 과연 무엇일까? 예를 들어, 유럽 제국들로부터
동물보다 못한 취급을 받은 중남미 원주민, 신흥 제국 미국에 의해 생명과
거주지를 빼앗긴 미국 원주민과 노예로 끌려온 아프리카계 미국인, '흑인의
생명도 중요하다'고 외치는 그들의 후손, 아시아계 이주민, 정상주의 이데올
로기에 낙인찍힌 장애인과 성 소수자들, 가부장제하에서의 여성들에게 '인
간 너머'를 외치는 서구의 포스트휴머니즘은 과연 무슨 의미가 있을까? 포
스트휴먼에서 휴먼 혹은 인간은 누구를 말하는가? 게다가 과학 기술에 의한
신체 증강과 초월을 강조하는 부류의 포스트휴머니즘이 과다 표상된 인간
개념에 기초한 서구 보편주의의 반복이자 인간 중심주의의 확장이라면?

비슷한 반론은 인류세 시대의 대표적인 철학으로 각광받는 신유물론에
대해서도 가해진다. 자연이라는 개념 자체를 아예 갖고 있지 않았기에 자연
과 문화의 경계도 없었고, 비인간의 행위성과 생기성이 아주 오래전부터 세
계관에 배어 있는 미국 원주민들을 존중은커녕 비인간만큼도 대우하지 않
는다는 통렬한 지적들이 그렇다. 브뤼노 라투르 같은 철학자에게도 그들은
고작해야 원시적인 '전근대(premodern)'에 속할 뿐이었다. 비인간 사상과 퇴
비주의적인 삶의 원조인 그들의 터전을 근대의 찬란한 도시와 거대한 산업
시설로 채운 서구인들이 이제 와서 비인간 행위성을 새로운 발견처럼 제시
하고 '자연문화'에서의 친족 만들기를 새로운 대안적 비전으로 역설하는 모
습은 역사의 아이러니가 아닐 수 없다.

포스트휴머니즘을 오랫동안 연구해 온 사람으로서 역자는 인간 너머라는

표현이 너무 쉽게 자주 쓰이는 것을 바라보면서, 그리고 최근의 신유물론이나 객체 지향 철학 논의들을 읽으면서 가졌던 물음들을 이 책에서 접하게 되어 순간 놀랐다. 비슷한 생각을 하는 연구자들이 세계 어딘가에 있다는 사실이 여간 반갑지 않았다. 그와 동시에 무엇으로 대체될지 아직 불분명하지만, 포스트휴머니즘이라는 용어가 절대적일 수 없다는 확신도 생겼다.

오래전부터 역자는 최근 영미 문학과 SF를 다루는 대학원 수업에서 '인간 이후의 (영)문학'이라는 표현을 자주 썼다. 서구 르네상스를 거친 근대 이후를 인간 이후의 시대로 지칭하고 그로부터 펼쳐지는 새로운 질서의 갈래를 추적, 전망하기 위한 의도였다. 생성 중인 좌표에서 우리가 어디쯤 놓여 있는지 살피는 것도 중요했다. 과학 기술에 특화된 '대중적' 포스트휴머니즘은 사실 그 갈래의 일부이다. 뒤늦은 생각이지만, 트랜스휴머니즘 성향의 과학 기술 포스트휴머니즘이 인간 이후에 대한 다양한 모색을 집어삼키게 내버려둔 아쉬움이 든다. 우리 사회에 그 담론이 어떤 의미를 지니며, 그것을 적용한다면 어떤 문제와 차별화된 시각이 있을 수 있는지 살펴볼 기회도 없이 말이다. 그런 점에서 지배적인 담론으로 자리를 잡은 포스트휴머니즘에 얽매이지 않고, 인간 이후에 대한 다양한 접근을 보여줌으로써 21세기를 위한 비평과 이론을 제시하고자 한 빈트의 기획은 여러모로 배울 점이 많다.

그렇다면 인간 이후에는 무엇이 올까? 이것은 이 책의 포문을 여는 질문인 동시에 열린 결론을 위한 질문이기도 하다. 계속해서 묻고, 찾고, 답을 채워 넣어야 하는 질문인 것이다. 이 책의 여러 장에서 언급된 포스트휴머니즘 이론과 일반 독자들에게도 익숙한 대중적인 SF에 기대어 간추려 보자면, 특이점 대중 과학자들이 말하기 좋아하는 인간의 통제에서 벗어난 초지능 인공 존재, 인공 신체를 지닌 안드로이드, 인간의 신체에 기계 장치를 부착한 초인간 같은 인간-기계 하이브리드 또는 사이보그, 합성 생물학과 후성 유전학 실험실에서 나온 각종 인공 조직과 생명 등이 한 축에 있을 수 있다. 반면에 정반대의 축을 따라서는, 아직은 먼 미래에 대한 어두운 전망일 수 있지만, 인류세 이후 혹은 포스트 인류세 시대를 상상할 수 있다. 그때가 되면 이미 진행 중인 여섯 번째 대멸종과 돌이킬 수 없게 된 기후 변화로 인해 인간 종은 사라지고 생존력이 강한 동식물들만 남을지도 모른다. 혹은 반드시 지구 바깥 세계에만 있을 필요가 없는 외계 생명이 인간을 대체하거나 적응에 성공한 일부 인간들이 함께 살아남을지 모른다.

이 두 개의 축이 너무 과하고 인간 종 중심주의 너머에 주로 치우쳐 있다면, 그 전의 어디쯤에 현재 우리가 속해 있는 좀 더 현실적인 단계를 그려볼 수 있다. 이 단계의 성패에 따라 인간 이후의 방향이 조금이라도 바뀔 수 있을 것이다. 현재의 상황에서는 과학 기술을 통해서든, 인간 사회의 체제 변화를 통해서든, 인간 행위자들이 세계와 새롭게 관계 맺고 변화한 현실 속에서 어떻게든 책임을 다하려는 노력과 시도가 무엇보다 중요할 수밖에 없다. 『인간 이후』도 사실은 그러한 시도의 연장선상에 있다.

두말할 필요 없이 그러한 작업은 인간 중심주의의 근본적인 비판에서 출발한다. 그렇다고 인간 자체를 폐기해야 한다는 것은 아니다. 서구의 인간 개념이 보편타당한 것으로 입법화되면서 삭제되고 망각된 인간 '이전'에 관심을 기울일 필요가 있다. 여기서 말하는 '이전'은 과거로의 복귀가 아니다. 인간 중심주의에 의해 쫓겨난 그 세계는 마치 외계 생명처럼 어딘가를 떠돌며 우리가 모르는 어딘가에 있을지 모른다. 그것은 종종 비인간(inhuman) 괴물 혹은 괴수에 비유되고는 하지만, 그조차도 궁색한 이분법적 수사일 뿐이다. 진정한 포스트휴머니즘이라면 아무렇지 않게 써온 인간이라는 말부터 다른 용어로 바꿔야 하는 것은 아닌가. 세계와의 새로운 관계 맺기가 어느 때보다 절실한 이 시기에, 지금까지의 위기와 파국의 상당 부분이 서구의 인간 중심주의로부터 기인했다는 사실에 대부분이 공감하는 이 시기에, 인간 이후를 위한 통찰과 지혜의 원천을 인간 '이전'에서 찾는 것은 타당할뿐더러 특이점 논의 못지않게 필요하고 의미 있는 과제이다. 또한 이러한 주문은 포스트휴머니즘에 대한 비(非)서구적 관점의 요청과 다르지 않다.

대부분의 번역이 그렇지만, 『인간 이후』를 옮기는 일은 어려운 만큼 많은 것을 배울 수 있는 기회였다. 기본적으로 각 장은 내용이 꽉 찬 글이어서 쉽게 읽히지만은 않았다. 장마다 주제가 다르고, 해당 분야의 전문가인 박식한 저자들이 최대한 많은 지식을 압축해서 촘촘히 쓴 글이다 보니 언급된 자료들을 찾아서 확인해야만 문맥이 통할 때가 많았다. 하지만 이러한 난관은 이 책의 미덕이기도 하다. 책을 압도하는 수많은 각주들이 웅변하듯이, 그러한 주석들로부터 수많은 정보를 얻을 수 있다는 게 이 책의 무시할 수 없는 장점 중 하나이다. 가독성에 항상 유념하되 최대한 원문을 존중해 가며 옮기고자 했다. 그럼에도 잘못된 오역이 있다면, 그것은 전적으로 역자의 부족함 때문이다. 책이 나오기까지 도움을 아끼지 않은 한울 편집부에 이 자리를 빌려서 깊은 감사의 마음을 전한다. 인간 이후에 대해 고민하고 궁리하는 독자들에게 이 책이 작은 보탬이 되었으면 한다.

2024년 11월 중순 가을의 끝에서
박인찬

지은이(수록순)

셰릴 빈트(Sherryl Vint)　캘리포니아 리버사이드 대학교 미디어와 문화연구학과 교수로 사변 소설과 과학 문화 프로그램의 책임자로 있다. 사변 소설과 문화 정치에 관해 폭넓게 글을 쓰고 있으며, 최근에 나온 주요 저서로 MIT 출판부의 필수 지식 총서 시리즈 중 하나인 『과학 소설(*Science Fiction*)』과 『21세기 사변 소설에 나타난 생명 정치의 미래(*Biopolitical Futures in Twenty-First Century Speculative Fiction*)』(2021)가 있다.

베로니카 홀린저(Veronica Hollinger)　온타리오(Ontario)에 있는 트렌트 대학교(Trent University) 문화연구학과 석좌 교수. 오랫동안 ≪사이언스 픽션 스터디스(*Science Fiction Studies*)≫의 공동 편집자로 활동했으며 네 권의 학술 선집의 공동 편집자이기도 하다. 최근에는 포스트휴머니즘, 사이버 문화와 기후 위기, 그리고 최근 과학 소설에 나타난 젠더와 섹슈얼리티에 관한 글을 출간하고 있다.

슈테판 헤르브레히터(Stefan Herbrechter)　코번트리 대학교(Coventry University)의 전 문화이론 부교수이자 하이델베르크 대학교(Heidelberg University)의 영문학과 문화이론학과 교수. 문학, 문화, 미디어에 관해 폭넓게 출간하고 있다. 그의 『포스트휴머니즘: 비판적 분석(*Posthumanism: A Critical Analysis*)』(2013, 독일에서 2009년에 처음 출간)은 비판적 포스트휴머니즘의 기초를 닦은 책 중 하나이다. 좀 더 상세한 정보는 http://criticalposthumanism.net와 http://stefanherbrechter.com 참조.

조너선 볼터(Jonathan Boulter)　웨스턴 대학교(Western University) 영문학과 교수. 주요 저서로 『사무엘 베케트의 산문에 나타난 포스트휴먼 공간(*Samuel Beckett's Short Prose*)』(2015), 『포스트휴먼의 비유(*Parables of the Posthuman*)』(2015), 『멜랑콜리와 아카이브(*Melancholy and the Archive*)』(2011), 『베케트: 당황한 독자들을 위한 가이드(*Beckett: A Guide for the Perplexed*)』(2008), 그리고 『새뮤얼 베케트 소설의 내러티브 해석(*Interpreting Narrative in the Novels of Samuel Beckett*)』(2001) 등이 있다.

마이클 리처드슨(Michael Richardson) 뉴사우스웨일스 대학교(UNSW)의 예술과 미디어 대학의 연구 전담 교수. 학제 횡단적인 접근을 통해 문화, 미디어, 정치에 나타난 정동, 권력, 폭력의 교차점과 증언을 주로 연구한다. 최근 저서로 『증언의 제스처: 문학에 나타난 고문, 트라우마, 그리고 정동(*Gestures of Testimony: Torture, Trauma and Affect in Literature*)』(2016)이 있다.

마셀 오고먼(Marcel O'Gorman) 워털루 대학교(University of Waterloo)의 연구 위원장, 영문학과 교수, 비판적 미디어 실험실의 창립자 겸 책임자. 기술 문화에 관해 폭넓게 글을 쓰고 있으며, 주요 저서로는 『E-비평(*E-Crit*)』, 『네크로미디어(*Necromedia*)』, 그리고 『미디어 이론 만들기(*Making Media Theory*)』 등이 있다. 또한 전시와 공연 예술에서 세계적으로 활동해 온 예술가이기도 하다.

브루스 클라크(Bruce Clarke) 텍사스 공과대학교(Texas Tech University) 영문학과의 폴 휘트필드 혼 문학과 과학 교수. 시스템 이론, 서사 이론, 그리고 생태 이론을 주로 연구하며, 포덤 대학교 출판부(Fordham University)의 의미 시스템 총서 시리즈의 공동 편집자로 활동하면서 웹사이트 가이아 시스템(www.gaian.,systems)을 운영한다.

수전 맥휴(Susan McHugh) 뉴잉글랜드 대학교(University of New England) 영문학과 교수. 주요 저서로 『동물 이야기: 종의 경계를 넘나드는 서사(*Animal Stories: Narrating across Species Lines*)』(2011)와 『학살의 시대에 사랑하기: 집단 학살과 멸종에 맞서는 인간-동물 이야기(*Love in a Time of Slaughters: Human-Animal Stories against Genocide and Extinction*)』(2019)가 있으며, 출간 예정인 『예술과 과학에서의 포스트휴머니즘: 선집(*Posthumanism in Art and Science: A Reader*)』의 공동 편집자이다.

나딘 엘러스(Nadine Ehlers) 시드니 대학교(University of Sydney)의 사회학과 사회정책학과에서 가르친다. 신체, 법, 그리고 생물 의학에 관한 사회 문화적 연구에 초점을 맞춰 인종과 젠더 통치를 주로 연구하며, 가장 최근의 저서로 [실로 크루퍼(Shiloh Krupar)와 함께 쓴] 『치명적인 생명 문화: 생명 창조의 윤리(*Deadly Biocultures: The Ethics of Life-making*)』가 있다.

거다 로얼빙크(Gerda Roelvink) 웨스턴시드니 대학교(Western Sydney University) 소속의 학제 간 연구자. 주요 관심 분야는 다양한 경제, 사회 운동, 기후 변화, 그리고 정동 연구이다. 주요 저서로『품위 있는 세상 만들기(*Building Dignified Worlds*)』(2016)가 있으며 다양한 학술지와 책에 글을 출간하고 있다.

마그달레나 졸코스(Magdalena Zolkos) 괴테 대학교(Goethe University)의 홈볼트 연구 전담 교수이자 정치 이론가. 기억의 정치, 화해, 그리고 역사적 정의를 주로 연구한다. 주요 저서로『공동체와 주체적 삶의 화해: 장 아메리와 임레 케르테스의 작품에 나타난 정치적 이론화로서의 트라우마 증언(*Reconciling Community and Subjective Life: Trauma Testimony as Political Theorizing in the Work of Jean Amery and Imre Kertesz*)』(2010)이 있다.

소냐 반 위첼렌(Sonja van Wichelen) 시드니 대학교 사회학과 사회정책학과 부교수 겸 과학 생명 정치 연구 네트워크 책임자. 가장 최근 저서로『생명의 합법화: 지구화와 생명 공학 시대의 입양(*Legitimating Life: Adoption in the Age of Globalization and Biotechnology*)』(2018)이 있다.

스테이시 앨러이모(Stacy Alaimo) 오리건 대학교(University of Oregon) 영문학과 교수 겸 환경학 핵심 교수. 주요 저서로『지배되지 않은 땅: 자연을 페미니즘 공간으로 재구성하기(*Undomesticated Ground: Recasting Nature as Feminist Space*)』(2000),『몸으로서의 자연: 과학, 환경, 그리고 물질적 자아(*Bodily Natures: Science, Environment, and the Material Self*)』(2010), 그리고『노출: 포스트휴먼 시대의 환경 정치와 쾌락(*Exposed: Environmental Politics and Pleasures in Posthuman Times*)』(2016) 등이 있다.

브라이언 윌렘스(Brian Willems) 크로아티아 스플리트 대학교(University of Split)의 영화와 필름이론학과 부교수. 가장 최근의 저서로『사변적 실재론과 과학 소설(*Speculative Realism and Science Fiction*)』(2017)과『달을 찍다(*Shooting the Moon*)』(2021)가 있다.

마크 민치-드 레온(Mark Minch-de Leon) 캘리포니아 리버사이드 대학교(University of California, Riverside) 영문학과 조교수. 원주민 연구, 수사학 이론, 그리고 내러티브 및 시각 연구의 교차점에서 주로 작업한다. 최근 프로젝트에서는 캘리포니아 원주민의 지적·문화적 부활이 지닌 반식민주의적이고 비생기주의적인 차원에 대해 연구하고 있다.

이오나트 주르(Ionat Zurr)와 **오론 카츠**(Oron Catts)　세계적으로 알려진 1996년의 '조직 배양 및 예술 프로젝트(Tissue Culture & Art Project)'를 결성한 예술가, 연구원, 큐레이터. 카츠는 심비오틱A: 웨스턴오스트레일리아 대학교 생물학 예술 우수 센터(SymbioticA: The Centre of Excellence in Biological Arts at the University of Western Australia)의 공동 창립자이자 책임자이며, 주르는 웨스턴오스트레일리아 대학교 디자인 대학의 연구원 겸 강사로서 심비오틱A의 학술 코디네이터를 맡고 있다. 생물학 예술 분야의 선구자로서 폭넓은 저술과 함께 전시회를 국제적으로 개최하고 있다. 이들의 아이디어와 프로젝트는 예술계를 넘어 신소재, 직물, 디자인, 건축, 윤리, 문학, 그리고 음식 등의 다양한 분야에서 영감의 원천으로 자주 인용된다.

옮긴이

박인찬　숙명여자대학교 영문학부 교수. 현 숙명여자대학교 인문학연구소장 및 HK+사업단장. 현대 영미 소설, 미국 문학과 문화, SF, 포스트휴머니즘 등을 가르치고 연구해 왔으며, 주요 저서로『물질 혐오: 왜 물질이 문제인가』(공저, 2023), 『혐오 이론 I: 학제적 접근』(공저, 2022), 『포스트휴머니즘의 쟁점들』(공저, 2021), 『소설의 죽음 이후: 최근 미국 소설론』(2008), 주요 역서로『블리딩 엣지』(2020),『바인랜드』(2016),『느리게 배우는 사람』(2014),『미국 민주주의의 문화사』(공역, 2011),『공간의 역사』(2002) 등이 있다.

한울아카데미 2557
숙명여자대학교 인문학연구소 HK + 사업단 학술연구총서 11

인간 이후
21세기 문화, 이론, 그리고 비평

ⓒ 박인찬, 2024

엮은이 | 셰릴 빈트
지은이 | 셰릴 빈트, 베로니카 홀린저, 슈테판 헤르브레히터, 조너선 볼터,마이클 리처드슨, 마셀 오고먼,
        브루스 클라크, 수전 맥휴, 나딘 엘러스, 거다 로얼빙크, 마그달레나 졸코스, 소냐 반 위첼렌,
        스테이시 앨러이모, 브라이언 윌렘스,마크 민치-드 레온, 이오나트 주르, 오론 카츠

옮긴이 | 박인찬
펴낸이 | 김종수
펴낸곳 | 한울엠플러스(주)
편집 | 김우영

초판 1쇄 인쇄 | 2024년 12월 3일
초판 1쇄 발행 | 2024년 12월 31일

주소 | 10881 경기도 파주시 광인사길 153 한울시소빌딩 3층
전화 | 031-955-0655
팩스 | 031-955-0656
홈페이지 | www.hanulmplus.kr
등록번호 | 제406-2015-000143호

Printed in Korea.
ISBN 978-89-460-7557-3 93330 (양장)
      978-89-460-8354-7 93330 (무선)

※ 이 저서는 2020년 대한민국 교육부와 한국연구재단의 지원을 받아 수행된 연구임
   (NRF-2020S1A6A3A03063902).